ROLF HENNIG

WAFFEN
SACHKUNDE-PRÜFUNG
in Frage und Antwort

Impressum

**Bibliografische Information
der Deutschen Nationalbibliothek**
Die Deutsche Nationalbibliothek verzeichnet diese Publikation in der Deutschen Nationalbibliografie; detaillierte bibliografische Daten sind im Internet über http://dnb.d-nb.de abrufbar.

25. Auflage

BLV Buchverlag
GmbH & Co. KG

80636 München

© 2016 BLV Buchverlag GmbH & Co. KG, München

Umschlagkonzeption und -gestaltung:
BLV-Verlag
Umschlagfoto: Plainpicture/JVCreative

Gesamtbearbeiter: Ernst Ignatzi
Lektorat: Gerhard Seilmeier
Herstellung: Ruth Bost
Layout: Anton Walter, Gundelfingen
Satz: agentur walter, Gundelfingen

Gedruckt auf chlorfrei gebleichtem Papier

Printed in Slovakia
ISBN 978-3-8354-1551-5

 www.facebook.com/blvVerlag

Das Werk einschließlich aller seiner Teile ist urheberrechtlich geschützt. Jede Verwertung außerhalb der engen Grenzen des Urheberrechtsgesetzes ist ohne Zustimmung des Verlages unzulässig und strafbar. Das gilt insbesondere für Vervielfältigungen, Übersetzungen, Mikroverfilmungen und die Einspeicherung und Verarbeitung in elektronischen Systemen.

Hinweis
Das vorliegende Buch wurde sorgfältig erarbeitet. Dennoch erfolgen alle Angaben ohne Gewähr. Weder Autor noch Verlag können für eventuelle Nachteile oder Schäden, die aus den im Buch vorgestellten Informationen resultieren, eine Haftung übernehmen.

Inhalt

Vorwort 7
Die Waffe als Kulturgut und
Gebrauchsgegenstand 9

A Die Grundlagen der Sachkundeprüfung 14

Die rechtlichen Grundlagen 15
Die verwaltungsmäßigen Grundlagen 17
Die sachlichen Grundlagen 18

B Die Handhabung von Waffen und Munition 24

Allgemeine Sicherheitsregeln 25
Waffenarten 34
Munitionsarten 59
Verteidigungswaffen 72
Jagdwaffen 79
Signalwaffen 85
Schießsport und Schießstandbetrieb 88
Waffenpflege und Waffenstörungen 96

C Reichweite und Wirkungsweise der Geschosse 100

Gefahrenbereiche 101
Geschosswirkungen 102
Ballistische Grundbegriffe 106

D Waffenrecht 116

Waffen- und Munitionsbegriffe 117
Waffenbesitz und Waffenerwerb 121
Waffensammeln 129
Aufbewahrung von Waffen und Munition 136
Waffenführen 139
Herstellung, Handel, Einfuhr 143
Verbotene Gegenstände 145
Schießen 146
Sonstige waffenrechtliche Bestimmungen 155

E Notwehr und Notstand 158

Notwehr 159
Notstand 162

F Anhang 165

Waffengesetz (WaffG) 165
Allgemeine Waffengesetz-Verordnung (AWaffV) 219
Gesetz über die Prüfung und Zulassung von Feuerwaffen, Böllern, Geräten, bei denen zum Antrieb Munition verwendet wird, sowie von Munition und sonstigen Waffen (Beschussgesetz – BeschG) 245
Allgemeine Verordnung zum Beschussgesetz (Beschussverordnung – BeschussV) 259

Stichwortverzeichnis 271
Literatur, Bildnachweis 279

Verzeichnis der Abkürzungen

WaffG	=	Waffengesetz vom 11. Oktober 2002
Anl. 1	=	Anlage 1 zu § 1 Abs. 4 WaffG (Begriffsbestimmungen)
Anl. 2	=	Anlage 2 zu § 2 Abs. 2 bis 4 WaffG (Waffenliste)
AWaffV	=	Allgemeine Waffengesetz-Verordnung
1. WaffV	=	Erste Verordnung zum Waffengesetz von 1976 (aufgehoben)
2. WaffV	=	Zweite Verordnung zum Waffengesetz von 1976 (aufgehoben)
3. WaffV	=	Dritte Verordnung zum Waffengesetz von 1976 (aufgehoben)
WaffVwV	=	Allgemeine Verwaltungsvorschrift zum Waffengesetz von 2012
BeschG	=	Gesetz über die Prüfung und Zulassung von Feuerwaffen, Böllern, Geräten, bei denen zum Antrieb Munition verwendet wird, sowie von Munition und sonstigen Waffen (Beschussgesetz)
BeschussV	=	Allgemeine Verordnung zum Beschussgesetz
BGBl.	=	Bundesgesetzblatt
StGB	=	Strafgesetzbuch
StPO	=	Strafprozessordnung
BGB	=	Bürgerliches Gesetzbuch
BJG	=	Bundesjagdgesetz
KWKG	=	Gesetz über die Kontrolle von Kriegswaffen (Kriegswaffenkontrollgesetz)
SprengG	=	Gesetz über explosionsgefährliche Stoffe (Sprengstoffgesetz)
SRS	=	Schreckschuss-, Reizstoff- und Signalwaffen

Anmerkung:
Paragrafenangaben ohne Nennung eines Gesetzes oder einer Verordnung beziehen sich immer auf das WaffG.

Vorwort

Gut drei Jahrzehnte hat sich dieses Buch in 23 Auflagen als Leitfaden für die gesetzlich verankerte Waffen-Sachkundeprüfung bewährt. Es hat gleichermaßen als Lehrbuch zur Vorbereitung auf diese Prüfung wie als Leitfaden für ihre Durchführung gedient. Dabei hat es von Jahr zu Jahr einen größeren Leserkreis gewonnen.

Über die ursprüngliche Zielsetzung hinaus wurde das Buch immer häufiger zur Vorbereitung auf die vom Bundesjagdgesetz vorgeschriebene Jägerprüfung, zur Ausbildung privater Sicherheitskräfte und als Ratgeber für Waffen- und Munitionssammler verwendet, aber auch zur seriösen und fachlich korrekten Information aller sonstigen Interessenten, die sich ein Bild über das gegenwärtige zivile (im Gegensatz zum militärischen) Waffen- und Schießwesen machen möchten. Für manche mag das eine berufliche Notwendigkeit sein, etwa für Richter, Staatsanwälte, Rechtsanwälte, manche Buch-, Film- und Fernsehautoren, Reporter, Publizisten, Politiker, die sich mit dem Waffenrecht zu beschäftigen haben, mit Waffenangelegenheiten befasste Behörden usw. Für andere mag ein rein persönliches Bedürfnis bestehen, mehr über Waffen, Waffenrecht, Waffenverwendung, Waffenwirkung u.ä. zu erfahren. Ihnen allen soll dieses Buch ein vielseitiger und verlässlicher Ratgeber sein. Zugleich soll es bei jenen, die selber mit Waffen nichts zu tun und die keine persönlichen Beziehungen dazu haben, Verständnis für das seit Anbeginn der Menschheit entwickelte Kulturgut Waffe und den Umgang mit ihm wecken.

Selbstverständlich soll das Buch nach wie vor als Leitfaden für die gesetzlich vorgeschriebene Sachkundeprüfung dienen. Das dafür erarbeitete Frage-Antwort-System bietet eine besondere Klarheit. Es wird deshalb auch für die jetzt wesentlich erweiterte Aufgabenstellung beibehalten.

Vor Beginn der Fragen und Antworten werden die Grundlagen der Waffen-Sachkundeprüfung behandelt. Dieser Abschnitt ist vor allem für diejenigen gedacht, die sich entweder dieser Prüfung unterziehen wollen oder die mit der Abnahme dieser Prüfung oder der Ausbildung für sie befasst sind. Manche dieser Ausführungen werden aber auch die anderen Leser interessieren.

Zur Vermeidung von Missverständnissen muss ausdrücklich festgestellt werden, dass alle Angaben dieses Buches zwar auf Grund eingehender Recherchen und Überprüfungen nach bestem Wissen und Gewissen gemacht worden sind, dass Verlag und Verfasser aber bei der Fülle und Vielseitigkeit des Stoffes sowie der teilweise komplizierten und wechselnden Rechtslage keinerlei Haftung in tatsächlicher oder rechtlicher Hinsicht übernehmen können.

Diese 24. Auflage des Buches in Neubearbeitung wurde nach dem 2002 erlassenen Waffengesetz der Bundesrepublik Deutschland ausgerichtet, wobei die im März 2008 und Juli 2009 erlassenen Änderungen – meist Verschärfungen – berücksichtigt sind. Teilweise wird der Gesetzes- bzw. Verord-

VORWORT

nungstext im genauen Wortlaut wiedergegeben, teilweise dem Sinn nach. Zur genauen rechtlichen Beurteilung spezieller Sachverhalte ist deshalb u. U. der Originaltext des Gesetzes bzw. der Verordnung heranzuziehen. Zu diesem Zweck werden die wichtigsten Gesetzestexte zum Waffenrecht im Anhang dieses Buches abgedruckt. Die Verwaltungsvorschriften zum WaffG wurden im Jahr 2012 erlassen.

Diese Neuausgabe, bearbeitet von Ernst G. Ignatzi, geht wiederum mit dem Wunsch hinaus, dass sie allen Benutzern Freude und Erfolg bereiten möge!

Rolf Hennig

EINLEITUNG

Die Waffe als Kulturgut und Gebrauchsgegenstand

In allen Kulturkreisen der Menschheit war die älteste und zugleich weitaus längste Kulturstufe die des Jägers und Sammlers. In ihr mussten die Menschen über Millionen von Jahren von dem leben, was sie in der freien Natur sammeln oder als Jagdbeute erlangen konnten.

Vergleicht man die körperliche Ausstattung des Menschen mit derjenigen aller uns bekannten Tiere, so ist es erstaunlich, dass der Mensch diese erste Stufe überlebt hat. Denn er besitzt kein Raubtiergebiss wie etwa der Wolf und seine Verwandten, keine langen, scharfen Krallen wie Katzen und Greifvögel, keine übermäßigen Körperkräfte wie die Bären oder die Dickhäuter; er kann sich auch nicht so schnell fortbewegen wie die Vögel und die meisten Säugetiere; selbst seine Sinnesorgane sind denen vieler anderer Tierarten weit unterlegen. Der Mensch war also – wollte er im Kampf ums Dasein bestehen – auf Hilfsmittel angewiesen.

Anfangs mag er zufällig aufgefundene Gegenstände wie Knüppel und Steine benutzt haben. Sehr bald dürfte er aber dahinter gekommen sein, dass keineswegs jeder Knüppel und jeder Stein gleich gut geeignet ist. Er wird also gezielt nach möglichst günstigen Stücken gesucht haben. Und wo er mit den Funden nicht zufrieden war, wird er Knüppel und Steine bearbeitet haben bis sie seinen Wünschen entsprachen. Noch heute werden von den Archäologen ständig Überreste solcher Bearbeitungen gefunden. So war dann der Schritt zur bewussten Waffenherstellung vollzogen.

Den ersten Holzspießen und Faustkeilen folgten immer weiter verbesserte Hieb-, Stich- und Wurfwaffen, schließlich in Form von Pfeil und Bogen die ersten Schusswaffen. Über die Armbrust und das Blasrohr führte der Weg zu den Feuerwaffen bis hin zu den modernsten Büchsen und Flinten der Gegenwart.

Im Vordergrund stand über die längsten Zeiten die jagdliche Verwendung, denn die Jagd war eine absolute Lebensnotwendigkeit: zur Ernährung, zur Beschaffung von Pelzen für die Kleidung und von Tierhäuten für Zeltbau, Schuhwerk, Lederriemen usw. sowie zur Beschaffung von Knochen als Material für vielerlei Gebrauchsgegenstände, ja, auch schon für frühzeitlichen Schmuck.

Neben der Versorgungsfunktion hatte die Jagd eine gleich wichtige Abwehrfunktion. Zunächst ging es um die Abwehr von Angriffen wilder Tiere auf den Menschen selbst, nach dem Aufkommen von Viehzucht und Ackerbau auch um den Schutz der Haustiere und landwirtschaftlichen Nutzflächen.

Genauso wie zur Abwehr wilder Tiere waren diese frühen Waffen zur Abwehr rivalisierender, aggressiver Menschen geeignet. Zunächst gab es also keinen Unterschied zwischen Jagd- und Verteidigungs- oder Kriegswaffen. Erst mit dem Fort-

EINLEITUNG

schreiten der Waffenentwicklung und der Herausbildung militärischer Strukturen erfolgten gewisse, bis heute immer krasser werdende Spezialisierungen – vor allem auf dem militärischen Sektor.

Wenn heute im allgemeinen auch große Unterschiede zwischen Jagd- und Kriegswaffen bestehen, so darf doch nicht übersehen werden, dass die Entwicklungen beider sich bis in unsere Zeit gegenseitig stark beeinflusst haben. Besonders deutlich wird dies beispielsweise in der Entwicklung von Patronen für Militärgewehre und Jagdbüchsen sowie in der Entwicklung von Zielfernrohren. Zahlreiche weitere Beispiele ließen sich anführen, etwa aus den Bereichen der Abzugs- und Sicherungstechnik, der Schlosskonstruktion, der Laufherstellung, des Lauf- und Schaftmaterials usw. Immer wieder hat es in der Waffengeschichte Beispiele dafür gegeben, wie sehr Jagd- und Kriegswaffenproduktion voneinander profitiert haben.

Wohl von Anfang an haben sich die Männer (in einigen Kulturkreisen zumindest zeitweise auch die Frauen) im Umgang mit den existenznotwendigen Waffen geübt. Dabei wurden, sicherlich ebenfalls von Anfang an, untereinander Wettbewerbe ausgetragen. Schon früh wurden diese Gegenstand großer öffentlicher Wettkämpfe, im griechischen Altertum Teil der olympischen Spiele. Sowohl in der Jägerschaft als auch im Militär sind solche Wettkämpfe weiter gepflegt und gefördert worden.

Aus solchen bis in früheste geschichtliche Zeiten zurück zu verfolgenden Wettkämpfen ist nach und nach der heutige Schießsport entstanden. Er wird weltweit in allen höher entwickelten Ländern in zahlreichen Disziplinen ausgeübt: mit Pfeil und Bogen, Armbrust, Gewehr und Pistole. Außer den reinen Schießsportdisziplinen gibt es Sportarten, zu denen als fest integrierter Teil auch ein Schießen gehört,

so das Gewehrschießen im Biathlon und das Pistolenschießen im modernen Fünfkampf.

Von Laien werden oft Schießsport und Jagd durcheinander geworfen. Tatsächlich gibt es Länder, vor allem im romanischen und englischsprachigen Raum, in denen die Jagd als Sport aufgefasst und betrieben wird. Im deutschen Sprach- und Kulturraum wird es jedoch strikt abgelehnt, das Töten von Tieren als Sport zu betreiben. Vielmehr wird hier die Jagd als eine nachhaltige, also auf die Dauer erhaltende Bewirtschaftung der frei lebenden Tierwelt verstanden – ähnlich wie die Viehzucht als Bewirtschaftung bestimmter Haustiere.

Aus dieser Auffassung ergibt es sich, dass das Jagdwesen ein sehr vielseitiges und umfassendes Sachgebiet ist, von dem das Nachstellen und Erlegen nur einen Ausschnitt darstellt. Nur hierfür sind das Waffen- und Schießwesen wichtig, haben aber selbst hier nicht die zentrale Stellung, die ihnen von Außenstehenden oft beigemessen wird. Vielmehr sind die Waffen nur das Handwerkszeug, das der Jäger für die Durchführung bestimmter Aufgaben benötigt.

Welches sind diese Aufgaben? Zwei große Komplexe haben von Anfang an bestanden und bestehen heute noch, wenn im Einzelnen auch mit anderen Gewichtungen als einst. Einer von ihnen ist die Versorgung mit Wildbret, Pelzen, Wildleder, Hirschhorn und vielerlei sonstigen Gegenständen. Zwar besitzt dieser Versorgungsgesichtspunkt heute bei weitem nicht mehr die Bedeutung wie in der Altsteinzeit. Sowohl in kulinarischer Hinsicht als auch für Bekleidung, persönlichen wie Wohnungsschmuck und schließlich allerlei Gebrauchsgegenstände ergeben Wildprodukte aber doch eine beträchtliche Erweiterung der Angebotspalette und tragen damit zur Vielfalt unseres Lebens bei.

EINLEITUNG

Bei einer im Sinne des gegenwärtigen deutschen Jagdwesens nachhaltig betriebenen Wildstandsbewirtschaftung handelt es sich um eine erhaltende, schonende Nutzung nachwachsender natürlicher Ressourcen. Diese nachhaltige Bewirtschaftung der Wildbestände ist unschädlich für die betreffenden Arten wie für die gesamte Natur. Sie ist damit der Fleischproduktion in der modernen Massentierhaltung und der industriellen Produktion von Ersatzstoffen für Pelze, Wildleder, Hirschhorn usw. mit dem dafür notwendigen Verbrauch nicht nachwachsender Rohstoffe und Energieträger sowie der Erzeugung von Abwärme und vielerlei schädlichen Abfällen haushoch überlegen.

Die alljährlich vom DJV (Deutscher Jagdschutzverband) veröffentlichten Statistiken geben ein Bild von den im Inland anfallenden Mengen der einzelnen Wildarten. Sie decken aber nur etwa die Hälfte der Nachfrage; die andere Hälfte wird importiert.

Die zweite hier zu nennende Aufgabe ist die Abwehr: ursprünglich der Angriffe wilder Tiere auf den Menschen, später ihrer Angriffe auf Vieh und Äcker. Diese Abwehrfunktion gegenüber land-, forst- und fischereiwirtschaftlichen Wildschäden hat die Jagd auch heute noch in vollem Umfang wahrzunehmen.

In der Landwirtschaft können vom Wild, vor allem vom Schalenwild, aber auch von Wildkaninchen, Wildtauben, gelegentlich auch von Hasen, Wildgänsen oder Fasanen schwere wirtschaftliche Schäden angerichtet werden. Ohne Gegenwehr und/oder finanziellen Ersatz können solche Schäden für den einzelnen Bauern existenzgefährdend sein. 1848 haben die Wildschäden wesentlich zum Ausbruch der Revolution beigetragen. Die Wildschadenproblematik hat also neben rechtlichen auch beträchtliche politische Aspekte.

Wollte man die Jagd ausschalten, bliebe als Alternative nur eine landwirtschaftliche Schädlingsbekämpfung, die schnell zur Ausrottung dieser Tierarten führen würde.

Als dritter großer Aufgabenkomplex – in engem Zusammenhang mit der Schadensabwehr stehend – sind die jagdlichen Regulationsfunktionen zu nennen. In der vom Menschen unberührten Natur wurde durch vielerlei Regulationsmechanismen ein gewisses um Mittelwerte herum schwankendes Artengleichgewicht erhalten, welches verhinderte, dass einzelne Tierarten ein für andere Arten oder das ganze Ökosystem schädliches oder gar gefährliches Übergewicht erlangten. In der Kulturlandschaft bestehen viele dieser Regulationsfaktoren nicht mehr oder können doch nicht genügend zur Entfaltung kommen. Soweit es jagdbare Tiere betrifft, muss hier der Jäger stützend, begrenzend, reduzierend oder selektierend eingreifen.

Weit über die ökosystemaren Zusammenhänge hinaus, auch für die Menschen und die menschliche Wirtschaft überaus bedeutungsvoll, sind solche regulierenden jagdlichen Eingriffe im Zusammenhang mit der Seuchenbekämpfung. Von großer aktueller Bedeutung sind vor allem die auch für Menschen lebensgefährliche Tollwut und die Millionenschäden verursachende Schweinepest. Eine Bekämpfung dieser beiden Seuchen ist mit jagdlichen Mitteln zwar nicht direkt möglich – wohl aber indirekt durch beträchtliche Absenkung der Wilddichte der betreffenden Wildarten, hier vor allem Fuchs und Schwarzwild (Wildschwein).

Schließlich sei als vierter großer Komplex die Sozialfunktion genannt. Die Jagd hat auch diese Funktion von Anbeginn bis heute stets gehabt, wenn sie auch im Laufe der Geschichte und von Land zu Land unterschiedlich gewesen ist. Heute betreibt in Mitteleuropa die Mehrheit der Jäger die

11

EINLEITUNG

Jagd als eine Freizeitbetätigung, die ebenso gesund wie erholsam ist. Dabei führt die Jagd im vorgenannten Sinne die Menschen – oftmals naturentfremdet lebende Großstädter – in vielerlei natürliche Zusammenhänge ein und gewinnt der Natur und der frei lebenden Tierwelt eine große Zahl oft einflussreicher Fürsprecher und Interessenvertreter.

Zu Beginn des dritten Jahrtausends unserer Zeitrechnung gab es in der Bundesrepublik Deutschland knapp 340 000 Jagdscheininhaber. In einigen anderen europäischen Ländern ist der prozentuale Anteil der Jäger an der Gesamtbevölkerung wesentlich höher.

Die Jagd (das Jagdwesen) hat also auch im hoch industrialisierten Mitteleuropa eine Fülle objektiver Aufgaben, die sie in vielfacher Hinsicht von einem Sport unterscheiden. Dabei sind die Waffen für die Jäger wichtige Werkzeuge, nicht aber zentraler Mittelpunkt.

So, wie die Jäger des deutschen Sprachraums es ablehnen, das Erbeuten frei lebender Tiere als Sport zu betreiben, so lehnen umgekehrt die dortigen Sportschützen es ab, auf lebende Tiere zu schießen. Ihnen dienen als Ziele ausnahmslos Papp- bzw. Papierscheiben, Tontauben und über den Boden gezogene oder gerollte Attrappen.

Durch diese Festlegung sind zugleich scharfe Trennungslinien zwischen Jagd und Schießsport gezogen. Das schließt selbstverständlich nicht aus, dass die Jäger zur Übung ihrer Fertigkeiten auf Scheiben unterschiedlichster Art schießen und dabei auch Wettkämpfe bis hin zu nationalen und internationalen Meisterschaften untereinander austragen, wobei auch Titel und Preise errungen werden können.

Die scharfe Trennung zwischen Jagd und Schießsport hat zur Entwicklung unterschiedlicher Waffen geführt. Vor allem im 20. Jahrhundert ist eine immer schärfere Spezialisierung von Schusswaffen auf einzelne genau definierte Schießsportdisziplinen zu verzeichnen. Vereinzelt geht diese Spezialisierung so weit, dass man in Zweifel gerät, ob diese Produkte überhaupt noch als Waffen im ursprünglichen Sinn bezeichnet werden können.

Abgesehen von gelegentlichen technischen Entwicklungshilfen hat sich der militärische Bereich so sehr von den anderen genannten Bereichen abgegrenzt, dass heute generell zwischen dem militärischen und dem zivilen Waffen- und Schießwesen unterschieden werden kann. Letzteres lässt sich heute grob in drei Rubriken einteilen:

Jagd. Entgegen weit verbreiteten Meinungen ist das Waffen- und Schießwesen keineswegs das Wichtigste an der Jagd in unserem Sinne, wie bereits ausführlich dargelegt wurde. Aus der Vielseitigkeit der jagdlichen Aufgaben resultieren jedoch die verschiedensten Anforderungen an die Waffen und als Folge zahlreiche unterschiedliche Waffentypen. Ein Blick in die einschlägigen jagdlichen Lehrbücher oder in die Kataloge der großen Jagdausrüster vermag einen Eindruck davon zu vermitteln.

Schießsport. Er wird heute in zahlreichen, z. T. sehr unterschiedlichen Einzeldisziplinen ausgeübt, die jeweils – wie alle anderen Sportarten – ganz genau festgelegten Regeln hinsichtlich Ausrüstung und Durchführung unterliegen. Entsprechende Vereine und übergeordnete Fachverbände auf regionaler, nationaler und internationaler Ebene sorgen für entsprechende Ausrichtung. Die hohen Mitgliederzahlen der Schießsportorganisationen zeigen, welchen Anklang dieser Sport in der Bevölkerung findet.

Der DSB (Deutscher Schützenbund) hat rund 1,5 Millionen Mitglieder.

Verteidigung. Seit den Uranfängen der Menschheit haben Waffen auch stets der persönlichen Verteidigung ihres Trägers ge-

EINLEITUNG

gen Angriffe aller Art gedient. Wurden dafür in früheren Zeiten Faustkeil, Schwert und Degen benutzt, so sind es heute die modernen Faustfeuerwaffen: Pistole und Revolver. Während es einst als Recht des freien Mannes galt, eine Waffe zu tragen, so ist der Kreis der hierzu Berechtigten bei uns heute gesetzlich sehr stark eingeschränkt. Außer denen, die in hoheitlichen Funktionen bewaffnet sind (z. B. Polizei-, Zoll-, Forst-, Jagdschutz- und Fischereischutzbeamte), dürfen in der Regel nur noch solche Personen eine Waffe führen, die entweder persönlich überdurchschnittlich gefährdet sind oder die besondere Schutzaufgaben zu erfüllen haben (z. B. Personenschutz, kommerzielle Geld- und Werttransporte, Bewachung von Kernkraftwerken oder anderen hochsensiblen Anlagen usw.).

Insgesamt ergeben sich also auch in unserem heutigen Leben noch zahlreiche Verwendungszwecke für Waffen. Sie lassen sich im Prinzip alle aus den Uranfängen der Menschheit herleiten und über die vielen Jahrtausende der menschlichen Kultur verfolgen. Ohne Übertreibung kann man sagen: die Geschichte des Waffenwesens ist ein wesentlicher Teil, ja, ein Kernstück der Menschheitsgeschichte. Viele historische Entwicklungen lassen sich nur unter Hinzuziehung der Waffengeschichte erklären.

Zweifellos gehören Waffen damit zum Kulturgut der Menschheit, und zwar zu einem Kulturgut, das sich in allen Kulturkreisen von den Anfängen bis heute kontinuierlich verfolgen lässt. Auch in ihrer historischen Bedeutung lassen sich Waffen für militärische, jagdliche, sportliche und Verteidigungszwecke unterscheiden und damit den Entwicklungsphasen unterschiedlicher Anwendungsgebiete zuordnen.

Damit gewinnt auch das Sammeln von Waffen, ihre Einordnung in geschichtliche Abläufe, die gegenseitige Inbeziehungsetzung historischer Fakten und waffentechnischer Entwicklungen usw. eine beträchtliche geschichtlich-kulturelle Bedeutung. Der Gesetzgeber hat diese in dem geltenden deutschen Waffengesetz ausdrücklich anerkannt und somit die Waffe nicht nur als vielseitigen Gebrauchsgegenstand, sondern auch als Kulturgut gewürdigt.

A Die Grundlagen der Sachkundeprüfung

DIE RECHTLICHEN GRUNDLAGEN   A

Die rechtlichen Grundlagen 15

Die verwaltungsmäßigen Grundlagen 17

Die sachlichen Grundlagen 18

Die rechtlichen Grundlagen

Gegenwärtig werden in der Bundesrepublik Deutschland alle waffenrechtlichen Angelegenheiten geregelt von dem »Gesetz zur Neuregelung des Waffenrechts (WaffRNeuRegG)« vom 11. Oktober 2002 nebst zwei dazu gehörigen Anlagen (BGBl. I S. 3970).

Eine Reihe von Ermächtigungen nach diesem Gesetz sowie das Verbot von Vorderschaftrepetierflinten, bei denen der Hinterschaft durch einen Pistolengriff ersetzt ist, sind seit dem Tag nach der Verkündung dieses Gesetzes (also seit dem 12. Oktober 2002) in Kraft, das übrige Gesetzeswerk ab dem 1. April 2003.

Die im Rahmen des vorhergehenden Waffengesetzes erlassenen Verordnungen, insbesondere die »Erste Verordnung zum Waffengesetz (1. WaffV)« in der Fassung der Bekanntmachung vom 10. März 1987 (BGBl. I S. 777), zuletzt geändert durch Artikel 10 des Gesetzes vom 11. Oktober 2002 (BGBl. I S. 3970), die zweite WaffV vom 13. Dezember 1976 (BGBl. I S. 3387) und die dritte WaffV in der Fassung der Bekanntmachung vom 2. September 1991 (BGBl. I S. 1872) wurden aufgehoben. Die Kostenverordnung (WaffKostV oder 4. WaffV) zum Waffengesetz in der Fassung der Bekanntmachung vom 20. April 1990 (BGBl. I S. 780), zuletzt geändert durch die Verordnung vom 10. Januar 2000 (BGBl. I S. 38) und die Verordnung über Ausnahmen für bestimmte Dienststellen, die 5. WaffV in der Fassung der Bekanntmachung vom 11. August 1976 (BGBl. I S. 2117), zuletzt geändert durch Art. 389 der VO vom 31. Oktober 2006 (BGBl. I S. 2407) bleiben bestehen. Die neu ausgearbeitete WaffVwV wurde mehr als einmal auf den Weg gebracht, scheiterte jedoch jeweils an Einwänden der Länder. Am 22. März 2012 wurde die Allgemeine Verwaltungsvorschrift zum Waffengesetz (WaffVwV) vom 05.03.12 im Bundesanzeiger veröffentlicht. Gleichzeitig trat die Allgemeine Verwaltungsvorschrift zum Waffengesetz in der Fassung der Bekanntmachung vom 29. November 1979 (Beilage Nr. 40/79 zum BAnz. Nr. 229 vom 7. Dezember 1979), die zuletzt durch die AVwV vom 20. Oktober 1994 (BAnz. Nr. 206a vom 29. Oktober 1994) geändert worden ist, mit Ausnahme der Anlagen 1 bis 26 des Verzeichnisses der Anlagen, außer Kraft.

Die WaffVwV gibt nicht nur den Behörden Hinweise, wie sie zu entscheiden haben, sondern ist auch wegweisend für jeden Einzelnen beim Vorgehen in waffenrechtlichen Angelegenheiten.

Um dieses Buch und damit auch den Benutzer nicht ständig mit Wortgetümen belasten zu müssen, werden in den Ausführungen dieses Buches die auf Seite 6 zusammengestellten Abkürzungen benutzt.

Generell sei betont, dass dieses Buch kein Buch über das gesamte Waffenrecht ist. Vielmehr werden waffenrechtliche Vorschriften nur insoweit aufgeführt, wie sie für die Ablegung der Waffen-Sachkundeprüfung und/oder den praktischen Umgang mit Waffen (für Jäger, Sportschützen, Waffenscheininhaber, Waffensammler usw.) von Bedeutung sind. Zur weiterführenden rechtlichen Orientierung wird auf die Originaltexte der Gesetze und Verordnungen bzw. auf entsprechende juristische Bücher, insbesondere Kommentarausgaben, verwiesen.

A DIE GRUNDLAGEN DER SACHKUNDEPRÜFUNG

Das jetzige Waffengesetz der Bundesrepublik Deutschland macht u. a. einen Sachkundenachweis zur Voraussetzung für die Erteilung von Waffenbesitzkarte, Munitionserwerbsschein, Waffenschein und Schießerlaubnis. Vor 1973 brauchten lediglich die Waffenhersteller und Waffenhändler eine Sachkunde nachzuweisen.

Außerdem mussten die Jäger vor Erlangung ihres ersten Jagdscheins eine vor gut 70 Jahren eingeführte und seither in ihren Anforderungen immer mehr verschärfte Sachkundeprüfung, die sog. Jägerprüfung, nach den Vorschriften der Jagdgesetze ablegen. Diese Jägerprüfungen umfassen neben zahlreichen anderen Sachgebieten auch das zivile Waffen- und Schießwesen und die einschlägigen gesetzlichen Vorschriften. Alle übrigen Personen jedoch mussten für waffenrechtliche Genehmigungen zwar ein Bedürfnis nachweisen, nicht aber eine Sachkunde. Dadurch war es möglich, dass beispielsweise ein Bankbote oder ein ständig große Lohnsummen transportierender Angestellter einer Baufirma eine Pistole kaufen und in der Öffentlichkeit führen durfte, ohne die geringsten Kenntnisse im Umgang mit Waffe und Munition, über das Notwehrrecht oder andere wichtige Bestimmungen besitzen zu müssen.

Bedenkt man, welches Unheil durch unsachgemäße Handhabung von Schusswaffen und Munition angerichtet werden kann und welche Verantwortung demgemäß jeder Waffenbesitzer trägt, so ist die Einführung eines Sachkundenachweises zweifellos sehr zu begrüßen. Der Gesetzgeber stellt seit 1973 an den Waffenbesitzer ähnliche Anforderungen wie sie von den Inhabern eines Führerscheins oder eines Jagdscheins verlangt werden.

Das hier nach dem Stand von 2002 zugrunde gelegte Waffengesetz macht in seinem § 7 die Sachkunde zur Voraussetzung für die Erteilung der genannten waffenrechtlichen Genehmigungen. Nach § 7 Abs. 1 hat den Nachweis der Sachkunde erbracht, wer eine Prüfung vor der dafür bestimmten Stelle bestanden hat oder seine Sachkunde durch eine Tätigkeit oder Ausbildung nachweist. Nähere Einzelheiten regelt das WaffG in § 7 und die AWaffV in den §§ 1 bis 3.

Die Sachkunde hat nachgewiesen, wer eine Prüfung vor der dafür bestimmten Stelle bestanden hat oder anderweitig nachweist (§ 7 Abs. 1). Der Umfang der Sachkunde bezieht sich auf Rechtsvorschriften des Waffen- und Beschussrechts sowie der Notwehr, auf das waffentechnische Gebiet von Schusswaffen und Munition, sowie die sichere Handhabung von Waffen und Munition einschließlich der Fertigkeiten beim Schießen (§ 1 Abs. 1 Nr. 1 bis 3 AWaffV). Welche Möglichkeiten für den anderweitigen Nachweis der Sachkunde in Betracht kommen, zählt § 3 Abs. 1 AWaffV auf. Die Sachkunde gilt z. B. als nachgewiesen, wenn der Antragsteller

1. a) die Jägerprüfung bestanden hat oder durch eine Bescheinigung eines Ausbildungsleiters für das Schießwesen nachweist, dass er die erforderlichen Kenntnisse durch Teilnahme an einem Lehrgang für die Ablegung der Jägerprüfung erworben hat,

b) die Gesellenprüfung für das Büchsenmacherhandwerk bestanden hat, oder

2. a) seine Fachkunde nach § 22 Abs. 1 Satz 1 des Waffengesetzes (Prüfung für gewerbsmäßige Waffenhersteller und Waffenhändler) nachgewiesen hat,

b) mindestens drei Jahre als Vollzeitkraft im Handel mit Schusswaffen und Munition tätig gewesen ist oder

c) die nach § 7 des Waffengesetzes nachzuweisenden Kenntnisse aufgrund einer anderweitigen, insbesondere behördlichen oder staatlich anerkann-

DIE VERWALTUNGSMÄSSIGEN GRUNDLAGEN   A

ten Ausbildung oder als Sportschütze eines anerkannten Schießsportverbandes erworben und durch eine Bescheinigung der Behörde, des Ausbildungsträgers oder Schießsportverbandes nachgewiesen hat, sofern die Tätigkeit nach Nummer 2 Buchstabe b oder Ausbildung nach Nummer 2 Buchstabe c ihrer Art nach geeignet war, die für den Umgang mit der beantragten Waffe oder Munition erforderliche Sachkunde zu vermitteln.

Die unter Nr. 1 genannten Personengruppen sind also von jeder weiteren Sachkundeprüfung befreit. In den unter Nr. 2 genannten Fällen gilt die Sachkunde jedoch nur als erwiesen, sofern die Tätigkeit oder Ausbildung ihrer Art nach geeignet war, die erforderliche Sachkunde zu vermitteln. Es muss also jeweils geprüft werden, ob auf die Sachkundeprüfung teilweise, z. B. hinsichtlich der waffentechnischen Kenntnisse, oder ganz verzichtet werden kann oder ob sie voll durchgeführt werden muss. So kann z. B. der Nachweis der Sachkunde als Sportschütze durch die Vorlage einer entsprechenden Bescheinigung eines Schießsportvereins geführt werden, sofern sichergestellt ist, dass von ihm vergleichbare Prüfungen durchgeführt werden.

Die erforderlichen Kenntnisse brauchen nur für die Schusswaffen- oder Munitionsarten nachgewiesen zu werden, für die die Erlaubnis beantragt worden ist (§ 1 Abs. 2 AWaffV). Andererseits muss derjenige, der eine Erlaubnis zur nichtgewerblichen Waffenherstellung (§ 26) beantragt, eine weitergehende Sachkunde über waffentechnische, innerballistische und Werkstoffkenntnisse erbringen. Wie weit die letzteren zu gehen haben, ob und in welchem Umfang sie sich an den Kenntnissen zu orientieren haben, die für die Erlaubnis zur gewerblichen Waffenherstellung gefordert werden, ist nicht näher geregelt.

Die Durchführung der Sachkundeprüfung wird im nächsten Kapitel näher behandelt. Bei Nichtbestehen kann die Prüfung auch mehrmals wiederholt werden. Der Prüfungsausschuss kann bestimmen, dass die Prüfung erst nach Ablauf einer bestimmten Frist wiederholt werden darf (§ 2 Abs. 5 AWaffV).

Die verwaltungsmäßigen Grundlagen

Nach § 2 der AWaffV bildet die zuständige Behörde Prüfungsausschüsse für die Abnahme der Sachkundeprüfung. Jeder Prüfungsausschuss besteht aus dem Vorsitzenden und zwei Beisitzern, wobei die Mitglieder sachkundig sein müssen und nicht mehr als ein Mitglied des Ausschusses in der Waffenherstellung oder im Waffenhandel tätig sein darf. Der Prüfungsausschuss entscheidet mit Stimmenmehrheit. Über das Ergebnis der Prüfung ist dem Bewerber ein Zeugnis auszustellen, das von dem Ausschussvorsitzenden zu unterzeichnen ist. Außerdem muss über das Ergebnis und den wesentlichen Inhalt der Prüfung eine Niederschrift aufgenommen, vom Ausschussvorsitzenden unterzeichnet und der zuständigen Behörde zugeleitet werden. Abgesehen von diesen allgemeinen Vorschriften bleibt die Vorbereitung und Durchführung der Sachkundeprüfungen der jeweils zuständigen Behörde überlassen.

Da sich mit Ausnahme der Jagdscheininhaber und der zahlenmäßig überhaupt nicht ins Gewicht fallenden Waffenhersteller und Waffenhändler fast alle Antragsteller (Sportschützen, Waffensammler, Waffenscheininhaber u. a.) bei erstmaligem

17

A DIE GRUNDLAGEN DER SACHKUNDEPRÜFUNG

Anträgen für waffenrechtliche Genehmigungen einer derartigen Prüfung unterziehen müssen, ist die Zahl der Prüfungsanwärter so groß, dass sie von ehrenamtlichen Prüfungsausschüssen nicht bewältigt werden kann. Beispielsweise hat allein die Dachorganisation der Sportschützen, der Deutsche Schützenbund, über eine Million Mitglieder. Es ist deshalb von Anfang an von verschiedenen Seiten angestrebt worden, zumindest die Prüfung der zahlenmäßig weitaus stärksten Gruppe, der Sportschützen, auf die Unterorganisationen des Deutschen Schützenbundes zu delegieren. Bei den seit vielen Jahren eingespielten Jägerprüfungen hat es sich bestens bewährt, die Vorbereitung und Durchführung auf die regionalen Organisationen des Deutschen Jagdschutz-Verbandes zu übertragen. Eine entsprechende Regelung der Sachkundeprüfung nach dem Waffengesetz hinsichtlich der Sportschützen ist zunächst in einzelnen Bundesländern als so genannte Sportschützenprüfung praktiziert worden und hat sich dort sachlich, organisatorisch und wohl auch noch in mancherlei weiterer Beziehung sehr positiv ausgewirkt. Durch die Fassung der WaffVwV vom 29. November 1979, Nr. 31.2 ist die Durchführung derartiger Prüfungen durch Schießsportvereine ganz offiziell anerkannt worden. Heute geregelt insbesondere in § 3 Abs. 3 AWaffV.

Bei dieser Regelung kann davon ausgegangen werden, dass diejenigen Sportschützen, die bereits mindestens sechs Monate aktiv am Schießsport teilgenommen haben, ausreichende praktische Fähigkeiten im Umgang mit Waffen und Munition besitzen. Bei ihnen wird also eine Prüfung der erforderlichen theoretischen und rechtlichen Kenntnisse vollauf genügen. Entsprechend geschulte und anerkannte Schießsportfunktionäre können in den Untergliederungen des Deutschen Schützenbundes derartige Prüfungen abhalten und entsprechende Bescheinigungen erteilen.

Bei Bewährung dieser Regelung hinsichtlich der Sportschützen könnte man daran denken, auch die Prüfung anderer größerer Personengruppen auf die entsprechenden Fachverbände zu delegieren. In dieser Beziehung wäre beispielsweise an die Waffensammler oder an diejenigen zu denken, die als Freizeitkapitäne eine Signalpistole erwerben wollen. Gewisse diesbezügliche Anfänge gibt es bereits seit einiger Zeit.

Die sachlichen Grundlagen

Welche Kenntnisse grundsätzlich in der Sachkundeprüfung zu fordern sind, ist in § 1 AWaffV festgelegt. Es geht hier kurz formuliert

1. um den Umgang mit Waffen und Munition und die hierbei zu beachtenden Rechtsvorschriften.
2. um Funktionsweisen von Waffen, Ballistik, Geschosswirkungen und -reichweiten, verbotene Gegenstände sowie solche, die keine Schusswaffen sind
3. um die Handhabung der Waffen und Munition sowie Schießfertigkeiten.

Wie weit die Kenntnisse im einzelnen zu gehen haben oder was unter »ausreichend« zu verstehen ist, wird in dieser Verordnung nicht näher angegeben. Man wird jedoch nach der allgemeinen Zielsetzung des Waffengesetzes davon ausgehen dürfen, dass einerseits keine überspitzten Fachkenntnisse, andererseits aber so weitreichende Kenntnisse und Fähigkeiten verlangt werden, dass der Prüfling

1. die von ihm zu erwerbende Waffe einschließlich der dazugehörigen Munition so sicher handhaben kann, dass durch

DIE SACHLICHEN GRUNDLAGEN A

Unkenntnis verursachte Unfälle weitgehend ausgeschlossen sind,
2. nicht aus Unwissenheit grob gegen das Waffengesetz oder andere für einen Waffenbesitzer wichtige Gesetze verstoßen wird.

In dem durch diese Zielsetzung und die gesetzlich vorgeschriebenen Sachgebiete gesteckten Rahmen verbleibt immer noch ein beträchtlicher Spielraum. Offensichtlich verläuft hier eine ähnliche Entwicklung, wie sie in den vergangenen rund sieben Jahrzehnten bei der Jägerprüfung zu beobachten war: anfangs werden nur die wichtigsten und notwendigsten Kenntnisse verlangt, dann werden langsam im Laufe von Jahren und Jahrzehnten – unter gleichzeitiger Schaffung und Weiterentwicklung entsprechender Lehrbücher, Nachschlagewerke und Repetitorien sowie unter Einrichtung von Vorbereitungslehrgängen – die Anforderungen weiter gesteigert. Dadurch wird nach und nach das Wissensniveau in den zum Waffenbesitz oder Waffenführen berechtigten Personengruppen angehoben, gleichzeitig die Unfallrate und die Quote an fahrlässigen Verstößen gegen das Waffengesetz und andere infragekommende Vorschriften gesenkt.

In der WaffVwV Nr. 7.3 letzter Satz heißt es:»Die Prüfungsausschüsse nach § 2 AWaffV legen der Prüfung den vom Bundesverwaltungsamt (BVA) herausgegebenen Fragenkatalog zugrunde.« Die Geschichte dieses amtlichen Fragenkatalogs bestätigt die vorstehenden Vermutungen über die zukünftige Entwicklung der Waffen-Sachkundeprüfung. Die erste Fassung dieses Fragenkatalogs war zweifellos mit der heißen Nadel genäht und wurde bald ersetzt. Doch auch die neueste Fassung wird von vielen Prüfern lediglich als Anhalt und Richtlinie zugrunde gelegt, im einzelnen jedoch nicht benutzt, da sie in dieser Form

zu praxisfremd ist. Vielmehr bemühen sich die Prüfer, auf der Basis des amtlichen Fragenkatalogs eigene, praxisgerechte Fragen zu formulieren. Entsprechend verhalten sich diejenigen, die Antragsteller auf die bevorstehende Prüfung vorbereiten.

Dieser Leitfaden soll diejenigen Sachfragen behandeln, die entweder für die Sachkundeprüfung unerlässliches Wissensgut oder für die Antragsteller oder für die zuständigen Sachbearbeiter der Behörden und für sonstige Leser besonders wissenswert sind. Dabei wird der Stoff in die vorgeschriebenen Sachgebiete aufgegliedert, diese aber wieder so weit untergliedert, dass anhand des Inhaltsverzeichnisses ein schnelles Auffinden bestimmter Teilgebiete möglich ist.

Der Fragenkatalog kann im Internet unter www.bundesverwaltungsamt.de abgerufen werden.

Nach § 2 Abs. 3 AWaffV besteht die Sachkundeprüfung aus einem theoretischen und einem praktischen Teil. Im Hinblick auf das angestrebte Ziel einer möglichst unfallsicheren Waffenhandhabung wird man zweckmäßigerweise alle Fragen, welche die sichere Handhabung von Waffen und Munition betreffen, praktisch prüfen, indem man den Prüflingen die betreffenden Waffen mit der dazugehörigen Munition vorlegt und sie den sicheren Umgang damit demonstrieren lässt. Da nach der ehemaligen WaffV nur Kenntnisse über diejenigen Schusswaffen- und Munitionsarten nachgewiesen werden müssen, für die Erlaubnis beantragt worden ist, muss der Prüfungsausschuss die entsprechenden Waffen- und Munitionsarten (möglichst unscharfe so genannte Exerzierpatronen) bereitstellen. Um Missverständnissen zu beggnen, sei betont, dass in der Verordnung von »Schusswaffen- und Munitionsarten«, nicht von dem jeweiligen Modell die Rede ist. Bei den zahllosen auf dem

19

A DIE GRUNDLAGEN DER SACHKUNDEPRÜFUNG

Weltmarkt befindlichen Waffenmodellen der unterschiedlichsten Fabrikate ist es oftmals unmöglich, für eine Sachkundeprüfung gerade diejenige Waffe zu beschaffen, für die ein Prüfling die Genehmigung beantragt hat. Hier genügt es durchaus, wenn der Prüfungsausschuss dem Prüfling eine Schusswaffe gleicher Art – also beispielsweise eine Selbstladepistole – aber anderen Fabrikats und Modells vorlegt.

Da es auf dem zivilen Sektor viele hundert Waffenmodelle gibt, ist es praktisch unmöglich, die Handhabung aller dieser oftmals sehr unterschiedlichen Systeme zu beschreiben. In diesem Buch können nur Beispiele gezeigt und besprochen werden.

Ein Antragsteller, der eine Sachkundeprüfung ablegen will, tut deshalb gut daran, sich rechtzeitig vor der Prüfung von seinem Waffenhändler eine Gebrauchsanleitung für die von ihm beantragte Waffe geben zu lassen, diese zu studieren und sich schließlich von dem Waffenhändler in der praktischen Handhabung der Waffe unterweisen zu lassen oder an einem entsprechenden Kurs teilzunehmen. Die auf diese Weise erworbenen Kenntnisse genügen vollauf für den gesetzlich vorgeschriebenen Sachkundenachweis.

Ob die Sachkundeprüfung auch eine Schießprüfung umfassen soll oder kann, ist bislang nicht geklärt. Mit Sicherheit dürfen bei der Sachkundeprüfung keine größeren Anforderungen an die Schießkünste des Kandidaten gestellt werden. Andererseits gehören gewisse Minimalleistungen im Schießen zum sicheren Umgang mit der Waffe. Auch in der Jägerprüfung werden seit Jahren gewisse Minimalleistungen im Schießen verlangt. Bedenkt man, dass der Jäger seine Schusswaffe in der freien Landschaft, der Waffenscheininhaber dagegen meist in geschlossenen Ortschaften führt, wäre die Forderung von Minimalleistungen im Schießen zumindest für künftige Waffenscheininhaber sicherlich nicht unbillig. Sollte in Zukunft im Rahmen der praktischen Sachkundeprüfung auch ein Schießen mit gewissen Minimalanforderungen durchgeführt werden, so kann man dem Prüfling auch hier nur empfehlen, sich von seinem Waffenhändler mit der beantragten Waffe auf dem Schießstand im Schießen unterweisen zu lassen oder an einem entsprechenden Kurs teilzunehmen.

Den richtigen und sicheren Umgang mit Waffe und Munition einschließlich des eigentlichen Schießens wird man also am besten unter der praktischen Anleitung des Waffenhändlers oder einer anderen hierin erfahrenen Person erlernen – weit schneller und besser als aus einem Lehrbuch. Im einzelnen wird es dabei auf folgende Punkte ankommen:

1. laden, entladen, sichern und entsichern der Waffe unter Beachtung aller Sicherheitsmaßnahmen;
2. anschlagen der Waffe und (simulierte oder scharfe) Schussabgabe;
3. Waffen reinigen, wie es nach jedem Schießen notwendig ist einschließlich des dafür erforderlichen Zerlegens – nicht ein gründliches Reinigen mit restloser Zerlegung, wie es vom Büchsenmacher vorgenommen werden sollte;
4. Beseitigung von Ladehemmungen und anderen leichten Waffenstörungen, soweit die Störungsbeseitigung aus Sicherheitsgründen unverzüglich vom Waffenbesitzer vorgenommen werden muss, gegebenenfalls Sicherheitsmaßnahmen, die zur Beseitigung einer akuten Gefahr durch die gestörte Waffe getroffen werden müssen;
5. zeigen und bezeichnen der »wesentlichen Teile« im Sinne des Waffengesetzes und anderer wichtiger Waffenteile;
6. zeigen und bezeichnen der Kaliberangaben und der Beschuss- bzw. Prüfzeichen an der Waffe;

DIE SACHLICHEN GRUNDLAGEN   A

7. Identifizierung der zu einer bestimmten Schusswaffe gehörigen Munition, um ein unfallträchtiges Laden falscher Munition auszuschließen.

Bei all diesen praktischen Übungen im Rahmen der Prüfung ist weniger auf die technische Perfektion als vielmehr und in allererster Linie auf die sichere Handhabung im Hinblick auf eine Unfallverhütung zu achten. Wichtigster Gesichtspunkt muss sein, dass eine geschlossene Schusswaffe – auch wenn sie ungeladen ist – niemals mit der Laufmündung in Richtung eines Menschen gehalten wird. Während die Prüfer bezüglich der Beantwortung vieler theoretischer Fragen eine gewisse Großzügigkeit walten lassen können, müssen sie in diesem Punkt im Interesse der Sicherheit eisern durchgreifen: wer während der Prüfung die Mündung einer geschlossenen Waffe in Richtung eines Menschen hält, ist auch bei noch so großem theoretischen Wissen als durchgefallen zu betrachten. Auch eine verständliche Prüfungsaufregung kann in diesem Punkt nicht als Entschuldigung gelten. Denn in der Praxis ist die Aufregung oftmals noch größer, und trotzdem muss die Waffe unfallsicher gehandhabt werden. Gerade die Unfallverhütung ist ja eins der Hauptmotive für die Einführung der Waffen-Sachkundeprüfung gewesen!

Da sowohl die praktische Handhabung der Waffen als auch das Schießen nur schwer aus Büchern erlernbar sind und es überdies wesentlich einfachere Möglichkeiten des Erlernens (z. B. durch Anleitung seitens des Waffenhändlers) gibt, sollen diese Dinge in diesem Leitfaden nicht beschrieben werden. Hier werden nur die Punkte behandelt, die theoretisch zu prüfen sind. Aus Gründen der leichteren Erfassbarkeit werden sie in Form von Fragen und Antworten dargestellt. Gleichzeitig werden dadurch den Prüfern Fragenkataloge für die Prüfung in die Hand gegeben.

Um Missverständnisse zu vermeiden, muss dazu gesagt werden, dass selbstverständlich eine Frage über den gleichen Gegenstand durchaus unterschiedlich formuliert werden kann. Die folgenden, beispielhaft angeführten, Fragen zielen sämtlich auf denselben Sachverhalt ab und erfordern die gleiche Antwort:

- Welches ist die Maximalschussweite Ihrer Waffe?
- Wie weit fliegen die Geschosse Ihrer Waffe bei günstigstem Abgangswinkel?
- Bis zu welcher Entfernung können unter unglücklichsten Umständen Menschen von Geschossen Ihrer Waffe gefährdet werden?
- Wie groß ist der Gefahrenbereich Ihrer Waffe?

Selbstverständlich ist seitens der Prüfer der Fragenkatalog dieses Buches nicht so aufzufassen, dass dem Prüfling sämtliche Fragen vorgelegt werden. Beispielsweise ist für alle Antragsteller unwichtig, die Ausschließungsgründe für die Erteilung waffenrechtlicher Genehmigungen zu kennen. In diesem Buch sind sie mehr der Vollständigkeit halber und zur allgemeinen Orientierung aufgeführt worden. Wird ein Antrag abgelehnt und fühlt sich der Antragsteller ungerecht behandelt, so kann er immer noch im Waffengesetz oder in der einschlägigen Literatur nachlesen.

Für Inhaber der speziellen Waffenbesitzkarten für Sammler oder für Sportschützen kann es gelegentlich von Bedeutung sein, zu wissen, welche Gegenstände überhaupt Schusswaffen im Sinne des Gesetzes sind, welche Schusswaffen welchen Bestimmungen des Waffengesetzes unterliegen, bei welcher Gesamtlänge die Grenze zwischen Lang- und Kurzwaffe gezogen worden ist oder was im rechtlichen Sinn unter einer

21

A DIE GRUNDLAGEN DER SACHKUNDEPRÜFUNG

Selbstladewaffe zu verstehen ist. Für die Inhaber einer Einzelerlaubnis, in der die betreffende Schusswaffe ganz genau festgelegt ist, erübrigen sich dagegen alle derartigen Fragen, da sie für ihn ohne Bedeutung sind.

Die Prüfung ist also konkret auf die Anforderungen auszurichten, die an den jeweiligen Prüfling zu stellen sind. Unwichtige Fragen sollten die Prüfer entweder vollkommen vermeiden oder zumindest nur am Rande stellen und bei der Bewertung des Prüfungsergebnisses nur untergeordnet berücksichtigen. Der umfassende Fragenkatalog dieses Buches soll lediglich Anregung und Material geben.

Auch die Formulierung der Fragen sollte so einfach, so verständlich und vor allem so praxisnah wie möglich sein. Deshalb sollte man das Abfragen irgendwelcher rechtlicher Definitionen oder sonstiger Gesetzestexte unterlassen und dafür fragen: Was dürfen Sie aufgrund der von Ihnen beantragten Erlaubnis in dieser oder jener konkreten Situation tun? Was dürfen oder müssen Sie tun, wenn diese oder jene Situation eintritt? Wie können oder dürfen Sie dieses durchführen, wann oder wie dürfen Sie es keinesfalls? Was haben Sie hinterher zu tun oder zu veranlassen? Anstatt also beispielsweise zu fragen, was unter »besitzen«, »erwerben« und »überlassen« im Sinne des Waffengesetzes zu verstehen ist, sollte man besser konkret fragen: »Dürfen Sie sich eine Waffe leihen oder Ihre Waffe verleihen?«, also nicht auf den abstrakten Begriff der »tatsächlichen Gewalt« abzielen, sondern auf die Praxis: welche Genehmigung braucht man wofür bzw. was darf man mit welcher Genehmigung? Anstatt zu fragen, was unter »schussbereit« und »zugriffsbereit« im Sinne des Waffengesetzes zu verstehen ist, sollte man besser fragen: »Wie bringen Sie (ohne einen Waffenschein zu besitzen) Ihre Waffe von Ihrer Wohnung auf den Schießstand – im Hosenbund, im Holster, in der Manteltasche, in einem speziellen Waffenkoffer oder wie?« Im Notwehrrecht ist völlig unsinnig die Frage: »Dürfen Sie töten?« – denn jede Schussverletzung kann tödliche Folgen haben. Nicht gut ist die Frage: »Dürfen Sie in einer Notwehrsituation auf Kinder schießen?« Besser ist es, eine konkrete Situation zu schildern und danach zu fragen: »Was tun Sie in dieser Lage?«

Selbstverständlich braucht die Antwort auf eine Frage nicht unbedingt dem vollen Wortlaut des Gesetzes oder der Antwort dieses Buches zu entsprechen. Stets kommt es weniger auf eine in jeder Hinsicht korrekte als vielmehr auf eine sinngemäß richtige Antwort an. In vielen Fällen genügt auch eine beispielhafte Aufzählung, etwa bei der Frage nach verschiedenen Geschossarten oder bei der Frage nach Kaliberbezeichnungen. Sowohl bei der Bewertung der einzelnen Antworten als auch bei der Bewertung des Gesamtergebnisses ist stets die große Zielsetzung der Sachkundeprüfung im Auge zu behalten: zu verhindern, dass durch grobe Unkenntnis Unfälle entstehen oder strafbare Handlungen begangen werden!

Oftmals kann man als Prüfer feststellen, dass ein Kandidat zwar auf eine Frage wie aus der Pistole geschossen einen auswendig gelernten Text heruntergerasselt, dass er aber damit keinerlei Vorstellung verbindet. Besonders häufig kann man diese Beobachtung beim Thema Notwehr machen. Auf eine entsprechende Frage wird zwar der genaue Wortlaut des § 32 Abs. 2 StGB aufgesagt. Vielfach können auch noch einzelne Begriffe, wie »gegenwärtig« oder »rechtswidrig« erklärt werden. Schildert dann jedoch der Prüfer eine konkrete Situation, so wird er nicht selten feststellen, dass der Prüfling sie zu den eben noch so schön aufgesagten Texten nicht in Beziehung bringen kann.

DIE SACHLICHEN GRUNDLAGEN A

Wollte man sich als Prüfer damit zufrieden geben, wäre die ganze Sachkundeprüfung eine Farce, bestenfalls dazu angetan, den Staatsbürgern durch ein Auswendiglernen und Aufsagen von Texten die Erlangung waffenrechtlicher Genehmigungen zu erschweren. Das aber kann nicht Sinn dieser Prüfung sein! Vielmehr soll der zukünftige Waffenbesitzer ja über Kenntnisse verfügen, die für ihn im Umgang mit den Waffen hilfreich sind!

Sowohl während der Ausbildung als auch während der Prüfung muss deshalb stets allergrößter Wert auf Praxisnähe gelegt werden! Beispielsweise lassen sich alle Dinge, welche sich direkt auf Waffe oder Munition beziehen, am besten prüfen, wenn der Prüfling sie an der Waffe oder einer Patrone zeigen kann. Insbesondere allen denjenigen Prüflingen, die durch ihren Beruf oder privat mehr praktisch-handwerklich orientiert sind, fällt eine solche Prüfungsweise sehr viel leichter. Sie hat zudem den Vorteil, dass die Prüfer den Kandidaten etwas länger hinsichtlich seines sicheren und sorgfältigen Umgangs mit der Waffe beobachten können. Alle sonstigen waffentechnischen oder rechtlichen Fragen behandelt man am besten in Form von praxisnahen Beispielen. Liegt der Verdacht nahe, dass der Kandidat mit auswendig gelernten Texten keine konkreten Vorstellungen verbindet, kann man ein und dieselbe Frage mehrfach an jeweils abgewandelten Beispielen abfragen.

Während der Prüfung sollte keinerlei Unterricht erteilt werden. Die Prüfer sollten sich darauf beschränken, eindeutige Fragen zu stellen und auf einer ebenso eindeutigen Antwort bestehen. Anschließend sollte man dem Prüfling zu verstehen geben, ob die Antwort richtig oder falsch war, gegebenenfalls kann seitens des Prüfers die Antwort richtig gestellt werden.

In diesem Buch ist bei den Antworten auf die meisten rechtlichen Fragen die jeweilige Stelle des Waffengesetzes beziehungsweise der zutreffenden Verordnung angegeben. Selbstverständlich braucht ein Prüfling diese Paragraphenangaben nicht zu wissen. Sie sind in diesem Buch nur gemacht worden, damit jeder Interessent sie auch im Originaltext des Gesetzes beziehungsweise der Verordnung nachlesen kann. Auch sind in dem hier vorliegenden Vorbereitungsbuch auf die Sachkundeprüfung nur die wichtigsten rechtlichen Fragen behandelt, soweit sie für die Sachkundeprüfung von Bedeutung oder für die Leser besonders interessant sind.

Das jetzt vor dem Leser liegende Buch stellt also einen Leitfaden für die Vorbereitung und Durchführung der theoretischen Sachkundeprüfung dar, wie sie für die Erteilung einer Waffenbesitzkarte, eines Munitionserwerbscheins, eines Waffenscheins oder einer Schießerlaubnis abgelegt werden muss. Die wesentlich weiter reichenden Anforderungen für die Genehmigungen zur gewerblichen oder nichtgewerblichen Waffenherstellung sowie zum Waffenhandel sind nicht berücksichtigt, da sie für die breite Masse der Waffeninteressenten Ballast sein und sie lediglich verwirren würden. Wer diese weiterreichenden Genehmigungen beantragt, wird im allgemeinen ohnehin eine entsprechende Berufsausbildung genossen haben. In den seltenen Fällen, in denen die Waffenherstellungserlaubnis aus reiner Liebhaberei beantragt wird, muss sich der Antragsteller durch ein gründliches Selbststudium die nötigen Kenntnisse aneignen.

B Die Handhabung von Waffen und Munition

ALLGEMEINE SICHERHEITSREGELN   B

Allgemeine Sicherheitsregeln 25

Waffenarten 34

Munitionsarten 59

Verteidigungswaffen 72

Jagdwaffen 79

Signalwaffen 85

Schießsport und Schießstandbetrieb 88

Waffenpflege und Waffenstörungen 96

Allgemeine Sicherheitsregeln

1 | Welches ist das oberste Gebot für jeden Umgang mit Schusswaffen?
Die Beachtung aller Sicherheitsmaßnahmen!

2 | Welches ist die wichtigste Sicherheitsregel im Umgang mit Schusswaffen?
Eine Schusswaffe ist immer als geladen zu betrachten, solange man sich nicht selber unmittelbar vorher vom Gegenteil überzeugt hat!

3 | Wann dürfen Sie Ihre Waffe auf einen Menschen richten?
Nur im Falle der Notwehr! Sonst niemals!!!

4 | Was ist vor jeder Schussabgabe zu beachten?
Vor jeder Schussabgabe hat sich der Schütze davon zu überzeugen, ob eventuell durch den Schuss Menschen gefährdet werden können.

5 | Darf mit jeder beliebigen Waffe geschossen werden?
Nein – nur mit Waffen, die zum Schießen zugelassen sind (D-162) und die funktionssicher sind.

6 | Wann gilt eine Waffe als funktionssicher?
Wenn alle wichtigen Teile in einwandfreiem Zustand sind und alle Waffenfunktionen einwandfrei ablaufen. Als nicht funktionssicher haben z. B. Waffen zu gelten, die im Lauf oder Patronenlager Aufbauchungen, Rostnarben o. ä. aufweisen, deren Verschluss nicht einwandfrei schließt, deren Sicherung nicht zuverlässig ist, deren Schlagbolzen, Schlagstück oder Hahn nicht sicher einrastet oder sich verklemmt, deren Abzugswiderstand weit unter der jeweils vorgeschriebenen Untergrenze liegt oder die häufige Störungen in wichtigen Funktionen aufweisen. Gefahrenträchtige Funktionsstörungen sind z. B. das sog. Doppeln (B-182), waffenbedingte Versager, Schussauslösung beim Stechen usw. Auch auffällige oder schwer ausziehbare Hülsen können auf ernste Waffenfehler hinweisen.

7 | Wie dürfen Schusswaffen verwendet werden?
Nur ihrer jeweiligen Bestimmung gemäß, also z. B. nicht als Hiebwaffen, als Schlag- oder Brechwerkzeuge o. ä. Nicht bestimmungsgemäße Verwendungen können zu einer unbeabsichtigten Schussauslösung oder zu Waffenbeschädigungen führen, die für später Unfallgefahren in sich bergen.

8 | Was hat man vor dem Laden einer Schusswaffe zu tun?
Bevor man eine Schusswaffe lädt, soll man sich davon überzeugen, ob der Lauf frei von Hindernissen ist. Steckengebliebene Geschosse, Reinigungspolster u. ä., im Ext-

B | DIE HANDHABUNG VON WAFFEN UND MUNITION

Laufsprengung.

remfall sogar eine dicke Schicht steif gewordenen Waffenfetts, können Ursache für eine Laufaufbauchung oder gar eine Waffensprengung und damit einer schweren Verletzung des Schützen oder umstehender Personen werden. Falls der Lauf irgendwelche Hindernisse aufweist oder dick eingeölt ist, muss er vor dem Laden mit einem Reinigungspolster durchgezogen werden.

9 | Wie sind Waffen mit festsitzenden Hindernissen zu behandeln?

Aus Waffen, in deren Lauf oder Patronenlager sich festsitzende Hindernisse (stecken gebliebene Geschosse, abgelöste Geschossmäntel, abgebrochene Reinigungsstöcke o. ä.) befinden, darf keinesfalls geschossen werden. Es darf auch nicht versucht werden, diese Gegenstände aus dem Lauf herauszuschießen. Dabei würde die Waffe mit großer Sicherheit schwer beschädigt werden. Es bestünde sogar die große Gefahr einer Waffensprengung mit weitreichenden Folgen. Falls Fremdkörper sich nicht bequem mit einem Reinigungsstock hinausschieben lassen, sollte man sie niemals mit Gewalt zu entfernen versuchen. Bei jeder unsachgemäßen Gewaltanwendung im Lauf oder Patronenlager können Aufbauchungen oder andere Beschädigungen entstehen, welche die Waffensicherheit beeinträchtigen. Solche Waffen sollten so bald wie möglich dem Hersteller oder einem Büchsenmacher übergeben und dort eine fachgerechte Reparatur veranlasst werden.

10 | Was ist beim Laden zu beachten?

Beim Laden, Entladen und bei jedem sonstigen Hantieren ist eine Schusswaffe stets so zu halten, dass sie niemals in Richtung eines Menschen, sondern in eine ungefährliche Richtung, am besten gegen den Boden, gegen einen sicheren Kugelfang oder steil nach oben weist.

11 | Was ist ein sicherer Kugelfang?

Als sicherer Kugelfang (Geschossfang) kann nur ein Hindernis gelten, das
1. stark genug ist, das betreffende Geschoss sicher aufzuhalten, also nicht von dem Geschoss durchschlagen werden kann,
2. nicht das Geschoss ablenken und dadurch einen gefährlichen Querschläger verursachen kann.

Aus diesen beiden allgemeinen Forderungen ergibt sich, dass es einen sicheren Geschossfang schlechthin nicht gibt, sondern dass die Sicherheit eines Kugelfangs immer nur in Bezug auf eine ganz bestimmte Gruppe von Geschossen gesehen werden kann. Beispielsweise wird ein aus langem Gewehrlauf verschossenes militärisches Vollmantel-Spitzgeschoss ein viel

ALLGEMEINE SICHERHEITSREGELN   B

Beim Laden, Entladen und allem sonstigen Hantieren mit Waffen müssen diese stets gegen einen sicheren Geschossfang (notfalls bei einer Kipplaufwaffe mit Lauf nach unten, bei einer Waffe mit starrem System Lauf senkrecht nach oben) gerichtet werden!

prallern und Querschlägern. So ist dem Verfasser ein Unfall bekannt, bei dem ein Schütze aus einem Militärgewehr ein Vollmantelgeschoss im rechten Winkel auf eine Panzerplatte schoss und im gleichen Augenblick mit einem schweren Bauchschuss zusammenbrach, da das Geschoss von der Panzerplatte abgeprallt und in Schussrichtung zurückgeflogen war. Querschläger können auch bei schrägem Auftreffen auf Betonwände, Mauerwerk, sogar auf Wasserflächen entstehen. Am günstigsten sind als Geschossfang weicher Boden oder Sand, aber auch weiches Holz, Stroh-, Stoff- und Papierballen o. ä.

12 | Was ist beim Entladen von mehrschüssigen Waffen zu beachten?
Es ist daran zu denken, dass sowohl mehrläufige Waffen als auch einläufige Mehrlader nach Schussabgabe weiterhin geladen sein können. Mehrläufige und Selbstladewaffen sind dann in der Regel voll feuerbereit; Revolver sind zwar nach Schussabgabe entspannt, aber gegebenenfalls auch weiterhin geladen.

13 | Was ist beim Entladen von Selbstlade- und Repetierwaffen zu beachten?
Es ist daran zu denken, dass sich nach Entfernung oder Entleerung des Magazins noch eine Patrone im Patronenlager des Laufes befinden und damit die Waffe

dickeres Hindernis durchschlagen als ein aus kurzem Revolverlauf verschossenes Blei-Flachkopfgeschoss. Von Laien weit unterschätzt wird oft die Gefahr von Ab-

Offener Verschluss einer Vorderschaftrepetierflinte: Falls sich im Magazin eine Patrone befindet, ist die Waffe nach dem Vorziehen des Vorderschaftes geladen.

B DIE HANDHABUNG VON WAFFEN UND MUNITION

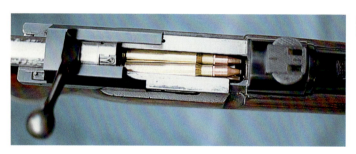

Unterladener Repetierer.

weiterhin schussbereit sein kann. Es muss deshalb nach dem Entladen stets auch das Patronenlager kontrolliert werden!

14 | Was ist beim Entladen von Revolvern zu beachten?

Es ist zu kontrollieren, ob alle Kammern der Trommel entladen worden sind.

15 | Welchen Zweck haben Sicherungen an Schusswaffen?

Die Verhinderung einer unbeabsichtigten Schussauslösung. Dabei sind zwei unterschiedliche Gesichtspunkte zu berücksichtigen. Zunächst ist an ein versehentliches oder spielerisches Betätigen des Abzugs zu denken. Das sollte zwar eigentlich nicht vorkommen, passiert aber tatsächlich in der Praxis immer wieder. Die Sicherung soll nun verhindern, dass dabei ein Schuss ausgelöst und möglicherweise ein Unfall verursacht wird.

In mindestens gleichem, wenn nicht noch stärkerem Maße ist daran zu denken, dass die Sicherung eine ohne Schuld des Waffenträgers erfolgende Schussauslösung verhindern soll, etwa durch ein Hängenbleiben des Abzugs an Knöpfen, Riegeln oder anderen Bestandteilen der Kleidung, durch ein Einhaken von Zweigen im Wald sowie von Drähten, Pfählen oder anderen Gegenständen, durch das Hochspringen eines Hundes an dem Waffenträger, aber auch durch Fall der oder Stoß gegen die Waffe, weiter durch Erschütterungen der Waffe z. B. beim Laufen oder Fahren im Gelände und ähnliche Einwirkungen.

Andererseits darf die Sicherung nicht so beschaffen sein, dass sie – insbesondere bei Verteidigungs- oder Jagdwaffen – die Schussabgabe unnötig und damit unter Umständen gefährlich verzögert. Letzteres kann nicht nur durch eine unzweckmäßige Konstruktion der Sicherung sondern auch durch das Vorhandensein mehrerer Sicherungen passieren. Eine derartige »Übersicherung« verleitet dazu, die Waffe ungesichert zu führen. Tatsächlich haben unpraktische Sicherungen oder »Übersi-

Es ist darauf zu achten, dass alle Kammern sicher durch den Ausstoßer geleert werden.

ALLGEMEINE SICHERHEITSREGELN B

cherungen« schon zu schweren, gelegentlich tödlichen Vorkommnissen geführt. »Übersicherungen« können also gerade das Gegenteil dessen bezwecken, was eigentlich Aufgabe der Sicherungen sein soll: eine größere Sicherheit für den Waffenträger und andere Personen.

16 | Wie sicher sind Sicherungen?

Es gibt eine ganze Reihe unterschiedlicher Sicherungssysteme, die auch einen unterschiedlich hohen Sicherheitsgrad aufweisen. Jeder Waffenbesitzer muss sich jedoch darüber im klaren sein, dass es keine in jedem Fall und unter allen Umständen hundertprozentige Sicherung gibt. Manche Sicherungen – auch an teuren Waffen – können schon bei einem harten Fall der Waffe unwirksam werden und eine unbeabsichtigte Schussauslösung zulassen.

17 | Welche Alternativen gibt es zu Sicherungen?

Sehr viel sicherer als eine »gesicherte« Waffe ist im allgemeinen eine entspannte Waffe, jedenfalls dann, wenn aufgrund der Konstruktion der Schlagbolzen bei ungespannter Waffe die Patrone nicht berühren kann. Die hochwertigen modernen Markenrevolver in- und ausländischer Produktion besitzen deshalb in der Regel keine Sicherung. Aufgrund ihrer Konstruktion können sie bei sofortiger, völlig verzögerungsfreier Schussbereitschaft ungespannt und dadurch absolut sicher getragen werden. Sie sind dadurch sehr viel sicherer als die meisten Selbstladepistolen mit Sicherung. Ähnliche Konstruktionsmerkmale wie die genannten Revolver bieten einige moderne Selbstladepistolen. Auch eine Reihe von Gewehrmodellen besitzt keine Sicherung, sondern kann im geladenen Zustand ungespannt und damit sehr viel sicherer getragen werden als eine gesicherte Waffe. Das Spannen geht bei manchen

Spannschieber auf einer Kipplaufbüchse. Hinten Schloss entspannt, vorne gespannt.

dieser Gewehre genauso schnell wie ein Entsichern. Waffen, die in geladenem Zustand entspannt sein können, sind anderen Waffen, die im geladenen Zustand immer gespannt sind und nur gesichert werden können, vorzuziehen. Die allerbeste Sicherung ist in jedem Fall das vollkommene Entladen einer Schusswaffe.

18 | Welche Grundtypen von Sicherungen gibt es?

Nach ihrer jeweiligen Wirkungsweise kann man die Sicherungen im wesentlichen in drei Gruppen einteilen:

1. Sicherungen, die lediglich den Abzug blockieren. Sie können ein unbeabsichtigtes Abziehen verhindern. Durch einen harten Schlag gegen die Waffe kann aber unter Umständen ein Schuss ausgelöst werden.

2. Sicherungen, welche die Kraftübertragung vom Abzug zu der das Schlagstück (bzw. Hahn) sperrenden Raste blockieren (so genannte Stangensicherungen). Diese bieten bereits eine etwas höhere Sicherheit.

3. Sicherungen, die den Schlagbolzen, die Schlagfeder oder das Schlagstück blockieren. Diese Sicherungen bieten den höchsten Sicherheitsgrad.

In der Abbildung auf Seite 30 sind diese drei Sicherungsarten im Prinzip dargestellt.

B DIE HANDHABUNG VON WAFFEN UND MUNITION

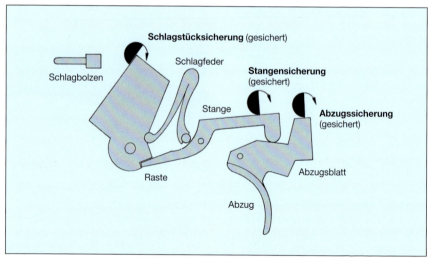

Schematische Darstellung der drei verschiedenen Sicherungssysteme von Kipplaufwaffen.

Die Sicherungswellen zeigen hier den gesicherten Zustand. Zum Entsichern werden sie um 90° geschwenkt. Im einzelnen kann die Ausführung jedoch sehr unterschiedlich sein. So können beispielsweise Schlagstück bzw. Hahn und Schlagbolzen entweder getrennt oder fest miteinander verbunden sein, was auch hinsichtlich des Sicherheitsmechanismus von Bedeutung ist. In anderen Fällen kann anstatt des Schlagstücks und/oder des Schlagbolzens die Schlagfeder blockiert werden. Bei einigen ganz neuen Konstruktionen kann der Schlagbolzen verschwenkt werden. Im einzelnen sind die Sicherungssysteme so vielfältig, dass sie hier nicht alle aufgeführt werden können. Die Abbildung soll nur zur grundsätzlichen Erläuterung dienen.

19 | Wie werden Sicherungen bedient?

Neben verschiedenen automatischen Sicherungen sind vor allem die per Hand zu bedienenden von Bedeutung. Als Sicherungshebel dienen Schieber oder Kipp- bzw. Schwenkflügel. Außerdem gibt es bei einigen Faustfeuerwaffen so genannte Griffstücksicherungen oder Griffrückensicherungen (auch Handballensicherung, da sie durch den Handballen ausgelöst wird). Beim festen Umfassen des Waffengriffes werden sie eingedrückt und entsichern dadurch die Waffe. Beim Loslassen des Waffengriffs treten sie mittels Federdruck wieder heraus und sichern dadurch die Waffe.

Es gibt automatische Sicherungen bei Kipplaufgewehren. Dabei wird durch das Betätigen des Verschluss- oder Öffnerhebels das Zurückschieben der Sicherung am Kolbenhals in die Stellung »sicher« bewirkt.

20 | Woran erkennt man, ob eine Waffe gesichert ist?

Bei bewusst manuell zu betätigenden Sicherungen sind in aller Regel Kennzeichen angebracht, mit deren Hilfe eindeutig zu erkennen ist, ob die Waffe gesichert oder ungesichert ist. Meistens werden die Buchstaben S (für sicher) und F (für Feuer) oder ein weißer (für sicher) und ein roter Punkt (für Feuer) verwendet. Da diese Merkmale

ALLGEMEINE SICHERHEITSREGELN B

Pistole Les Baer mit Handballensicherung (oben) im entsicherten Zustand und Schiebesicherung an Kipplaufwaffe (unten).

Zwei verschiedene Sicherungen an Repetierwaffen. Meist ist die Waffe entsichert, wenn der Sicherungsschieber oder -hebel in Schussrichtung betätigt wurde (oben gesichert, unten entsichert).

B DIE HANDHABUNG VON WAFFEN UND MUNITION

bei Dunkelheit nicht zu erkennen sind, sollte man sich merken, bei welcher Stellung des Sicherungshebels die eigene Waffe gesichert bzw. ungesichert ist.

21 | Besitzen Revolver Sicherungen?

Von den heute als Gebrauchs- oder Sportwaffen üblichen modernen Revolvern besitzen nur einige wenige Modelle eine manuell zu betätigende Sicherung. Alle anderen modernen Qualitätsrevolver haben jedoch eine innenliegende, an den Abzug gekoppelte Sicherung, die bewirkt, dass der Schlagbolzen die Patrone oder der Hahn den Schlagbolzen nur bei durchgezogenem Abzug erreichen kann. Solange der Abzug nicht durchgezogen und in der hinteren Stellung festgehalten wird, verhindert ein Hahnsperrstück das für eine Schussauslösung notwendige völlige Vorschnellen des Hahns. Dieses Hahnsperrstück verhindert eine unbeabsichtigte Schussauslösung selbst beim Bruch einer Abzugsraste, beim Abrutschen des Hahns über eine abgenutzte und nicht mehr sicher haltende Raste oder beim Abrutschen des Hahns beim Spannen zum Singleactionschießen. Diese automatisch wirkende Sicherung der modernen Revolver wirkt weit zuverlässiger als die meisten bewusst manuell zu betätigenden Sicherungen und kann dabei doch selbst in größter Aufregung und höchster Eile eine beabsichtigte Schussabgabe nicht verzögern oder gar verhindern. Sie ist damit den bewusst manuell zu betätigenden Sicherungen anderer Waffensysteme weit überlegen!

22 | Wie wird der Ladezustand von Waffen bezeichnet?

Waffen für Patronen- und Kartuschenmunition werden als geladen bezeichnet, wenn sich eine Patrone bzw. Kartusche im Patronenlager (bei Revolvern in der Trommel) befindet. Als teilgeladen oder unterladen werden Selbstlade- oder Repetierwaffen bezeichnet, bei denen sich keine Patrone im Patronenlager, jedoch eine oder mehrere Patronen im Magazin der Waffe befinden, so dass lediglich durch ein Repetieren der volle Ladezustand hergestellt werden kann.

23 | Woran erkennt man, ob eine Waffe geladen oder gespannt ist?

Viele Waffen, jedoch keineswegs alle, haben sicht- und/oder fühlbare Marken (z.B. sogenannte Signalstifte), an denen sich

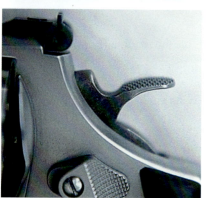

Bei durchgezogenem Abzug kann der Hahn den Schlagbolzen erreichen (oben), ansonsten ist eine Schussauslösung auch bei einem Fall auf den Hahn nicht möglich.

ALLGEMEINE SICHERHEITSREGELN B

Der Signalstift der Pistole Walther zeigt an, dass sich eine Patrone oder Hülse im Patronenlager befindet und die Signalstifte oder andere Gegebenheiten bei Waffen zeigen an, ob das oder die Schloss(e) gespannt sind.

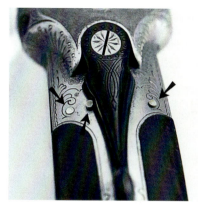

sehen oder auch bei Dunkelheit fühlen lässt, ob die Waffe geladen oder gespannt ist. Bei Schusswaffen mit außen liegendem Hahn kann man auch an dessen Stellung erkennen, ob die Waffe gespannt ist. Jeder Waffenbesitzer sollte sich diese von Modell zu Modell unterschiedlichen Merkmale seiner eigenen Waffe genau einprägen.

24 | Was ist bei der Übergabe einer Waffe zu beachten?
Bei Übergabe einer Schusswaffe an eine andere Person ist dieser der Bereitschaftszustand bekannt zu geben, z. B. »geladen und gesichert«. Ausnahmen hiervon dürfen nur gemacht werden, wenn der Zu-

stand auf den ersten Blick zweifelsfrei erkennbar ist, beispielsweise bei einer zerlegten Waffe, bei einem aufgeklappten Kipplaufgewehr o. ä.

25 | Was ist bei der Übernahme einer Waffe zu beachten?
Der Übernehmende hat sich sofort zu überzeugen, in welchem Bereitschaftszustand sich die Waffe befindet.

26 | Was ist hinsichtlich verschiedener Waffentypen zu beachten?
Bei den zahllosen Fabrikaten, Typen und Modellen von Verteidigungs-, Jagd- und Sportwaffen gibt es hinsichtlich der Hand-

B DIE HANDHABUNG VON WAFFEN UND MUNITION

Der Drilling mit separater Kugelspannung ist gesichert, die beiden Schrotläufe sind gespannt, das Kugelschloss entspannt. Ob geladen oder eingestochen ist, kann noch nicht gesagt werden.

habung so viele Besonderheiten, dass es unmöglich ist, sie hier alle zu beschreiben. Andererseits ist es aus Sicherheitsgründen unumgänglich notwendig, dass jeder Waffenbesitzer mit seiner Waffe vollauf vertraut ist und er sie in jeder Hinsicht sicher bedienen kann. Beim Erwerb einer Waffe sollte man sich deshalb als allererstes und allerwichtigstes mit allen ihren Eigenschaften gründlich vertraut machen! Das hat zunächst mit der ungeladenen Waffe zu geschehen, sodann mit Exerzierpatronen, Pufferpatronen oder notfalls mit leeren Patronenhülsen, erst dann auf einem für diese Waffe und diese Munition zugelassenen Schießstand mit scharfer Munition. Hierbei sind Waffenfunktion, Streuung und Treffpunktlage zu prüfen, gegebenenfalls zu korrigieren oder vom Büchsenmacher korrigieren zu lassen.

Waffenarten

27 | Bestehen Unterschiede zwischen waffentechnischen und waffenrechtlichen Definitionen?

Waffentechnische und waffenrechtliche Definitionen decken sich nicht in jedem Fall in allen Einzelheiten. In diesem Kapitel werden die waffentechnischen Definitionen und Erklärungen aufgeführt. Waffenrechtliche Definitionen finden sich in dem Abschnitt »Waffenrecht« dieses Buches. In Zweifelsfällen empfiehlt es sich, an beiden Stellen nachzulesen.

28 | Was sind Handfeuerwaffen?

Handfeuerwaffen sind – im Gegensatz zu Geschützen – alle Waffen, die von einer Person getragen und aus der Hand (also ohne Lafette o. ä.) abgefeuert werden können und bei denen zum Antrieb der Geschosse heiße Gase verwendet werden.

29 | Welche Hauptarten von Handfeuerwaffen unterscheidet man?

1. Gewehre oder Langwaffen, die mit einem Kolben oder einer Schulterstütze in die Schulter eingesetzt und mit beiden Händen gehalten werden.
2. Faustfeuerwaffen oder Kurzwaffen, die normalerweise nur mit einer Hand gehalten und abgefeuert werden.

30 | Welche Grundtypen von Gewehren gibt es?

Büchsen, Flinten und kombinierte Gewehre (s. Abb. S. 36/37).

31 | Was sind Büchsen?

Büchsen sind Gewehre mit gezogenen Läufen zum Verschießen von Einzelge-

WAFFENARTEN B

schossen. Es gibt sie (neben ausgefallenen Raritäten) als einläufige Einzel-, Mehr- und Selbstlader sowie als mehrläufige Büchsen. Von letzteren sind am verbreitetsten Doppelbüchsen mit zwei nebeneinander (Querdoppelbüchse) oder übereinander (Bockdoppelbüchse) liegenden Läufen sowie die sog. Bergstutzen (s. S. 36). Büchsen werden im zivilen Bereich zur Jagd (vor allem auf Schalenwild) und zum Scheibenschießen benutzt.

32 | Was sind Flinten?
Flinten sind Gewehre mit glatten Läufen zum Verschießen von Schrotladungen. Auch sie werden als einläufige Einzel-, Mehr- und Selbstlader sowie als mehrläufige Waffen hergestellt. Am weitaus verbreitetsten sind Doppelflinten mit zwei übereinander (Bockdoppelflinten) liegenden Läufen oder auch nebeneinander liegenden Läufen (Querflinten). Sehr selten sind Schrotdrillinge, also Gewehre mit drei Flintenläufen. Im zivilen Bereich werden Flinten zur Jagd (fast ausschließlich auf Niederwild) sowie zum Tontaubenschießen eingesetzt.

33 | Was sind kombinierte Gewehre?
Kombinierte Gewehre sind mehrläufige Gewehre, die mindestens einen Büchsen- und einen Flintenlauf enthalten: Büchsflinten, Bockbüchsflinten, Drillinge, Bockdrillinge, Doppelbüchsdrillinge, Vierlinge u. ä. (s. Abb. S. 37). Bei all diesen Waffentypen handelt es sich um reine Jagdgewehre, die in einer großen Kalibervielfalt angeboten werden.

34 | Was ist ein gezogener Lauf?
Ein gezogener Lauf hat im Gegensatz zum glatten ein schraubenförmig gedrehtes Profil. Die Zeichnung auf Seite 38 stellt einen Querschnitt dar. Die Vertiefungen in der Laufinnenwand nennt man Züge, die erhabenen Teile Felder. Fast alle neueren

Eine Lang- und zwei Kurzwaffen (ein Repetierer Steyr, ein Revolver Colt und eine Pistole von Les Bear).

B DIE HANDHABUNG VON WAFFEN UND MUNITION

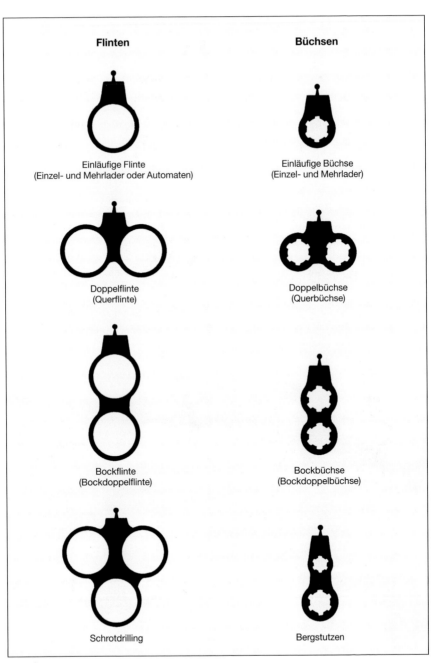

Gewehrtypen.

WAFFENARTEN **B**

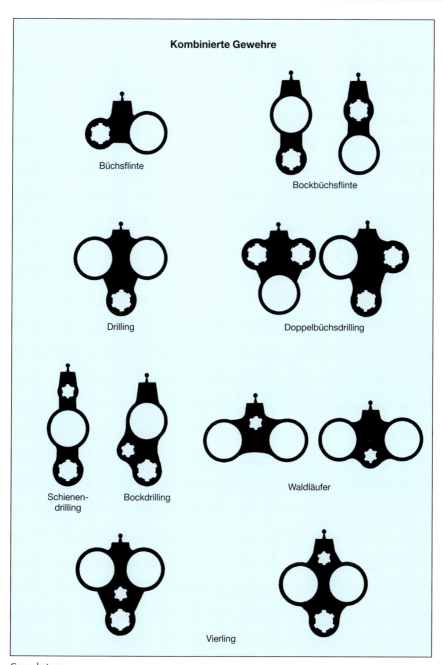

Gewehrtypen.

B DIE HANDHABUNG VON WAFFEN UND MUNITION

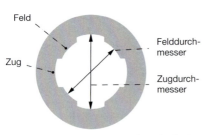

Querschnitt durch einen Büchsenlauf mit Zug- und Feld-Profil.

Waffen haben vier oder (seltener) sechs Züge und ebenso viele Felder. Andere Zug- und Feldzahlen sowie besondere Abweichungen in der Gestaltung von Zügen, Feldern, Drall usw. sind entweder historische Konstruktionen oder waffentechnische Spezialitäten, die hier vernachlässigt werden können.

35 | Wie groß ist die Zugtiefe?

Die Zugtiefe, also die Vertiefung der Züge gegenüber den Feldern, ist je nach der Waffenart und der daraus zu verschießenden Munition sehr unterschiedlich. Sie beträgt etwa 0,20 bis 0,25 mm.

36 | Was versteht man unter dem Drall?

Züge und Felder laufen nicht gerade durch den Lauf, sondern schraubenförmig gedreht. Diese Drehung wird als Drall bezeichnet. Je nachdem, ob sie in Schussrichtung gesehen rechts oder links herum läuft, spricht man von Rechts- oder Linksdrall. Der Drall ist für die Stabilisation des Geschosses sehr wichtig (keine Querschläger im Ziel und größere Präzision).

37 | Was versteht man unter der Dralllänge?

Die Strecke, die der Drall für eine vollständige Drehung benötigt, ist die Dralllänge. Sie liegt – je nach Kaliber, Geschosstyp, beabsichtigter Geschossgeschwindigkeit usw. – etwa zwischen 20 und 40 cm. Die Dralllänge kann für die Präzision bestimmter Geschosse in Relation zur Masse sehr entscheidend sein.

38 | Was sind Polygonläufe?

Bei den so genannten Polygonläufen wird der Drall nicht durch scharfkantige Züge und Felder bewirkt, sondern durch ein Vieleckprofil mit sehr fließend abgerundeten Ecken.

39 | Welche Eigenschaften haben Büchsen und Büchsengeschosse?

Die aus Büchsenläufen zu verschießenden Einzelgeschosse bringen bis auf mehrere hundert Meter Entfernung (unterschiedlich je nach Waffe und Munition) noch eine ausgezeichnete Präzision und Geschosswirkung. Sie eignen sich deshalb besonders zum Beschießen entfernter Ziele: z. B. bei der Jagd und auf Zielscheiben.

40 | Welche Eigenschaften hat der Schrotschuss?

Durch die Streuung der Schrotgarbe (C-53) können kleine oder sich schnell bewegende Ziele (z. B. Tontauben, fliegende Wildenten, schnell flüchtende Wildkaninchen) leichter getroffen werden als mit einem Einzelgeschoss. Außerdem hat der Schrotschuss durch den sog. Schrotseffekt auf kleine Tiere eine meist schlagartig tötende Wirkung. Andererseits ist die wirksame Schussentfernung sehr begrenzt: bei normalen Jagd- und Sportflinten und dafür üblicher Munition auf etwa 30 bis 40 Meter.

41 | Kann man aus Flintenläufen auch Einzelgeschosse verschießen?

Obwohl die glatten Flintenläufe eigentlich für den Schrotschuss bestimmt sind,

WAFFENARTEN **B**

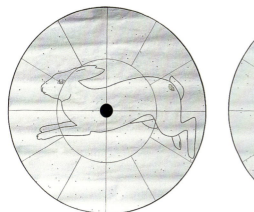
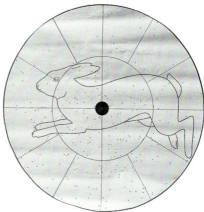

Die Streuung (Verteilung der Schrote) einer Schrotpatrone aus verschiedenen Chokebohrungen auf 35 m.

kann man aus ihnen auch speziell hierfür konstruierte Einzelgeschosse, die sog. Flintenlaufgeschosse, verschießen. Diese Flintenlaufgeschosse sind jedoch nur als Notlösung aufzufassen, da ihre Schusspräzision – im Vergleich zu den aus gezogenen Läufen verschossenen Büchsengeschossen – nur gering ist. Dadurch kommen die Flintenlaufgeschosse ausschließlich für jagdliche Zwecke auf kurze Entfernung (bis etwa Schrotschussentfernung, also bis etwa 40 m) in Frage, d.h. hauptsächlich für Nachsuchen auf krankes Schalenwild, ausnahmsweise auch für spezielle Saujagden. Sie werden meist auf Treibjagden auf Schwarzwild oder Nachsuchen von wehrhaftem Wild eingesetzt.

42 | Was versteht man unter der Würge- oder Chokebohrung?
Während man ursprünglich die glatten Flintenläufe vollkommen zylindrisch herstellte (Zylinderlauf, Zylinderbohrung), bohrt man sie jetzt schon seit langem so, dass sie sich kurz vor der Mündung mehr oder minder stark und auch in unterschiedlichen Formen verengen. Diese als Würgebohrung, Chokebohrung oder auch

Links drei Brenneke-Konstruktionen, dann das Sauvestre mit einer Geschossumhüllung geschlossen und offen sowie ganz rechts ein Flintenlaufgeschoss von RWS.

B DIE HANDHABUNG VON WAFFEN UND MUNITION

Schrotpatronen für Kurzwaffen.

einfach Choke bezeichneten Mündungsgestaltungen führen zur Verengung der Schrotgarbenstreuung und damit zu einer Vergrößerung der wirkungsvollen Schussentfernung, außerdem zu einer gleichmäßigeren Verteilung der Schrote innerhalb der Garbe (bessere Deckung). Im einzelnen kann man Art und Stärke des Choke je nach dem beabsichtigten Zweck sehr verschieden ausführen. Für unterschiedliche jagdliche und sportliche Zwecke kann man die jeweils günstigste Bohrung wählen. Es gibt auch Würgebohrungen, die nachträglich eingebaut werden können sowie verstellbare Chokeaufsätze.

43 | Kann man aus gezogenen Läufen auch Schrotladungen verschießen?

In einigen wenigen Kalibern gibt es auch Schrotpatronen zum Verschießen aus gezogenen Läufen. Sie bringen aber einerseits keine guten Ergebnisse und können andererseits unter Umständen dem Lauf schaden. Man sollte sie deshalb nur ausnahmsweise für besondere Spezialzwecke benutzen. Nennenswerte Bedeutung besitzen Schrotpatronen für Revolver zur Abwehr gefährlicher Giftschlangen in tropischen Ländern.

44 | Was versteht man unter Kleinkalibergewehr oder Kleinkaliberbüchse?

Im Gegensatz zu dem allgemeineren Begriff des kleinkalibrigen Gewehrs oder der kleinkalibrigen Büchse (Büchse mit relativ kleinem Kaliber jedoch für oftmals recht

KK Munition: .22 kurz, .22 lang, .22 Magnum und .22 Hornet.

WAFFENARTEN **B**

Flobert Munition in den Kalibern 6 mm, 7 mm, 9 mm und 9 mm Schrot.

unterschiedliche Munition) versteht man unter Kleinkalibergewehr (kurz: KK genannt) oder Kleinkaliberbüchse ein Gewehr mit gezogenem Lauf für die Patrone .22 l.r. (long rifle = lang für Büchsen). Diese Waffen werden in allererster Linie im Schießsport (einschließlich des jagdlichen Übungsschießens) benutzt, wofür sie aus verschiedenen Gründen besonders geeignet sind. Gelegentlich werden sie auch zur Jagd auf Kleinwild eingesetzt.

45 | Was sind Flobert-Gewehre?
Flobert-Gewehre (benannt nach dem französischen Büchsenmacher Flobert, 1819–1894), auch als Teschings, Gartenflinten usw. bezeichnet, sind leichte Gewehre in den Kalibern 6 mm und 9 mm (früher auch noch 7 mm) mit glatten oder gezogenen Läufen für die wirkungsschwachen Flobert-Randfeuerpatronen mit Rundkugel, kleinem Kegelgeschoss oder feinem Schrot. Heute sind diese Waffen in Deutschland nur noch wenig gebräuchlich. Bis 1945 waren sie dagegen, besonders in ländlichen und Stadtrandgebieten, zwecks Schädlingsbekämpfung (vor allem Mäuse, Ratten, Spatzen) in Scheunen, Gärten usw. sehr verbreitet. Sehr beliebt war die 9 mm Doppelschrot-Patrone, die aus glatten Läufen auf bis zu 15 m noch wirksam Ratten töten konnte. Dieser Einsatz war nach dem alten Waffenrecht im befriedeten Besitztum grundsätzlich erlaubt, nach dem neuen WaffG ist dies aber nicht mehr der Fall.

46 | Was sind Kipplaufgewehre?
Gewehre, bei denen zum Laden und Entladen nach Entriegeln des Verschlusses die Läufe abgekippt (»gebrochen«) werden. Fast alle mehrläufigen sowie einige einläufige Hinterladegewehre sind nach dem Kipplaufprinzip konstruiert (siehe S. 42).

41

B DIE HANDHABUNG VON WAFFEN UND MUNITION

Drillinge gehören zu den bekanntesten kombinierten Jagdgewehren. Hier ein Drilling (gebrochen) mit separater Kugelspannung (entspannt) im entsicherten Zustand. Die Schlosse für die Schrotläufe sind aufgrund der links und rechts vom Verschlusshebel herausragenden Signalstifte gespannt.

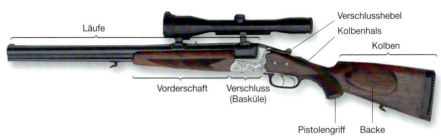

Bockbüchsflinte (Fa. Heym) geschlossen und gebrochen (unten).

47 | Was sind Repetierwaffen?

Repetierwaffen sind einläufige, mehrschüssige Waffen und besitzen ein Magazin für eine mehr oder minder große Zahl von Patronen, die jedoch nicht – wie beim Selbstlader – automatisch, sondern nur durch eine besondere Handlung des Schützen, das so genannte Repetieren, in

WAFFENARTEN B

Jagdrepetierer (Mod. Mauser 98).

Jagdrepetierer (Weatherby und Blaser) mit Geradezugverschluss (kein Anheben des Kammergriffes mehr erforderlich).

das Patronenlager nachgeführt werden. Gleichzeitig wird beim Repetieren die Hülse des vorherigen Schusses ausgeworfen und meistens auch das Schloss für den neuen Schuss gespannt. In Europa sind vor allem Repetierbüchsen bekannt, bei denen das Repetieren mit Hilfe eines rechtsseitigen (selten linksseitigen) Kammerstengels erfolgt (Mauser-System und ähnliche). In Amerika sind außerdem zwei andere Arten von Repetiersystemen weit verbreitet: die Unterhebelrepetierer (lever action) und die Vorderschaftrepetierer (pump action, slide action). Letztere werden vielfach auch als Flinten (pump guns) hergestellt. Da das Repetieren zwischen den Schüssen eine besondere manuelle Tätigkeit erfordert, zählen die Repetierwaffen zwar zu den Mehrladern, nicht aber zu den Selbstladern (siehe Abb. oben).

B DIE HANDHABUNG VON WAFFEN UND MUNITION

Der Mannlich-Schönauer, als Vertreter der Stutzen schlechthin.

48 | Was ist ein Stutzen?
Als Stutzen werden nach heutigem Sprachgebrauch Repetierbüchsen mit kurzem Lauf (etwa 50 cm gegenüber 60–65 cm bei sonstigen Repetierbüchsen) und bis an die Laufmündung reichendem so genannten Ganzschaft bezeichnet.

49 | Was ist ein Bergstutzen?
Im Gegensatz zum vorstehend beschriebenen Stutzen ist ein Bergstutzen ein Kipplaufgewehr mit zwei übereinander liegenden Büchsenläufen, von denen einer für eine Hochwildpatrone eingerichtet ist (z. B. 7 × 57 R, 7 × 65 R u. ä.) und der andere für eine kleinkalibrige Patrone (z. B. .22 WMR, .22 Hornet, .222 Rem. u. ä.). Das Mündungsbild eines solchen Bergstutzens ist auf Seite 36 abgebildet.

50 | Was ist ein Karabiner?
Als Karabiner wurden ursprünglich kürzere und leichtere Militärgewehre bezeichnet, die von berittenen Truppen, später auch von anderen oder gar allen Waffengattungen geführt wurden (z. B. Mauser K 98, US-Carbine .30 M1). Fälschlicherweise werden gelegentlich auch besonders kurze oder leichte Jagdbüchsen als Karabiner bezeichnet.

51 | Was bezeichnet man als Schaft?
Als Schaft bezeichnet man die (meist aus Holz, neuerdings teilweise auch aus Kunststoff bestehenden) Teile eines Gewehres, die einerseits die für die eigentlichen Schießvorgänge wichtigen Teile halten bzw. aufnehmen und die andererseits dem Schützen einen zweckmäßigen Anschlag mit dem Gewehr erlauben sollen. Man unterscheidet den hinter dem Verschlussgehäuse bzw. dem Abzugsbügel liegenden Hinterschaft (Kolbenhals mit oder ohne Pistolengriff und Kolben mit Kolbennase, Schaftbacke und Schaftkappe) und den vorn liegenden Vorderschaft (siehe Abbildung Seite 42). Eine gut, vielleicht gar nach Maß für den Besitzer angefertigte Schäftung kann sehr zu guten Schussleistungen beitragen. Eine alte Jägerweisheit besagt: »Der Lauf schießt, der Schaft trifft!«

Schaft für ein Repetiergewehr.

WAFFENARTEN B

52 | Welche Grundtypen von Faustfeuerwaffen gibt es?
Einläufige einschüssige Pistolen, mehrläufige Pistolen, Selbstladepistolen und Revolver. Als Gebrauchswaffen besitzen heute jedoch nur noch die Selbstladepistolen und die Revolver eine größere Verbreitung.

53 | Was sind automatische Waffen?
Automatische Waffen sind solche Schusswaffen, bei denen nach Abgabe eines Schusses durch die Rückstoßenergie oder durch den Gasdruck ein Mechanismus in Gang gesetzt wird, der die Patronenhülse auswirft, eine neue Patrone aus dem Magazin in das Patronenlager einführt und (außer bei den Double-Aktion-Only-Pistolen) das Schloss spannt, sodass die Waffe wieder voll schussbereit ist. Das WaffG definiert (Anl. 1, Nr. 2.3): Automatische Schusswaffen sind Schusswaffen, die nach Abgabe eines Schusses selbsttätig erneut schussbereit werden und bei denen aus demselben Lauf durch einmalige Betätigung des Abzuges oder einer anderen Schussauslösevorrichtung mehrere Schüsse abgegeben werden können.

54 | Was sind Selbstladewaffen oder halbautomatische Waffen?
Hier handelt es sich um solche automatischen Waffen (s. o.), bei denen für jeden Schuss der Abzug betätigt werden muss (z. B. mehrschüssige Pistolen).

55 | Was sind vollautomatische oder Maschinenwaffen?
Hier handelt es sich um solche automatischen Waffen (s. o.), die so lange feuern, bis entweder alle in der Waffe vorhandenen Patronen verschossen worden sind

Oben: einschüssige Kipplaufpistole, unten: Selbstladepistole und Revolver.

45

B | DIE HANDHABUNG VON WAFFEN UND MUNITION

Maschinengewehr (MG 4) und Maschinenpistole (MP 5) von Heckler und Koch.

oder der Abzug wieder vorgelassen wird (z. B. Maschinengewehr oder -pistole).

56 | Welche Arten von Selbstladewaffen gibt es?
Selbstladebüchsen, Selbstladeflinten und Selbstladepistolen.

57 | Was sind Rückstoßlader und was Gasdrucklader?
Bei Rückstoßladern wird der Selbstlademechanismus durch die Rückstoßenergie der jeweils abgeschossenen Patrone betätigt. Nach diesem Prinzip funktionieren die Selbstladepistolen sowie die für schwache Patronen vorgesehenen Selbstladebüchsen. Die Selbstladebüchsen für stärkere Patronen sowie die Selbstladeflinten sind überwiegend Gasdrucklader. Bei diesen wird durch seitliche Laufbohrungen ein Teil des beim Schuss entstehenden Gasdrucks abgeleitet und zur Betätigung des Selbstlademechanismus benutzt.

58 | Was sind Mehrladewaffen?
Mehrladewaffen sind einläufige (in sehr seltenen Fällen mehrläufige) Schusswaffen

Selbstladebüchse Remington als Gasdrucklader (oben) und Franchi-Flinte als Rückstoßlader (unten).

WAFFENARTEN B

Ein Pistole von Glock, als eine Vertreterin der vielen Mehrladerwaffen, hier mit eingeführtem Magazin und Reservemagazin mit Ladegerät.

mit einer Mehrladeeinrichtung, also mit einem Magazin oder einer Trommel, bei denen jedoch das Schussfertigmachen für den nächsten Schuss nicht (wie bei den automatischen Waffen) durch Rückstoßenergie oder Gasdruck oder (wie bei den Double-Action-Revolvern) durch ausschließliche Betätigung des Abzugs erfolgt sondern durch eine besondere Handlung des Schützen, z. B. bei Repetierwaffen durch das Repetieren oder bei Single-Action-Revolvern durch das Spannen des Hahns.

59 | Was sind Einzelladerwaffen?
Waffen ohne Mehrschusseinrichtung, also Waffen, bei denen die Patrone nach jedem Schuss per Hand durch eine neue ersetzt werden muss.

60 | Wozu gehören mehrläufige Waffen?
Zwar können aus ihnen mehrere Schüsse hintereinander ohne zwischenzeitliches Nachladen abgegeben werden. Da diese Waffen jedoch keine eigentliche Mehrladeeinrichtung besitzen, sondern jeder einzelne Lauf wie ein Einzellader per Hand nachgeladen werden muss, werden mehrläufige Waffen gemeinhin zu den Einzelladern gerechnet.

61 | Ist eine Waffe mit Schaftmagazin eine Mehrladewaffe?
Manche Jagdwaffen haben ein so genanntes Schaftmagazin, d. h. einen Vorratsbehälter für Patronen im Gewehrkolben. Da diese Schaftmagazine nicht Bestandteil einer Mehrladeeinrichtung sind, sondern lediglich der bequemen Mitführung von Reservepatronen dienen, wird ein Einzellader durch das Vorhandensein eines Schaftmagazins nicht zum Mehrlader.

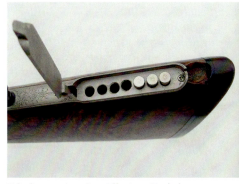

Schaftmagazin mit geöffnetem Deckel.

B DIE HANDHABUNG VON WAFFEN UND MUNITION

Schnitt durch eine P 38 (P 1 der Bundeswehr).

62 | Wie funktionieren Selbstladepistolen?

Im Prinzip wie alle anderen Selbstlader (siehe oben). In der obenstehenden Abbildung ist eine Selbstladepistole im Schnittbild dargestellt.

Die Magazinkapazität der gängigen Gebrauchspistolen beträgt 6 bis 9 Patronen, bei einigen Modellen bis zu 15 Patronen. Das Magazin kann bei allen heutigen Gebrauchspistolen als ganzes herausgezogen und gegen ein Ersatzmagazin ausgetauscht werden.

63 | Wie funktioniert ein Revolver?

Ein Revolver (gelegentlich auch als Trommelrevolver bezeichnet) besitzt kein Magazin, sondern eine Trommel oder Walze, in der sich mehr oder minder viele (meist fünf bis sechs) Kammern für je eine Patrone befinden. Vor jedem Schuss wird durch Spannen des Hahnes per Hand oder über den Spannabzug die Trommel um jeweils eine Kammer weitergedreht, so dass auch beim Revolver alle in der Waffe befindlichen Patronen schnell hintereinander abgefeuert werden können. In der nebenstehenden Abbildung wird ein Revolver gezeigt, in dessen seitlich ausgeschwenkter Trommel deutlich die sechs Kammern zu erkennen sind.

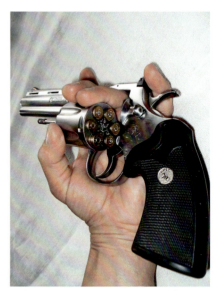

Laden eines Revolvers mit Fixieren der Trommel und der Waffe, wobei die Trommel in jede gewünschte Stellung gedreht werden kann und dadurch Patronen kontrolliert geladen werden können.

WAFFENARTEN **B**

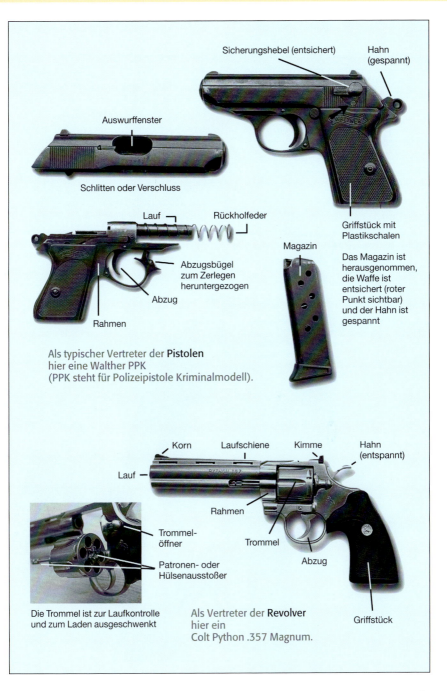

B DIE HANDHABUNG VON WAFFEN UND MUNITION

Es gibt Revolver, bei denen vor jeder Schussabgabe der Hahn per Hand gespannt werden muss (single action) und solche Revolver, bei denen jeder Schuss auch mittels Spannabzug abgefeuert werden kann (double action). Als Gebrauchswaffen werden heute fast ausschließlich die technisch reiferen Double-Action-Revolver geführt. Bei den meisten von ihnen kann nach Wahl sowohl »single action« als auch »double action« geschossen werden.

64 | Welcher Unterschied besteht zwischen »single action« und »double action«?
Beide (aus Amerika stammenden) Begriffe beziehen sich auf die Abzugsfunktion. Bei »single action« wird mit Hilfe des Abzugs der vorher bereits gespannte Hahn aus der ihn festhaltenden Raste gelöst, so dass er unter Einwirkung der starken Schlagfeder nach vorn schnellt und über den Schlagbolzen die Patrone zündet. Bei »double action« wird mit Hilfe des Abzugs zunächst der Hahn rückwärts bewegt und dabei die Schlagfeder gespannt. Ist bei dieser Rückwärtsbewegung der Auslösepunkt erreicht, schnellt der Hahn automatisch nach vorn. Lediglich durch das Zurückziehen des Abzugs, also eine Tätigkeit des Schützen, wird eine doppelte Bewegung des Hahns (double action = doppelte Bewegung) aus-

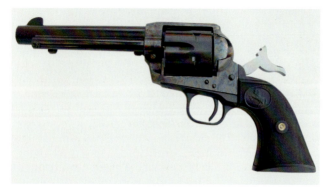

Ein »Double Action« Revolver (Smith & Wesson) oben und ein »Single Action« Revolver (Colt SAA) unten.

WAFFENARTEN B

gelöst: erst die Rückwärtsbewegung in die Spannstellung, dann die Auslösung des Hahnschlags. Dieses System ist zunächst bei Revolvern verwirklicht worden, seit über einem halben Jahrhundert aber auch bei Selbstladepistolen, so dass es außer den Double-Action-Revolvern auch Double-Action-Pistolen gibt. Mit beiden kann man, jedenfalls bei den allermeisten Modellen, sowohl »single action« als auch »double action« schießen, je nachdem, ob man den Hahn vorher oder erst durch Betätigung des Abzugs spannt.

65 | Was ist ein Spannabzug?

Spannabzug ist die deutsche und waffentechnisch exaktere Bezeichnung für den vorstehend beschriebenen »Double-Action-Abzug«. Da die hiermit ausgerüsteten Waffen entspannt (und damit in der Regel sicher) und trotzdem voll feuerbereit geführt werden können, findet sich der Spannabzug bei fast allen modernen Verteidigungsrevolvern und -pistolen. Trotz deutlich größerer Schussbereitschaft besteht bei ihnen vor allem eine wesentlich erhöhte Unfallsicherheit.

66 | Sind Revolver Selbstladewaffen?

Nein: Revolver sind keine Selbstladewaffen, da bei ihnen der Nachladevorgang nicht selbsttätig geschieht, sondern durch die Muskelkraft des Schützen. Das WaffG stellt ausdrücklich fest: Double-Action-Revolver sind keine halbautomatischen Schusswaffen. Beim Double-Action-Revolver wird bei Betätigung des Abzugs durch den Schützen die Trommel weitergedreht, so dass das nächste Lager mit einer neuen Patrone zwischen den Lauf und den Schlagbolzen zu liegen kommt und gleichzeitig die Feder gespannt wird. Beim weiteren Durchziehen des Abzugs schnellt der Hahn nach vorn und löst den Schuss aus.

67 | Ist die Revolvertrommel Magazin oder Patronenlager?

Die Revolvertrommel erfüllt eine doppelte Aufgabe. Einerseits ist jede einzelne Kammer ein vom Lauf getrenntes Patronenlager, da die Patrone zum Schuss in der Kammer gezündet wird. Patronenlager im eigentlichen, funktionellen Sinn ist stets nur die Kammer, in der die Patrone für den Schuss gezündet wird, die also beim Schuss zwischen Lauf und Stoßboden liegt. Da sie andererseits den gesamten Patronenvorrat in der Waffe enthält, ist sie dem Magazin von Selbstladepistolen vergleichbar. Hinsichtlich des Ladezustands der Waffe hat jedoch jede Kammer der Revolvertrommel als Patronenlager zu gelten. Ein Revolver ist also auch dann geladen, wenn sich nur eine Patrone in der Trommel befindet.

68 | In welchem Zustand befinden sich Selbstladepistole und Revolver nach dem Schuss?

Ein wesentlicher Unterschied zwischen Selbstladepistole und Revolver besteht in ihrem Zustand nach dem Schuss.

Bei der Selbstladepistole befindet sich nach dem Schuss aufgrund des Selbstladevorgangs eine neue scharfe Patrone in dem Patronenlager des Laufes, das Schlagwerk (Hahn, Schlagstück, Schlagbolzen, Schlagfeder) ist außer bei den Double-Action-Only Pistolen gespannt, der Abzug steht in seiner leichtesten Stellung und mit kürzestem Abzugsweg. Die Waffe ist also in höchster Feuerbereitschaft und ein (auch unbeabsichtigter) Schuss kann bei den allermeisten Modellen bereits durch einen harten Schlag gegen die Waffe ausgelöst werden. Eine große Gefahr liegt auch darin, dass der Schütze nach einem vorhergehenden ersten Schuss mittels Spannabzug unbewusst auf den hohen Abzugswiderstand und den langen Abzugsweg einge-

51

stellt ist und er in der Aufregung einer gefährlichen Situation sich nun nicht auf den nach dem Schuss sehr viel leichteren Abzugswiderstand und kürzeren Abzugsweg einstellt und dadurch versehentlich einen weiteren Schuss auslöst, der unter Umständen katastrophale Folgen haben kann.

Beim Revolver liegt demgegenüber nach dem Schuss eine leere Patronenhülse zwischen Schlagbolzen und Lauf, das Schlagwerk ist entspannt, dadurch der Abzugswiderstand hoch und der Abzugsweg lang. Die Gefahr einer versehentlichen weiteren Schussabgabe ist somit sehr viel geringer, eine Schussauslösung durch Gewalteinwirkung auf die Waffe gänzlich ausgeschlossen.

Nach Abgabe eines Schusses (auch Warnschusses) befindet sich der Revolver also in einem in jeder Hinsicht bedeutend höheren Sicherheitszustand. Trotzdem ist aufgrund des in der Regel weich gleitenden Spannabzugs (double action) jederzeit eine sofortige Schussabgabe möglich und dadurch die volle Verteidigungsbereitschaft gewährleistet.

Smith & Wesson-Revolver »Centennial« im Kaliber .357 Magnum.

69 | Was sind Double-Action-Only-Pistolen?

Viele neueren Gebrauchs-Selbstladepistolen sind so konstruiert, dass der erste Schuss mittels Spannabzug, also »double action« abgefeuert werden kann. Werden diese Pistolen durchgeladen, entspannt und entsichert geführt, ist bei hoher Sicherheit eine sofortige Feuerbereitschaft gewährleistet. Nach dem ersten Schuss sind diese Waffen gespannt, was – wie vorstehend beschrieben – gewisse Unfallgefahren mit sich bringt. Neuerdings haben deshalb mehrere in- und ausländische Hersteller »Double-Action-Only-Pistolen« herausgebracht, bei denen alle Schüsse mittels Spannabzug abgefeuert werden müssen. Dadurch ist die Waffe nach jedem Schuss entspannt und somit weitgehend sicher. Außerdem sind Abzugswiderstand, Abzugsweg und Abzugscharakteristik von Schuss zu Schuss gleich, was ebenfalls das Unfallrisiko vermindert, dem Schützen die unter Umständen schwierige psychische Umstellung vom ersten auf die Folgeschüsse erleichtert und so auch ausbildungs- und übungsmäßig beträchtliche Vorteile bietet. Die Bedienung dieser Waffen ist deutlich unkomplizierter – das Schießen mit ihnen wird für manchen Schützen jedoch gewöhnungsbedürftig sein. Vor allem wegen der erheblich größeren Unfallsicherheit wäre eine stärkere Verbreitung dieser Waffen sehr zu begrüßen!

70 | Gibt es auch Double-Action-Only-Revolver?

Einige Hersteller haben auch Revolver herausgebracht, bei denen eine Schussabgabe lediglich über den Spannabzug erfolgen kann. Da es sich hierbei um reine Gebrauchswaffen handelt, bringt diese Konstruktion für den darin geübten Revolverschützen keinerlei Nachteile, wohl aber eine Reihe konstruktionsbedingter Vorteile: Fehlen eines beim Schnellziehen u. U. hinderlichen Hahns, bessere Abschirmung des Schlossmechanismus gegen

WAFFENARTEN B

Staub usw. Die bekanntesten Waffen dieser Bauart sind die Smith and Wesson-Revolver der Modellreihe »Centennial«. Als Sportwaffen sind diese Revolver nicht geeignet.

71 | Wie werden Gewehre nach Verwendungszwecken unterteilt?

Im zivilen Bereich werden die Langwaffen (Gewehre) nach ihren jeweiligen Zweckbestimmungen unterteilt in Jagdgewehre (für jagdliche Zwecke) und Sportgewehre (für das sportliche Scheibenschießen einschließlich des Wurfscheibenschießens). Sowohl für die z. T. sehr unterschiedlichen jagdlichen Verwendungszwecke als auch für die ebenso unterschiedlichen Schießsportdisziplinen werden noch sehr viel weiter ins einzelne gehende Unterteilungen durchgeführt. Bei den Jagdwaffen unterscheidet man insbesondere Waffen für die Verwendung auf unterschiedliche Wildarten bzw. Wildartengruppen sowie Waffen für unterschiedliche Jagdarten. Bei den Sportwaffen ergibt sich die Unterteilung im wesentlichen durch die einschlägigen Vorschriften der schießsportlichen Reglements.

72 | Wie werden Faustfeuerwaffen nach Verwendungszwecken unterteilt?

Bei den Kurzwaffen (Faustfeuerwaffen) unterscheidet man hinsichtlich ihrer Zweckbestimmung im zivilen Bereich im wesentlichen Verteidigungswaffen und Sportwaffen. Bei den Sportwaffen lassen sich (im Prinzip wie bei den Gewehren) wieder zahlreiche Unterarten für die einzelnen schießsportlichen Disziplinen differenzieren. Als eigentliche Jagdwaffen werden Faustfeuerwaffen in den europäischen Ländern nicht benutzt. Trotzdem haben sie auch für Jäger eine wichtige Bedeutung, hauptsächlich für die Abgabe von Fangschüssen, wofür jedoch keine besonderen Waffen, sondern die Verteidigungswaffen verwendet werden (sofern sie die im Jagdgesetz festgelegte Mündungsenergie erbringen). Andererseits kommen sie bei der Jagd als Verteidigungswaffen bzw. bei der

Die P99 von Walther. Eine vielseitig einsetzbare Waffe im brauchbaren Kaliber, für Sport und Jagd.

53

B DIE HANDHABUNG VON WAFFEN UND MUNITION

Ausübung des Jagdschutzes in Frage. Auch haben die Kurzwaffen bei der Fallen- und Baujagd Bedeutung.

73 | Welche Bedeutung haben 4-mm-Waffen?

In den letzten Jahrzehnten haben Gewehre, Pistolen und Revolver im Kaliber 4 mm eine ständig zunehmende Verbreitung erfahren. Für irgendwelche jagdliche oder Verteidigungszwecke sind sie zwar völlig ungeeignet, da ihre Geschossenergie nicht höher liegt als bei vergleichbaren Luftgewehren. Als Sportwaffen sind sie jedoch sehr beliebt. Der Deutsche Schützenbund hat in seiner Sportordnung schon seit langem eine offizielle Disziplin »Zimmerstutzen« für Gewehre im Kaliber 4 mm. Pistolen und Revolver dieses Kalibers werden gern für ein häusliches Training benutzt. Schließlich gibt es Einsteckläufe unterschiedlichster Art im Kaliber 4 mm für größer kalibrige Waffen, mit deren Hilfe dann sogar mit echten Gebrauchswaffen zu Hause geübt werden kann. Auf die hierfür üblichen Schussentfernungen bis zu 10 oder 15 m liefern diese Waffen z.T. eine sehr gute Präzision. Über unterschiedliche Patronen im Kaliber 4 mm siehe B-113.

74 | Was sind wesentliche Teile?

Als wesentliche Teile bezeichnet das Waffengesetz diejenigen Teile von Schusswaffen, die für die Konstruktion einer funktionierenden Schusswaffe unabdingbar notwendig sind. Näheres s. D-6.

75 | Welche weiteren wichtigen Teile hat eine Waffe?

Außer den wesentlichen Teilen im Sinne des Gesetzes gehören zu einer brauchbaren Schusswaffe eine Reihe weiterer wichtiger (aber nicht wesentlicher) Teile. Als solche sind insbesondere zu nennen:

1. Der Auslösemechanismus mit Abzug, Übertragung Schlagfeder, Schlagbolzen.
2. Das Sicherungssystem mit manuell zu bedienenden und/oder automatisch wirkenden Sicherungen. Manche Waffen (vor allem moderne Selbstladepistolen und Revolver) besitzen eine »Fallsicherung«, die bei einem Fall der Waffe oder bei einem harten Schlag gegen die Waffe eine Schussauslösung verhindern soll.
3. Der Schaft mit all seinen Bestandteilen sowie gegebenenfalls mit Trage- und Stützvorrichtungen, entsprechend bei Faustfeuerwaffen das Griffstück (meist aber wesentliches Teil) und die Griffschalen.
4. Die Visiereinrichtung, eventuell einschließlich optischer Visiermittel, wie z.B. Zielfernrohr.

Waffe im Kaliber 4 mm lang mit PTB-Zeichen.

WAFFENARTEN B

Einstecklauf für Langwaffe.

5. Bei Mehrladewaffen ein Magazin sowie die Selbstlade- oder Repetiervorrichtung. Bei Revolvern ist die Trommel (Walze) gleichzeitig Magazin und Patronenlager.

76 | Was versteht man unter Seelenachse?

Als Seelenachse bezeichnet man die gedachte Mittellinie durch das Laufinnere, die sog. Laufseele, vom Stoßboden des Verschlusses bis zur Mündung.

77 | Was sind Einstecklaufe und Reduzierpatronen?

Einstecklaufe sind Läufe, die außen das Kaliber des sog. Mutterlaufes, also desjenigen Laufes haben, in den sie eingeführt werden sollen, und die innen ein kleineres Kaliber haben. Mit ihrer Hilfe können aus der größer kalibrigen Waffe kleiner kalibrige Patronen verschossen werden. Beispiel: Es gibt Einstecklaufe bis hin zum Kaliber 9,3 × 74 R und seltener auch Flintenlaufe. Selbst in großkalibrige Büchsenlaufe können kleinkalibrige Einstecklaufe eingebaut werden. Auch gibt es Einsteck-

4 mm M20 Patronen in Reduzierhülsen eines Revolvers im Kal. .357 Mag. (rechts). Die Reduzierhülsen mit den Patronen und dem dazugehörigen Lauf (unten).

55

läufe für großkalibrige Pistolen und Revolver, aus denen z. T. die Patrone .22 l.r. oder die 4-mm-Übungspatronen verschossen werden. Eine besondere Art von »Einstreckläufen« sind die sog. Einsteckpatronen. Dieses sind Einsteckläufe, die außen die Abmessungen und Formen der Originalpatronen der Waffe haben und aus denen z. B. die 4-mm-Übungspatrone verschossen werden kann. Durch ihre sehr geringe Länge ist die Treffgenauigkeit der zuletzt genannten Läufe nicht sehr groß. Bei der Jagd kommen Reduzierpatronen bei der Abgabe von Fangschüssen zur Geltung weshalb sie in diesem Bereich auf kürzeste Entfernungen praxisnah eingesetzt werden können.

78 | Wozu dienen Reduzierhülsen?

Mit ihrer Hilfe können aus einer Waffe Patronen mit kleinerer Hülse und dadurch meist auch billigere und schwächere Patronen gleichen Kalibers verschossen werden, zum Beispiel die Patrone .22 Hornet aus einer Büchse 5,6 × 57. Die Reduzierhülsen dienen also ähnlichen Zwecken wie die Einsteckläufe und werden auch wie diese in die Waffe eingeführt. Im Gegensatz zu den eigentlichen Einsteckläufen wird hier jedoch die Geschossführung durch den Originallauf der Waffe getätigt. Diese Reduzierhülsen werden auch als Einsätze oder Adapter bezeichnet und brauchen nicht eingebaut, sondern nur eingeschoben zu werden.

79 | Was sind Austausch- und Wechselläufe?

Im Gegensatz zu den Einsteckläufen werden Austausch- und Wechselläufe nicht in andere Läufe eingeführt, sondern vollständig gegen diese ausgetauscht. Sie haben den Zweck, entweder Munition anderen Kalibers verschießen zu können oder (bei Schrotläufen) die Schussleistung des Laufes zu verändern. Wechselläufe sind Einzelläufe oder Laufbündel, die speziell in diese konkrete Waffe eingepasst worden sind und normalerweise in keine andere Waffe passen. Austauschläufe können dagegen beliebig in jede Waffe eines bestimmten Modells eingelegt werden. Sie sind vor allem für Selbstladegewehre und Selbstladepistolen verbreitet. Zwecks einwandfreier Funktion muss oftmals außer dem Lauf auch die Schließfeder oder gar das ganze Verschlusssystem ausgetauscht werden. In keinem Fall wird durch das Auswechseln oder Austauschen eine zusätzliche neue Waffe geschaffen, sondern lediglich eine vorhandene Waffe ohne Anwendung von Werkzeugen verändert.

Kipplaufbüchse mit zwei Austauschläufen (im Sprachgebrauch eher Wechselläufe).

WAFFENARTEN B

Ein Revolver von Korth
mit Wechseltrommel.

80 | Was sind Wechseltrommeln?
Wechseltrommeln sind Trommeln für ein bestimmtes Revolvermodell, die ohne Nacharbeit gewechselt werden können.

81 | Was sind Wechselsysteme?
Wechselsysteme sind Wechselläufe einschließlich des für sie bestimmten Verschlusses. Beispiele: Kleinkaliberwechselsysteme für Großkaliber-Pistolen.

82 | Was sind Stecher?
Der Stecher ist eine Zusatzvorrichtung im Abzugssystem, die es ermöglicht, den Abzugswiderstand auf ein Minimum zu reduzieren und dadurch ganz besonders genaue Schüsse abzugeben. Stecher finden sich heute vor allem in Jagdbüchsen, in kombinierten Jagdgewehren und in Matchpistolen (für das Schießen auf 50 m in der Disziplin Freie Pistole). Bei den Jagdgewehren

Eine Pistole von SIG
mit Wechselsystem.

B DIE HANDHABUNG VON WAFFEN UND MUNITION

Amerikanisches Bajonett zum »Aufpflanzen« auf das Gewehr Garand M 1 gebaut.

unterscheidet man den Deutschen oder Doppelzüngelstecher und den Französischen oder Rückstecher. Der Deutsche Stecher findet sich in den meisten einläufigen Jagdbüchsen deutscher und österreichischer, gelegentlich auch anderer europäischer Produktion. Er ist charakterisiert durch das Vorhandensein von zwei Abzügen an einläufigen Büchsen. Das Auslösen des Schusses erfolgt durch den vorderen Abzug, und zwar entweder ungestochen, wobei ein hoher Abzugswiderstand zu überwinden ist, oder eingestochen, wobei nur ein äußerst geringer Abzugswiderstand zu überwinden ist. Das Einstechen erfolgt durch Zurückziehen des hinteren Abzugs, bis dieser hörbar einrastet. Der Rückstecher findet sich bei einigen einläufigen Büchsen sowie bei Doppelbüchsen und kombinierten Gewehren. Die Schussabgabe ist auch hier sowohl ungestochen als auch eingestochen möglich. Das Einstechen erfolgt durch Vordrücken des entsprechenden Abzugs, bis dieser hörbar einrastet. Der Trend bei den heutigen Jagdwaffen geht zu den stecherlosen Direktabzügen. Bei Matchpistolen ist die Schussabgabe meist nur in gestochenem Zustand möglich. Das Einstechen erfolgt bei den meisten heutigen Modellen durch Betätigen eines seitlichen Hebels.

83 | Was ist ein Seitengewehr?

Ein Seitengewehr ist keine Schusswaffe, sondern ein langes, stabiles Messer, das als rein militärischer Ausrüstungsgegenstand von Soldaten an der Körperseite (daher der Name) getragen, als vielseitiges Werkzeug und kurze Stichwaffe verwendet und mittels einer speziellen beiderseitigen Vorrichtung als Bajonett auf ein Militärgewehr aufgesteckt (aufgepflanzt) werden kann, so dass die Schusswaffe Gewehr dann als lange Stichwaffe zu benutzen ist. Als Hieb- und Stoßwaffe muss das Bajonett verschlossen werden.

84 | Was sind Kriegswaffen?

Im waffenrechtlichen Sinn gelten als Kriegswaffen (unabhängig davon, ob sie tatsächlich als Kriegswaffen Verwendung finden) diejenigen, die im KWKG bzw. der in seinem Rahmen aufgestellten Kriegswaffenliste als Kriegswaffen benannt sind. Berührungspunkte und damit Quellen für Irrtümer können sich vor allem bei automatischen Waffen ergeben. In Zweifelsfällen sollte man den Wortlaut des KWKG zu Rate ziehen!

MUNITIONSARTEN B

Munitionsarten

85 | Welche Munition dürfen Sie aus Ihrer Waffe verschießen?

Nur Munition, für die Ihre Waffe konstruiert und zugelassen ist. Auf jeder Waffe befindet sich eine entsprechende Angabe, wie sie grundsätzlich auch auf Patronen oder zumindest deren Originalschachteln zu finden ist.

86 | Worauf ist bei der Auswahl der Patronen zu achten?

Bei der Auswahl der Patronen für eine bestimmte Waffe ist streng darauf zu achten, dass sie genau die Bezeichnung führen, die auf der Waffe angegeben ist. Andere, nicht zu der Waffe gehörige Munition kann zwar in vielen Fällen geladen werden, dann aber

Kaliberangabe mit Hersteller auf dem Boden einer Büchsenpatrone.

u. U. zu Waffensprengungen und damit zu sehr schweren Unfällen führen. Von dieser Regel gibt es allerdings einige Ausnahmen.

Wegen Überladung der Patrone (zu hoher Gasdruck) gesprengter 98er Repetierer.

So dürfen aus allen Waffen des Kalibers .357 Magnum alle Patronen des Kalibers .38 Special und aus allen Waffen des Kalibers .44 Magnum alle Patronen des Kalibers .44 Special verschossen werden – nicht jedoch umgekehrt! Wer bezüglich solcher Ausnahmen nicht absolut sicher ist, sollte sich stets genauestens nach den Angaben auf der Waffe richten.

87 | Was versteht man unter Kaliber?

Den Innendurchmesser des Laufes bzw. den Durchmesser des Einzelgeschosses. Bei gezogenen Läufen unterscheidet man noch Feldkaliber (Durchmesser zwischen den Feldern) und Zugkaliber (Durchmesser zwischen den Zügen). Das Geschosskaliber kann noch wieder geringfügig anders sein. Anstatt in der Patronenbezeichnung alle drei Werte bis in die zweite Dezimale anzugeben, benutzt man als Gebrauchsbezeichnung das so genannte Nennkaliber, das im allgemeinen einen abgerundeten Mittelwert darstellt, z. B. 6,5 mm, 7 mm, 8 mm, 9 mm, 9,3 mm usw. Aufgrund solcher Abrundungen kann es im gleichen Nennkaliber durchaus unterschiedliche Patronen geben. Es sind deshalb auch alle Zusätze in der Bezeichnung zu beachten, beispielsweise Konstrukteurnamen (9 mm Luger), Herstellernamen (6 mm Remington), Angabe des Konstruktionsjahres (30-06) usw.

88 | Wie werden die Büchsenkaliber bezeichnet?

Auf dem europäischen Kontinent werden Büchsenkaliber durch zwei Zahlen gekennzeichnet, von denen die erste das (oft abgerundete) Geschosskaliber, die zweite die Hülsenlänge angibt. Beispielsweise bedeutet 8 × 57, dass diese Patrone einen Geschossdurchmesser von 8 mm und eine Hülsenlänge von 57 mm besitzt. Da es nun manchmal sehr ähnliche Patronen gibt, die jedoch nicht aus derselben Waffe verschossen werden dürfen, erfolgt zu diesen Zahlen manchmal noch ein Zusatz in Form großer Buchstaben. So gibt es z. B. 8 × 57 I, 8 × 57 IR, 8 × 57 IS und 8 × 57 IRS. In England und Amerika werden die Büchsenkaliber in hundertstel bzw. tausendstel Zoll angegeben, oftmals sehr stark abgerundet. Beispiele: Kaliber .30 oder .300. Da es auch hier oftmals sehr ähnliche Patronen gibt, die jedoch nicht aus der selben Waffe verschossen werden dürfen, folgt manchmal noch eine zweite Zahlenangabe und/oder ein Name, beispielsweise .303 British, .303 Savage, .30-30 Win-

Patronen mit Schachtel im Kaliber .30-06 mit dem bleifreien Geschoss Bionic von RWS.

chester, .30-06 Springfield, .300 Winchester Magnum, .300 Weatherby Magnum.

89 | Wie werden Faustfeuerwaffenkaliber gekennzeichnet?

Ähnlich wie Büchsenkaliber werden Faustfeuerwaffenkaliber auf dem europäischen Kontinent mit dem Geschosskaliber in mm gekennzeichnet; jedoch wird die Hülsenlänge meistens nicht angegeben. Zur Unterscheidung ähnlicher Patronen erfolgt oftmals ein besonderer Zusatz. Beispiele: 7,65 mm Browning und 7,65 mm Parabellum (7,65 mm Para), 9 mm Browning (auch 9 mm kurz genannt), 9 mm Parabellum (9 mm Para, 9 mm Luger). In jüngster Zeit wird gelegentlich auch für Faustfeuerwaffenpatronen (wie bei den Büchsenpatronen) die Hülsenlänge angegeben. So wird in der Bundesrepublik Deutschland behördenintern die alte Patrone 9 mm Para heute als Patrone 9 × 19 bezeichnet. In England und Amerika erfolgt die Bezeichnung wie bei den Büchsenkalibern in hundertstel bzw. tausendstel Zoll, wobei oftmals noch ein Zusatz erfolgt, um ähnliche Patronen unterscheiden zu können. Beispiele: .38 Short Colt, .38 Long Colt, .38 S & W, .38 S & W Special, .357 Magnum.

90 | Was bedeuten die anglo-amerikanischen Kaliberangaben in mm?

1 Zoll = 1 inch = 25,4 mm. Da die englischen und amerikanischen Kaliberangaben oft sehr ungenau oder abgerundet erfolgen, sind sie in der nachstehenden Übersicht in Gruppen zusammengefasst und daneben das ungefähre mm-Maß angegeben. Wer die ganz genauen Abmessungen spezieller englischer oder amerikanischer Kaliber wissen will, kann sie in entsprechenden Spezialtabellen nachlesen (Maßtafeln aus Bundesanzeiger Nr. 52a vom 15. März 1991 bzw. Anlage I zur BeschussV).

Anglo-amerikanische Bezeichnung	maximaler Geschossdurchmesser in mm
.17	4,4
.218, .219, .22, .220–.225	5,6–5,8
.240, .243, .244,	6,1–6,2
.25, .250, .256, .257	6,3–6,6
.264	6,7
.270, .275, .280, .284	7,0–7,3
.30, .300, .308, .32, .320	7,6–8,0
.35, .350–.378, .38, .380	9,0–9,5
.400–.416	10,2–10,7
.44, .444	10,8–11,0
.45, .450, .455, .460	11,5–11,6
.470, .475	12,0–12,3
.500, .505	11,9–12,9
.600	15,7

91 | Wie werden die Flintenkaliber bezeichnet?

Es ist auf der ganzen Welt üblich, die Flintenkaliber mit der Zahl der aus einem englischen Pfund Blei (453,6 g) zu gießenden Rundkugeln zu bezeichnen. Die heute für Jagd- und Sportzwecke üblichen Flintenkaliber sind 12, 16 und 20. Sie sind also so groß, dass in dem jeweiligen Kaliber 12, 16 oder 20 Rundkugeln aus einem englischen Pfund Blei gegossen werden können. Dadurch ist Kaliber 12 das größte und Kaliber 20 das kleinste dieser drei Kaliber. Früher hatten die Patronen aller drei Kaliber eine Hülsenlänge von 65 mm. Zwecks Erhöhung der Wirkung hat man inzwischen teilweise die Hülsen verlängert, damit sie mehr Pulver und Schrot fassen können. Diese längeren Patronen dürfen jedoch nur aus solchen Waffen verschossen werden, die speziell dafür vorgesehen sind und am Lauf eine entsprechende Bezeich-

B DIE HANDHABUNG VON WAFFEN UND MUNITION

Eine Auswahl verschiedener Schrotpatronenkaliber in verschiedenen Hülsenlängen.

nung tragen, z. B. 12/70. Aus dieser Waffe dürfen Patronen des Kalibers 12 mit 70 mm langer Hülse verschossen werden. Aber auch kürzere Hülsen, nämlich 12/65 und 12/67,5 dürfen daraus verschossen werden, jedoch keine längeren, wie die 12/76. Dies auch deshalb nicht, weil es sich hierbei um solche mit höherem Gasdruck handeln kann. Die Hülsenlänge wird immer an der offenen Hülse und nicht an der geschlossenen Patrone gemessen. Seit einiger Zeit werden einige amerikanische Flintenkaliber auch in tausendstel Zoll angegeben, z. B. das Kaliber .410, üblicherweise Kal. 36.

Kaliberbezeichnung	Kaliber in mm
4	23,4
8	20,8
10	19,3
12	18,2
16	16,8
20	15,7
24	14,7
28	13,8
32	12,7
36 (.410)	10,2

Eine Signalpatrone mit weißem Leuchtstern.

92 | Wie wird das Kaliber von Leucht- und Signalpistolen bezeichnet?

Im Prinzip wie bei Flinten, also nach der Zahl der aus einem englischen Pfund Blei zu gießenden Rundkugeln. Das verbreitetste Kaliber für diese Signalpistolen ist das Kaliber 4 (etwa 26,5 mm, etwas anders gemessen als bei Flinten).

MUNITIONSARTEN B

93 | Was bedeutet bei der Kaliberangabe der Zusatz »magnum«?

Der Zusatz »magnum« zur Kaliberangabe wird leider sehr unterschiedlich verwendet:

1. Zur Kennzeichnung von Patronen üblichen Kalibers, die jedoch einen erhöhten Gebrauchsgasdruck haben, insbesondere bei Schrotpatronen. Beispiel: Schrotpatronen Kaliber 12/70 Magnum lassen sich aus allen Schrotläufen des Kalibers 12/70 verschießen, bedeuten jedoch aus Läufen, die nicht dem verstärkten Beschuss für die Magnum-Patronen unterlegen haben, eine Gefahr. Sie müssen deshalb mit dem Zusatz »magnum« deutlich gekennzeichnet sein und dürfen nur aus Waffen des Kalibers 12/70 verschossen werden, die dem verstärkten Beschuss unterzogen worden sind.

2. Zur Unterscheidung relativ starker von schwächeren Patronen gleicher zahlenmäßiger Kaliberangabe, wobei jedoch die stärkere Patrone nicht aus einer Waffe für die schwächere Patrone verschossen werden kann. Beispiele: Die Patrone .22 Winchester Magnum ist wesentlich stärker als die Patrone .22 l.r.; beide Patronen können jedoch nicht aus einer für die andere Patrone konstruierten Waffe verschossen werden. Die Revolverpatrone .44 Magnum ist wesentlich stärker als die Revolverpatrone .44 Special, sie kann aber nicht in einen Revolver .44 Special geladen werden, wohl aber umgekehrt.

3. Als Kennzeichnung besonders leistungsfähiger Patronen, auch wenn es in diesem Kaliber keine »Nicht-Magnum-Patronen« gibt. Beispiel: Eine Patrone .300 Weatherby ohne den Zusatz »Magnum« gibt es nicht.

Insbesondere in den Fällen 2. und 3. hat der Zusatz »magnum« also lediglich den Charakter eines Bestandteils des jeweiligen Munitionsnamens, ähnlich wie beispielsweise die Zusätze »Parabellum«, »Browning«, »Remington« usw., nur dass der Zusatz »magnum« gleichzeitig auf eine hohe Leistung dieser Patrone hinweisen soll. Er soll also auch eine gewisse Werbewirkung haben.

94 | Warum genügt nicht allein die Angabe des Lauf- oder Geschosskalibers?

1. Weil die Kaliberangaben oftmals nur ungefähre sind und es dadurch unter gleicher Kaliberangabe Munition unterschiedlicher Geschossdurchmesser geben kann.

2. Weil selbst bei genau gleichem Lauf- und Geschosskaliber die Abmessungen der Patronenhülse und damit auch die erforderlichen Abmessungen des Patronenlagers sehr unterschiedlich sein können. In dem Fall passen meistens die einen Patronen nicht in das andere Patronenlager. Lassen sich nicht genau passende Patronen doch laden, so können durch ihre Verwendung erhebliche Gefahren für Waffe, Schützen und in der Nähe befindliche Personen entstehen.

3. Selbst bei nur feinen Unterschieden in Lauf-, Lager-, Geschoss- oder Hülsenabmessungen und/oder Unterschieden in Art und Menge der Treibladung können Gasdrücke entstehen, für welche die betreffende Waffe nicht vorgesehen ist, so dass es zu einer Waffensprengung kommen kann.

Aus den genannten Gründen ist bei der Auswahl von Munition für eine bestimmte Waffe nicht nur auf die eigentliche Kaliberangabe sondern gleichermaßen auf alle Zusätze zu achten!

95 | Sind die Kalibermaße gesetzlich festgelegt?

In der Bundesrepublik Deutschland sind für alle gängigen Kaliber die genauen Lauf-, Lager-, Geschoss- und Hülsenabmessungen sowie der jeweils höchstzulässige Gebrauchsgasdruck gesetzlich

B DIE HANDHABUNG VON WAFFEN UND MUNITION

Kaliberangabe auf einem Drilling, oben das Schrotkaliber 16/70 (daneben Beschusszeichen aus Suhl) und unten das Büchsenkaliber 9,3 x 74 R.

festgelegt, und zwar in der Anlage I der BechussV bzw. dem Bundesanzeiger Nr. 52a vom 15.03.1991 (Anlage III der früheren 3. WaffV). Dort können von Interessenten die genauen Maße nachgelesen werden. In anderen Staaten gelten ähnliche Bestimmungen.

96 | Wie ist eine Patrone aufgebaut?

Eine Patrone besteht aus Hülse, Zündhütchen (bzw. Zündmittel im Zündrand), Pulverladung und Geschoss. Schrotpatro-

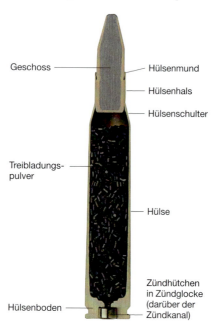

Aufbau einer Schrotpatrone mit Zwischenmittel aus Plastik und Schrotbecher sowie der Schnitt durch eine Büchsenpatrone.

MUNITIONSARTEN B

nen enthalten anstelle des Einzelgeschosses die von der Pulverladung durch einen Pfropfen getrennte Schrotladung, Leucht- bzw. Signalpatronen als Geschoss den Leuchtsatz (u. U. mit Fallschirm) sowie einen Verzögerungssatz, der bewirkt, dass der Leuchtsatz erst mit sicherem Abstand von der Laufmündung gezündet wird.

97 | Welche Pulverarten gibt es?
Grundsätzlich gibt es zwei Arten von Schießpulver, und zwar das so genannte Schwarzpulver – benannt nach Berthold Schwarz, der als Erfinder des Schießpulvers gilt – und das Nitrozellulose-Pulver, auch als rauchloses oder rauchschwaches Pulver bekannt. Das Schwarzpulver findet heute fast nur noch für Leucht- und Signalpatronen sowie für Vorderladewaffen Verwendung. Ansonsten sind alle modernen Patronen mit Nitrozellulose-Pulver geladen. Hiervon gibt es jedoch zahlreiche Varianten für unterschiedliche Verwendungszwecke, beispielsweise für Schrotpatronen, für Büchsenpatronen, für Pistolenpatronen, für Patronen mit unterschiedlichen Geschossen, für höhere oder geringere Geschossgeschwindigkeiten usw. Falsche Verwendung von Nitrozellulose-Pulvern kann zu Waffensprengungen und damit zu schweren Unfällen führen. Ein Selbstladen von Patronen setzt deshalb die notwendigen Fachkenntnisse und ein sorgfältiges Arbeiten voraus.

98 | Was versteht man unter Treibladung?
Dieses ist nur ein anderer Name für die Pulverladung der Patrone.

99 | Ist Schießpulver Sprengstoff?
Die modernen Schießpulver (Nitrozellulosepulver) und die heutigen Sprengstoffe sind sowohl in ihrer chemischen Struktur als auch in ihrer Reaktionsweise außeror-

Überladung einer selbstgeladenen Patrone.

dentlich unterschiedlich und lassen sich nicht für den jeweils anderen Zweck verwenden. Im rechtlichen Sinne gilt allerdings Schießpulver, das nicht in Patronen verladen ist, als Sprengstoff, was insbesondere für Wiederlader von Patronenhülsen von Bedeutung ist.

100 | Können Zündsatz und Treibladung identisch sein?
Ja – einige schwache Patronen enthalten kein Pulver; bei Ihnen wird das kleine Geschoss lediglich vom Zündsatz angetrieben.

101 | Welche Zündarten gibt es?
1. Zentralfeuerzündung bei den sog. Zentralfeuerpatronen. Hier befindet sich in der Mitte des Patronenbodens ein Zündhütchen mit dem Zündsatz.

2. Randfeuerzündung bei den sog. Randfeuerpatronen. Hier ist der Hülsenrand mit Zündmasse gefüllt und hat die gleichen Funktionen wie das Zündhütchen bei den Zentralfeuerpatronen.

Zur Zündung der Patrone muss der Schlagbolzen der Waffe das Zündhütchen bzw. den Zündrand treffen. Der Schlagbolzen ist deshalb so angeordnet, dass er

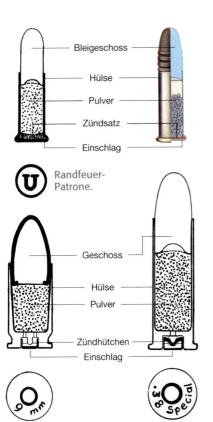

heute sehr oft aus Plastik. Die Zeichnungen auf den vorhergehenden Seiten zeigen Längsschnitte einiger Patronenarten. Dabei handelt es sich jedoch nur um Beispiele aus einer fast unbegrenzten Zahl unterschiedlichster Patronen.

103 | Aus welchem Material bestehen Schrotkörner?

Schrotkörner (Schrotkugeln) bestehen überwiegend aus Blei, das jedoch mit anderen Metallen legiert ist, da reines Blei für diesen Zweck zu weich ist. Ausnahmen siehe B-108.

104 | Welchen Durchmesser haben Schrotkörner?

Im Regelfall haben alle Schrotkörner einer Patrone den gleichen Durchmesser. Zu verschiedenen Zwecken werden jedoch Schrotpatronen mit unterschiedlichen Schrotstärken angeboten. Schrote von 2–2 ½ mm Stärke werden zum sportlichen Wurftaubenschießen und zur Jagd auf kleines Flugwild (Rebhühner, Schnepfen, Wildtauben usw.) sowie zur Kaninchenjagd verwendet. Schrote von 3–4 mm Stärke dienen für unterschiedliche jagdliche Zwecke. Noch stärkere Schrote sind in Mitteleuropa nicht üblich.

105 | Was sind Schrotnummern?

Die Schrotgrößen (Durchmesser der einzelnen Schrotkörner) werden z. T. heute noch traditionsgemäß nach Nummern bezeichnet. Bei der deutschen Nummerierung beträgt der Größenunterschied von Nummer zu Nummer jeweils ¼ mm. Es bedeutet Nr. 1 = 4 mm, Nr. 3 = 3 ½ mm, Nr. 5 = 3 mm, Nr. 7 = 2 ½ mm, Nr. 9 = 2 mm. Die vorstehenden Schrotgrößen sind zugleich die in Mitteleuropa für Jagd- und Sportzwecke üblichen. In anderen Ländern gelten teils stark abweichende Schrotnummern.

bei Waffen für Zentralfeuerpatronen die Mitte, bei Waffen für Randfeuerpatronen den Rand des Patronenbodens trifft.

102 | Aus welchem Material bestehen Patronenhülsen?

Die Hülsen sind bei Büchsen- und Faustfeuerwaffenpatronen in der Regel aus Messing oder ähnlichen Legierungen. Bei den Hülsen von Flintenpatronen ist im allgemeinen nur der untere Teil aus Metall, die übrige Wandung aus sehr fester Pappe oder

MUNITIONSARTEN **B**

Verschiedene Schrotkorngrößen, von 2,5 bis 9 mm, je Schrotpatrone.

106 | Wie viele Schrotkörner enthält eine Schrotpatrone?

Das ist sehr stark abhängig vom Kaliber, von der Hülsenlänge und von der Schrotstärke, also vom Durchmesser der einzelnen Schrotkörner. Kleinere Unterschiede lassen sich auch noch von Patronenmarke zu Patronenmarke feststellen. In den drei bei uns für jagdliche und sportliche Zwecke üblichen Schrotkalibern 12, 16 und 20 und den hierfür bei uns üblichen Schrotstärken enthält eine Patrone zwischen etwa 70 und 750 Schrotkörner. Die beim Wurftaubensport allgemein üblichen Schrotpatronen im Kaliber 12/70 mit Schrotstärken von 2–2 ½ mm enthalten zwischen 390 und 750 Schrotkörner.

107 | Was sind Posten?

Posten (Rehposten, Sauposten, in den USA als Buckshot bekannt) sind sehr grobe Schrote mit einem Durchmesser von 6 bis 10 mm und einer entsprechend geringen Zahl von Posten (etwa zwischen 9 und 20) je Patrone. Ursprünglich für die Schalenwildjagd entwickelt, sind sie hierfür in Deutschland und manchen anderen Ländern wegen ihrer unzuverlässigen Wirkung verboten. In den USA werden sie vielfach für polizeiliche Zwecke eingesetzt und haben sich dafür in mehrfacher Hinsicht außerordentlich bewährt.

108 | Gibt es auch bleifreies Schrot?

Die Angaben auf den beiden vorigen Seiten gelten für Schrot, das im wesentlichen aus Blei besteht und lediglich geringe Mengen anderer Metalle enthält. In den letzten Jahren sind zunehmend Bedenken gegen die Verwendung von Bleischrot ge-

Schrot-gewicht	Schrotdurchmesser in Nummer und Millimeter				
	9	7	6	5	3	1
	2,0 mm	2,5 mm	2,7 mm	3,0 mm	3,5 mm	4,0 mm
24 g	515*	261*	195*	151*	95*	66*
28 g	600	304	228	176	111	74
32 g	686	348	260	201	127	85
36 g	771	391	293	226	143	96
52 g	1114	565	423	327	206	139

* Die Angaben in diesen Spalten bezeichnen die Anzahl der Schrotkörner.

Schrotgewichte, Schrotnummern und Anzahl der Schrotkörner.

B   DIE HANDHABUNG VON WAFFEN UND MUNITION

äußert worden, und zwar aus Gründen des Tierschutzes, der Wildbrethygiene und des Umweltschutzes. Man hat deshalb begonnen, das Bleischrot durch »Stahlschrot« (genauer: Weicheisenschrot) zu ersetzen. Da Eisen sich jedoch sowohl im spezifischen Gewicht als auch in der Härte erheblich von Blei unterscheidet, treten hier beträchtliche technische Probleme auf, die zum Teil auch sicherheitsrelevant sind. An ihrer Lösung wird im In- und Ausland intensiv gearbeitet, doch dürfte es noch Jahre dauern, bis Patronen mit Eisenschrot eine allgemeine Praxisreife erreicht haben. Neuerdings wird auch Schrot aus Zink oder Bismut (Wismut) propagiert. Ob und welcher Ersatz für Bleischrot sich auf die Dauer durchsetzen wird, muss abgewartet werden.

109 | Können Stahlschrote aus jedem Schrotlauf verschossen werden?

Nein! Vor einer eventuellen Umstellung von Bleischrot auf Stahlschrot sollte sich jeder Waffenbesitzer von einem Büchsenmacher oder Waffenhändler gründlich beraten lassen, um Beschädigungen der Waffe oder gar Unfälle zu vermeiden!

Das Beschusszeichen mit der Lilie erlaubt das Schießen mit Stahlschrotpatronen.

110 | Gibt es Schrotpatronen für Faustfeuerwaffen?

Ja – sie sind entwickelt worden zur Abwehr von Giftschlangen in tropischen Ländern und haben sich hierfür auf wenige Meter Entfernung bestens bewährt. Für andere Zwecke sind sie nicht geeignet (siehe Abb. auf Seite 40).

111 | Welche Arten von Einzelgeschossen gibt es?

Die ursprünglichen Rundkugeln finden heute meist nur noch in Vorderlader- oder Flobertwaffen Verwendung. An ihre Stelle sind bei allen modernen, leistungsfähigen Patronen Langgeschosse getreten.

Für Büchsen und Faustfeuerwaffen finden im wesentlichen folgende Arten von Einzelgeschossen Verwendung:

1. Bleigeschosse, die allerdings im Blei Zusätze anderer Metalle enthalten, da reines Blei zu weich ist und sehr starke Laufverschmierungen verursachen würde. Solche Bleigeschosse finden heute in erster Linie für Kleinkaliberpatronen (.22 l.r.) sowie für Revolverpatronen Verwendung und können unterschiedliche Formen haben (Rundkopfgeschosse, Flachkopfgeschosse, Hohlspitzgeschosse).

2. Vollmantelgeschosse (Ganzmantelgeschosse), bei denen ein Bleikern von einem Mantel aus Kupfer, Tombak, Flusseisen o. ä. umgeben ist und die eine unterschiedliche Geschossform (Spitzgeschoss, Rundkopfgeschoss, Flachkopfgeschoss) haben können. Solche Vollmantelgeschosse fin-

Weicheisenschrotpatronen, auch Stahlschrot genannt.

MUNITIONSARTEN B

Normales Geschoss, im Schnitt und nach dem Auftreffen dargestellt.

Das Vollmantelgeschoss mit geschlossener Geschossspitze.

Teilmantelgeschoss als typisches Zerlegungsgeschoss.

Das Kegelspitzgeschoss, eine relativ moderne Konstruktion.

Das H-Mantelgeschoss, dessen Heckteil einen sicheren Ausschuss liefern soll (hier H-Mantel-Kupferhohlspitzgeschoss).

Links das TUG und rechts das TIG, zwei Brennekekonstruktionen (auch bei RWS als ID-Classic bzw. UNI-Classic).

Das DK (Doppelkern)- Geschoss von RWS.

Zwei Vertreter der bleifreien Geschosse. Das Barnes X links und ein A-Square Vollgeschoss rechts.

den in erster Linie für militärische und ähnliche Zwecke Verwendung sowie überall dort, wo man einen besonders hohen Durchschlag erzielen will.

3. Teilmantelgeschosse, bei denen der Mantel den vordersten Geschossteil nicht mit umfasst. Auch hier gibt es unterschiedliche Formen: Spitzgeschosse, Rund- und Flachkopfgeschosse, Geschosse mit offener oder verdeckter Hohlspitze usw.

4. Spezialgeschosse der unterschiedlichsten Konstruktion und Wirkungsweise. Solche Spezialgeschosse werden in allererster Linie für Jagdbüchsenpatronen verwendet, andere Konstruktionen auch für verschiedene Faustfeuerwaffenpatronen.

B   DIE HANDHABUNG VON WAFFEN UND MUNITION

5. Bleifreie Geschosse, die aufgrund von Umwelt- und Tierschutzgedanken an Raum gewinnen. Sie bestehen aus Kupfer, Tombak, Zinn oder auch Wolfram. Ihre Praxistauglichkeit im Hinblick auf Tierschutz und Einsatzweite für das zu erlegende Wild muss noch näher getestet werden.

Für Flintenläufe gibt es als Einzelgeschosse die so genannten Flintenlaufgeschosse unterschiedlicher Konstruktion.

112 | Was versteht man unter »Zimmerpatronen«?

1. Die 4-mm-Patronen, die sowohl aus dafür eingerichteten Waffen als auch aus Einsteckläufen verschossen werden.
2. Die Patrone .22 Z, die aus Waffen des Kalibers .22 l.r., also aus den üblichen Kleinkaliberwaffen, verschossen wird, wegen ihrer extrem schwachen Ladung jedoch sehr viel weniger knallt und einen wesentlich geringeren Durchschlag hat.

Trotz der Bezeichnung »Zimmerpatrone« unterliegt das Schießen mit ihnen den diesbezüglichen gesetzlichen Bestimmungen, was unbedingt beachtet werden muss.

113 | Gibt es unterschiedliche 4 mm-Patronen?

Die Anlage III zur außer Kraft gesetzten 3. WaffV führt drei unterschiedliche Patronen im Kaliber 4 mm auf, und zwar:
 1. 4 mm M 20, eine Zentralfeuerpatrone,
 2. 4 mm Randzünder kurz, mit einer Hülsenlänge von 6,3 mm
 3. 4 mm Randzünder lang, mit einer Hülsenlänge von 8,5 mm.

Die erstgenannte erbringt eine Mündungsenergie (E_0) von weniger als 7,5 J, was waffenrechtlich von Bedeutung ist (s. D-57). Die beiden anderen erbringen aus vielen Waffen eine Mündungsenergie, die deutlich über 7,5 J liegt. Die oben genannte Verordnung gibt 30 J an. Es gibt jedoch Waffen, die durch entsprechende

4 mm lang, 4 mm kurz und 4 mm M 20 von links nach rechts.

Vorkehrungen die Leistungen auch dieser Patronen so weit vermindern, dass die Mündungsenergie ebenfalls unter 7,5 J liegt. Waffen unterhalb dieser Leistungsgrenze sind mit einem großen F im Fünfeck gekennzeichnet (s. S. 270). Sowohl bei der Auswahl der richtigen Patronen für eine bestimmte Waffe als auch bei der waffenrechtlichen Beurteilung ist auf die genannten Fakten und Kennzeichnungen zu achten!

114 | Was ist Plastik-Trainings-Munition?

Von mehreren Herstellern werden zu Übungszwecken Patronen (auch Geschosse für Wiederlader) angeboten, die statt des üblichen Geschosses ein solches aus Plastik enthalten. Die Vorteile liegen in erheblich geringerer Maximalreichweite und ebenfalls deutlich vermindertem Durchschlag, so dass geringere Sicherheitsvorkehrungen genügen. Da aufgrund der gesetzlichen Bestimmungen in Deutschland jedoch auch diese Munition nur auf Schießständen benutzt werden darf, die für das jeweilige Kaliber zugelassen sind, kommen hier diese Vorteile nicht zur Geltung. Andererseits bringt diese Munition gewisse Nachteile mit sich, so oftmals verminderte Schusspräzision sowie Funktionsstörungen bei Selbstladewaffen. Hierdurch wie auch durch den stark verminderten Rückstoß ist der Trainingswert begrenzt. Ähnliches gilt für entsprechende Wachsgeschosse, die vor allem in den USA für Übungszwecke Verwendung finden.

MUNITIONSARTEN B

Links eine Exerzierpatrone nur zum Üben der Handhabung, bei den anderen Patronen werden Geschosse oder Pulvergase aus dem Lauf getrieben, mit mehr oder weniger großer Wirkung.

115 | Was sind Exerzierpatronen?
Patronenattrappen, die zwar deutlich als solche kenntlich sind, ansonsten aber äußerlich die gleiche Form und die gleichen Abmessungen haben wie scharfe Patronen. Sie sind dazu da, mit ihnen das Laden usw. zu lernen.

116 | Was sind Pufferpatronen?
Da bei den meisten Waffentypen ein leeres Abschlagen des Hahns bzw. Schlagbolzens zu Schäden an der Waffe führen kann, soll man für ein sog. Trockentraining, also für Abziehübungen ohne scharfen Schuss, einen Puffer in die Waffe einführen, der – ähnlich wie eine richtige Patrone – den Schlagbolzen auffängt. Hierzu muss der Puffer an seiner Rückseite sehr weitgehend die Maße und Formen der richtigen Patrone haben. Man spricht deshalb von Pufferpatronen. Sehr bewährt haben sich z. B. für Revolver Plastikeinsätze, die zwar hinten die genauen Formen der Patronenhülse haben, jedoch nur etwa 1 bis 1,5 cm lang und damit nicht mit einer richtigen Patrone zu verwechseln sind. Falls man keine Exerzier- oder Pufferpatronen besitzt, kann man zum Trockentraining auch Patronenhülsen benutzen. Pufferpatronen benötigt man auch zum Entspannen von Flinten mit automatischer Sicherung oder solchen mit Ejektoren.

117 | Wie lange kann Munition gelagert werden?
Bei sachgemäßer Lagerung ist die heutige Munition sehr lange haltbar. Sofern auf der Verpackung ein Verfallsdatum steht, ist dieses zu beachten. Ansonsten behalten gute Markenpatronen mindestens 10 Jahre, oftmals aber auch sehr viel länger, ihre volle Gebrauchsfähigkeit. Eigene Versuche des Verfassers haben ergeben, dass gute Markenpatronen bei richtiger Lagerung auch nach 30 Jahren noch einwandfrei funktioniert haben. Trotzdem sollte man Munition nicht zu alt werden lassen.

118 | Welche Patronen sollten nicht mehr verwendet werden?
Außer überalterter Munition sollte man keine Patronen mehr verschießen, die äußerlich erkennbare Altersspuren (Verfärbungen, Rost, Grünspan o. ä.) oder Beschädigungen an Geschoss oder Hülse (Beulen, andere Verformungen o. ä.) aufweisen. Auch gequollene Flintenpatronen (Papphülsen) sollten nicht gewaltsam in das Patronenlager hineingezwängt werden.

119 | Wie kann man unbrauchbare Munition beseitigen?
Überalterte oder beschädigte Patronen darf man keineswegs in den Müll werfen, auch nicht in den Sondermüll! Am besten über-

B DIE HANDHABUNG VON WAFFEN UND MUNITION

gibt man solche Patronen einem Waffenhändler, wenn man sich dort neue Munition kauft. Notfalls kann man sich bei der Polizei erkundigen, wo man solche Patronen abgeben kann. Patronenhülsen, an Geschossfängen eingesammelte Geschosse usw. kann man dagegen unbedenklich an geeignete Sammelstellen bzw. in Altmetall geben.

120 | Kann und darf man Patronenhülsen wiederladen?

Grundsätzlich lassen sich fast alle abgeschossenen Patronenhülsen wiederladen, sofern sie noch in einem genügend guten Zustand erhalten sind. Praktisch wird davon in erster Linie von Sportschützen Gebrauch gemacht, die vor allem Zentralfeuer-Revolverpatronen wiederladen. Außer der Berücksichtigung spezieller Wünsche bezüglich Schusspräzision, Rückstoß usw. können dabei (ohne Bewertung der eigenen Arbeitszeit) 50–80 % Kosten gespart werden, was bei dem hohen Munitionsverbrauch aktiver Wettkampfschützen für die Ausübung des Leistungssports von ausschlaggebender Bedeutung sein kann. Auch andere Zentralfeuer-Sport- und Jagdpatronen werden immer häufiger von Sportschützen bzw. Jägern wiedergeladen. Das gegenwärtige Waffengesetz steht dem nicht entgegen, doch sind einige einschlägige Regelungen zu beachten (s. D-141). Außerdem sind beträchtliche Sachkenntnisse erforderlich. Als spezielle Lektüre kann der von der DEVA oder Dynamit Nobel herausgegebene Leitfaden über das Wiederladen empfohlen werden. Fehler beim Wiederladen, etwa durch Auswahl falscher Zündhütchen oder Treibladungspulver, durch Überladung, durch Fehler in der Kalibrierung oder im Setzen des Geschosses usw. können zu starken Gasdruckerhöhungen und damit zu schweren Unfällen führen.

Verteidigungswaffen

121 | Welche Verteidigungswaffen gibt es?

Nach dem Verwendungszweck kann man drei Gruppen von Verteidigungswaffen unterscheiden:

1. Waffen für die persönliche Verteidigung ihres Trägers. Hier ist in erster Linie an alle diejenigen Personen zu denken, die aus irgendeinem Grund persönlich besonders gefährdet sind: prominente Politiker oder Wirtschaftsführer, Richter, Staatsanwälte und Polizeibeamte, die von Amts wegen mit Vorgängen aus den Bereichen Terrorismus oder organisierte Kriminalität befasst sind, Personen, die ernstzunehmende Morddrohungen erhalten haben, die häufig sehr wertvolle Waren mit sich führen (z. B. Juweliere) oder die ansonsten weit mehr als der durchschnittliche Bürger durch kriminelle Handlungen gefährdet sind.

2. Waffen für zivile (nicht der Polizei oder anderen Sicherheitsbehörden angehörende) Leibwächter, die bei besonders gefährdeten Persönlichkeiten einen Personenschutz ausüben, sowie Waffen für das Begleitpersonal von besonders wertvollen oder sonst wie gefährdeten Transporten (sehr hohe Geldbeträge, besonders wertvolle Kunstgegenstände, radioaktives Material, Waffen und Munition und ähnliches).

3. Waffen für das Bewachungspersonal von besonders schutzbedürftigen ortsfesten Objekten, etwa militärischen Anlagen, gewerblichen Munitions- und Sprengstoffdepots, Kernkraftwerken usw.

122 | Welche Schusswaffen kommen für die persönliche Verteidigung in Frage?

Mehrschüssige Faustfeuerwaffen, also Revolver und Selbstladepistolen. Viele Waf-

VERTEIDIGUNGSWAFFEN **B**

Oben: Ein Zwei-Zoll Colt Detective im Kaliber .38 Spezial für unauffällige Trageweise.

Mitte und unten: Wirkungsvolle Waffen in dem Kaliber 9 mm Luger und .44 Magnum.

B DIE HANDHABUNG VON WAFFEN UND MUNITION

Auf dem Weltmarkt gibt es mehrere hundert Modelle und Ausführungen von Verteidigungswaffen. Hier nur zwei Beispiele: oben ein Colt Python mit 6"-Lauf, Kaliber .357 Magnum, unten eine Selbstladepistole Beretta, die es in verschiedenen starken Gebrauchskalibern gibt.

fenscheininhaber neigen dazu, sich aus Gründen der Bequemlichkeit und Unauffälligkeit eine möglichst kleine und leichte Faustfeuerwaffe zuzulegen. Es ist aber zu bedenken, dass eine Verteidigungswaffe, wenn sie im Ernstfall ihren Zweck erfüllen soll, eine genügende Aufhaltekraft entwickeln muss (näheres hierüber in dem Kapitel »Geschosswirkungen«). Man sollte deshalb nicht nur auf Gewicht und Größe der Waffe, sondern vor allem auf ihre Eigenschaften als Schusswaffe, d.h. auf ihre Zuverlässigkeit in Funktion und Wirkung u.ä. achten.

Besonders empfehlenswert sind leichte bis mittelschwere Double-Action-Revolver in den Kalibern .357 Magnum oder .38 Special mit einer Lauflänge von 2 bis 3 Zoll. Sie gibt es heute nicht nur als Holsterwaffen, sondern auch schon mit fünfschüssiger Trommel im Taschenformat, und zwar im Kaliber .357 Magnum (zugleich zum Verschießen aller Patronen .38 Special) ab etwa 700 g Gewicht, im Kaliber .38 Special mit Leichtmetallrahmen ab etwa 400 g (ungeladen).

Bei Selbstladepistolen sollte das Mindestkaliber 9 mm Parabellum (bzw. Luger)

VERTEIDIGUNGSWAFFEN B

betragen. Eine größere Aufhaltekraft haben das neuere Kaliber .40 S & W und das altbewährte Kaliber .45 ACP, das neuerdings wieder sehr an Beliebtheit gewinnt.

123 | In welchem Zustand wird eine Waffe zur persönlichen Verteidigung getragen?

Eine Verteidigungswaffe, die von einem hierzu Berechtigten geführt wird, soll auch bei einem plötzlichen Überfall möglichst schnell einsatzbereit sein. Trotzdem darf ihr Zustand weder für ihren Träger noch für andere Personen eine Gefahr darstellen. Ihr Zustand muss deshalb stets so sein, dass eine unbeabsichtigte Schussauslösung nach menschlichem Ermessen ausgeschlossen ist, dass aber andererseits in dem dadurch gesteckten Rahmen die Waffe so schnell wie möglich feuerbereit gemacht werden kann. Welcher Zustand diese beiden Forderungen erfüllt, ergibt sich im einzelnen aus der jeweiligen Waffenkonstruktion. Bei modernen und hochwertigen Markenerzeugnissen kann man grob von folgenden Regeln ausgehen:

1. Revolver (double action) werden mit vollständig geladener Trommel und entspanntem Hahn getragen.

2. Selbstladepistolen mit Spannabzug werden mit gefülltem Magazin und einer Patrone im Patronenlager bei entspanntem Schlosswerk und entsichert getragen.

3. Selbstladepistolen mit außenliegendem Hahn oder anderweitig von außen zu spannendem Schlosswerk, jedoch ohne Spannabzug, können wie unter 2. oder unter 4. beschrieben getragen werden.

4. Selbstladepistolen anderer Konstruktion werden zweckmäßigerweise mit gefülltem Magazin aber ohne Patrone im Patronenlager getragen. Sie können im Bedarfsfall schnell durchgeladen werden.

Bei dem heutigen Stand der Waffentechnik sind vor allem die unter Punkt 1. und 2. genannten Waffen zu empfehlen. Sie sind in dem oben beschriebenen Bereitschaftszustand absolut sicher und es kann nur durch Betätigung des Abzugs (also ohne irgendeine sonstige Manipulation) sofort geschossen werden.

124 | Wie wird eine Verteidigungswaffe getragen?

Das Tragen einer Pistole oder eines Revolvers in der Hosen-, Jacken- oder Manteltasche ist in verschiedener Hinsicht unzweckmäßig. Erst recht sollte man eine Verteidigungswaffe nicht in der Aktentasche o. ä. führen. Am zweckmäßigsten ist das Tragen der Faustfeuerwaffe in einem guten Holster, das folgende Anforderungen erfüllen muss:

1. Sowohl das Holster am Körper als auch die Waffe im Holster müssen so sicher verwahrt sein, dass die Waffe weder verloren gehen noch leicht und unbemerkt entwendet werden kann.

2. Die Waffe soll vor Nässe und Verschmutzung geschützt sein.

3. Alle scharfkantigen Teile der Waffe müssen so verdeckt sein, dass sie nicht die Kleidung beschädigen können.

4. Die Waffe soll in dem Holster bequem und unauffällig getragen werden können.

5. Die Waffe muss gut erreichbar und schnell zu ziehen sein.

125 | Sind Reizstoffwaffen für die Selbstverteidigung zu empfehlen?

Gewisse Reizstoffwaffen (Tränengaswaffen) werden immer wieder zur Selbstverteidigung angepriesen. Hiervon sollte man jedoch nur dann Gebrauch machen, wenn ein Waffenschein mangels Bedürfnisses nicht erteilt worden ist (der kleine Waffenschein ist zum Führen von Schreckschusswaffen erforderlich). Denn einerseits wirken Reizstoffwaffen nur auf kürzeste Entfernung (gute Reizstoffwaffen bis etwa

B DIE HANDHABUNG VON WAFFEN UND MUNITION

Verschiedenste Arten von Holstern: Die grundsätzliche Trageweise ist auf der Schusshandseite ①. Aber auch die Tageweise Cross-Draw, also gegenüber der Schusshand am Körper, hat seine Vorteile ②. Dies insbesondere in der kalten Jahreszeit, wenn lange Jacken oder Mäntel getragen werden. Hier braucht man nur einen oder zwei Knöpfe zu öffnen, um zügig an die Waffe zu kommen. Ein verdecktes Tragen ermöglicht auch das Schulterholster ③ sowie das Holster ④.

2 m) und sind demzufolge gegenüber einem bewaffneten Gegner nutzlos, andererseits beeinträchtigen sie (bei Gegenwind oder im geschlossenen Raum) den Verteidiger u. U. mehr als den Angreifer.

126 | Welche Munition sollte in Verteidigungswaffen verwendet werden?
Soweit Waffenkonstruktion und Munitionsangebot es erlauben, sollten in Verteidigungswaffen (unter Beachtung

VERTEIDIGUNGSWAFFEN B

eventueller gesetzlicher Beschränkungen) solche Munitionsarten Verwendung finden, die einerseits zwecks effektiver Abwehr eine möglichst hohe Aufhaltekraft, andererseits zwecks möglichst geringer Gefährdung Unbeteiligter nur einen vergleichsweise geringen Durchschlag und eine relativ geringe Ablenkungsgefahr bieten. Nähere Ausführungen hierzu finden sich in dem Kapitel »Geschosswirkungen«.

127 | Welche Waffen kommen für den Begleitschutz in Frage?

Sowohl für den Personenschutz als auch für die Begleitung von Geld- und Werttransporten kommen im Prinzip die gleichen Waffen wie für die persönliche Verteidigung in Frage. Für professionelle Personen- und Transportbegleiter können die Waffen jedoch gern etwas größer und schwerer sein. Von den (besonders zu empfehlenden) Double-Action-Revolvern bie-

Waffen, die aufgrund ihres Kalibers im Begleit- oder Objektschutz wie auch für die Jagd in Frage kommen: SIG Sauer, oben; Colt Government, unten.

B DIE HANDHABUNG VON WAFFEN UND MUNITION

ten sich solche mittleren Gewichts mit 4-Zoll-Lauf im Kaliber .38 Special oder besser .357 Magnum an. Sollen Selbstladepistolen geführt werden, empfehlen sich solche moderner Konstruktion in den Kalibern 9 mm Luger, .40 S & W oder .45 ACP. In Ausnahmefällen können für den Begleitschutz auch Flinten (siehe B-130) verwendet werden.

128 | Wie werden Faustfeuerwaffen vom Begleitpersonal getragen?

Sollen Personenschützer unauffällig bleiben, werden von ihnen Faustfeuerwaffen genauso getragen, wie es für die Waffen zur persönlichen Verteidigung beschrieben worden ist. Gelegentlich ist es aber zwecks Abschreckung erwünscht, dass bewaffnetes Begleitpersonal (vor allem bei Geld- und Werttransporten) deutlich als solches in Erscheinung tritt. Es wird dann zu einer Uniform eine große Waffe deutlich sichtbar in einem unverdeckten Holster getragen.

129 | Welche Waffen kommen für den Objektschutz in Frage?

Für die Bewachung ortsfester Anlagen, den so genannten Objektschutz, kommen sehr unterschiedliche Waffen in Frage, deren konkrete Auswahl sich vor allem nach dem jeweiligen Einsatzzweck und den Einsatzbedingungen zu richten hat. Für Torwachen (eventuell mit Ausweiskontrolle), für die Aufsicht in Schalterhallen und Bürogebäuden sowie für viele andere Aufgaben wird eine gleiche oder ähnliche Bewaffnung sinnvoll sein wie für die Begleitung von Geld- und Werttransporten. Für die Bewachung weitläufiger Außenanlagen werden dagegen oftmals Gewehre angebrachter sein. Reichen für den beabsichtigten Zweck geringe oder mittlere Schussentfernungen, so empfehlen sich mehrschüssige Flinten (s. unten). Muss auch mit großen Schussentfernungen gerechnet werden, kommen insbesondere Selbstlade- oder Repetierbüchsen mit Zielfernrohr in Betracht. Von den Repetierbüchsen können insbesondere diejenigen empfohlen werden, die sich bereits als Jagdbüchsen in der rauen Praxis bei den unterschiedlichsten Wetterverhältnissen vielfältig bewährt haben.

130 | Welche Flinten kommen für Verteidigungszwecke in Frage?

Flinten (Schrotgewehre) können für manche Verteidigungszwecke sehr empfehlenswert sein, insbesondere dann, wenn sie nicht in der Öffentlichkeit mitgeführt werden sollen, also etwa zur häuslichen Selbstverteidigung, zur Bewachung eines weitläufigen Freigeländes usw. Gegenüber Faustfeuerwaffen bieten sie mancherlei Vorteile: größere Treffsicherheit auf mittlere Entfernungen, sehr gute Aufhaltkraft, geringen Durchschlag und relativ geringe Maximalreichweite, so dass die Gefährdung unbeteiligter Personen deutlich klei-

Eine moderne Pump-Gun-Flinte, wie sie meist bei Behörden im Ausland zum Einsatz kommt.

ner ist als bei Verwendung von Einzelgeschossen. Bekannt und bewährt für derartige Aufgaben sind Vorderschaftrepetierer (pump guns), wie sie vor allem in den USA weit verbreitet sind. In mancher Hinsicht noch zweckmäßiger sind kurzläufige Hahndoppelflinten, wie sie in den USA ebenfalls als Polizeiwaffen benutzt werden. Sie haben gegenüber Repetierflinten den Vorteil, dass die Munition – je nach Verwendungszweck – leicht und schnell ausgewechselt werden kann und keine mit der Zeit erlahmende Magazinfeder beansprucht wird. Als Einsatzmunition bieten sich Patronen mit Plastikschrot für Warnschüsse (auch gegenüber gewalttätigen Zusammenrottungen von Menschen) an, mit Gummischrot zum Einsatz in Gebäuden, mit normalem Blei- oder Stahlschrot sowie mit Posten für die Bekämpfung bewaffneter Gegner, eventuell auch mit unterschiedlichen Einzelgeschossen. Schließlich kann aus Flinten spezielle Signalmunition verschossen werden. Bei den Pump-Guns sind der verbotene Pistolengriff an Stelle des Kolbens, die Lauf- und Gesamtlänge zu beachten.

131 | Über welche Fertigkeiten sollte ein ziviler Waffenträger verfügen?

Eine Verteidigungswaffe kann nur dann etwas nützen, wenn ihr Träger den Umgang mit ihr in jeder Hinsicht vollkommen beherrscht. Anderenfalls ist die Waffe kein Schutz sondern geradezu eine Gefahr für ihren Träger und andere Personen. Wer zum Führen einer Schusswaffe berechtigt ist, hat deshalb auch die Pflicht, sich mit der Waffe und ihrer gesamten Handhabung einschließlich des Schießens so vertraut zu machen, dass er einerseits sich selbst und andere nicht gefährdet und dass er andererseits in der Lage ist, die Waffe sinnvoll einzusetzen. Dazu gehören ebenso die absolut sichere Bedienung der Waffe wie ihr schnelles Ziehen und Schussfertigmachen sowie ein schnelles und ausreichend treffsicheres Schießen. Nach einer entsprechenden Ausbildung sind diese Fertigkeiten regelmäßig zu trainieren. Das Ziehen, Schussfertigmachen, in Anschlag gehen, Zielen und Abziehen sollte sooft wie möglich, am besten täglich, zu Hause mit ungeladener Waffe geübt werden. Von Zeit zu Zeit muss aber auch ein scharfes Schießen auf dem Schießstand als Leistungskontrolle erfolgen. Für die Ausbildung, Weiterbildung und Leistungserhaltung gibt es sowohl kommerziell angebotene Lehrgänge als auch einschlägige Vereine. Für Jäger wird teilweise von jagdlichen Organisationen eine entsprechende Förderung betrieben.

Jagdwaffen

132 | Welche Bedeutung hatten und haben Jagdwaffen?

In allen Kulturkreisen war die älteste und weitaus längste Kulturstufe die des Jägers und Sammlers. In ihr mussten die Menschen über Millionen von Jahren von dem leben, was sie in der freien Natur sammeln oder als Jagdbeute erlangen konnten. Zur Versorgungsfunktion der Jagd kam die Abwehr wilder Tiere zum Schutz der Menschen selbst, ihres Viehs und ihrer Äcker hinzu.

Für die Jagd brauchte der Mensch Hilfsmittel. Aufgelesenen Knüppeln und Steinen folgten gezielt hergestellte Waffen: Holzspieße und Faustkeile, immer weiter verbesserte Hieb-, Stich- und Wurfwaffen, Pfeil und Bogen, Blasrohr, Armbrust und schließlich Feuerwaffen. Die Geschichte von Jagd und Jagdwaffen ist zugleich eine Geschichte der Menschheit von ihren An-

B DIE HANDHABUNG VON WAFFEN UND MUNITION

fängen bis in die Gegenwart und ein wesentliches Kapitel der Kulturgeschichte.

Auch heute hat die Jagd – zumindest im deutschen Sprach- und Kulturraum – eine vielfältige Bedeutung. Zunächst ist sie eine nachhaltige, also schonend-erhaltende Nutzung nachwachsender natürlicher Ressourcen: eine planmäßige Bewirtschaftung frei lebender Tiere – so wie die Viehzucht eine Bewirtschaftung bestimmter Haustiere ist. Weiter dient sie der Abwehr land-, forst- und fischereiwirtschaftlicher Wildschäden. Schließlich bezweckt sie notwendige biologisch-ökologische Regulierungen in der Kulturlandschaft. Alle Alternativen würden eine Ausrottung vieler Wildarten zur Folge haben. Die planmäßige nachhaltige Jagd dient also der Erhaltung dieser Arten und somit dem Naturschutz. Diese Dinge sind ausführlicher im geschichtlich-kulturellen Zusammenhang im ersten Kapitel dieses Buches nachzulesen.

Die Jagd (das Jagdwesen) hat auch im hoch industrialisierten Mitteleuropa eine Fülle objektiver Aufgaben. Dabei sind Waffen für die Jäger wichtige Werkzeuge, nicht zentraler Mittelpunkt. Die folgenden Ausführungen dieses Kapitels sollen einen Einblick geben.

133 | Welche Schusswaffen werden in Deutschland zur Jagd verwendet?
Ausschließlich Jagdgewehre: speziell für die Jagd vorgesehene Büchsen, Flinten und kombinierte Waffen (s. Abb. S. 36 und 37). Die Wahl der jeweils zu führenden Waffe muss sich nach den zu bejagenden Wildarten, nach der Jagdart, den Geländeverhältnissen (z. B. Gebirge oder Flachland, Wald oder offene Landschaft) usw. richten. In § 1 des deutschen Bundesjagdgesetzes (BJG) heißt es u. a.: »Bei der Ausübung der Jagd sind die allgemein anerkannten Grundsätze deutscher Weidgerechtigkeit zu beachten.« Zu diesen gehören u. a., das zu erlegende Wild so schnell und schmerzlos wie möglich zu töten. Dies setzt voraus, dass die für den jeweiligen jagdlichen Zweck optimalen Waffen, Patronen, Zielhilfsmittel (z. B. Zielfernrohre) usw. eingesetzt werden, wobei der technische Entwicklungsstand zu berücksichtigen ist. Gewisse Einzelheiten sind unter diesen Tierschutzaspekten gesetzlich geregelt, z. B. Schrotschussverbot auf größere Tiere, Mindestenergiegrenzen für Schalenwild usw. Vieles muss aber vom Jäger in der grünen Praxis entschieden werden, etwa die zu wählende Schrotstärke, Beschränkung der Schussentfernung, sichere Schussabgabe und anderes.

134 | Welche Büchsen werden für die Jagd verwendet?
Am meisten verbreitet sind wegen ihrer Schussgenauigkeit, Robustheit usw. sowie ihres trotzdem vergleichsweise günstigen Preises die Repetierbüchsen, die es in zahlreichen Ausführungen gibt. Für sog. Bewegungsjagden (Drückjagden, Ansitzdrückjagden u. ä.) werden wegen der schnellen Folge des zweiten Schusses gern Doppelbüchsen geführt. Rein waffentechnisch bieten sich als ihre modernen Nachfolger die Selbstladebüchsen (Halbautomaten) an, doch haben sich die bisherigen Ausführungen bei den Jägern aus verschiedenen praktischen Gründen nicht recht durchsetzen können. Andere Büchsenkonstruktionen sind wenig verbreitete Liebhaberwaffen.

Das Bundesjagdgesetz schreibt in § 19 (sachliche Verbote) gewisse Mindestleistungen von Büchsengeschossen für die Jagd vor. Danach ist es verboten, auf Rehwild und Seehunde mit Büchsenpatronen zu schießen, deren Auftreffenergie auf 100 m (E_{100}) weniger als 1000 J beträgt. Für alles übrige Schalenwild müssen Büchsenpatronen ein Mindestkaliber von 6,5 mm haben;

JAGDWAFFEN   B

im Kaliber 6,5 mm und darüber müssen sie eine Auftreffenergie E_{100} von mindestens 2000 J erbringen. Für kleineres Wild (Füchse, Wildkaninchen u. ä.) ist keine Mindestenergie vorgeschrieben, da alle hierfür überhaupt sinnvollen Waffen bzw. Patronen genügend wirksam sind.

Hinsichtlich der einzelnen Kaliber (im wesentlichen 5,6 bis 9,3 mm), Geschosse und Laborierungen gibt es eine Vielzahl unterschiedlichster Angebote, so dass für alle Wildarten, Jagdarten, Geländeverhältnisse usw. bestmögliche Lösungen zu finden sind. Die Kataloge der großen Waffen- und Munitionshersteller und Jagdausrüster bieten entsprechende Überblicke.

135 | Welche Flinten werden für die Jagd verwendet?

In Deutschland überwiegend Doppelflinten mit übereinander liegenden Läufen (Bockdoppelflinten) oder nebeneinander liegenden Läufen (Querflinten). Weit häufiger als Selbstladebüchsen sind auch Selbstladeflinten vertreten. In den letzten Jahrzehnten sind in Deutschland die aus den USA kommenden Vorderschaftrepetierflinten (pump guns) vereinzelt in Gebrauch gekommen. Andere Flintenkonstruktionen sind Seltenheiten.

Überwiegend wird das Kaliber 12/70 geführt, daneben die Kaliber 16/70 und 20/70 bzw. auch 12/76 und 20/76. Zu beachten ist, dass ältere Waffen z. T. noch für die 65 mm langen Hülsen eingerichtet sind. Aus ihnen dürfen keineswegs Patronen mit 70 mm langen Hülsen verschossen werden; jedoch Patronen mit einer Hülsenlänge 67,5 mm. Magnum-Schrotpatronen dürfen nur aus Waffen verschossen werden, die die entsprechende Kaliberbezeichnung haben bzw. dem verstärkten Beschuss unterlegen haben und das entsprechende Beschusszeichen (s. S. 268) tragen. Bezüglich des Gebrauchs von Stahlschroten aus einer vorhandenen Waffe befrage man am besten seinen Büchsenmacher.

An Schrotstärken sind vor allem drei üblich: 2 ½ mm-Schrot (Nr. 7) für Wildkaninchen, kleines Flugwild (Rebhühner, Tauben) und sonstiges Kleinwild, 3 mm-Schrot (Nr. 5) für Hasen, mittleres Flugwild (Fasanen, Enten), Jungfüchse usw., 3 ½ mm-Schrot (Nr. 3) für Hasen und Füchse im Winter oder bei nassem Wetter, Wildgänse und ähnlich große Tiere.

Einige Jäger benutzen auch Zwischengrößen, wie z. B. 2,7 mm als universelle Schrotgröße oder vereinzelt 4 mm-Schrot. Noch stärkere (gröbere) Schrote (auch Posten) sind in Deutschland zur Jagd nicht üblich, schwächere Schrote im allgemeinen nur zum Tontaubenschießen.

Flintenlaufgeschosse sind erlaubt. Da sie jedoch in Reichweite, Schusspräzision und Geschosswirkung hinter entsprechenden Büchsengeschossen zurückstehen, werden sie in aller Regel nur für bestimmte Spezialzwecke benutzt: in erster Linie für Nachsuchen, vor allem auf wehrhaftes Schwarzwild und bei Drückjagden.

136 | Welche kombinierten Waffen werden für die Jagd verwendet?

Kombinierte Gewehre (s. Abb. S. 37) dienen in Deutschland fast ausschließlich jagdlichen Zwecken. Während für die reine Schalenwildjagd, vor allem in Hochwildrevieren, lieber Büchsen, für reine Niederwildjagd meist Flinten geführt werden, sind die kombinierten Waffen für den normalen Revieralltag mit allen anstehenden jagdlichen und forstlichen Arbeiten sehr nützlich, da mit ihnen im Bedarfsfall sowohl ein Büchsenschuss als auch ein Schrotschuss zur Verfügung steht. Früher hat man den Drilling deshalb oft als die Försterwaffe bezeichnet. Heute werden kombinierte Waffen außer von Forst- und Jagdschutzbeamten (Berufsjägern) vor al-

B DIE HANDHABUNG VON WAFFEN UND MUNITION

Ein heute auf der Jagd übliches Zielfernrohr und ein für die Drückjagden gut geeignetes Leuchtpunktabsehen.

lem von Revierinhabern und -betreuern sowie von ständigen Jagdgästen, die an der Betreuung des Reviers teilnehmen, geführt. Außer für die ständige Begleitung im Revier lassen sich gute kombinierte Waffen durchaus für Ansitz und Pirsch einsetzen – wenn sie auch in mehrfacher Hinsicht Büchsen und Flinten nicht ganz ebenbürtig sind und diese Spezialisten deshalb nicht voll ersetzen können.

Als Ausstattung findet man im allgemeinen Büchsenläufe für schwache oder mittlere Patronen, für Flintenläufe oft die Kaliber 16/70 oder 20/70 bzw. 20/76. Als Schonzeit-Bockbüchsflinten sind leichte (und meist billige) Bockbüchsflinten eingeführt worden, deren Büchsenlauf das Kaliber .22 l.r. oder .22 WMR und deren Flintenlauf das Kaliber 36 (.410) hat. Diese Waffen sind für die Jagd auf Kaninchen und anderes Kleinwild gedacht, haben aber wegen ihrer qualitativen Eigenschaften in Deutschland keine größere Verbreitung erfahren (siehe Abb. S. 37).

137 | Welche Visierungen haben Jagdgewehre?

Flinten haben in der Regel nur eine Laufschiene mit einem vorn aufgesetzten Korn. Büchsen und kombinierte Gewehre haben die seit Jahrhunderten eingeführte »offene Visierung« aus Kimme und Korn. Seit Ende des 19. Jahrhunderts mehr und mehr und heute wohl stets statt dessen oder (fast immer) zusätzlich ein Zielfernrohr. Bei den meisten dieser Waffen lässt sich das Zielfernrohr leicht und schnell abnehmen und wieder aufsetzen, so dass man nach Wahl über das Zielfernrohr (im Normalgebrauch) oder über Kimme und Korn (etwa bei Nachsuchen in Dickungen, bei Drückjagden auf schmalen Schneisen oder sonst auf kurze Entfernungen) schießen kann.

Zielfernrohre erlauben ein sehr viel genaueres Schießen als dies über Kimme und Korn möglich ist. Dadurch können dem Wild unnötige Qualen erspart und das Wildbret in besserer Qualität gewonnen werden. Die Benutzung von guten und dem

JAGDWAFFEN B

jeweiligen Zweck entsprechenden Zielfernrohren ist deshalb heute ein Erfordernis der Weidgerechtigkeit. Nur wenn ihre Benutzung unter den gegebenen Umständen nicht möglich oder sinnvoll ist, sollte über die offene Visierung geschossen werden.

Für unterschiedliche Zwecke gibt es Zielfernrohre von 1 ½-facher bis zu 10-facher und mehr (auch variabler) Vergrößerung und mit unterschiedlichem »Absehen« (eigentliche Zielvorrichtung innerhalb des Zielfernrohrs), auch mit »Leuchtabsehen«, das dieses gegen den Hintergrund schwach leuchtend erscheinen lässt (nicht zu verwechseln mit den verbotenen Nachtzielgeräten). Für Spezialzwecke gibt es auch noch »Leuchtpunktvisiere«, die immer mehr Verbreitung finden.

138 | Welche Bedeutung haben Faustfeuerwaffen für Jäger?

Nach § 19 BJG ist es verboten, mit Pistolen oder Revolvern auf Wild zu schießen, ausgenommen im Falle der Bau- und Fallenjagd sowie zur Abgabe von Fangschüssen, wenn die Mündungsenergie der Geschosse mindestens 200 J beträgt. Damit sind die Grenzen des jagdlichen Gebrauchs von Faustfeuerwaffen abgesteckt. Tatsächlich werden Kurzwaffen häufig zur Abgabe von Fangschüssen eingesetzt, vor allem bei Nachsuchen und zur Tötung unfallverletzten Wildes. Ein gänzlich anderes Aufgabengebiet ist die Bau- und Fallenjagd, für die sich Kurzwaffen ebenfalls vielfältig bewährt haben. Darüber hinaus haben Kurzwaffen für den Jäger eine erhebliche Bedeutung für den Selbstschutz bei eventuellen Angriffen, für Jagdschutzberechtigte auch in Erfüllung diesbezüglicher Aufgaben.

Sowohl im Hinblick auf Fangschüsse beim Schalenwild, besonders Schwarzwild, als auch im Hinblick auf einen eventuellen Notwehrfall sollten Jäger nur Faustfeuerwaffen führen, die zuverlässig funktionieren und die eine genügende Geschosswirkung erbringen. Besonders zu empfehlen sind kleine oder mittlere Revolver mindestens im Kaliber .38 Special, besser jedoch im Kaliber .357 Magnum (aus denen auch alle Patronen .38 Special verschossen werden können). Für Schwarzwild-Nachsuchen können auch Revolver im Kaliber .44 Magnum genannt werden. Wer lieber eine Selbstladepistole führen möchte, sollte mindestens das Kaliber 9 mm Parabellum (9 × 19 = 9 mm Luger) wählen. Nur für die spezielle Verwendung bei der Bau- und Fallenjagd kommen auch schwächere Faustfeuerwaffen in Frage, z. B. in den Kalibern .22 l.r., 7,65 mm Browning u. ä.

139 | Welche blanken Waffen finden jagdliche Verwendung?

Im Jagdbetrieb werden zu den unterschiedlichsten Zwecken diverse »blanke Waffen« oder »kalte Waffen« eingesetzt. Es sind in erster Linie die Saufeder, der Hirschfänger, das Waidblatt und der Nicker (Knicker), die meisten von ihnen in vielen unterschiedlichen Ausführungen. Nicker und diverse Jagdklappmesser eignen sich besonders zum Aufbrechen, Zerwirken und Zerlegen des Wildes. Zusammenklappbare Jagdmesser haben oft außer der (meist feststellbaren) Hauptklinge noch weitere Bestandteile, etwa eine spezielle Aufbrechklinge, eine Knochensäge und anderes. Der Nicker ist aufgrund seiner leichten Reinigung (und damit den hygienischen Anforderungen wegen) oft dem Taschenmesser vorzuziehen. Das Feststellen der Hauptklinge sollte in jedem Fall möglich sein, um Verletzungsgefahren zu verringern. Auf das Verbot des Besitzes und auch des Führens von einigen bestimmten Messern wird hingewiesen.

B DIE HANDHABUNG VON WAFFEN UND MUNITION

Blanke Waffen

Saufeder

Waidblatt und Nicker in einem Waidbesteck.

Eine kleine Auswahl an Klappmessern und solche mit feststehender Klinge (auch Nicker genannt).

SIGNALWAFFEN B

Signalwaffen

140 | Welchen Zwecken dienen die sog. Signal- oder Leuchtpistolen?
Ausschließlich dem Setzen von Signalen oder der Beleuchtung eines größeren Umkreises, z. B. in Seenotfällen. Solche Signalpistolen werden vor allem geführt auf See- und Küstenschiffen, in der Luftfahrt, für Bergrettung, bei Militär und Polizei.

141 | Welches sind die günstigsten Signalpistolen?
Die großkalibrigen Signal- und Leuchtpistolen im Kaliber 4 (26,5 mm). Insbesondere alle seegehenden Schiffe sowie deren Rettungsboote sollten derartige Waffen an Bord haben. Nur für kleine Sportboote, die ausschließlich auf Binnengewässern oder in unmittelbarer Küstennähe fahren, können weniger leistungsfähige Signalwaffen in Fragen kommen.

142 | Haben Signalpistolen eine Sicherung?
Die meisten Signalpistolen im Kaliber 4 besitzen keine Sicherung. Sie benötigen auch keine Sicherung, weil sie in aller Regel erst unmittelbar vor der Schussabgabe geladen werden und deshalb nicht gesichert zu werden brauchen. Andererseits könnte die (unnötige) Sicherung im Notfall (z. B. Seenotfall) die Abgabe des Notsignals gefährlich verzögern.

143 | Welche Munition benutzt man zu Leuchtzwecken?
Am besten weiße Leuchtkugeln, eventuell mit Fallschirm, um die Leuchtwirkung zu verlängern.

144 | Welche Munition benutzt man für Notsignale?
Rote Leuchtkugeln mit oder ohne Fallschirm.

145 | Woran kann man die Farbe der Leuchtmunition erkennen?
Die Farbe der Leuchtkugeln lässt sich an der gleichen Farbe des vorderen Patronenverschlusses erkennen. Da die roten Leuchtkugeln in Notfällen eine oftmals lebensrettende Bedeutung haben, ist an manchen Leuchtpatronen des Kalibers 4 außerdem noch eine Markierung ange-

Eine Geco Leuchtpistole im Kaliber 26,5 (Kal. 4).

B   DIE HANDHABUNG VON WAFFEN UND MUNITION

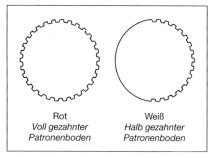

Fühlmarken an Signalpatronen.

bracht, mit deren Hilfe man im Dunkeln den Unterschied zwischen roten und andersfarbigen Leuchtpatronen erfühlen kann: die roten Leuchtpatronen haben einen ringsum gezahnten Patronenboden, die andersfarbigen Leuchtpatronen einen nur etwa zur Hälfte gezahnten bzw. glattrandigen Patronenboden. Dieses Merkmal

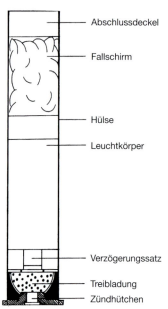

Schnittbild einer Signalpatrone mit Fallschirm.

ist leider nicht bei allen Leuchtpatronen-Fabrikaten vorhanden. Man sollte zweckmäßigerweise beim Kauf darauf achten, deutlich gekennzeichnete Munition zu erwerben.

146 | Wie sind Signalpatronen aufgebaut?

Im Prinzip genauso wie jede andere Patrone, d. h. mit einer metallenen Hülse mit Zündhütchen, Treibladung und Geschoss. Die Treibladung besteht bei ihnen jedoch nicht (wie bei anderen modernen Patronen) aus Nitrozellulosepulver sondern aus Schwarzpulver, und das Geschoss besteht bei ihnen aus mehreren Teilen unterschiedlicher Funktion. Wichtigster Teil des Geschosses ist der Leuchtsatz (Magnesium mit unterschiedlichen Zusätzen). Wichtig ist auch der darunter befindliche Verzögerungssatz, der bewirkt, dass der Leuchtsatz nicht bereits in der Waffe, sondern erst in genügendem Abstand zu brennen anfängt. Bei Fallschirmpatronen kommen außerdem der Fallschirm und eine Ausstoßladung hinzu.

147 | Welche Steighöhe erreicht ein aus Leuchtpistolen verschossenes Signal und wie lange brennt es?

Steighöhe und Brenndauer können je nach Munitionsfabrikat mehr oder minder stark variieren. Als Anhalt für die Besitzer von Signalpistolen des Kalibers 4 seien die wichtigsten mittleren Werte genannt. Die am meisten verbreiteten Leuchtpatronen dieses Kalibers erreichen bei einem Schuss senkrecht nach oben eine Steighöhe von etwa 70–120 m bei einer Brenndauer von 4–8 Sekunden. Bei den so genannten Fallschirmpatronen, bei denen ein Fallschirm den Leuchtsatz länger in der Luft hält, ist die Steighöhe gleich oder etwas größer, die Brenndauer etwa 12–20 Sekunden. Bei Speziallaborierungen mit

SIGNALWAFFEN

einem in der Luft zündenden Zusatzantrieb können Steighöhen bis etwa 300 m erreicht werden. Die Brenndauer beträgt bei derartigen Fallschirmpatronen etwa 30 Sekunden.

148 | Worauf muss die Signalmunition überprüft werden?

Um im Notfall auch wirklich einsatzfähig zu sein, muss die Signalmunition von Zeit zu Zeit überprüft werden, und zwar geschlossene Originalverpackungen auf ihre Unversehrtheit und ihr Verfallsdatum, bei angebrochenen Packungen jede einzelne Patrone auf Oxidation und Beschädigung.

149 | Wie beseitigt man überlagerte Signalmunition?

Am besten, indem man beim Nachkauf die überlagerte Munition an den Waffenhändler zurückgibt, notfalls kann man sie auch bei der Polizei abliefern. Dagegen ist jede Form von Vernichtung bedenklich oder gar strafbar!

150 | Lassen sich Signalpistolen für die Notwehr verwenden?

In allerhöchster Lebensgefahr und bei Fehlen anderer geeigneter Abwehrmittel wird der Besitzer einer Signalpistole sicherlich diese als Notwehrwaffe einsetzen. Prinzipiell ist dagegen im rechtlichen Sinne auch nichts einzuwenden. Man sollte sich jedoch stets über die aus einer solchen Verwendung entstehenden Gefahren im klaren sein. Zunächst ist es wegen der bei diesen Waffen fehlenden Visierung und aus anderen Gründen außerordentlich schwer, mit einer Signalpistole ein bestimmtes Ziel zu treffen. Schon auf 10 m Entfernung ist das Treffen eines etwa menschengroßen Zieles mit einer solchen Waffe weitgehend Glückssache. Weiterhin werden die Leuchtgeschosse durch Hindernisse sehr leicht aus ihrer Flugbahn abgelenkt. Nach mehrfacher Ablenkung können sie zum Schützen zurückkommen und diesen selber gefährden. Insbesondere in geschlossenen Räumen fliegen sie unter Umständen bis zum Erlöschen, also mehrere Sekunden, in völlig unvorhersehbaren Bahnen hin und her. Dabei gefährden sie nicht nur den Schützen und andere Personen, sondern können durch ihre sehr hohen Verbrennungstemperaturen auch leicht ein Feuer verursachen. Leuchtsignalpatronen sollten deshalb stets nur in den freien Luftraum geschossen werden. Alle anderen Verwendungen – auch wenn sie berechtigt sind – bergen sehr große Risiken in sich!

151 | Welcher Unterschied besteht zwischen Signal- oder Leuchtmunition und Leuchtspurmunition?

Mit Leuchtmunition oder Signalmunition werden – wie vorstehend beschrieben – Leuchtkugeln unterschiedlicher Farben in den Luftraum geschossen, um damit Signale (z. B. Notsignale) zu geben oder um die nähere Umgebung zu beleuchten (z. B. bei der Suche nach über Bord gegangenen Personen).

Bei Leuchtspurmunition handelt es sich dagegen um (militärische) Einsatzmunition (vor allem für Maschinengewehre, leichte Flakgeschütze und Flugzeug-Bordkanonen), bei der sich am Geschossheck ein Leuchtsatz befindet, der bei der Schussabgabe gezündet wird und der die Flugbahn des Geschosses sichtbar werden lässt, um gegebenenfalls die Folgeschüsse korrigieren zu können.

B DIE HANDHABUNG VON WAFFEN UND MUNITION

Schießsport und Schießstandbetrieb

152 | Ist Schießen Sport?
Selbstverständlich ist keineswegs jedes private Schießen als Sport zu bezeichnen. Das wettkampfmäßige Schießen mit Pfeil und Bogen, Armbrust, Gewehr und Pistole nach den verbindlichen Regeln der nationalen und internationalen Fachverbände ist jedoch ohne Zweifel ein echter Leistungssport und wird in allen zivilisierten Ländern als solcher betrieben. In der Bundesrepublik Deutschland sind offizielle Titelwettkämpfe vor allem die Vereins-, Kreis-, Bezirks-, Landesverbands- und Deutschen Meisterschaften. An Europa- und Weltmeisterschaften sowie an den Schießwettbewerben der Olympischen Spiele nehmen Mitglieder der vom Deutschen Schützenbund zusammengestellten und betreuten Nationalmannschaft teil. Außer Titeln, Medaillen und Ehrenpreisen können im Sportschießen die Leistungsabzeichen des Deutschen Schützenbundes in sechs Stufen sowie das Deutsche Schießsportabzeichen in drei Stufen errungen werden. Für Spitzenleistungen wird das Meisterschützenabzeichen des Deutschen Schützenbundes verliehen. Voraussetzung für gute oder gar Spitzenleistungen ist hier – wie in jedem Sport – außer einem intensiven Spezialtraining der Wettkampfschützen eine vielfältige Breitenarbeit. Zu dieser gehören auch Trainingswettkämpfe (zwischen Mitgliedern desselben Vereins, Schützenkreises o. ä.), Freundschaftswettkämpfe (verschiedener Vereine gegeneinander) und ähnliche Veranstaltungen.

153 | Was gilt als regulärer Schießsport?
Als regulärer Schießsport im engeren Sinne gelten alle Schießsportübungen, die nach den Reglements des Deutschen Schützenbundes, einiger anderer, teils kleinerer, teils mit dem Schießen nur neben ihren anders gelagerten Hauptaufgaben befassten Fachverbände oder der Internationalen Schützenunion absolviert werden. Außerdem müssen diejenigen Übungen hinzugerechnet werden, die nach strengen sportlichen Maßstäben von Unterorganisationen des Deutschen Schützenbundes auf regionaler Ebene durchgeführt und in denen auch offizielle Wettkämpfe bestritten werden. Im weiteren Sinne müssen zum regulären Schießsport jedoch auch diejenigen Schießsportübungen hinzugerechnet werden, die Bestandteil anderer Sportarten sind, also z. B. das Gewehrschießen beim Biathlon oder das Pistolenschießen beim Modernen Fünfkampf. Bei inoffiziellen internationalen Wettkämpfen werden außerdem gelegentlich Übungen geschossen, die lediglich im nationalen Programm eines dieser Länder, nicht aber im Reglement der Internationalen Schützenunion stehen. Solche andersartigen Schießsportübungen kennt man z. B. in den USA. Deutsche Schützen, die gelegentlich an Wettkämpfen in den USA oder gegen USA-Schützen nach deren Reglement teilnehmen, werden deshalb auch zu Hause diese Übungen trainieren müssen. Im Übrigen sind Art und Zahl der von den nationalen und internationalen Schießsportverbänden offiziell anerkannten Disziplinen ständigen Wandlungen unterworfen. Neue Disziplinen kommen hinzu, andere werden gestrichen, wieder andere werden mehr oder minder stark verändert.

154 | Wo ist das offizielle Reglement des Deutschen Schützenbundes niedergelegt?
In der Sportordnung des Deutschen Schützenbundes, einem Ringbuch mit mehr als 200 Seiten, das u. a. über den

SCHIESSSPORT UND SCHIESSSTANDBETRIEB

Waffenhandel bezogen werden kann. Diese Sportordnung wird von der Sportkommission des Deutschen Schützenbundes regelmäßig überarbeitet und in mehrjährigem Abstand in Neuauflage herausgegeben. In ihr sind alle vom Deutschen Schützenbund betriebenen Schießsportdisziplinen aufgeführt und ihre Durchführung bis in alle Einzelheiten hinein geregelt. Teilweise existieren Nachträge der Landesverbände des Deutschen Schützenbundes mit weiteren Disziplinen.

155 | Gleichen sich nationales und internationales Reglement?

Der Deutsche Schützenbund ist stets bemüht, die Vorschriften seiner Sportordnung den entsprechenden internationalen Bestimmungen anzupassen. Im wesentlichen stimmt dadurch die Sportordnung des Deutschen Schützenbundes mit den internationalen Regelungen überein. Geringfügige Abweichungen sind allerdings nicht immer zu vermeiden, zumal auch auf internationaler Ebene in Feinheiten Unterschiede bestehen, beispielsweise zwischen Weltmeisterschaften und Olympischen Spielen. Außerdem gibt es in einigen anderen Staaten bei uns nicht betriebene Schießsportdisziplinen.

156 | Welche Disziplinen enthält die Sportordnung des Deutschen Schützenbundes?

Zahl, Art, Benennung und genaue Regelung dieser Disziplinen sind ständigen Wandlungen unterworfen. Zur aktuellen und genauen Information sollte man stets die neueste Fassung der Sportordnung heranziehen. Gegenwärtig werden mit Schusswaffen im Sinne des WaffG jeweils eine oder mehrere unterschiedliche Disziplinen betrieben: mit Luftgewehr und Luftpistole, Zimmerstutzen, Klein- und Großkaliberbüchse auf stehende und laufende Scheiben, Klein- und Großkaliberpistole (einschließlich Revolver) auf stehende oder Drehscheiben, mit Flinte auf Tontauben und mit diversen Vorderladewaffen auf stehende Scheiben bzw. Tontauben.

Bei den meisten dieser Übungen handelt es sich um ein Präzisionsschießen auf unterschiedliche Ringscheiben. Bei anderen Übungen ist außer der Genauigkeit auch die schnelle und sichere Reaktion des Schützen gefordert. Einige dieser letztgenannten Übungen werden als Beispiele auf den folgenden Seiten kurz skizziert.

157 | Gibt es auch andere Schießsportverbände?

Außer dem Deutschen Schützenbund als ältestem und mitgliederstärkstem gibt es mehrere andere Dachverbände für den Schießsport, die jeweils ihr eigenes Reglement haben. Da diesbezüglich ein häufiger Wechsel erfolgt, werden sie hier nicht einzeln aufgeführt.

158 | Was ist Wurftauben- oder Tontauben-Schießen?

Tontauben oder Wurftauben sind aus Ton gebrannte, tellerartige Gebilde etwa in Größe einer Untertasse. Sie werden von speziellen Wurfmaschinen in die Luft geschleudert und dort von den Schützen mit Schrot beschossen. Bei einem Treffer zerspringt die Tontaube in zwei bis mehrere Stücke oder wird zu Staub, so dass man in der Regel den Treffer gut erkennen kann. Das wettkampfmäßige Tontaubenschießen wird in zwei unterschiedlichen Disziplinen ausgeübt: dem Trap-Schießen und dem Skeet.

Beim Trap-Schießen werden die Tontauben aus einem Erdbunker (Trapgraben) geradeaus, nach rechts vorn oder nach links vorn in einem wechselnden Höhenwinkel herausgeschleudert. Der Schütze

B DIE HANDHABUNG VON WAFFEN UND MUNITION

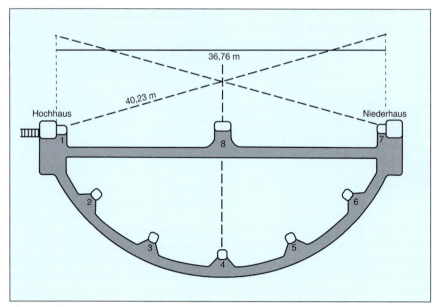

Skeetstand.

steht hinter dem Bunker und hat die wegfliegenden Tontauben zu beschießen.

Für das Skeet-Schießen sind zwei Tontauben-Wurfmaschinen im Abstand von gut 35 m aufgestellt, eine im »Hochhaus«, eine im »Niederhaus«. In festgelegter Reihenfolge werden aus diesen Häusern einzeln oder gleichzeitig Tontauben in genau programmierter Richtung geworfen.
Da der Schütze jedoch im Verlauf eines Durchgangs nacheinander von acht verschiedenen Schützenständen aus schießt, ergeben sich für ihn immer andere Situationen, auf die er zu reagieren hat.

Für unterschiedliche Übungszwecke kann außerhalb dieser Programme vom Trap- wie vom Skeet-Stand oder auch von primitiveren Anlagen aus auf Tontauben geschossen werden.

Freie Pistole Hämmerli FP 60.

SCHIESSSPORT UND SCHIESSSTANDBETRIEB B

Sportpistole SSP, auch für die Disziplin »Schnellfeuer« einsetzbar.

159 | Was ist Duell-Schießen?
Das sportliche Duell-Schießen mit der Faustfeuerwaffe ist den früheren Pistolenduellen nachempfunden. Es wird auf 25 m Entfernung auf spezielle Scheiben mit Drehautomatik ausgeübt. In der Bereitstellung hat der Schütze die schussfertige Waffe nach vorn unten gerichtet, die Scheibe ist um 90° weggedreht. Auf Kommando erscheint die Scheibe fünfmal für jeweils drei Sekunden mit jeweils zehn Sekunden Pause. Bei jedem Erscheinen der Scheibe hebt der Schütze die Waffe und feuert einen Schuss ab, um den Arm sofort hinterher wieder in die Bereitschaftshaltung abzusenken. Beim Fehlen von Drehscheiben kann diese Übung nach Kommando absolviert werden, wobei die vorgeschriebenen Zeiten genau einzuhalten sind.

160 | Was ist Olympisches Schnellfeuer-Schießen?
In dieser olympischen Pistolen-Disziplin werden jeweils fünf Schüsse aus einem Anschlag heraus abgegeben, und zwar je ein Schuss auf fünf nebeneinander stehende Scheiben. Die Bereitstellung ist wie beim Duell-Schießen. Die Scheiben sind ebenfalls um 90° weggedreht. Beim Erscheinen der Scheiben oder auf Kommando hebt der Schütze die Waffe und beschießt die fünf Scheiben bevor sie sich wieder wegdrehen oder das Kommando »Halt« ertönt. Für jede Fünfschussserie stehen 8, 6 oder

Luftpistole LP 300 XT.

91

B DIE HANDHABUNG VON WAFFEN UND MUNITION

4 Sekunden zur Verfügung. Je zwei Serien, insgesamt also sechs Serien, bilden einen Durchgang. Bei offiziellen Wettkämpfen hat jeder Schütze im Allgemeinen zwei Durchgänge, also 60 Wertungsschüsse, zu absolvieren. Es ist viel Übung und große Konzentration notwendig, um in vier Sekunden fünf Scheiben zu beschießen.

161 | Was versteht man unter Anschlag?

Als Anschlag bezeichnet man die Waffenhaltung für den Schuss, so dass der Schütze bei auftretendem Ziel zielen und schießen kann. Es gibt hier beim Wurftaubenschießen die Möglichkeit des Voranschlages. Die bedeutet, dass der Schütze seine Flinte bereits im Anschlag hat und auf die Stelle zielt, wo die Wurttaube in sein Gesichtsfeld kommt (Trap-Schießen). Beim jagdlichen Trap oder dem Skeet, ist die Schießordnung einzuhalten, derzufolge meist der Hinterschaft den Hüftknochen im Anschlag berühren muss, bevor die Taube erscheint. Je nach Körperhaltung unterscheidet man die Anschlagsarten stehend, kniend, sitzend und liegend sowie weitere Unterarten, z. B. stehend freihändig, stehend angestrichen, stehend aufgelegt usw. Beim Faustfeuerwaffenschießen unterscheidet man auch noch zwischen einhändigem und beidhändigem Anschlag. Die Art des Anschlags wirkt sich stark auf die Trefferleistung aus, da letztere umso besser ist, je stabiler Körperposition und Waffenhaltung sind. Welches der günstigste Anschlag ist, hängt jedoch auch sehr von der jeweiligen Situation ab – bei der Jagd z. B. von den Geländeverhältnissen, von der zur Verfügung stehenden Zeit usw. Eine besondere Anschlagsart mit der Faustfeuerwaffe ist der Hüftanschlag, der im Notwehrfall für den blitzschnellen Schuss auf kurze Entfernung in Frage kommt. Hierbei kann nicht genau visiert werden, sondern es wird (nach intensivem Spezialtraining) durch entsprechende Körper- und Armhaltung gezielt. Schließlich spricht man noch vom Voranschlag, wenn die Waffe als Vorbereitung auf einen sehr schnellen Schuss so gehalten wird, dass sie blitzschnell in den endgültigen Anschlag gebracht werden kann. Dieser Voranschlag ist in manchen jagdlichen Situationen angebracht, wird aber auch in einigen Schießsportdisziplinen ausgeübt, z. B. beim Tontaubenschießen, beim Schießen auf die laufende Scheibe usw.

Anschlag sitzend aufgelegt beim Einschießen.

162 | Was sind Sportwaffen?

Als echte Sportwaffen können nur solche Waffen gelten, die einerseits nach den verbindlichen nationalen oder internationalen Schießsport-Reglements zugelassen und die andererseits im regulären Schießsport üblich sind. Bedauerlicher- und irreführenderweise werden im Handel immer wieder Waffen als »Sportwaffen« angepriesen, die entweder nach den verbindlichen Schießsportreglements zum regulären

SCHIESSSPORT UND SCHIESSSTANDBETRIEB B

Beispiel aus der Vielzahl hochspezialisierter Sportgewehre: Spezialbüchse der Fa. Walther für die Sportdisziplin »Laufende Scheibe«, Walther KK 300 Anatomic.

Schießsport überhaupt nicht zugelassen oder die aufgrund ihrer Konstruktion hierfür wenig oder gar nicht geeignet und deshalb nicht üblich sind. Zur Erläuterung zwei Beispiele:

1. Die Benutzung von Kleinkaliber-Selbstladegewehren ist auf den Schießständen des Deutschen Schützenbundes und seiner Unterorganisationen verboten. Damit sind diese Waffen zum regulären Schießsport im Rahmen des Deutschen Schützenbundes nicht zugelassen und können demzufolge hier auch nicht als Sportwaffen bezeichnet werden.

2. Die weit verbreiteten Gebrauchs-Selbstladepistolen im Kaliber 7,65 mm Browning sind nach der Sportordnung des Deutschen Schützenbundes für die Disziplin »Zentralfeuerpistole« zwar z. T. zulässig. Da sie jedoch für Sportzwecke höchst ungeeignet sind, ist ihre Verwendung im Schießsport nicht üblich. Sie können demzufolge auch nicht als Sportwaffen bezeichnet werden.

163 | Wie viele Waffen benötigt ein Sportschütze?

Die Anforderungen der einzelnen Schießsportdisziplinen an die Waffen sind außerordentlich unterschiedlich. Die in- und ausländische Waffenindustrie hat deshalb für alle Schießsportdisziplinen Spezialwaffen entwickelt, die den Anforderungen der jeweiligen Disziplin in besonderem Maße gerecht werden. Ein Sportschütze benötigt deshalb im Allgemeinen so viele Sportwaffen, wie er Schießsportdisziplinen betreibt. Dem aktiven Sportschützen muss jedoch ein noch über den absolut notwendigen Bedarf hinausgehender Spielraum zugebilligt werden, da bei den von der Industrie ständig herausgebrachten neuen Modellen ein gewisses Experimentieren für eine optimale Ausrüstung und Leistung unerlässlich ist. Schießsportfunktionäre, die sich als Sportwarte, Schießmeister o. ä. mit der einschlägigen Beratung der Vereins- oder Verbandsmitglieder hinsichtlich der Anschaffung einer zweckmäßigen Sportwaffe zu befassen haben, sollten zu den notwendigen Vergleichs- und Beratungszwecken über eine noch größere Anzahl von Sportwaffen verfügen.

164 | Wann benötigt ein Sportschütze eigene Waffen?

Die erste Anfängerausbildung im sportlichen Schießen erfolgt zweckmäßigerweise mit einer auf dem Schießstand ausgeliehenen Waffe eines Sportkameraden oder mit einer Leihwaffe des Vereins unter Anleitung und Aufsicht durch einen erfahrenen Sportschützen. Erst nach Überwindung des ersten Anfängerstadiums und nach Erreichung gewisser Mindestleistungen – etwa mit Erfüllung der Bedingungen

B DIE HANDHABUNG VON WAFFEN UND MUNITION

für das bronzene Leistungsabzeichen des Deutschen Schützenbundes – ist der angehende Sportschütze in der Lage, einigermaßen sicher zu entscheiden, welche der vielen in Frage kommenden Sportwaffen für ihn die günstigste ist. Schon im eigenen Interesse, nämlich um einen Fehlkauf zu vermeiden, sollte sich der Anfänger also erst gewisse Kenntnisse und Erfahrungen aneignen. Man kann hierfür einen Erfahrungssatz von einer sechsmonatigen aktiven Schießsporttätigkeit annehmen. Wer dann später nur gelegentlich anlässlich besonderer Vereinsveranstaltungen einmal schießen will, mag sich vielleicht weiterhin mit einer von Fall zu Fall auf dem Schießstand entliehenen Waffe begnügen. Wer dagegen das Schießen als einen ernsthaften Leistungssport betreiben will, muss sich nach Ablauf der ersten Anfängerzeit eine eigene, gegebenenfalls mehrere eigene Waffen zulegen. Dies ist deshalb dringend erforderlich, weil nur eine eigene Waffe in einem für den Leistungssport erforderlichen Maße in Schäftung, Visierung, Abzug usw. den individuellen Eigenschaften und Schießgewohnheiten des Schützen angepasst werden kann. Zur Erreichung von Leistungen, die dem heutigen Leistungsniveau des Schießsports entsprechen, ist ein intensives Training mit der eigenen Waffe notwendig. Dieses intensive Training hat nicht nur in Form der eigentlichen Schießübungen zu erfolgen, sondern zusätzlich durch ein, möglichst tägliches, sogenanntes Trockentraining zu Hause. Auch zu diesem Zweck sind eigene Waffen zwingend erforderlich (siehe WaffG § 14/III).

165 | Wie viel Munition benötigt ein aktiver Sportschütze?

Das ist individuell außerordentlich unterschiedlich und hängt insbesondere auch davon ab, welche Disziplinen dieser Schütze betreibt. Ganz grob kann man davon ausgehen, dass ein Schütze, der aktiv den Schießleistungssport betreibt, einen Jahresverbrauch zwischen 5000 und 15 000 Schuss Munition hat, doch gibt es einzelne Schützen, die einen noch höheren Verbrauch haben.

166 | Dürfen Mehr- und Selbstladegewehre auf Schießständen benutzt werden?

Welche Waffen auf einem Schießstand benutzt werden dürfen, ist einerseits von der behördlichen Genehmigung in der Standzulassung, andererseits von der jeweils gültigen Standordnung des Eigentümers abhängig. Auf Sportschießständen dürfen Selbstladebüchsen meist überhaupt nicht, Repetierbüchsen meist nur als Einzellader benutzt werden. Selbstladeflinten sind dagegen zum Tontaubenschießen in der Regel zugelassen.

167 | Welche Patronen- und Geschossarten dürfen auf Schießständen benutzt werden?

Hierfür gibt es keine allgemein gültigen Vorschriften. In der behördlichen Zulassung eines Schießstandes muss stets angegeben werden, für welche Munition dieser Stand zugelassen ist. Stärkere Munition als die zugelassene darf nicht benutzt werden. Andererseits hat der Eigentümer das Recht, noch weitere Einschränkungen anzuordnen, etwa um einen unnötig hohen Verschleiß an der Scheibenmechanik usw. zu verhindern. Jeder Schütze muss sich vor Beginn des Schießens überzeugen, mit welcher Munition auf diesem Stand geschossen werden darf; er hat sich unbedingt danach zu richten.

168 | Werden Schießstände auch von Jägern benutzt?

Jäger benötigen Schießstände insbesondere für zwei Zwecke:

SCHIESSSPORT UND SCHIESSSTANDBETRIEB B

1. Zum Einschießen und Erproben ihrer Jagdwaffen einschließlich der Munition, insbesondere nach Reparaturen an Waffe oder Zieleinrichtung (Zielfernrohr), bei Umstellung auf eine andere Patronenlaborierung oder bei Nachkauf von Patronen einer neuen Charge (Los).

2. Zum Üben des jagdlichen Schießens, um durch genügende Fertigkeiten dem Wild Qualen zu ersparen.

Für letzteren Zweck kann zum Teil mit speziellen Übungswaffen (z. B. Kleinkaliberbüchsen) geschossen werden. Weitgehend sind diese Übungen aber mit den normalen Jagdwaffen und der entsprechenden Munition durchzuführen. Dabei ist u. a. strikt darauf zu achten, dass alle auf diesem Stand geltenden Auflagen (Begrenzungen bezüglich Waffen und Munition, Schießzeiten, Lärmemissionen usw.) eingehalten werden.

Überwiegend können Jäger und Sportschützen die gleichen Schießstände und Schießstandeinrichtungen benutzen. Nur in Einzelheiten (z. B. bezüglich der »laufenden Scheiben«) sind einrichtungsmäßige Abweichungen erforderlich. Ansonsten können einfach andere Scheiben (z. B. Wildscheiben der Jäger bzw. Ringscheiben der Sportschützen) aufgezogen werden.

169 | Welche besonderen Sicherheitsvorkehrungen sind auf Schießständen zu beachten?

Auf behördlich zugelassenen Schießständen sind im Allgemeinen besondere Standordnungen gültig, die vom Schießstandeigentümer und/oder einem Dachverband (z. B. Deutscher Jagdschutzverband, Deutscher Schützenbund) erlassen worden sind. Diese Standordnungen sind für alle Benutzer des jeweiligen Schießstandes verbindlich und streng zu befolgen. Die wichtigsten Sicherheitsbestimmungen sind folgende:

1. Allen Anordnungen der Standaufsicht ist unbedingt Folge zu leisten.

2. Gewehrriemen sind abzunehmen.

3. Alle Schusswaffen dürfen nur im Schützenstand und mit in Richtung Scheiben gehaltener Mündung geladen werden, dies auch erst dann, wenn sich keine Personen mehr vor dem Schützenstand befinden und die Standaufsicht die Erlaubnis zum Laden gegeben hat. Bei Beendigung oder Unterbrechung des Schießens, auch bei auftretenden Waffenstörungen, ist die Waffe mit nach vorn gerichteter Mündung zu entladen.

4. Auch ungeladene Waffen dürfen nur im Schützenstand und mit nach vorn gerichteter Mündung in Anschlag gebracht werden. Alles sonstige Hantieren mit Waffen ist zu unterlassen.

5. Geladene Waffen dürfen nicht aus der Hand gelegt werden.

6. Außerhalb des Schützenstandes dürfen Kipplaufwaffen nur mit abgekippten Läufen, andere Waffen nur mit geöffnetem Verschluss und mit nach oben gerichteter Mündung getragen werden. Gewehre sind mit offenem Verschluss in den hierfür vorgesehenen Gewehrständern abzustellen, Faustfeuerwaffen entweder mit geöffnetem Verschluss bzw. ausgeklappter Trommel, Selbstladepistolen zusätzlich mit ganz herausgezogenem Magazin abzulegen oder besser in ein hierfür vorgesehenes Behältnis zu verpacken.

7. Fremde Waffen dürfen ohne die ausdrückliche Genehmigung ihres Besitzers nur von der Standaufsicht beziehungsweise Schießleitung berührt werden.

170 | Was ist in geschlossenen Schießanlagen noch besonders zu beachten?

Außer den für alle Schießstände geltenden Regelungen sind in geschlossenen Schießanlagen zwei weitere wichtige Gesichtspunkte zu beachten:

B DIE HANDHABUNG VON WAFFEN UND MUNITION

1. Während des Schießens mit Feuerwaffen und danach sind geschlossene Schießstände gut zu durchlüften, um gesundheitsschädliche Abgaskonzentrationen zu vermeiden. Diesbezügliche Auflagen der Genehmigungsbehörde sind strikt zu beachten.

2. Nachdem sich in den letzten Jahren in geschlossenen Schießständen mehrfach schwere Unfälle, z. T. mit Toten und Verletzten, dadurch ereignet haben, dass nicht verbrannte, über einige Zeit angesammelte Pulverrückstände verpuffungsartig verbrannt sind, müssen hiergegen besondere Vorkehrungen getroffen werden. Insbesondere sind geschlossene Schießstände regelmäßig durch gründliche und sachgerechte Reinigung von solchen Pulverrückständen zu befreien. Dabei ist zu bedenken, dass sich solche Pulverrückstände nicht nur auf dem Fußboden sondern auch an Wänden und Decken ablagern, insbesondere wenn diese mit Schallschutzmaterial verkleidet sind.

171 | Sind Munition, ihre Bestandteile oder Rückstände giftig?

Manche dieser Gegenstände können durchaus giftig sein, so z. B. Blei oder bleihaltige Abgase. Entsprechende Vorsicht ist geboten!

Waffenpflege und Waffenstörungen

172 | Wann und warum müssen Waffen gereinigt werden?

Feuerwaffen müssen mindestens nach jedem Schießen – auch wenn nur ein einziger Schuss abgegeben worden ist – gereinigt werden, da die Verbrennungsrückstände von Zündsatz und Pulver u. U. die Innenteile der Waffe angreifen. Dadurch kann die Waffe beträchtlich beschädigt, im Extremfall sogar betriebsunsicher werden. Weiter sollte die Waffe gereinigt werden, wenn sie nass geworden oder stark verschmutzt ist. Auch bei längerem Nichtgebrauch sollte die Waffe von Zeit zu Zeit gereinigt werden, etwa jedes Vierteljahr.

173 | Welche Geräte und Materialien verwendet man für die Waffenpflege?

Für die gesamte Waffenpflege, insbesondere für die Innenreinigung von Lauf und Patronenlager, sollte man stets nur speziell hierfür vorgesehene Gerätschaften, Waffenöle, Reinigungs-, Pflege- und Konservierungsmittel verwenden, wie man sie im Waffenhandel erwerben kann. Insbesondere hinsichtlich aller Chemikalien ist eine sorgfältige Auswahl und bestimmungsgemäße Anwendung zu empfehlen. Dabei ist auch zu unterscheiden zwischen Mitteln für die innere und für die äußere Anwendung, zwischen Pflegemitteln für die Metallteile und für die Holzteile usw. Für die Laufinnenreinigung ist das früher allgemein übliche Waffenwerg mehr und mehr durch spezielle Reinigungspolster abgelöst worden, die zwar teurer sind, sich z.T. aber ganz hervorragend bewährt haben. Bei der Außenpflege benutzt man am besten alte Baumwoll- oder Leinenlappen.

174 | Welche Waffenteile müssen gereinigt werden?

In erster Linie Lauf und Patronenlager. Darüber hinaus alle Innenteile, auf denen sich der so genannte Schmauch niedergeschlagen hat. Nach der Reinigung werden alle Innenteile mit einem Waffenöl leicht eingeölt und die Waffe wird äußerlich mit einem nur etwas öligen Lappen abgewischt. Im einzelnen ist das Reinigen der

WAFFENPFLEGE UND WAFFENSTÖRUNGEN

Waffe einschließlich des dafür notwendigen Zerlegens meist in der mitgelieferten Betriebsanleitung beschrieben. Anderenfalls lasse man es sich von seinem Waffenhändler erklären und vorführen.

175 | Wie entfernt man feste Rückstände aus dem Lauf?

Während sich Schmauch und krümelige Rückstände im allgemeinen mit einem leicht eingeölten Reinigungspolster ohne Schwierigkeiten aus dem Lauf entfernen lassen, ist dieses bei gewissen festen Verbrennungsrückständen sowie bei Blei- und anderen Metallverschmierungen oftmals nicht möglich. Zu ihrer Entfernung gibt es eine Reihe spezieller chemischer Lösungsmittel. Jeder Waffenhändler wird hier gern beraten und das für den jeweiligen Zweck geeignete Mittel empfehlen. Wenig empfehlenswert ist die Verwendung von Drahtbürsten, wie sie leider bei einigen staatlichen Behörden immer noch in Verwendung sind. Bei ihrer unsachgemäßen Anwendung können die Waffen beträchtlich leiden. Insbesondere kann eine so genannte Vorweite entstehen, die zu einer erheblichen Verminderung der Schusspräzision führt. Auf gar keinen Fall sollten stark festgebrannte Rückstände, im Lauf steckengebliebene Geschosse oder Geschossteile o. ä. mit Gewalt entfernt werden, da dies zu gefährlichen Laufbeschädigungen führen kann. Zwecks Entfernung derartiger Hindernisse sollte man die Waffe einem Büchsenmacher übergeben. Mit gleicher Sorgfalt wie Läufe sind die Patronenlager zu behandeln.

176 | Wie stark sollen Läufe und Patronenlager eingeölt werden?

Soll die Waffe in nächster Zeit nicht benutzt werden und das Einölen demzufolge der Konservierung dienen, können Lauf und Patronenlager mit einem guten Waffenöl dick eingeölt werden. Ein vorhandener Ölfilm ist grundsätzlich ausreichend. Dann darf die Waffe allerdings nicht so aufgestellt oder aufgehängt werden, dass Öl in die Schlagbolzenöffnungen hineinlaufen kann. Soll die Waffe dagegen in Kürze wieder benutzt werden, versieht man Lauf und Patronenlager zweckmäßigerweise nur mit einem ganz dünnen Ölfilm, indem man Lauf und Lager nach Reinigung und Trocknung mit einem nur ganz schwach öligen Polster durchzieht.

177 | Müssen Läufe vor dem Schießen entölt werden?

Sind Lauf und Patronenlager zwecks Konservierung über längere Zeit sehr dick eingeölt gewesen und das Öl vielleicht sogar steif geworden, so muss es vor erneuter Benutzung der Waffe mit einem trockenen Reinigungspolster herausgezogen werden, da anderenfalls die Gefahr eines sog. Ölschusses (unkontrollierte Treffpunktlage) oder gar einer Laufaufbauchung besteht. War der Lauf dagegen nur mit einem dünnen Ölfilm versehen, kann völlig gefahrlos geschossen werden. Die Waffe braucht deshalb vor dem Schießen nicht trockengewischt zu werden. Allerdings kann auch ein dünner Ölfilm unter Umständen zu geringen Schussabweichungen führen. Diese sind jedoch in aller Regel so gering, dass sie nur für ein ausgesprochenes Präzisionsschießen von Bedeutung sind, etwa für sportliche Wettkämpfe oder für den jagdlichen Büchsenschuss auf große Entfernung. Vor sportlichen Wettkämpfen sind deshalb im allgemeinen Probeschüsse oder ein so genannter Ölschuss gestattet. Jagdbüchsen, insbesondere solche für kleinkalibrige Hochgeschwindigkeitspatronen, sollte man vor Beginn der Jagd mit einem trockenen Reinigungspolster durchziehen und dadurch das Öl weitgehend entfernen.

B DIE HANDHABUNG VON WAFFEN UND MUNITION

178 | Müssen auch Waffen aus rostfreiem Stahl gepflegt werden?
Ja! Der sog. rostfreie Stahl (stainless steel) ist nicht absolut rostfrei, sondern nur rostträge. Aus diesem und anderen Gründen (z. B. Ablagerungen) müssen auch die hieraus gefertigten Waffen gepflegt werden, wenn auch nicht so intensiv und (bei langfristiger Aufbewahrung) nicht so häufig.

179 | Was ist bei der Aufbewahrung von Waffen und Munition zu beachten?
Außer den in einem späteren Abschnitt dieses Buches behandelten gesetzlichen Vorschriften zur Aufbewahrung (siehe Seite 136) ist zu beachten, dass die Waffen und Munition kühl und trocken gelagert werden. Weiter sollen die Waffen vollständig entladen, innen und außen mit einem guten, nicht verharzenden Waffenöl leicht eingeölt und zwecks Schonung der Schlagfeder entspannt sein. Auch herausnehmbare Magazine (z. B. von Pistolen) sollten zwecks Schonung der Feder entleert werden. Von einer Aufbewahrung der Waffen und Munition in einem ledernen Futteral bzw. Etui muss abgeraten werden, da die im Leder enthaltene Gerbsäure die Brünierung angreifen kann. Am zweckmäßigsten zur Aufbewahrung ist ein spezieller Waffenschrank, der den gesetzlichen Anforderungen entspricht und in einem trockenen Raum steht. Hinsichtlich der Munition ist zu bedenken, dass im Falle eines Feuers nicht verdämmte Munition fast völlig gefahrlos verbrennt, dass aber beispielsweise in einen Tresor eingesperrte Munition im Falle der Entzündung den Tresor zur Sprengbombe werden lässt und damit Löschmannschaften in Lebensgefahr bringen kann, weshalb eine Kennzeichnung als Munitionsschrank, z. B. mit dem Explosivzeichen, ratsam sein kann.

180 | Was ist bei Waffenstörungen zu tun?
Bei Waffen- und Munitionsstörungen aller Art ist stets äußerste Vorsicht zu wahren. Die Waffe ist unbedingt in Richtung Scheiben bzw. Kugelfang zu halten und die Störung der Standaufsicht zu melden. Letztere hat zu verhindern, dass sich Perso-

Explosionszeichen für die Aufbewahrung von Sprengstoff.

WAFFENPFLEGE UND WAFFENSTÖRUNGEN

nen vor den Schützenstand begeben. Dann ist die Waffe zu sichern und vollständig zu entladen. Danach sollte versucht werden, die Ursache der Störung zu ergründen und wenn möglich zu beheben. Lässt sich die Störung nicht leicht beheben oder treten häufiger Störungen auf, ist die Waffe dem Hersteller oder einem Büchsenmacher zur Überprüfung und gegebenenfalls Reparatur zu übergeben.

181 | Was ist bei Versagern zu tun?
Versager haben sehr oft darin ihre Ursache, dass das Zündhütchen bzw. der Zündrand nicht genügend angeschlagen worden ist. Oftmals zündet eine Versagerpatrone beim zweiten oder dritten Anschlag des Hahns bzw. Schlagbolzens. Man kann deshalb – sofern den Umständen und der Waffenkonstruktion nach möglich – nach einem Versager die Waffe erneut spannen und abziehen. Führt dies nicht zum Erfolg, soll man – falls in der gegebenen Situation möglich – bei Signal- und Leuchtpatronen sowie bei anderen Schwarzpulverpatronen etwa 1 Minute, bei anderen Patronen mindestens 10 Sekunden abwarten, da es gelegentlich – wenn auch sehr selten – vorkommt, dass eine Patrone verspätet zündet (sog. Nachbrenner). Nach dieser Frist kann bedenkenlos entladen oder auch durchgeladen und weitergeschossen werden. Lässt die Situation ein so langes Warten nicht zu, kann man zum Beispiel bei Signalpistolen die Versagerpatrone – ohne sie anzufassen – aus der Waffe herausgleiten und herunterfallen lassen, auf See zweckmäßigerweise direkt ins Wasser. Selbstladepistolen kann man im Notfall sofort per Hand durchladen, bei Revolvern die in der nächsten Kammer befindliche Patrone zünden.

182 | Was versteht man unter »Doppeln«?
Das unbeabsichtigte Losgehen eines zweiten Schusses bei mehrläufigen oder Selbstladewaffen. Hierbei handelt es sich um einen unfallträchtigen Waffenfehler, der umgehend durch einen Fachmann behoben werden sollte.

183 | Was versteht man unter einem »schlappen« Schuss?
Gelegentlich kommt es – meist bei überlagerter Munition – vor, dass Schussknall und Rückstoß deutlich geringer sind als sonst üblich. Ein solcher »schlapper« Schuss kann verschiedene Ursachen haben. In jedem Fall ist jedoch die Leistung der Patrone wesentlich vermindert. Im Allgemeinen ergibt sich dadurch ein mehr oder minder großer Tiefschuss. Ausnahmsweise fällt das Geschoss wenige Meter vor dem Schützen zu Boden oder bleibt gar im Lauf stecken. Deshalb sollte man nach einem schlappen Schuss durch den Lauf hindurchsehen, um nicht mit einem zweiten Schuss auf das stecken gebliebene Geschoss zu schießen und damit eventuell eine Waffensprengung auszulösen.

184 | Wer nur soll Waffenreparaturen durchführen?
Außer bei Vorliegen ganz besonderer Fachkenntnisse soll man alle über die normale Reinigung und Wartung hinausgehenden Arbeiten an der Waffe, insbesondere auch Reparaturen, nur von einem geprüften Büchsenmacher durchführen lassen. Will man bei Vorliegen entsprechender Kenntnisse selber Arbeiten an der Waffe vornehmen, müssen die diesbezüglichen gesetzlichen Vorschriften beachtet werden (s. hierzu im Abschnitt »Waffenrecht«).

C Reichweite und Wirkungsweise der Geschosse

GEFAHRENBEREICHE C

Gefahrenbereiche 101
Geschosswirkungen 102
Ballistische Grundbegriffe 106

Gefahrenbereiche

1 | Was versteht man unter Gefahrenbereich?
Unter Gefahrenbereich versteht man den Bereich vom Schützen bis zur höchstmöglichen Schussweite des Einzelgeschosses bzw. der Schrote. Diese Gesamtschussweite hängt von einer Reihe von Faktoren ab, insbesondere von der Art und Ladung der Patrone, dem Gewicht und der Form des Geschosses, der Lauflänge der Waffe. Die tatsächliche Schussweite hängt darüber hinaus im wesentlichen vom Abgangswinkel des Geschosses ab. Die größten Schussweiten werden erreicht bei einem Abgangswinkel von etwa 25°–35°. Die allermeisten Geschosse erreichen tatsächlich nur einen Teil der Maximalschussweite. Zur Vermeidung von Unfällen muss jedoch der Gefahrenbereich stets nach der Maximalschussweite festgelegt werden.

2 | Wie groß ist der Gefahrenbereich bei Kleinkalibergeschossen?
Der Gefahrenbereich der Kleinkaliberpatronen beträgt für die Patronen .22 kurz und .22 lang (.22 Z) bis maximal 1 km, für die weit verbreitete Scheibenpatrone .22 l.r. (long rifle, auch l.f.B. = lang für Büchsen) etwa 1300 m, für die gleiche Patrone in Hochgeschwindigkeitslaborierung etwa 1500 m und schließlich für die noch stärkere Randfeuerpatrone .22 Winchester Magnum etwa 1800 m.

3 | Wie groß ist der Gefahrenbereich bei Büchsengeschossen?
Je nach Patronenlaborierung und Lauflänge 2–5 km. Der Höchstwert wird nur von wenigen modernen Hochgeschwindigkeitspatronen erreicht. Die meisten Büchsenpatronen haben einen Gefahrenbereich von 3–4 km. Nur extrem schwache bzw. veraltete Büchsenpatronen liegen darunter.

4 | Wie groß ist der Gefahrenbereich bei Pistolen- und Revolvergeschossen?
Bei den schwächsten Pistolen- und Revolverpatronen (z. B. 6,35 mm Browning) beträgt der Gefahrenbereich bis zu etwa 800 m, bei den Pistolenkalibern 7,65 mm und 9 mm Browning sowie bei den mittelstarken Revolverpatronen 1500 m, bei den starken Pistolen- und Revolverpatronen (z. B. 9 mm Luger, .40 S & W, .357 Magnum u. ä.). bis zu etwa 2000 m.

5 | Wie groß ist der Gefahrenbereich bei Luftgewehrgeschossen?
Je nach Stärke der Waffe außerordentlich unterschiedlich, maximal jedoch bis zu 300 m.

6 | Wie groß ist der Gefahrenbereich bei den 4-mm-Übungspatronen?
Der Gefahrenbereich dieser »Zimmerpatronen« beträgt bis zu 300 m.

7 | Wie groß ist der Gefahrenbereich bei Flobertpatronen?
Bei Flobert-Schrotpatronen in den Kalibern 6 mm und 9 mm bis 150 m, bei Flobert-Rundkugeln im Kaliber 6 mm etwa 300 m, im Kaliber 9 mm etwa 700 m.

8 | Wie groß ist der Gefahrenbereich beim Schrotschuss?
Für die üblichen Sport- und Jagdschrotpatronen gilt die Faustregel, dass die Maxi-

C REICHWEITE UND WIRKUNGSWEISE DER GESCHOSSE

malschussweite der Schrote und damit der Gefahrenbereich so viele hundert Meter beträgt, wie der Durchmesser der einzelnen Schrote in Millimeter ist. Beispielsweise beträgt demnach der Gefahrenbereich für eine Schrotpatrone mit 2 ½-mm-Schrot 250 m. Zum sportlichen Wurftaubenschießen werden im allgemeinen keine stärkeren Schrote als 2 ½ mm verwendet. Zur Jagd werden bei uns im Allgemeinen Schrote bis 4 mm Durchmesser benutzt, bei denen der Gefahrenbereich maximal 400 m beträgt. Bei der Schrotpatrone ist zusätzlich als Gefahrenbereich die vorhandene Breitenstreuung der Schrotgarbe zu sehen. Diese beträgt je nach Schrotdurchmesser und Entfernung bei feinem Schrot in einer Entfernung von ca. 180 m eine Breite von ca. 80 m und bei einer Schrotstärke von 3,5 mm immerhin schon ca. 50 m.

9 | Wie groß ist der Gefahrenbereich bei Flintenlaufgeschossen?
Bis 1400 m.

10 | Wann muss mit einer Geschossablenkung gerechnet werden?
Einzelgeschosse und Schrote können bei schrägem Auftreffen auf Hindernisse, z. B. Steine, Wände, Stahlkonstruktionen, gefrorenen Boden usw., aber auch beim sehr schrägen Auftreffen auf Wasserflächen, aus ihrer ursprünglichen Flugrichtung abgelenkt werden und u. U. ein Ziel treffen, das vom Standpunkt des Schützen überhaupt nicht zu sehen war. Auf diese Weise sind schon viele Unfälle passiert. Selbst bei Treffern von beschossenem Wild können austretende Geschoßreste noch eine starke Wirkung haben, die zudem in der Flugrichtung unkalkulierbar sind. Aus Umweltschutzgedanken wurde in den letzen Jahren daran gearbeitet, bleilose Geschosse zu konstruierten, bei denen sich aber herausstellte, dass sie besonders leicht von Hindernissen abgelenkt werden können. Schießstände müssen deshalb so beschaffen sein, dass die Geschosse entweder nicht abprallen können oder auch durch abgeprallte Geschosse keine Menschen gefährdet werden können. Bei einem zulässigen Schießen außerhalb von Schießständen (z. B. aufgrund einer Schießerlaubnis) hat der Schütze das Gelände daraufhin zu prüfen, ob mit einem Ablenken der Geschosse bzw. der Schrote zu rechnen ist und falls ja, ob durch abgelenkte Geschosse Menschen gefährdet werden können.

Geschosswirkungen

11 | Wie wirkt ein Einzelgeschoss?
Hinsichtlich der Wirkung von Einzelgeschossen muss man unterscheiden:
1. die Auftreffenergie,
2. die Durchschlagskraft bzw. die Eindringtiefe,
3. die Aufhaltekraft,
4. die verletzende bzw. tötende Wirkung.

12 | Was ist Auftreffenergie?
Die Auftreffenergie eines Geschosses ist ein rein physikalisch-technischer Wert, der sich aus Geschossgewicht und Geschossgeschwindigkeit errechnet. Im Gegensatz zu einer weit verbreiteten Meinung stellt die Geschossenergie keinen direkten Leistungsmaßstab für die Geschosswirkung dar. Für die eigentliche Geschosswirkung kommt es darauf an, in welche Leistung (Durchschlagskraft, Aufhaltekraft, tötende Wirkung) die Geschossenergie umgesetzt wird. Für die endgültige Wirkungsbeurtei-

… lung eines Geschosses kann die Energie lediglich ein wichtiger Hilfswert sein.

13 | Wovon ist die Durchschlagskraft bzw. die Eindringtiefe abhängig?

Das Vermögen, feste Körper zu durchschlagen oder möglichst tief in sie einzudringen, ist – bei jeweils gleicher Auftreffenergie – um so größer, je spitzer und schlanker ein Geschoss und je härter das Geschossmaterial bzw. der Geschosskopf oder Geschossmantel sind. Da letztlich die Durchschlagskraft von Patrone und Waffe abhängt, sollte sich jeder Waffenbesitzer zur Vermeidung von Unfällen vergewissern, welche Durchschlagskraft seine Waffe mit der dazugehörigen Munition besitzt. Beispielsweise durchschlagen sowohl Kleinkalibergewehre als auch die zu Verteidigungszwecken üblichen Faustfeuerwaffen normale Haus- und Zimmertüren, u. U. sogar dünne Zimmerwände, Hüttenwände oder die Wände leichter Fertighäuser. Auch das Karosserieblech von Kraftfahrzeugen wird von den meisten dieser Geschosse durchschlagen.

14 | Was versteht man unter Aufhaltekraft?

Im Bereich des Waffen- und Schießwesens gibt es nur wenige Begriffe, über die bei Laien und sogar bei vielen Waffenträgern derartig verworrene Vorstellungen herrschen wie über den Begriff der Aufhaltekraft (stopping power). In der Vorstellung vieler Menschen verbindet er sich mit besonders grausamen und besonders lebensgefährlichen Verletzungen. Das ist jedoch völlig falsch. Grundsätzlich beinhaltet der Begriff der Aufhaltekraft nur die Fähigkeit eines Geschosses, einen Gegner möglichst schnell und zuverlässig aktionsunfähig zu machen, d. h. möglichst mit nur einem einzigen und dazu noch schlechten Treffer. Dadurch stehen Tötungs- bzw. Verletzungswirkung einerseits und Aufhaltekraft andererseits in hohem Maße in umgekehrtem Verhältnis zueinander. Denn wenn es gelingt, einen Gegner mit einem einzigen Treffer auf eine relativ ungefährliche Körperstelle aktionsunfähig zu machen, so ist das für den Getroffenen weit weniger gefährlich als wenn zur Erreichung der gleichen Aktionsunfähigkeit mehrere Treffer in lebenswichtige Organe oder gar Kopfschüsse notwendig sind. Ein Geschoss mit hoher Aufhaltekraft bietet deshalb nicht nur dem in Notwehr befindlichen Verteidiger eine größere Sicherheit, sondern ist auch dem beschossenen Angreifer gegenüber humaner und weniger gefährlich.

15 | Wovon ist die Aufhaltekraft abhängig?

Zur mathematischen Berechnung der Aufhaltekraft sind mehrere etwas voneinander abweichende Formeln entwickelt worden. Generell lässt sich sagen, dass bei ausreichender Energie die Aufhaltekraft um so höher, je größer das Kaliber, je höher das Geschossgewicht und je aerodynamisch ungünstiger die Geschossform ist. Wie ersichtlich, sind die Erfordernisse einer hohen Aufhaltekraft denen einer hohen Durchschlagskraft geradezu entgegengesetzt. Tatsächlich haben bei etwa gleicher Geschossenergie die Geschosse mit hoher Durchschlagskraft eine relativ geringe Aufhaltekraft und umgekehrt. Während kleinkalibrige Geschosse bereits einen hohen Durchschlag aufweisen können, hat sich in der Praxis gezeigt, dass die Untergrenze einer sinnvollen Verteidigungswaffe – bei der es ja nur auf die Aufhaltekraft ankommt – bei einem Mindestkaliber von etwa 9 mm liegt. Dabei gibt es aber auch in diesem Kaliber noch große Unterschiede in der Aufhaltekraft je nach Geschossgewicht, Geschossform und Geschossgeschwindigkeit.

C REICHWEITE UND WIRKUNGSWEISE DER GESCHOSSE

Leistungsstarke Pistolen- und Revolverpatronen.

16 | Sind Vollmantelgeschosse für Verteidigungszwecke empfehlenswert?

Für die gezielte Verwendung als persönliche Verteidigungswaffen kommen fast ausschließlich Faustfeuerwaffen in Frage. Hinsichtlich ihrer Benutzung bzw. der aus ihnen zu verschießenden Munition liegen in mancherlei Hinsicht andere Verhältnisse vor als bei Militärgewehren. Im speziellen Hinblick auf Pistolen und Revolver für die persönliche Verteidigung lässt sich folgendes feststellen: Vollmantelgeschosse haben eine besonders hohe Durchschlagskraft und eine nur geringe Aufhaltekraft. Dadurch sind bei ihrem Gebrauch oftmals mehrere bis zahlreiche oder tödliche Treffer notwendig, um einen Gegner kampfunfähig zu machen. Gleichzeitig stellen sie durch ihren hohen Durchschlag sowie durch ihre geringe Deformationsbereitschaft und ihre dadurch auch nach Ablenkung durch ein Hindernis erhaltene, hohe Bewegungsenergie eine besonders große Gefährdung unbeteiligter Personen dar. Sowohl der beschossene Angreifer als auch unbeteiligte Personen werden durch die Verwendung von Vollmantelgeschossen also weit stärker gefährdet als durch die Verwendung von Geschossen mit höherer Aufhaltekraft und dadurch bedingtem geringeren Durchschlag.

17 | Welche Geschosse sind für Verteidigungszwecke zu empfehlen?

Für Verteidigungszwecke sind zum Verschießen aus Pistolen und Revolvern Patronen bzw. Geschosse zu empfehlen, die eine hohe Aufhaltekraft und einen geringen Durchschlag ergeben. In der Form besonders günstig sind – bei möglichst großem Kaliber – Geschosse mit einer stumpfen, abgeplatteten oder gar napfartig ausgehöhlten Spitze. Hinsichtlich des Materials sind reine Bleigeschosse günstiger als Mantelgeschosse oder Geschosse aus Speziallegierungen bzw. mit Spezialüberzügen für hohen Durchschlag.

18 | Welche Geschosse haben einen besonders hohen Tötungseffekt?

Wenn auch fast jedes Geschoss tödliche Verletzungen verursachen kann, so muss man doch noch solche Geschosse unterscheiden, die eine besonders hohe verletzende bzw. tötende Wirkung entfalten. Derartige Geschosse hat man insbesondere für Jagdbüchsenpatronen entwickelt, denn

GESCHOSSWIRKUNGEN C

auf der Jagd geht es ja nicht darum, ein Tier aktionsunfähig zu machen, sondern möglichst schnell und damit schmerzlos zu töten. Für diese spezielle Zielsetzung hat man Patronen und Geschosse geschaffen, die – abgestuft nach Wildarten und damit nach der Größe des jeweiligen Tieres – in die Tiefe des Wildkörpers eindringen, dort schwere innere Zerstörungen anrichten und dadurch den möglichst schlagartigen Tod des Wildes verursachen. Wer sich für diese Fragen näher interessiert, sei auf die einschlägigen jagdlichen Lehrbücher verwiesen. Auch beim Menschen verursachen die Jagdbüchsengeschosse besonders große Zerstörungen der getroffenen Organe und unterscheiden sich damit ganz wesentlich von den für Pistolen und Revolver vorgesehenen Verteidigungspatronen hoher Aufhaltekraft. Deshalb bewirken die Teilmantelgeschosse eine besonders hohe verletzende bzw. tötende Wirkung.

19 | Was sind Dum-Dum-Geschosse?

Die Bezeichnung »Dum-Dum-Geschoss« stammt von dem Namen der indischen Stadt Dum Dum, wo eine Munitionsfabrik für die Engländer für ihre Kolonialkriege Patronen herstellte. Es handelt sich hier um militärische Vollmantelgeschosse, bei denen an der Spitze der Bleikern freigelegt worden ist. Beim Eindringen in den Körper deformieren diese Geschosse unter Abgabe zahlreicher Mantelsplitter und verursachen dadurch schwerste Verletzungen. Der Einsatz solcher Geschosse zu Kriegszwecken ist völkerrechtswidrig, konnte jedoch in beiden Weltkriegen wiederholt beobachtet werden.

20 | Wie wirkt eine Schrotgarbe?

An der Laufmündung besitzt eine Schrotgarbe noch Kalibergröße. Unmittelbar danach beginnt sie jedoch, sich auszubreiten. Beschießt man auf 1 oder 2 m Entfernung eine Scheibe, so sieht das Schussloch aus wie der Einschuss eines sehr großkalibrigen Einzelgeschosses. Auch die Wirkung eines Schrotnahschusses auf einen lebenden Körper ist ähnlich der eines sehr großkalibrigen Einzelgeschosses. Lediglich der Durchschlag gegenüber festen Materialien ist relativ gering. So durchschlägt eine Schrotladung selbst auf kurze Entfernung eine normale Autotür nicht mehr. Je weiter die Schussentfernung wird, desto mehr dehnt sich die Schrotgarbe nach den Seiten und in der Länge aus. Normale Jagdschrotpatronen ergeben beispielsweise auf 20 m Schussentfernung – je nach Schrotstärke und Mündungsverengung des Laufes – einen Streukreisdurchmesser von ½ – 1 ½ m, auf 50 m Schussentfernung einen Streukreisdurchmesser bis zu etwa 5 m. Der Durchschlag der einzelnen Schrotkörner nimmt mit steigender Schussentfernung rapide ab, ist jedoch im Einzelnen von der Schrotstärke abhängig.

Wenn sich die Schrotgarbe seitlich auseinander zieht, wirkt sie auf einen lebenden Körper durch den sogenannten Schrotschusseffekt. Dies ist eine – besonders bei kleineren Tieren – schlagartig tödliche Schockwirkung, die durch eine gleichzeitige Verletzung zahlreicher Empfindungsnerven auf verschiedenen Stellen der Körperoberfläche ausgelöst wird. Bei großen Tieren und Menschen tritt dieser tödliche Schrotschusseffekt im Allgemeinen nicht auf, doch können hier durch einen Schrotschuss oftmals sehr schwere Verletzungen verursacht werden, die nachfolgend ebenfalls tödlich wirken können.

Die Streuung einer Schrotgarbe kann durch eine »Würgebohrung« (s. B-42) des Flintenlaufes verringert oder durch ein in die Schrotladung eingesetztes »Streukreuz« verstärkt werden. Beides kann für bestimmte Zwecke erwünscht sein.

C REICHWEITE UND WIRKUNGSWEISE DER GESCHOSSE

21 | Welche Geschosse sind ungefährlich?

Es gibt grundsätzlich keine ungefährlichen Geschosse! Nach Untersuchungen der Physikalisch-Technischen Bundesanstalt in Braunschweig kann unter extrem ungünstigen Verhältnissen bereits ein Geschoss mit einer Energie von 1 kpm (1 mkg entspricht etwa 10 Joule) eine tödliche Verletzung verursachen. Demzufolge hat der Gesetzgeber die Grenze für die »freien Waffen« bei einer Mündungsenergie von 7,5 Joule gezogen. Bei sehr unglücklichen Treffern, z. B. ins Auge, kann jedoch auch ein noch schwächeres Geschoss ernsthafte Verletzungen verursachen. Deswegen ist auch mit den schwächsten Waffen bzw. den schwächsten Geschossen die größte Vorsicht zu üben!

22 | Sind Leuchtpatronen ungefährlich?

Nein – keineswegs! Durch die Leuchtkugeln der Leuchtsignalpatronen können sogar weit gefährlichere Verletzungen verursacht werden als durch die meisten anderen Geschosse. Durch ihre sehr große Hitze können die Leuchtkugeln außerdem leicht ein Feuer verursachen, wenn sie brennbare Gegenstände treffen. Eine große Gefahr besteht auch darin, dass die Leuchtkugeln sehr leicht durch Anprall an Hindernisse aus ihrer Flugbahn abgelenkt werden. Bei mehrfachem Anprall gegen Hindernisse können Leuchtkugeln u. U. sogar zurückkommen und den Schützen treffen. Aus all diesen Gründen dürfen Leuchtkugeln und Signalraketen nur nach oben in den freien Luftraum geschossen werden!

23 | Sind auch Platzpatronen gefährlich?

Ja – auf kurze Entfernungen können auch die sog. Platzpatronen schwere, u. U. sogar tödliche Verletzungen verursachen! Bei denjenigen Platzpatronen, die überhaupt kein Geschoss enthalten, besteht eine Verletzungsgefahr, soweit das Mündungsfeuer reicht – meist bis etwa 30 cm. Von denjenigen Platzpatronen, die – wie insbesondere die Militärplatzpatronen – nach vorn einen festen, geschossförmigen Abschluss enthalten, z. B. aus Holz, können u. U. noch auf 1 m Entfernung tödliche Verletzungen verursacht werden, in Einzelfällen sogar auf noch auf größere Entfernung. Auch im Umgang mit Platzpatronen ist deshalb größte Vorsicht geboten!

Ballistische Grundbegriffe

24 | Wird die Kenntnis ballistischer Grundbegriffe in der Sachkundeprüfung verlangt?

Aufgrund § 1 Abs. 1 Nr. 2 der AWaffV können ausreichende Kenntnisse in der Innen- und Außenballistik verlangt werden. Diese sind für das Verständnis mancher waffen- und schießtechnischer Zusammenhänge und damit auch für die Vorbereitung auf die Sachkundeprüfung nützlich. Aus diesem Grunde werden hier einige wichtige ballistische Grundbegriffe erläutert.

25 | Was versteht man unter Ballistik?

Ballistik ist die Wissenschaft von der Bewegung geworfener oder geschossener Körper. Sie wird oftmals auch als die Lehre vom Schuss bezeichnet. Man unterscheidet Innenballistik, Mündungsballistik, Außenballistik und Zielballistik.

26 | Womit befasst sich die Innenballistik?

Die Innenballistik befasst sich mit den Vorgängen im Patronenlager und im Lauf

BALLISTISCHE GRUNDBEGRIFFE C

im Moment des Schusses, speziell also mit der Zündung und Verbrennung der Treibladung und der Bewegung des Geschosses durch den Lauf einschließlich aller hierbei ablaufenden Vorgänge und Einwirkungen, wie z. B. Temperatur- und Druckverhältnisse, Freiflug des Geschosses, Geschossgeschwindigkeit, Geschossrotation usw. Nachstehend können nur die für die Waffenbesitzer und Schützen wichtigsten erwähnt werden.

27 | Welche Vorgänge laufen in der Waffe beim Schuss ab?

Nach Betätigung des Abzugs wird durch einen (je nach Waffenkonstruktion unterschiedlichen) Mechanismus der Schlagbolzen schlagartig vorgetrieben und dadurch die Patrone gezündet. Die entstehenden heißen Gase haben das Bestreben, sich nach allen Seiten auszudehnen. Nach den Seiten ist das wegen der starken Wandungen des Patronenlagers, an denen die Patronenhülse anliegt, nicht möglich, nach hinten ebenfalls nicht, da dort der Stoßboden des Verschlusses das Patronenlager fest abschließt. Der in der Patrone entstandene hohe Gasdruck entweicht deshalb nach vorn, wobei er das Geschoss aus der Hülse und mit großer Geschwindigkeit durch den Lauf nach vorn aus der Waffe hinaustreibt. Bei gezogenen Läufen wird das Geschoss bei seinem Weg durch den Lauf in eine schnelle Rotation um seine Längsachse versetzt.

28 | Welche Vorgänge laufen in der Patrone beim Schuss ab?

Durch das schlagartige Auftreffen des Schlagbolzens auf das Zündhütchen bzw. den Zündrand wird der darin enthaltene Zündsatz zur Entzündung gebracht. Eine sehr heiße Zündflamme schlägt in den Pulverraum der Patrone und bringt die darin befindliche Treibladung (Pulverladung) zur Explosion. Bei letzterer entstehen heiße Gase mit einem hohen Gasdruck. Dieser drückt das Geschoss nach vorne aus der Hülse und treibt es durch den Übergangskegel in den Lauf.

29 | Wie hoch sind die Verbrennungstemperaturen in der Waffe?

Die in der Waffe entstehenden Verbrennungstemperaturen betragen bei Schwarzpulver etwa 2000 °C, bei Nitrozellulosepulver etwa 2400–2500 °C.

30 | Was versteht man unter Gasdruck?

Gasdruck ist der beim Schuss in einer Feuerwaffe durch die beim Verbrennen der Treibladung entstehenden heißen Gase erzeugte Druck. Er wird in bar angegeben (vgl. Tabelle auf S. 109).

31 | Wie hoch ist der in Waffen entstehende Gasdruck?

Je nach Munition außerordentlich unterschiedlich. Bei Büchsenpatronen schwankt der maximale Gasdruck je nach Kaliber, Ladung usw. zwischen etwa 1000 und knapp 4000 bar, bei Faustfeuerwaffen zwischen etwa 750 und knapp 3000 bar, bei den Randfeuerpatronen im Kaliber .22 zwischen etwa 1000 und 1800 bar, bei Schrotpatronen der bei uns gängigen Kaliber zwischen etwa 600 bis 650 bar bzw. bei Magnumkaliber bei 1050 bar. 1 bar entspricht etwa dem früher gebräuchlichen Wert 1 at.

32 | Ist ein zu hoher Gasdruck gefährlich?

Ja! Wenn der Gasdruck denjenigen, für den die betreffende Waffe konstruiert und zugelassen ist, wesentlich übersteigt, kann dies zu einer Sprengung der Waffe und diese wiederum zu einer schweren, unter Umständen tödlichen Verletzung des Schützen oder anderer, in der Nähe befindlicher Per-

C REICHWEITE UND WIRKUNGSWEISE DER GESCHOSSE

sonen führen. In minder schweren Fällen kann ein überhöhter Gasdruck zu mehr oder minder großen Beschädigungen der Waffe führen.

33 | Gibt es gesetzliche Höchstgrenzen für den Gasdruck?
Ja – für die Bundesrepublik Deutschland sind in der Anlage III zur früheren 3. WaffV für alle bei uns gängigen Kaliber höchstzulässige Gasdrücke festgelegt worden. Die Munitionshersteller und Importeure sind strikt an diese Vorschriften gebunden. Auch die privaten Wiederlader von Patronenhülsen sollten sich unbedingt an diese Gasdruckgrenzen halten, da bei ihrer Überschreitung die Gefahr von Waffensprengungen und damit von folgenschweren Unfällen droht.

34 | Von welchen Faktoren ist der Gasdruck abhängig?
Der beim Schuss entstehende Gasdruck ist von zahlreichen Faktoren abhängig, insbesondere von Art und Menge der Treibladung sowie vom Gewicht und der genauen Kalibrierung des Geschosses, aber auch noch von diversen weiteren Eigenschaften der Waffe und der Munition.

35 | Woran kann der Schütze einen zu hohen Gasdruck erkennen?
Der genaue Gasdruck lässt sich nur mit speziellen, technisch aufwendigen Prüfanlagen ermitteln. Es gibt jedoch Merkmale, an denen auch der Schütze eine Überladung von Patronen erkennen kann. Ein besonders deutliches Merkmal ist die extreme Abplattung des Zündhütchens, die durch eine übermäßige Anpressung an den Stoßboden der Waffe entsteht, manch-

Auszug einer Tabelle für Büchsenpatronen von der Fa. Dynamit Nobel AG (RWS).

Patrone	Geschoss	
	Art	Gew. (g)
6,5 x 68	VM	6,0
6,5 x 68	KS	8,2
6,5 x 68 R	KS	7,0
.270 Win.	TMS	8,4
.270 Win.	HMK-Hohlsp.	8,4
.270 Win.	KS	9,7
7 x 57	KS	8,0
7 x 57	Scheibengesch.	9,0
7 x 57	TIG	10,5
7 x 57	HMK-Hohlsp.	11,2
7 x 57 R	KS	8,0
7 x 57 R	TMR	9,0
7 x 57 R	KS	10,5
7 x 57 R	TIG	10,5
7 x 57 R	HMK-Hohlsp.	11,2
7 x 57 R	TIG	11,5
7 mm Rem. Magnum	TMS	9,4
7 mm Rem. Magnum	KS	10,5
7 mm Rem. Magnum	TMS	11,3
7 mm Rem. Magnum	TIG	11,5
7 x 64	KS	8,0
7 x 64	Scheibengesch.	9,0
7 x 64	KS	10,5
7 x 64	TIG	10,5
7 x 64	HMK-Hohlsp.	11,2
7 x 64	TMR	11,2
7 x 64	TIG	11,5
7 x 65 R	KS	8,0
7 x 65 R	KS	10,5
7 x 65 R	TIG	10,5
7 x 65 R	HMK-Hohlsp.	11,2
7 x 65 R	TMR	11,2
7 x 65 R	TIG	11,5
.280 Rem.TIG	TIG	10,5
7,5 x 55	KS	9,7
.308 Win.	Scheibengesch.	9,5
.308 Win.	KS	9,7
.308 Win.	TMS	9,7

BALLISTISCHE GRUNDBEGRIFFE C

Lauf-länge	Gas-druck	Geschwindigkeit (m/s)				Energie (J)				Treffpunktlage in cm zur Visierlinie durch Zielfernr. 5 cm ü. Seelena.			
(mm)	(bar)	V_0	V_{50}	V_{100}	V_{200}	E_0	E_{50}	E_{100}	E_{200}	GEE m	50 m	100 m	200 m
650	3800	1150	1075	1005	870	3963	3463	3031	2266	220	+0,5	+3,5	+1,5
650	3800	916	915	875	795	3777	3434	3139	2590	200	+1,0	+4,0	0
650	3400	1010	950	895	790	3570	3159	2804	2184	205	+1,0	+4,0	+0,5
650	3700	965	910	860	770	3914	3473	3110	2492	190	+0,5	+3,5	−1,0
650	3700	955	895	835	730	3826	3365	2933	2237	185	+1,0	+4,0	−1,5
650	3700	895	850	805	720	3885	3504	3143	2514	185	+1,0	+4,0	−2,0
600	3400	900	845	790	695	3240	2856	2496	1932	180	+1,0	+4,0	−3,0
600	3400	800	750	705	615	2880	2531	2237	1702	160	+1,5	+4,0	−7,0
600	3400	800	750	705	635	3365	2953	2609	2119	155	+1,5	+4,0	−7,5
600	3400	770	730	695	625	3316	2982	2708	2188	155	+2,0	+4,0	−8,0
600	3000	890	835	780	685	3168	2789	2434	1877	180	+1,5	+4,0	−3,0
600	3000	780	725	670	565	2737	2365	2020	1432	150	+2,0	+4,0	−10
600	3000	780	740	700	635	3198	2874	2570	2119	155	+2,0	+4,0	−8,0
600	3000	780	730	685	620	3198	2796	2462	2021	155	+2,0	+4,0	−8,0
600	3000	750	710	675	610	3150	2823	2552	2084	155	+2,0	+4,0	−9,0
600	3000	750	715	680	615	3237	2940	2659	2175	155	+2,0	+4,0	−8,5
650	3800	1005	955	905	815	4748	4287	3846	3120	210	+1,0	+4,0	+1,0
650	3800	960	915	870	790	4838	4395	3974	3277	200	+1,0	+4,0	0
650	3800	925	885	850	780	4836	4424	4081	3433	195	+1,0	+4,0	−0,5
650	3800	910	865	825	750	4762	4302	3914	3234	190	+1,0	+4,0	−1,5
650	3600	970	910	855	760	3764	3312	2924	2250	200	+1,0	+4,0	0
650	3600	900	845	795	700	3645	3213	2844	2205	180	+1,0	+4,0	−3,0
650	3600	880	835	795	720	4061	3659	3316	2717	180	+1,5	+4,0	−2,5
650	3600	880	825	770	700	4061	3571	3110	2570	175	+1,5	+4,0	−3,5
650	3600	850	805	765	690	4042	3630	3277	2668	170	+1,5	+4,0	−4,5
650	3600	800	750	700	615	3581	3149	2747	2119	155	+2,0	+4,0	−8,0
650	3600	850	810	770	700	4154	3773	3409	2819	175	+1,5	+4,0	−3,5
600	3300	930	875	820	720	3460	3062	2690	2074	190	+1,0	+4,0	−1,5
600	3300	860	815	775	700	3885	3483	3149	2570	175	+1,5	+4,0	−3,5
600	3300	870	815	760	690	3973	3483	3031	2502	175	+1,5	+4,0	−3,5
600	3300	830	790	750	675	3855	3492	3149	2551	165	+1,5	+4,0	−5,5
600	3300	770	720	675	590	3316	2904	2551	1952	150	+2,0	+4,0	−9,5
600	3300	820	780	745	675	4012	3679	3365	2855	170	+1,5	+4,0	−4,5
650	3500	850	805	765	690	3793	3402	3072	2500	175	+1,5	+4,0	−3,5
600	3300	870	815	765	670	3670	3221	2838	2177	175	+1,5	+4,0	−4,0
600	3600	860	800	745	645	3513	3040	2636	1976	170	+1,5	+4,0	−5,0
600	3600	870	815	765	670	3671	3221	2838	2177	175	+1,5	+4,0	−4,0
600	3600	870	820	770	680	3671	3257	2874	2246	175	+1,5	+4,0	−3,5

C REICHWEITE UND WIRKUNGSWEISE DER GESCHOSSE

mal so stark, dass auf dem Zündhütchen feinste Unebenheiten des Stoßbodens abgeprägt sind. Auch eine besonders schwere Ausziehbarkeit oder sichtbare Verformungen sowie andere Auffälligkeiten der Patronenhülse nach dem Schuss (im Vergleich zu anderen Hülsen) können auf zu hohen Gasdruck hindeuten. Hülsenreißer haben allerdings meist andere Ursachen, insbesondere schlechtes Hülsenmaterial oder nicht passenden Verschlussabstand.

36 | Ist der Gasdruck im gesamten Lauf gleichmäßig?

Nein – der höchste Gasdruck herrscht in dem ersten Laufabschnitt kurz nach dem Patronenlager. Bei genügend langen Läufen fällt er weiter zur Laufmündung hin rapide ab. Die Laufwandungen müssen deshalb im hinteren Laufabschnitt sehr viel dicker gehalten werden als im vorderen. In der untenstehenden Abbildung sind zwei Beispiele für den Verlauf der Gasdruckkurve gegeben. Diese Kurve kann zwar – je nach Art der Patrone – stark variieren, zeigt jedoch im Prinzip immer das gleiche Bild mit einem sehr steilen Gipfel im ersten Laufabschnitt und einem starken Abfall im weiteren Lauf.

37 | Welche Aufgabe hat der Drall?

Der Drall in gezogenen Läufen hat die Aufgabe, die aus diesen Läufen verschossenen Langgeschosse in eine schnelle Rotation um ihre Längsachse zu versetzen, da nur auf diese Weise eine genügende Flugstabilität und damit eine gute Schusspräzision erreicht werden kann.

38 | Auf welcher Strecke dreht sich ein Geschoss einmal um seine Achse?

Bei gut in den Zügen geführten Geschossen ist die Strecke, auf welcher sie sich einmal um ihre eigene Achse drehen, gleich der Dralllänge, d. h. je nach Lauf etwa 20 bis 40 cm.

39 | Wie groß ist die Rotationsgeschwindigkeit eines Geschosses?

Die Rotationsgeschwindigkeit hängt von

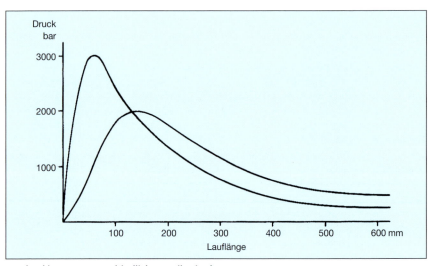

Gasdruckkurven unterschiedlicher Treibmittel.

der Geschossgeschwindigkeit und der Drallänge ab. Bei modernen Büchsenpatronen beträgt sie zwischen 3000 und 4000 Umdrehungen pro Sekunde, bei der Kleinkaliberpatrone .22 l.r. und bei Faustfeuerwaffenpatronen um 1000 Umdrehungen pro Sekunde.

40 | Womit befasst sich die Mündungsballistik?

Die Mündungsballistik, auch Übergangsballistik genannt, befasst sich mit den komplizierten Vorgängen an der Laufmündung während des Schusses.

41 | Was versteht man unter Rückstoß?

Der beim Schuss in einer Feuerwaffe entstehende hohe Gasdruck treibt nicht nur das Geschoss nach vorn aus dem Lauf, sondern stößt gleichzeitig die Waffe nach hinten (Mündungsimpuls, Raketeneffekt). Die Stärke dieses Rückstoßes ist von vielen Faktoren abhängig, insbesondere von der Stärke der Treibladung, dem Geschossgewicht, dem Waffengewicht und der Lauflänge. Der Rückstoß schlägt die Waffe mehr oder minder heftig in die Schulter (Gewehr) oder Hand (Faustfeuerwaffe) des Schützen, außerdem in der Regel die Mündung der Waffe nach oben. Durch geeignete Vorrichtungen und richtiges Verhalten des Schützen kann die Rückstoßwirkung abgemildert werden.

42 | Wie entsteht der Schussknall?

Der beim Schuss aus Feuerwaffen entstehende Knall setzt sich aus mehreren Komponenten zusammen. Der Mündungsknall entsteht, wenn sich der beim Schuss im Lauf aufgebaute hohe Gasdruck beim Verlassen des Laufes schlagartig entspannt. Unmittelbar danach (für das menschliche Ohr nicht zu trennen) entsteht ein Explosionsknall durch die Verbrennung eines Teiles der heißen Gase außerhalb der Waffe. Liegt die Geschwindigkeit des austretenden Geschosses über der Schallgeschwindigkeit (mehr als ca. 340 m/s), kommt noch der Geschossknall (Durchbrechen der Schallmauer) hinzu. Schließlich kann noch (mit geringem Abstand zu hören) der »Kugelschlag« auftreten, wenn das Geschoss das Ziel trifft. Zur Verminderung des Schussknalls hat man Schalldämpfer entwickelt, die vorn an den Lauf angebaut oder angeschraubt werden und die den Mündungsknall mehr oder minder verringern. Auf den Geschossknall haben sie keinen Einfluss, so dass sie nur sinnvoll in Verbindung mit Munition sind, deren Geschossgeschwindigkeit unter der Schallgeschwindigkeit liegt (subsonic).

43 | Womit befasst sich die Außenballistik?

Die Außenballistik befasst sich mit der gesamten Flugbahn des Einzelgeschosses bzw. der Schrotgarbe von der Laufmündung bis zum Ziel. Das Bild auf Seite 112 zeigt die typische parabelähnliche Flugbahn eines Einzelgeschosses, die auch als ballistische Kurve bezeichnet wird.

44 | Hat die Lauflänge einen Einfluss auf die ballistischen Leistungen?

Ja! Jede Patrone ist auf eine bestimmte Lauflänge abgestimmt (laboriert). Wird diese Lauflänge unterschritten, so verbrennt ein Teil der Treibladung erst, nachdem das Geschoss den Lauf bereits verlassen hat, wodurch die Geschossgeschwindigkeit und alle von ihr abhängigen Werte vermindert werden. Diese Leistungsverminderung ist um so größer, je kürzer der Lauf ist. Im Gegensatz dazu, kann ein zu langer Lauf, abgestellt auf die Patrone, durch große Reibung des Geschosses, deren Leistung mindern. Aus diesem Grund haben meist kurze Einsteckläufe im Kaliber .22 lfB exzellente Streukreise.

C REICHWEITE UND WIRKUNGSWEISE DER GESCHOSSE

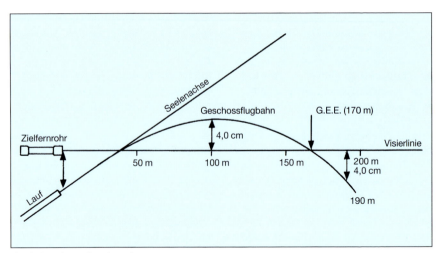

Flugbahn eines Einzelgeschosses.

45 | Was ist Rasanz?
Als Rasanz bezeichnet man die Gestrecktheit der Flugbahn; rasant bedeutet: sehr flach verlaufend. Die Rasanz ist also um so kleiner, je stärker die Krümmung der Flugbahn ist. Mit Geschwindigkeit hat Rasanz nur indirekt insofern zu tun, als ein gleiches Geschoss bei höherer Fluggeschwindigkeit eine gestrecktere Flugbahn (eine höhere Rasanz) bekommt.

46 | Welche Faktoren bestimmen die Geschossflugbahn?
Vor allem Gewicht, Form und Anfangsgeschwindigkeit (Mündungsgeschwindigkeit) des Geschosses und der sog. Abgangswinkel, d. h. der Winkel des Laufes zur Waagerechten.

47 | Was versteht man unter Einschießen?
Unter Einschießen versteht man das mit Hilfe scharfer Schüsse durchgeführte Justieren der Visiereinrichtung einer Schusswaffe. Im allgemeinen werden Waffen entweder »fleck« eingeschossen, d. h. dass auf die beabsichtigte Schussentfernung der Schuss genau dorthin geht, wohin die Visierung zeigt, oder mit einem mehr oder minder großen Hochschuss, z. B. »Spiegel aufsitzend«, also so, dass man auf den unteren Rand des Scheibenspiegels zielen muss, wenn man sein Zentrum treffen will.

48 | Auf welche Entfernung wird eine Schusswaffe eingeschossen?
Faustfeuerwaffen für die Verteidigung werden meist auf 15 oder 25 m Entfernung eingeschossen, Sportwaffen auf diejenige Entfernung, auf welche die betreffende Sportdisziplin laut Reglement durchgeführt wird, also beispielsweise auf 50 oder 100 m. Jagdbüchsen wurden früher auch meistens auf 100 m eingeschossen, heute im allgemeinen auf die GEE.

49 | Was versteht man unter GEE?
GEE ist eine Abkürzung für »Günstigste Einschießentfernung«. Dabei geht man von der Voraussetzung aus, dass für Jagdbüchsen, die zur Schalenwildjagd verwen-

BALLISTISCHE GRUNDBEGRIFFE C

det werden, eine Schussabweichung bis zu 4 cm im praktischen Jagdbetrieb keine Rolle spielt. Die GEE wird nun so berechnet, dass die Geschossflugbahn sich von der Laufmündung bis zur GEE maximal 4 cm über die Visierlinie erhebt. Dadurch erreicht man mit den modernen Büchsenpatronen sehr viel größere Fleckschussentfernungen als bei der früheren Praxis, im Extremfall eine mehr als doppelt so große Fleckschussentfernung.

50 | Was versteht man unter Haltepunkt?
Als Haltepunkt oder Zielpunkt bezeichnet man den Punkt, auf den die Visierlinie im Augenblick des Schusses gerichtet sein soll. Er ist identisch mit dem Punkt, auf den das Geschoss bei Fleckschussentfernung treffen soll. Bei anderer als Fleckschussentfernung muss der Haltepunkt entsprechend höher oder tiefer gewählt werden, je nachdem, wie die Waffe eingeschossen und wie groß die Entfernung ist.

51 | Was versteht man unter Treffpunkt?
Den Punkt, den das Geschoss tatsächlich trifft.

52 | Was versteht man unter Treffpunktlage?
Die Lage eines aus mehreren Schüssen errechneten mittleren Treffpunktes (Mittelpunkt im Streukreis) im Vergleich zum Haltepunkt.

53 | Was versteht man unter Streuung?
Selbst bei allerbester Waffe und Munition geht auf größere Entfernungen nicht Schuss für Schuss durch ein und dasselbe Loch auf der Scheibe. Vielmehr werden sich eine Anzahl von Schüssen auf eine mehr oder minder große Fläche verteilen. Diese Erscheinung nennt man bei Einzelgeschossen Streuung. Schrotgarben ziehen sich nach Verlassen der Laufmündung auseinander, so dass mit zunehmender Schussentfernung der Durchmesser einer Schrotgarbe immer größer wird. Auch diese Erscheinung nennt man Streuung.

54 | Was versteht man unter Schützenstreuung?
Im Unterschied zu der vom Schützen unabhängigen Streuung von Waffe und Munition (s. vorige Frage) bezeichnet man als Schützenstreuung die darüber hinaus vom Schützen durch ungleichmäßiges Halten, Zielen oder Abziehen der Waffe verursachten Abweichungen von Schuss zu Schuss. Diese Schützenstreuung ist von Schütze zu Schütze unterschiedlich und auch von der augenblicklichen Verfassung des Schützen abhängig.

55 | Wie wird die Geschossgeschwindigkeit bezeichnet?
Mit V (vom lateinischen velocitas, die Geschwindigkeit). Da sie mit zunehmender Schussentfernung abnimmt, unterscheidet man die Mündungsgeschwindigkeit V_0, die Geschwindigkeit auf irgendeine bestimmte Entfernung, z. B. auf 100 m die V_{100}, und die Zielgeschwindigkeit oder die Auftreffgeschwindigkeit V_z. Angegeben wird die Geschossgeschwindigkeit in m/s (Meter pro Sekunde).

56 | Wie groß ist die Geschwindigkeit eines Einzelgeschosses?
Die Anfangsgeschwindigkeit (V_1) liegt bei modernen Büchsengeschossen in Höchstgeschwindigkeitslaborierungen zwischen 1000 und 1300 m/s, bei anderen Laborierungen zwischen 700 und 1000 m/s, bei Faustfeuerwaffenpatronen etwa zwischen 250 und 350 m/s, bei Geschossen aus Kleinkaliberbüchsen .22 l.r. um Schallgeschwindigkeit, also etwa um 330 m/s.

C REICHWEITE UND WIRKUNGSWEISE DER GESCHOSSE

57 | Ist eine hohe Geschossgeschwindigkeit von Vorteil?

Ja, denn sie bewirkt sowohl eine rasantere Flugbahn als auch eine höhere Geschossenergie. Der Geschwindigkeit sind geschoss- und waffenkonstruktionsmäßig natürlich Grenzen gesetzt. Welche Geschossgeschwindigkeit als optimal anzustreben ist, hängt weitgehend von der Zweckbestimmung der Waffe ab. Bei der Jagd z. B. kann ein zu schnelles Geschoss u. U. erhebliche Wildbretentwertungen bewirken.

58 | Wie wird die Geschossenergie bezeichnet?

Die Geschossenergie wird mit E bezeichnet und in J (Joule) angegeben. Früher wurde sie in mkg (Meterkilogramm) oder mkp (Meterkilopond) angegeben. Es ist etwa 1 mkg = 1 mkp = 10 J. Da auch die Energie mit zunehmender Schussentfernung abnimmt, unterscheidet man die E_0, die E_{100} usw. sowie die E_z.

59 | Woraus ergibt sich die Geschossenergie?

Die Geschossenergie errechnet sich aus Geschossgewicht und Geschossgeschwindigkeit nach der Formel

$$E = \frac{m \cdot V^2}{2}$$

wobei m das Geschossgewicht in kg, V die Geschossgeschwindigkeit in m/s ist.

60 | Wie groß ist die Energie eines Einzelgeschosses?

Die Mündungsenergie der bei uns gebräuchlichen Jagdbüchsengeschosse liegt – je nach Kaliber, Ladung usw. – zwischen 1500 und 6000 J, bei der .22 Winchester Magnum liegt sie bei über 400 J, bei den gängigen Faustfeuerwaffenpatronen zwischen 200 und 500, bei einigen starken Faustfeuerwaffenpatronen bei etwa 1500 J, z. B. der .44 Magnum oder gar der .454 Casull, die über 2500 J erreicht, wobei die Obergrenze auch da noch nicht erreicht ist.

61 | Womit befasst sich die Zielballistik?

Die Zielballistik, auch Endballistik genannt, befasst sich mit der Geschosswirkung im Ziel, insbesondere mit Auftreffenergie, Durchschlag, Aufhaltkraft, tötender Wirkung usw. Sofern lebende Körper beschossen werden, treten die technischen Vorgänge in vielfältige Beziehungen zu biologischen Vorgängen.

62 | Was ist Jagdballistik?

Unter Jagdballistik versteht man die Beschäftigung mit all jenen ballistischen Fragen, die speziell für Jagdwaffen, Jagdmunition und die jagdliche Praxis von Bedeutung sind. Dazu gehören insbesondere die Außenballistik der Jagdpatronen und ganz besonders ihre Zielballistik, d. h. die Wirkung der Jagdpatronen auf das beschossene Wild. Das höchste anzustrebende Ziel muss dabei stets sein, das beschossene Wild so schnell und damit so schmerzlos wie nur irgend möglich zu töten.

63 | Was sind ballistische Tabellen?

Ganz allgemein sind ballistische Tabellen alle tabellarischen Zusammenstellungen von ballistischen Werten. Da sie stets für einen bestimmten Interessentenkreis, z. B. Jäger, oder für bestimmte Zwecke, z. B. den Vergleich verschiedener Jagdbüchsenpatronen unter jagdlichen Aspekten, zusammengestellt werden, erstrecken sie sich auf die dafür notwendigen Angaben. Auf der Seite 109 wird als Beispiel eine ballistische Tabelle für einige Jagdbüchsenpatronen wiedergegeben.

BALLISTISCHE GRUNDBEGRIFFE C

64 | Was sind Schusstafeln?
Dieser Begriff ist im zivilen Waffen- und Schießwesen gleichbedeutend mit dem der ballistischen Tabellen, wie auf Seite 109 eine als Beispiel wiedergegeben ist.

65 | Wie unterscheiden sich englisch-amerikanische Längenmaße und Gewichte von metrischen Angaben?
Da auch bei uns vielerlei amerikanische Waffen samt dazugehöriger Munition in Gebrauch sind und dafür oftmals die Angaben in englisch-amerikanischen Maßen erfolgen, seien nachstehend die wichtigsten Maße gegenübergestellt:

Längenmaße

1 mm	= 0,03937 in.	1 in.	= 25,4 mm
1 m	= 3,2808 ft.	1 ft.	= 30,48 cm (= 12 in.)
1 m	= 1,0936 yds.	1 yd.	= 91,44 cm (= 3 ft.)

Gewichte

1 g	= 15,432 grains	1 grain	= 0,0648 g
1 g	= 0,035274 oz.	1 oz.	= 28,35 g
1 kg	= 2,2046 lbs. (pd.)	1 lb. (pd.)	= 0,4536 kg

D Waffenrecht

WAFFEN- UND MUNITIONSBEGRIFFE

Waffen- und Munitionsbegriffe 117

Waffenbesitz und Waffenerwerb 121

Waffensammeln 129

Aufbewahrung von Waffen und Munition 136

Waffenführen 139

Herstellung, Handel, Einfuhr 143

Verbotene Gegenstände 145

Schießen 146

Sonstige waffenrechtliche Bestimmungen 155

Waffen- und Munitionsbegriffe

1 | Was bedeutet »Umgang mit Waffen«?

Das WaffG definiert in § 1: »Umgang mit einer Waffe oder Munition hat, wer diese erwirbt, besitzt, überlässt, führt, verbringt, mitnimmt, damit schießt, herstellt, bearbeitet, instand setzt oder damit Handel treibt.«

2 | Was sind Waffen im Sinne des Gesetzes?

Nach dem WaffG § 1 sind Waffen
 1. Schusswaffen oder ihnen gleichgestellte Gegenstände und
 2. tragbare Gegenstände,
  a) die ihrem Wesen nach dazu bestimmt sind, die Angriffs- oder Abwehrfähigkeit von Menschen zu beseitigen oder herabzusetzen, insbesondere Hieb- und Stoßwaffen;
  b) die ohne dazu bestimmt zu sein, insbesondere wegen ihrer Beschaffenheit, Handhabung oder Wirkungsweise geeignet sind, die Angriffs- oder Abwehrfähigkeit von Menschen zu beseitigen oder herabzusetzen, und die in diesem Gesetz genannt sind.

3 | Was sind Schusswaffen im Sinne des Gesetzes?

Schusswaffen im Sinne des WaffG sind Gegenstände, die zum Angriff oder zur Verteidigung, zur Signalgebung, zur Jagd, zur Distanzinjektion, zur Markierung, zum Sport oder zum Spiel bestimmt sind und bei denen Geschosse durch einen Lauf getrieben werden (Anl. 1, 1.1).

4 | Welche Gegenstände stehen den Schusswaffen gleich?

Nach Anl. 1, 1.2 – 1.3. stehen den Schusswaffen gleich tragbare Gegenstände,
 1. die zum Abschießen von Munition für die oben genannten Zwecke bestimmt sind,
 2. bei denen bestimmungsgemäß feste Körper gezielt verschossen werden, deren Antriebsenergie durch Muskelkraft eingebracht und durch eine Sperrvorrichtung gespeichert werden kann (z. B. Armbrüste). Dies gilt nicht z. B. für Saugnäpfe aus Gummi, wenn deren Energie $0{,}16\ J/cm^2$ je Flächeneinheit nicht überschreitet.
 3. wesentliche Teile von Schusswaffen und Schalldämpfer; dies gilt auch dann, wenn sie mit anderen Gegenständen verbunden sind und die Gebrauchsfähigkeit als Waffenteil nicht beeinträchtigt ist oder mit allgemein gebräuchlichen Werkzeugen wiederhergestellt werden kann. Hinzugekommen sind nun auch wesentliche Teile von Kriegswaffen, die nicht dem KWKG unterliegen. Auch werden Schalldämpfer zu derartigen Waffen vom WaffG erfasst.

D WAFFENRECHT

5 | Was sind Feuerwaffen?
Feuerwaffen sind Schusswaffen, bei denen zum Antrieb der Geschosse heiße Gase verwendet werden.

6 | Was sind wesentliche Teile von Schusswaffen?
Nach dem WaffG Anl. 1, 1.3 sind wesentliche Teile:
    1. der Lauf oder Gaslauf,
    2. der Verschluss,
    3. das Patronen- oder Kartuschenlager (Trommel), wenn diese nicht bereits Bestandteil des Laufes sind,
    4. bei Schusswaffen, bei denen zum Antrieb ein entzündbares flüssiges oder gasförmiges Gemisch verwendet wird, auch die Verbrennungskammer und die Einrichtung zur Erzeugung des Gemisches,
    5. bei Schusswaffen mit anderem Antrieb auch die Antriebsvorrichtung, sofern sie fest mit der Schusswaffe verbunden ist.
    6. bei Kurzwaffen auch das Griffstück oder sonstige Waffenteile, soweit sie für die Aufnahme des Auslösemechanismus bestimmt sind.

Als wesentliche Teile gelten auch vorgearbeitete bedeutsame Teile von Schusswaffen, sowie Teile/Reststücke von Läufen und Laufrohlingen, wenn sie mit allgemein gebräuchlichen Werkzeugen fertig gestellt werden können.

7 | Was sind Schalldämpfer?
Vorrichtungen, die der wesentlichen Dämpfung des Mündungsknalls dienen und für Schusswaffen bestimmt sind (Anl. 1, 1.3.6).

8 | Wann gilt eine Schusswaffe nicht mehr als solche?
Die Schusswaffeneigenschaft geht erst verloren, wenn alle wesentlichen Teile so verändert sind (künstlich oder z. B. auch durch verrosten), dass sie mit allgemein gebräuchlichen Werkzeugen nicht wieder gebrauchsfähig gemacht werden können. Für die absichtliche Unbrauchbarmachung von Schusswaffen finden sich in Anl. 1 unter 1.4 genaue Vorschriften.

9 | Was sind Handfeuerwaffen?
Handfeuerwaffen im Sinne dieses Gesetzes sind
    1. Schusswaffen, bei denen zum Antrieb der Geschosse heiße Gase verwendet werden,
    2. tragbare Geräte, die zum Abschießen von Munition bestimmt sind.

Im waffentechnischen Sprachgebrauch bezeichnet man als Handfeuerwaffen – im Gegensatz zu Geschützen – diejenigen Feuerwaffen, die von einer Person getragen und unter bloßer Benutzung der Hände (ohne Lafette) abgefeuert werden können.

10 | Was sind Lang- und was Kurzwaffen?
Das WaffG definiert in Anl. 1, 2.6: Langwaffen sind Schusswaffen, deren Lauf und Verschluss in geschlossener Stellung insgesamt länger als 30 cm sind und deren kürzeste bestimmungsgemäß verwendbare Gesamtlänge 60 cm überschreitet. Kurzwaffen sind alle anderen Schusswaffen.

11 | Was gilt als Lauf?
Das WaffG definiert in Anl. 1, 1.3.1: Der Lauf ist ein aus einem ausreichend festen Werkstoff bestehender rohrförmiger Gegenstand, der Geschossen, die hindurch getrieben werden, ein gewisses Maß an Führung gibt.

12 | Was ist ein Gaslauf?
Das WaffG definiert in Anl. 1, 1.3.1: Der Gaslauf ist ein Lauf, der ausschließlich der Ableitung der Verbrennungsgase dient.

WAFFEN- UND MUNITIONSBEGRIFFE D

13 | Was ist der Verschluss einer Schusswaffe?
Das WaffG definiert in Anl. 1, 1.3.1: Der Verschluss ist das unmittelbar das Patronen- oder Kartuschenlager oder den Lauf abschließende Teil.

14 | Was sind Faustfeuerwaffen und was sind Gewehre?
In der Praxis steht der Begriff Faustfeuerwaffe häufig für Kurzwaffe und der Begriff Gewehr für Langwaffe. Zwar decken sich diese Begriffe nicht in jedem Fall vollständig, doch sind sie in der Praxis durchaus brauchbar. Am häufigsten (und verständlichsten) werden nach wie vor die Begriffe »Gewehr« und »Faustfeuerwaffe« benutzt.

15 | Was sind Selbstladewaffen im Sinne des Waffengesetzes?
Selbstladewaffen (automatische Waffen) im Sinne des WaffG sind Schusswaffen, die nach Abgabe eines Schusses selbstständig erneut schussbereit werden (Anl. 1, Absch. 1, Nr. 2.2).

16 | Was sind Schreckschusswaffen?
Schusswaffen mit einem Kartuschenlager, die zum Abschießen von Kartuschenmunition bestimmt sind. (Anl. 1, Absch. 1, Nr. 2.6)

17 | Was sind Reizstoffwaffen?
Schusswaffen mit einem Patronen- oder Kartuschenlager, die zum Verschießen von Reiz- oder anderen Wirkstoffen bestimmt sind.

18 | Was sind Signalwaffen im Sinne des Gesetzes?
Schusswaffen mit einem Patronen- oder Kartuschenlager, die zum Verschießen von pyrotechnischer Munition bestimmt sind. (Anl. 1, Absch. 1, Nr. 2.7)

19 | Was sind Schussapparate?
Schussapparate im Sinne des Waffengesetzes sind tragbare Geräte, die für gewerbliche oder technische Zwecke bestimmt sind und bei denen zum Antrieb Munition verwendet wird (BeschG § 2 Abs. 4). Bekannte Beispiele sind die von Hausschlachtern und in kleineren Schlachtereien benutzen Viehtötungsgeräte und die Bolzenschussgeräte, die in der Bauwirtschaft benutzt werden.

20 | Was sind Hieb- und Stoßwaffen?
Hieb- und Stoßwaffen im Sinne des Waffengesetzes sind Gegenstände, die ihrem Wesen nach dazu bestimmt sind, unter unmittelbarer Ausnutzung der Muskelkraft durch Hieb, Stoß, Stich, Schlag oder Wurf Verletzungen beizubringen (Schwert, Degen, Bajonett usw.). Bei dieser Definition kommt es wesentlich auf die ursprüngliche Zweckbestimmung an. Lange Messer, beispielsweise (Brotmesser oder Macheten), die durchaus gefährliche Waffen sein können, fallen nicht unter das Waffengesetz,

Wenn sich das Bajonett (oben) im Vergleich zur Machete (Werkzeug, unten) auch klein ausmacht, handelt es sich trotzdem um eine Hieb- und Stichwaffe.

D WAFFENRECHT

weil sie nicht »ihrem Wesen nach dazu bestimmt sind« als Waffen, sondern z. B. zum Freischlagen des Weges im Urwald und zu ähnlichen Zwecken zu dienen. Genauso verhält es sich mit Hirschfängern oder Saufedern bei der Jagdausübung, die keine Hieb- oder Stoßwaffen sind.

21 | Welche Gegenstände stehen Hieb- und Stoßwaffen gleich?
Geräte, die ihrer Natur nach dazu bestimmt sind, unter Ausnutzung einer anderen als mechanischen Energie Verletzungen beizubringen. Hinsichtlich der ursprünglichen Zweckbestimmung gilt das gleiche wie bei den eigentlichen Hieb- und Stoßwaffen.

22 | Welche Munitionsarten unterscheidet das Waffengesetz?
Patronenmunition, Kartuschenmunition, hülsenlose Munition und pyrotechnische Munition, die zum Verschießen aus Schusswaffen bestimmt ist.

23 | Was ist Patronenmunition?
Hülsen mit Ladungen, die das Geschoss enthalten und Geschosse mit Eigenantrieb.

24 | Was ist Kartuschenmunition?
Hülsen mit Ladungen, die kein Geschoss enthalten.

25 | Was ist hülsenlose Munition?
Treibladungen mit oder ohne Geschoss, wobei die Treibladung eine den Innenabmessungen einer Schusswaffe (richtig eigentlich dem Patronenlager) angepasste Form hat.

26 | Was ist pyrotechnische Munition?
Munition, in der explosionsgefährliche Stoffe oder Stoffgemische – pyrotechnische Sätze, Schwarzpulver – enthalten sind, die einen Licht-, Schall-, Rauch- oder ähnlichen Effekt erzeugen und keine zweckbestimmte Durchschlagkraft im Ziel entfalten.

27 | Wozu gehören Platzpatronen?
Sofern es reine Knallpatronen sind, enthalten sie kein Geschoss und gehören damit zur Kartuschenmunition. Sofern Platzpatronen als Abschluss nach vorn einen festen Körper (z. B. geschossförmigen Holzpfropfen) enthalten, der beim Abschuss durch den Lauf getrieben wird, zählen sie zur Patronenmunition.

28 | Gilt loses Schießpulver als Munition?
Nein – es unterliegt den besonderen Bestimmungen des Sprengstoffgesetzes.

29 | Welche Genehmigung benötigt man für Erwerb und Besitz von losem Schießpulver?
Da loses Schießpulver im rechtlichen Sinne als Sprengstoff gilt, sind für jeglichen Umgang damit Genehmigungen nach dem Sprengstoffgesetz erforderlich.

30 | Was sind Geschosse im Sinne des Waffengesetzes?
1. Feste Körper, also insbesondere Einzelgeschosse und Schrotladungen,
2. gasförmige, flüssige oder feste Stoffe in Umhüllungen.

Hülsenlose Munition mit Geschoss von der Fa. VOERE.

Waffenbesitz und Waffenerwerb

31 | Was gilt als besitzen im Sinne des Waffengesetzes?
Im Sinne des Waffengesetzes besitzt einen Gegenstand, wer – ohne Rücksicht auf die Eigentumsverhältnisse – die tatsächliche Gewalt über ihn ausübt (Anl. 1, Abschnitt 2, vgl. hierzu auch § 854 ff. BGB).

32 | Was gilt als erwerben im Sinne des Waffengesetzes?
Im Sinne des Waffengesetzes erwirbt einen Gegenstand, wer die tatsächliche Gewalt über ihn erlangt (Anl. 1, Abschnitt 2). Die Eigentumsverhältnisse werden davon weder berührt noch spielen sie für den Tatbestand des Erwerbs eine Rolle.

33 | Was gilt als überlassen im Sinne des Waffengesetzes?
Im Sinne des Waffengesetzes überlässt einen Gegenstand, wer die tatsächliche Gewalt über ihn einem anderen einräumt (Anl. 1, Abschnitt 2). Auch hierbei spielen die Eigentumsverhältnisse keine Rolle.

34 | Was ist unter tatsächlicher Gewalt zu verstehen?
Die tatsächliche Gewalt über einen Gegenstand übt derjenige aus, der die Möglichkeit hat, über diesen Gegenstand nach eigenem Willen zu verfügen.

35 | Dürfen Kinder oder Jugendliche Umgang mit Waffen haben?
Im WaffG § 2 Abs. 1 heißt es: »Der Umgang mit Waffen oder Munition ist nur Personen gestattet, die das 18. Lebensjahr vollendet haben.« Das Gesetz sieht jedoch diverse Ausnahmen (z. B. §§ 3, 13, 14, 27) vor, die z. T. einer speziellen behördlichen Genehmigung bedürfen.

36 | Ist der Waffenbesitz erlaubnispflichtig?
Ja. Die Erlaubnis wird durch eine Waffenbesitzkarte (WBK) erteilt, die auf eine (oder mehr) bestimmte Person (oder einen Verein) ausgestellt wird und in die detaillierte Angaben über die Waffen eingetragen werden (§ 10). (Siehe WaffG § 43a.)

37 | Kann die Erteilung der Waffenbesitzkarte mit Auflagen verbunden werden?
Ja. Die Erteilung einer Waffenbesitzkarte kann zur Abwehr von Gefahren für die öffentliche Sicherheit, insbesondere hinsichtlich der Aufbewahrung der Schusswaffen, mit Auflagen verbunden werden. Solche Auflagen sind auch nachträglich zulässig.

38 | Kann eine Waffenbesitzkarte auf mehrere Personen ausgestellt werden?
Ja – eine Waffenbesitzkarte über Schusswaffen, die mehrere Personen besitzen, kann auf diese Personen ausgestellt werden.

39 | Wie lange gilt eine Waffenbesitzkarte?
Die Waffenbesitzkarte und damit die Erlaubnis zum Besitz der darin aufgeführten Schusswaffen wird in der Regel unbefristet erteilt.

40 | Welche Genehmigung ist zum Erwerb einer Schusswaffe notwendig?
Die Erlaubnis zum Waffenerwerb wird von der zuständigen Behörde auf der Waffenbesitzkarte (WBK) erteilt. Derselbe Ausweis berechtigt also zum Erwerb und zum späteren Nachweis des berechtigten Waffenerwerbs und Waffenbesitzes. Auf Antrag kann auch ein Einstecklauf in die WBK eingetragen werden.

D WAFFENRECHT

41 | Wie lange gilt die Erwerbserlaubnis auf einer Waffenbesitzkarte?

Im Gegensatz zur sonstigen Gültigkeitsdauer der Waffenbesitzkarte gilt die Erlaubnis zum Erwerb für die Dauer eines Jahres. Wenn man also innerhalb eines Jahres nach Erteilung der Erlaubnis die Waffe nicht erworben hat, verfällt die Erlaubnis und muss gegebenenfalls neu beantragt werden.

42 | Kann der Inhaber einer Waffenbesitzkarte ohne weiteres jede gewünschte Waffe erwerben?

Nein – abgesehen von den besonderen Waffenbesitzkarten für Sportschützen bzw. für Sammler, Sachverständige usw. (siehe unten) können auf eine Waffenbesitzkarte jeweils nur diejenigen Waffen erworben werden, für die seitens der zuständigen Behörde eine Erwerbsgenehmigung eingetragen worden ist. Auf die nachstehend genannten besonderen Waffenbesitzkarten können ohne spezielle Einzelgenehmigung diejenigen Waffenarten erworben werden, für die diese besondere Waffenbesitzkarte ausgestellt ist.

43 | Wie ist der Waffenerwerb durch Sportschützen geregelt?

Erwerb und Besitz von Schusswaffen und Munition für Sportschützen sind in § 14 WaffG geregelt.

44 | Was sind Brauchtumsschützen?

Mitglieder einer zur Brauchtumspflege Waffen tragenden Vereinigung. Für sie gelten besondere Bestimmungen für Waffenerwerb und Waffenführen, die in § 16 des WaffG zusammengefasst sind. Es handelt sich um Langwaffen und dazu gehörige Munition. Einzelheiten und Voraussetzungen betreffen vor allem die entsprechenden Vereinigungen, beziehungsweise sind über diese zu regeln. Die Verantwortlichen dieser Vereinigungen sollten die gesetzlichen Bestimmungen sorgfältig studieren und sich mit den zuständigen Behörden rechtzeitig in Verbindung setzen.

45 | Gibt es besondere Waffenbesitzkarten für Waffen- und Munitionssammler?

Ja. Ein Bedürfnis nach Erwerb und Besitz von Schusswaffen oder Munition wird bei Personen anerkannt, die glaubhaft machen, dass sie Schusswaffen oder Munition für eine kulturhistorisch bedeutsame Sammlung (Waffensammler, Munitionssammler) benötigen. Kulturhistorisch bedeutsam ist auch eine wissenschaftlich-technische Sammlung. Die Erlaubnis zum Erwerb von Schusswaffen oder Munition wird in der Regel unbefristet erteilt. Sie kann mit der Auflage verbunden werden, der Behörde in bestimmten Zeitabständen eine Aufstellung über den Bestand an Schusswaffen vorzulegen.

46 | Wie sind Erwerb und Besitz von Waffen und Munition durch Sachverständige geregelt?

Ein Bedürfnis zum Erwerb und Besitz von Schusswaffen oder Munition wird bei Personen anerkannt, die glaubhaft machen, dass sie Schusswaffen oder Munition für wissenschaftliche oder technische Zwecke, zur Erprobung, Begutachtung, Untersuchung oder zu einem ähnlichen Zweck (Waffen-, Munitionssachverständige) benötigen. Die Erlaubnis zum Erwerb von Schusswaffen oder Munition wird in der Regel

1. für Schusswaffen oder Munition jeder Art und
2. unbefristet erteilt.

Sie kann mit der Auflage verbunden werden, der Behörde in bestimmten Zeitabständen eine Aufstellung über den Bestand an Schusswaffen vorzulegen.

WAFFENBESITZ UND WAFFENERWERB D

47 | Wie sind Erwerb und Besitz von Schusswaffen und Munition durch Jäger geregelt?

Für Inhaber eines gültigen Jagdscheins (Jäger) gelten besondere, im Wesentlichen erleichterte Bestimmungen für den Erwerb und Besitz von Jagdwaffen und -munition (§ 13). Für den Erwerb und Besitz von Langwaffen und dazu gehöriger Munition benötigen sie keine Erlaubnis, haben die Waffen aber innerhalb von zwei Wochen in ihre WBK eintragen zu lassen. Für zwei Kurzwaffen gilt das Bedürfnis als gegeben, jedoch haben die Jäger vor dem Erwerb die Erwerbsgenehmigung zu beantragen.

48 | Sind Erwerb und Besitz von Einsteckläufen erlaubnispflichtig?

Nein – nach Anl. 2, Abschnitt 2, Unterabschnitt 2 Nr. 2a bedarf es zum Erwerb und Besitz von Einsteckläufen keiner Waffenbesitzkarte, wenn sie für Schusswaffen bestimmt sind, die bereits in der Waffenbesitzkarte des Erlaubnisinhabers eingetragen sind. Das gilt auch für Einsätze, die dazu bestimmt sind, Munition mit kleineren Abmessungen zu verschießen, die keine Einsteckläufe sind (sog. Reduzierhülsen).

49 | Wie sind der Erwerb und Besitz von Wechsel- und Austauschläufen sowie Wechseltrommeln rechtlich geregelt?

Nach Anl. 2, Abschnitt 2, Unterabschnitt 2, Nr. 2.1 und 2.2, können Wechsel- und Austauschläufe gleichen oder geringeren Kalibers und Gebrauchsgasdrucks einschließlich der für diese Läufe erforderlichen auswechselbaren Verschlüsse – sofern sie für bereits in die Waffenbesitzkarte eingetragene Waffen bestimmt sind – frei erworben werden. Ihr Erwerb ist jedoch der zuständigen Behörde innerhalb zwei Wochen unter Vorlage der Waffenbesitzkarte zur Eintragung des Erwerbs anzuzeigen. Die gleichen Regelungen gelten für Wechseltrommeln, aus denen nur Munition verschossen werden kann, bei der gegenüber der für die Waffe bestimmten Munition Geschossdurchmesser und höchstzulässiger Gebrauchsgasdruck gleich oder geringer sind.

50 | Sind Erwerb und Besitz von Luftdruckwaffen erlaubnispflichtig?

Luftdruck-, Federdruck- und CO_2-Waffen sind genehmigungsfrei, wenn sie entweder vor dem 1. Januar 1970 in den Handel gebracht worden sind oder wenn die Bewegungsenergie ihrer Geschosse nicht mehr als 7,5 J beträgt und sie das hierfür vorgeschriebene Kennzeichen (s. Abb. auf S. 270, F im Fünfeck) tragen, außerdem wenn sie in der Zeit vom 1. Januar 1970 bis 2. April 1991 im Gebiet der ehemaligen DDR hergestellt worden sind (Anl. 2).

51 | Sind Erwerb und Besitz von Vorderladern erlaubnispflichtig?

Keiner WBK bedarf es zum Erwerb und Besitz von Vorderladerwaffen mit Lunten- oder Funkenzündung (Radschloss- und Steinschlosswaffen) sowie einläufiger Einzellader-Perkussionswaffen und Zündnadelwaffen, deren Modell vor dem Jahre 1871 entwickelt worden ist (Anl. 2 Abschnitt 2, Unterabschnitt 2, Nr. 1). Erwerb und Besitz anderer Vorderlader unterliegen den gleichen Bestimmungen wie Hinterlader.

52 | Sind Armbrüste erlaubnispflichtig?

Nein – Armbrüste sind erlaubnisfrei.

53 | Sind Schreckschuss-, Reizstoff- und Signalwaffen erlaubnispflichtig?

Der Erwerb und Besitz dieser Waffen ist nicht genehmigungspflichtig, sofern die Waffen das hierfür vorgesehene Zeichen der Physikalisch-Technischen Bundesan-

D WAFFENRECHT

Eine Schreckschusswaffe als Nachbau des Colt Government.

stalt in Braunschweig (s. Abb. auf S. 270) tragen. Zum Führen ist jedoch der »Kleine Waffenschein« erforderlich.

54 | Sind Spielzeugwaffen erlaubnispflichtig?

Nach Anl. 2, Abschnitt 3, Unterabschnitt 2 Nr. 1 fallen zum Spielen bestimmte waffenähnliche Gegenstände, aus denen lediglich Geschosse, denen eine Bewegungsenergie von nicht mehr als 0,5 Joule erteilt wird, nicht unter das WaffG. Sie dürfen jedoch nicht den Anschein einer erlaubnispflichtigen Schusswaffe hervorrufen.
Nach § 42a ist das Führen von Anscheinswaffen verboten. Ausgenommen sind Waffen für Zündblättchen, -bänder oder -ringe (Amorces) oder Knallkorken, soweit sie nicht mit Allgemein gebräuchlichen Werkzeugen umgearbeitet werden können.

55 | Was sind Zier- und Sammlerwaffen im Sinne des Gesetzes?

Gemäß Anlage 2, Abschnitt 3, Unterabschnitt 2 ist nach den Nrn. 4.1 bzw. 4.2 zu unterscheiden, wann eine Waffe (vor dem oder nach dem 1.4.2003) unbrauchbar gemacht worden ist. Waffen, die entsprechend der Anlage 1, Abschnitt 1, Unterabschnitt 1 Nr. 1.4 unbrauchbar gemacht worden sind, müssen das Zeichen nach Anlage II, Abbildung 11 zur Beschussverordnung tragen (Raute mit Kennziffer und Prüfstellenzeichen gemäß § 9/I Beschussgesetz). Zu dieser Gruppe von Waffen müssen auch die unter der Anlage 1, Abschnitt 1, Unterabschnitt 1 Nr. 6 angeführten Nachbildungen von Waffen gesehen werden, die

- nicht als Schusswaffen hergestellt wurden,
- die äußere Form einer Schusswaffen haben,
- aus denen nicht geschossen werden kann und
- die nicht mit allgemein gebräuchlichen Werkzeugen zu schießfähigen Waffen umgebaut werden können.

56 | Was gilt für den Erwerb und Besitz dieser Zier- und Sammlerwaffen?

Der Erwerb und Besitz dieser Waffen ist völlig frei.

57 | Ist der Erwerb und Besitz von 4-mm-Waffen erlaubnispflichtig?

Ja – Die Schusswaffen im Kaliber 4 mm sind waffenbesitzkartenpflichtig. Anders als bei den übrigen erlaubnispflichtigen Schusswaffen ist jedoch nach Anl. 2 für die Erteilung einer Waffenbesitzkarte für Handfeuerwaffen, deren Geschossen eine Bewegungsenergie von nicht mehr als 7,5 J erteilt wird und die das entsprechende Kennzeichen, also das F im Fünfeck, tragen, das Bedürfnis nicht zu prüfen. Das gilt auch für die Erteilung der Munitionserwerbsgenehmigung für Munition, die für die vorgenannten Waffen bestimmt ist.

58 | Wann dürfen Waffen ge- oder verliehen werden?

Auch das Leihen gilt im Sinne des Waffengesetzes als Erwerben bzw. Überlassen und unterliegt damit den gleichen waffenrechtlichen Bestimmungen wie Kauf, Schenkung usw. Nach § 12 Abs. 1 ist z. B. ein Ausleihen »vorübergehend, höchstens aber für einen Monat« an einen WBK-Inhaber (z. B. bei Jagdeinladungen oder bei Kauf-

WAFFENBESITZ UND WAFFENERWERB D

absicht zur Ansicht und Erprobung) zulässig. Geht es um die sichere Aufbewahrung, kann die Vier-Wochen-Frist (z. B. bei einem sechs wöchigen Urlaub) überschritten werden.

59 | Was ist zu tun, wenn eine Waffe aufgrund einer Waffenbesitzkarte erworben worden ist?

Der Erwerber hat nach § 10 Abs. 1a WaffG den Erwerb binnen zwei Wochen der zuständigen Behörde schriftlich anzuzeigen und seine Waffenbesitzkarte zur Eintragung des Erwerbs vorzulegen. Teilweise etwas andere Regelungen gelten für die Inhaber der besonderen Waffenbesitzkarten für Sammler, Gutachter usw. Da sich hinsichtlich dieser Gruppe etwas differenzierte Auslegungen herausgebildet haben, sollten sich diese Personen bei der für sie zuständigen Behörde erkundigen, wie sie sich jeweils zu verhalten haben.

60 | Wie ist die rechtliche Lage, wenn man eine Schusswaffe erbt?

Die Erbschaft wird in den § 17 Absatz 3 und § 20 (Erbfall), § 37 Absatz 1 und § 40 Absatz 5 (Anzeigepflichten) geregelt. Nach § 20 WaffG ist der Erwerb von Todes wegen grundsätzlich erlaubnisfrei. Der Erwerber hat jedoch binnen eines Monats nach Erwerb die Ausstellung einer Waffenbesitzkarte oder die Eintragung der Waffe in eine bereits erteilte Waffenbesitzkarte zu beantragen, sofern er die Schusswaffe nicht vorher einem Berechtigten überlässt. Diese Frist ist aber unabhängig von den Anzeigefristen zu sehen. Die Einmonatsfrist beginnt mit dem Erwerb oder dem Ablauf der für die Ausschlagung vorgesehenen Frist. Voraussetzung ist, dass der Erblasser berechtigter Besitzer war und der Erbe zuverlässig und persönlich geeignet (im Sinn des Waffengesetzes) ist. Wenn diese Voraussetzungen nicht vorliegen, sind Waffen mit einem Blockiersystem zu versehen und Munition unbrauchbar zu machen, wenn sie nicht einem Berechtigten überlassen werden. Wenn jedoch solche Systeme für die geerbte Waffe noch nicht entwickelt sind, muss die Behörde auf Antrag Ausnahmen zulassen.

61 | Können bei der Erbschaft von Waffen Schwierigkeiten auftreten?

Beim Erwerb von Waffen und Munition von Todes wegen bzw. bei der Eintragung ererbter Waffen für den Erben können u. U. Probleme auftreten, beispielsweise wenn der Erbe noch minderjährig ist, wenn er andere Voraussetzungen für die Erteilung einer Waffenbesitzkarte nicht erfüllt, wenn die ererbten Waffen nicht in eine Waffenbesitzkarte eingetragen waren, wenn es sich um Waffen oder andere Geräte (z. B. gewisse Nachtzielgeräte) handelt, die dem Kriegswaffenkontrollgesetz unterliegen usw. In allen derartigen Fällen ist zu empfehlen, einen speziell im Waffenrecht erfahrenen Rechtsanwalt einzuschalten oder zumindest zu konsultieren.

62 | Welche Schusswaffen dürfen aufgrund des Jagdscheins erworben werden?

Waffen von mehr als 60 cm Länge (Gewehre), ausgenommen Selbstladewaffen, deren Magazin mehr als zwei Patronen aufnehmen kann, können aufgrund eines gültigen Jagdscheins ohne weitere vorherige waffenrechtliche Genehmigung erworben werden. Der Erwerber muss den Erwerb jedoch binnen zwei Wochen seiner zuständigen Behörde melden und die Waffen in eine auf ihn ausgestellte Waffenbesitzkarte eintragen lassen. Für alle anderen Waffen benötigt ein Jagdscheininhaber die übliche vorherige Erwerbsgenehmigung. Für bis zu zwei Kurzwaffen gilt bei Jagdscheininhabern das Bedürfnis als nachgewiesen.

D WAFFENRECHT

63 | Wem dürfen erlaubnispflichtige Waffen überlassen werden?

Nur Personen, die entweder eine Waffenbesitzkarte (§ 12 Absatz 1) oder bezüglich Langwaffen einen Jagdschein (§ 13 Absatz 4) besitzen, wenn es sich um eine Überlassung von grundsätzlich nicht mehr als einem Monat handelt. Das Überlassen von Waffen an Büchsenmacher und Waffenhändler zur Reparatur oder zum Verkauf ist nicht an Fristen gebunden. Auch bei der sicheren Aufbewahrung ist die Frist von vier Wochen nicht bindend. Eine vorgesehene dauerhafte Überlassung ist jedoch innerhalb von zwei Wochen der zuständigen Behörde schriftlich anzuzeigen.

64 | Darf ein Schusswaffenbesitzer seine Waffe einer anderen Person zur sicheren Verwahrung überlassen?

Ja. – Der rechtmäßige Besitzer einer Schusswaffe darf diese vorübergehend zum Zwecke der sicheren Verwahrung einer anderen Person übergeben. Diese Person seines Vertrauens muss zwar selber eine WBK haben, benötigt aber keine Erwerbsgenehmigung für die zu verwahrende(n) Waffe(n). Es empfiehlt sich, dieser Person die WBK, in welche die Waffe eingetragen ist, gegebenenfalls eine Kopie davon, beizugeben oder ihr eine entsprechende schriftliche Bescheinigung auszustellen. Langwaffen können auch einem Jagdscheininhaber (§ 13 Absatz 4) zur Aufbewahrung überlassen werden.

65 | Darf man Waffen von anderen befördern lassen?

Ja – das Waffengesetz sieht sowohl eine nicht gewerbsmäßige Beförderung durch einen persönlich Beauftragten (Familienangehörigen, Angestellten, Freund o. ä., die die Voraussetzungen des § 12 bzw. 13 Absatz 4 erfüllen) als auch eine gewerbsmäßige Beförderung durch ein entsprechendes Transportunternehmen sowie durch Bahn und Post vor. Für die nicht gewerbsmäßige Beförderung gelten hinsichtlich der Übernahme der Waffe die gleichen Bestimmungen wie für eine sichere Verwahrung durch andere Personen (s. o.). Für eine gewerbsmäßige Beförderung sind keinerlei waffenrechtliche Formalitäten erforderlich. Es ist jedoch daran zu denken, dass nicht alle gewerblichen Unternehmen Waffen auch transportieren (müssen).

66 | Was ist nach dem Überlassen einer Waffe zu veranlassen?

Innerhalb zweier Wochen sind die Waffenbesitzkarten des Überlassers und des Erwerbers der zuständigen Behörde zwecks entsprechender Eintragungen durch die Behörde vorzulegen. Dies gilt aber nicht, sofern es sich nur um ein vorübergehendes Überlassen auf dem Schießstand, zur sicheren Verwahrung, zur Reparatur beim Büchsenmacher o. ä. handelt.

67 | Dürfen auch Waffenhändler Eintragungen in eine Waffenbesitzkarte vornehmen?

Ja – hat ein Waffenhändler auf Grund einer WBK eine Waffe überlassen oder eine Waffe von einem WBK-Inhaber erworben, so darf er eine entsprechende Eintragung in der WBK vornehmen. Der WBK-Inhaber hat jedoch der für ihn zuständigen Behörde den Vorgang in der vorgeschriebenen Frist schriftlich anzuzeigen, bzw. die WBK vorzulegen.

68 | Wer darf Eintragungen in die Waffenbesitzkarte vornehmen?

Nur die zuständige Behörde und lizenzierte Waffenhändler.

69 | Ist auch der Munitionserwerb erlaubnispflichtig?

Die Erlaubnis zum Erwerb und Besitz

WAFFENBESITZ UND WAFFENERWERB

von Munition wird durch Eintragung in eine Waffenbesitzkarte für die darin eingetragenen Schusswaffen erteilt. Diese Erlaubnis gilt neben dem eingetragenen Kaliber, z. B. .357 Mag., auch für andere Kaliber, z. B. .38 Spez., die in dieser Waffe verwendet werden dürfen (siehe 10.10 WaffVwV). In den übrigen Fällen wird die Erlaubnis durch einen Munitionserwerbsschein für eine bestimmte Munitionsart erteilt; sie ist für den Erwerb der Munition auf die Dauer von sechs Jahren zu befristen und gilt für den Besitz der Munition unbefristet (§ 10 Abs. 3 WaffG).

70 | Welche Munition darf man erlaubnisfrei erwerben?
Eines Munitionserwerbsscheins bedarf es nicht zum Erwerb von Patronen- oder Kartuschenmunition, die aus Schusswaffen verschossen werden kann, zu deren Erwerb es ihrer Art nach keiner Erlaubnis bedarf. Dazu zählen z. B. Luftgewehrkugeln (Diabolos) oder Munition für Schreckschuss- und Reizstoffwaffen.

71 | Kann Munition auf Schießständen frei erworben werden?
Ja – jedoch nur zum sofortigen Verbrauch auf dem Schießstand. Ohne Nachweis der Berechtigung zum Munitionserwerb darf einem Benutzer der Schießstätte nicht mehr Munition überlassen werden, als dieser nach den gegebenen Umständen sofort, d. h. während des jeweiligen Aufenthaltes auf der Schießstätte, verbrauchen kann (§ 12 Absatz 2 Nr. 2).

72 | Wer benötigt keinen Munitionserwerbsschein?
1. Jagdscheininhaber für Gewehrmunition.
2. Inhaber einer Waffenbesitzkarte, in welche die Erlaubnis zum Munitionserwerb eingetragen ist.
3. Wer die Munition durch Erbschaft, Fund usw. erwirbt, also im wesentlichen unter den gleichen Voraussetzungen, wie ein Waffenerwerb ohne Erlaubnis möglich ist.

73 | Wem darf erlaubnispflichtige Munition überlassen werden?
Nur Personen, die entweder einen Munitionserwerbsschein für diese Munition beziehungsweise eine entsprechende Eintragung in ihrer Waffenbesitzkarte haben oder die aufgrund des Gesetzes keine derartige Genehmigung benötigen (s. vorstehende Fragen, außerdem Büchsenmacher und Waffenhändler).

74 | Wie kann überlagerte Munition beseitigt werden?
Überlagerte oder sonst wie nicht mehr betriebssichere Munition wird am zweckmäßigsten bei Neukauf einem Waffenhändler zur weiteren Veranlassung übergeben. Ansonsten kann bei der Polizei oder der für waffenrechtliche Genehmigungen zuständigen Behörde erfragt werden, wo diese Munition abgegeben werden kann. Keinesfalls darf sie in anderen Müll gegeben, in die Landschaft oder in Gewässer geworfen oder in einem »Gaudischießen« beseitigt werden.

75 | Wann müssen waffenrechtliche Genehmigungen versagt werden?
Waffenrechtliche Genehmigungen müssen versagt werden,
1. wenn der Antragsteller das 18. Lebensjahr noch nicht vollendet hat (hiervon sind jedoch Ausnahmen zulässig),
2. wenn Tatsachen die Annahme rechtfertigen, dass der Antragsteller die erforderliche Zuverlässigkeit (§ 5), Sachkunde (§ 7) oder persönliche Eignung (§ 6) nicht besitzt,
3. wenn ein Bedürfnis (§ 8) nicht nachgewiesen ist.

D WAFFENRECHT

76 | Wer gilt als nicht zuverlässig im Sinne des Waffengesetzes?
Nach § 5 WaffG besitzen die erforderliche Zuverlässigkeit Personen nicht, die wegen eines Verbrechens oder einer sonstigen vorsätzlichen Straftat zu einer Freiheitsstrafe von mindestens einem Jahr verurteilt sind oder wenn Tatsachen die Annahme rechtfertigen, dass sie
1. Waffen oder Munition missbräuchlich oder leichtfertig verwenden werden,
2. mit Waffen oder Munition nicht vorsichtig und sachgemäß umgehen und diese Gegenstände nicht sorgfältig verwahren werden,
3. Waffen oder Munition Personen überlassen werden, die zur Ausübung der tatsächlichen Gewalt über diese Gegenstände nicht berechtigt sind.

Die erforderliche Zuverlässigkeit besitzen in der Regel Personen nicht, die wegen gewisser anderer, im Gesetz aufgelisteter Straftaten vorbestraft oder Mitglied einer kriminellen oder verfassungswidrigen Vereinigung sind.

77 | Wie ist die Zuverlässigkeit bei schwebenden Verfahren zu beurteilen?
Ist ein Verfahren wegen Straftaten im Sinne des § 5 (s. vorherige Frage) noch nicht abgeschlossen, so kann die zuständige Behörde die Entscheidung über den Antrag auf Erteilung einer waffenrechtlichen Erlaubnis bis zum rechtskräftigen Abschluss des Verfahrens aussetzen.

78 | Kann die Behörde die Vorlage eines ärztlichen Zeugnisses verlangen?
Sind Tatsachen bekannt, die Bedenken gegen die persönliche Eignung in gesundheitlicher Hinsicht begründen, kann die zuständige Behörde verlangen, dass der Antragsteller ein amts- oder fachärztliches Zeugnis über seine geistige und körperliche Eignung vorlegt. Nach der WaffVwV Nr. 5.5 soll dies jedoch nur verlangt werden, wenn ernsthafte Zweifel an der Zuverlässigkeit (Trunksucht, Rauschmittelsucht, Geisteskrankheit oder Geistesschwäche) oder der körperlichen Eignung bestehen.
§ 14 Absatz 1 bei Sportschützen ist zu beachten.

79 | Wann liegt ein Bedürfnis aus Sicherheitsgründen vor?
Nach § 19 liegt ein Bedürfnis insbesondere vor, wenn der Antragsteller glaubhaft macht, wesentlich mehr als die Allgemeinheit durch Angriffe auf Leib oder Leben gefährdet zu sein.

80 | Wie sind Erwerb und Besitz von Schusswaffen und Munition durch Sportschützen geregelt?
In den §§ 14 und 15 des WaffG sind die Anerkennung von Sportschützen und schießsportlichen Vereinigungen geregelt. Generell werden ein sportliches Schießen mit Schusswaffen sowie ein daraus resultierendes Bedürfnis zum Erwerb und Besitz von geeigneten Schusswaffen und Munition anerkannt. Diverse Spezifizierungen auf dem Verordnungsweg sind zu erwarten.

81 | Was gilt als Schießsport im Sinne des Waffenrechts?
Das WaffG definiert (§ 15a): »Sportliches Schießen liegt dann vor, wenn nach festen Regeln einer genehmigten Sportordnung geschossen wird. Schießübungen des kampfmäßigen Schießens, insbesondere die Verwendung von Zielen oder Scheiben, die Menschen darstellen oder symbolisieren, sind im Schießsport nicht zulässig.«

82 | Dürfen Patronen lose verkauft werden?
Gewerbsmäßig darf Munition außer auf Schießstätten sowie Sammlerpatronen (nicht zum Verschießen gedacht) nur in

verschlossenen Packungen überlassen werden. Der Grund für diese Bestimmung ist darin zu sehen, dass oftmals nicht die einzelne Patrone, sondern nur die Originalpackung alle Aufschriften trägt, deren Kenntnis zur Vermeidung unfallträchtiger Verwechslungen notwendig ist. So kann bei Originalverpackungen ausgeschlossen werden, dass es sich um evtl. nicht vorschriftsgemäße wiedergeladene Patronen handelt.

83 | Worauf hat jeder Waffenbesitzer zu achten?

Jeder, der die tatsächliche Gewalt über Waffen oder Munition ausübt, hat Vorkehrungen zu treffen, dass diese Gegenstände nicht abhanden kommen oder dass Dritte sie unbefugt an sich nehmen. Dabei ist nicht zuletzt auch die Verwahrung vor Kindern sorgfältig durchzuführen. Da die Vorsorgepflichten eine besonders große Bedeutung haben, ist ihnen ein gesonderter Abschnitt dieses Buches gewidmet.

84 | Was ist bei einem Abhandenkommen zu tun?

Kommen jemandem Waffen oder Munition, deren Erwerb der Erlaubnis bedarf, oder Erlaubnisurkunden abhanden, so hat er das unverzüglich der zuständigen Behörde anzuzeigen.

85 | In welchen Fristen müssen Ummeldungen von Waffen erfolgen?

Erwerb und Überlassen erlaubnispflichtiger Waffen müssen der zuständigen Ordnungsbehörde gemeldet werden, und zwar innerhalb einer bestimmten Frist, die je nach Art des Erwerbs oder Überlassens unterschiedlich ist, in der Regel jedoch zwei Wochen beträgt. Erfolgt der Erwerb von Todes wegen, beträgt die Frist einen Monat. Der Verlust einer Waffe oder Munition (z. B. durch Verlieren oder durch Diebstahl) ist unverzüglich anzuzeigen. Für Inhaber der besonderen Waffenbesitzkarten für Waffensammler, Gutachter usw. sowie für Inhaber einer Waffenherstellungs- oder Waffenhandelserlaubnis gelten besondere Bestimmungen. Gegebenenfalls ist der Behörde zusammen mit der Meldung die Waffenbesitzkarte zwecks Berichtigung vorzulegen oder die Ausstellung einer Waffenbesitzkarte zu beantragen.

Waffensammeln

86 | Ist ein Sammeln von Schusswaffen zulässig?

Ja – der Gesetzgeber hat mit mehreren Bestimmungen des Waffengesetzes das Sammeln von Schusswaffen und Munition (z. B. §§ 10, 13, 17 u. a.) ausdrücklich anerkannt. § 17 spricht speziell die Waffen- und Munitionssammler an. Hier werden kulturhistorische oder wissenschaftlich-technische Sammlungen angeführt. Gewöhnlich werden diese Erlaubnisse unbefristet erteilt (§ 17 Abs. 2). Die nachstehend erörterten Grundsätze für das Sammeln von Waffen gelten sinngemäß auch für das Sammeln von Munition.

87 | Welche Genehmigung benötigt ein Waffensammler?

Sofern es sich nicht um erlaubnisfreie Waffen handelt, entweder eine gewöhnliche Waffenbesitzkarte oder eine spezielle Waffenbesitzkarte für Waffensammler.

88 | Welche Voraussetzungen muss ein Waffensammler für die notwendige Erlaubnis erbringen?

Im Prinzip die gleichen wie jeder andere Antragsteller, d. h. Mindestalter von 18 Jahren, Zuverlässigkeit, Sachkunde, körperliche Eignung und Bedürfnisnachweis.

D WAFFENRECHT

89 | Wann liegt ein Bedürfnis als Waffensammler vor?

Ein Bedürfnis zum Erwerb und Besitz von Schusswaffen oder Munition wird bei Personen anerkannt, die glaubhaft machen, dass sie Schusswaffen oder Munition für eine kulturhistorisch bedeutsame Sammlung (Waffensammler, Munitionssammler) benötigen; kulturhistorisch bedeutsam ist auch eine wissenschaftlich-technische Sammlung. Die Erlaubnis zum Erwerb von Schusswaffen oder Munition wird in der Regel unbefristet erteilt. Sie kann mit der Auflage verbunden werden, der Behörde in bestimmten Zeitabständen eine Aufstellung über den Bestand an Schusswaffen vorzulegen.

90 | Wie präzisiert die WaffVwV vorstehende Bestimmung?

Nach der WaffVwV Nr. 32.4 kann ein Bedürfnis im vorstehenden Sinne insbesondere vorliegen, wenn das Sammeln von Waffen oder Munition mit dem Beruf oder der fachlichen Ausbildung des Antragstellers in Zusammenhang steht oder kulturhistorischen Zwecken dient. Waffensammler, die lediglich Dekorationsstücke erwerben wollen, fallen nicht darunter. Sie sind auf sogenannte Zier- und Sammlerwaffen im Sinne des § 3 der 1. WaffV zu verweisen (also auf die unbrauchbar gemachten, genehmigungsfreien Waffen).

91 | Wer ist als Sammler anzuerkennen?

Nach der WaffVwV Nr. 32.4.1 sind als Sammler Personen anzuerkennen, die zu wissenschaftlichen oder technischen Zwecken die Entwicklung von Waffen oder Munition untersuchen oder eine Sammlung nach einem bestimmten System anlegen oder erweitern wollen.

92 | Wie umschreibt die WaffVwV die »wissenschaftliche Tätigkeit«?

Eine wissenschaftliche Tätigkeit kann sich auf die innerballistischen Untersuchungen – Einfluss des Verbrennungsraumes, der Form und Größe des Patronen- oder Kartuschenlagers, der Reibungsverhältnisse (Übergang, Feld- und Zugdurchmesser), der Laufgestaltung (Gesamtlänge, Drall und besondere Gestaltung, z. B. Konizität) – und/oder auf die außenballistischen Untersuchungen einschließlich der Endballistik (Vorgänge beim Auftreffen der Geschosse) sowie Arbeiten über die Sicherung von Waffen und die Entwicklung konstruktiver Neuerungen beziehen. Als Nachweis für eine solche wissenschaftliche Tätigkeit wird man in der Regel Veröffentlichungen oder sonstige abgeschlossene Arbeiten oder einen anderweitigen Nachweis des Fachwissens auf diesem Gebiet verlangen müssen.

93 | Wie umschreibt die WaffVwV die »technische Tätigkeit«?

Eine technische Tätigkeit liegt dann vor, wenn die mechanischen Abläufe und insbesondere deren Änderungen und Weiterentwicklungen untersucht oder vorangetrieben werden sollen. Hierbei kann es sich u. a. um den Zünd- und den Verschlussmechanismus und bei voll- oder halbautomatischen Waffen um den Auswerf- und Patronenzuführmechanismus handeln. Derartige Tätigkeiten werden von Personen ausgeübt, die entweder von dem erlernten Beruf, vom Militärdienst oder einer Tätigkeit bei einer Organisation (z. B. Schießsportverein) her oder aufgrund eines besonderen Interesses und Fachwissens mit der Herstellung, Instandsetzung und Bearbeitung von Schusswaffen, mit der Untersuchung von Waffenunfällen oder der Erstellung von Gutachten und Expertisen beschäftigt sind oder waren.

WAFFENSAMMELN D

94 | Wie umschreibt die WaffVwV die »kulturhistorisch bedeutsame Sammlung«?

Die Anerkennung einer kulturhistorisch bedeutsamen Sammlung setzt voraus, dass Waffen oder Munition von geschichtlich-kultureller Aussagekraft nach einer bestimmten Systematik zusammengefasst werden sollen. Zu diesem Zweck kann es auch erforderlich sein, Waffen oder Munition zu sammeln, die eine bestimmte Entwicklung beeinflusst oder fortgeführt haben. Die geschichtlich-kulturelle Aussagekraft ist nicht materiell, sondern nach der Bedeutung der Waffen

- aus entwicklungsgeschichtlicher Sicht,
- unter geographisch- oder personenorientiertem Bezug,
- nach konstruktiven Merkmalen oder
- nach verwendungsspezifischen Gesichtspunkten zu bemessen.

Eine Sammlung im Sinne des Gesetzes kann daher Waffen oder Munition umfassen, die

- nach rein chronologischen Gesichtspunkten geordnet oder mit Erinnerungen an berühmte Menschen oder an geschichtliche Ereignisse verknüpft sind oder einen exemplarischen Ausweis einer bestimmten Epoche darstellen,
- nach dem Zündsystem (z. B. Perkussions-, Randfeuer- oder Zentralfeuerzündung) geordnet sind,
- nach dem Verschlusssystem geordnet sind,
- nach dem Ladesystem (z. B. Vorder-, Hinter-, Seitenladung) geordnet sind,
- nach geographischem Bezug (Verwendungs-, Herstellungsort, -land, -zeit) geordnet sind und sich auf ein einziges Modell oder auf verschiedene Waffenmodelle oder Munitionsarten in ihrer geschichtlichen Entwicklung beziehen (WaffVwV 32.4.2.).

Nach § 17 WaffG gelten auch wissenschaftlich-technische Sammlungen als kulturhistorisch bedeutsam.

95 | Sind auch Waffensammlungen anderer Art zulässig?

Ja – nach der WaffVwV Nr. 32.4.3 sind auch Sammlungen denkbar, die nach anderen Systematisierungsgesichtspunkten aufgebaut sind (z. B. Jagd-, Duell-, Deliktswaffen, Verwendungs-, Beschuss- oder Bodenstempel auf Patronen).

Außer den vorstehenden, in der WaffVwV genannten und ähnlichen Systematisierungsgesichtspunkten kommt es sicherlich auch noch darauf an, ob die Waffen eventuell nur Teil einer andersartigen größeren Sammlung – etwa eines Museums – sind und wie die besondere Interessenlage des Sammlers, z. B. seine forschungsmäßigen oder schriftstellerischen Ambitionen usw., ausgerichtet sind. Hier wird man keine, alle Einzelfälle umfassenden Regeln aufstellen können, weshalb sich auch die WaffVwV ausdrücklich auf eine beispielhafte Aufzählung beschränkt. Das bedeutet aber auch, dass jeder Einzelfall für sich sorgfältig geprüft werden muss.

96 | Dürfen auch militärische Waffen gesammelt werden?

Das Sammeln von Militärwaffen früherer Epochen gehört mit zu den bevorzugten Themenstellungen von Waffensammlern. Dabei lassen sich geschichtliche Abläufe und waffentechnische Entwicklungen besonders deutlich verknüpfen und so die kulturhistorische Bedeutung der jeweiligen Waffen aufzeigen. Gerade das systematische Sammeln von Militärwaffen und anderen militärischen Ausrüstungsgegenständen aus bestimmten früheren Epochen kann den historischen Wert des Waffensammelns dokumentieren. Bei zeitlicher

D WAFFENRECHT

Annäherung an die Gegenwart sind bei derartigen Themenstellungen jedoch unbedingt alle diesbezüglichen gesetzlichen Einschränkungen zu beachten, in erster Linie die Vorschriften des Kriegswaffenkontrollgesetzes (KWKG).

97 | Dürfen Nichtjäger Jagdwaffen sammeln?

Bei der ursprünglichen und zentralen Bedeutung der Jagd für alle menschliche Kultur hat das Sammeln von Jagdwaffen aller Völker, Länder und Epochen eine überaus große kulturhistorische Bedeutung. Umfangreiche Sammlungen in Jagdmuseen, Jagdschlössern u.ä. zeigen das in eindrucksvoller Weise. Aber auch kleinere private Sammlungen können durchaus eine kulturhistorische Aussagekraft besitzen.

Das planvolle Sammeln von Jagdwaffen ist in jedem Fall eine kulturelle Betätigung. Sie kann im Prinzip von jedem ausgeübt werden, sofern die gesetzlichen Voraussetzungen erfüllt sind. Es ist jedoch zu bedenken, dass die Anlage einer »kulturhistorisch bedeutsamen« Waffensammlung erhebliche Kenntnisse des jeweiligen Sachgebietes voraussetzt, in diesem Fall also erhebliche Kenntnisse des Jagdwesens, vor allem der jagdbaren Tiere, der Jagdarten, des jagdlichen Waffen- und Schießwesens und der einschlägigen gesetzlichen Bestimmungen.

Erfahrungsgemäß ist es für Nichtjäger sehr schwer, sich in diese äußerst umfangreiche und vielseitige Materie so sehr hineinzudenken, dass sie selber ein solches Spezialthema, wie es eine kulturhistorisch bedeutsame Jagdwaffensammlung darstellt, kreativ gestalten können. In aller Regel wird deshalb die Anlage einer systematischen Jagdwaffensammlung nur von einem diesbezüglich besonders kenntnisreichen Jäger zu realisieren sein.

98 | Dürfen zeitgemäße Waffen Gegenstand einer »kulturhistorisch bedeutsamen« Sammlung sein?

Nein – in der WaffVwV Nr. 32.4.3 heißt es hierzu wörtlich: Zeitgemäße Waffen können nicht Grundlage oder Kernstück einer solchen Sammlung sein, denn sie sind noch Teil unserer Zeitgeschichte, der Gegenwart. Sie können allenfalls eine Sammlung ergänzen.

99 | Welche Waffen gelten als »zeitgemäß«?

Nach der WaffVwV Nr. 32.4.3.1–3 sind als zeitgemäße Waffen anzusehen:

1. Halbautomatische Waffen mit einer Länge von mehr als 60 cm sowie vollautomatische Waffen.

2. Handrepetierer mit einer Länge von mehr als 60 cm, wenn sie um das Jahr 1900 entwickelt wurden. Eine genaue Abgrenzung ist hier nicht möglich und muss daher von Fall zu Fall anhand der gewählten Systematik geprüft werden.

3. Kurzwaffen, deren Grundmodell um das Jahr 1900 entwickelt wurde. Auch hier ist eine genaue Abgrenzung nicht möglich und es muss von Fall zu Fall anhand der gewählten Systematik eine Einzelprüfung vorgenommen werden.

100 | Wie ist ein Sammelbereich abzugrenzen?

Nach der WaffVwV Nr. 32.4.4 können Sammelbegriffe wie z. B. »Ordonnanzwaffen«, »Militärwaffen« ohne nähere Abgrenzung als Sammelbereich nicht anerkannt werden. Das angestrebte Sammelgebiet ist also ganz konkret abzugrenzen, es kann nicht beliebig weit gefasst werden.

101 | Können Replikas Gegenstand einer Sammlung sein?

Nach der WaffVwV Nr. 32.4.5 können Nachbauten, sogenannte Replikas, die sich in ihren Konstruktionsmerkmalen von den Originalen nicht unterscheiden, in beschränktem Umfang als sinnvolle Ergänzung einer vorhandenen kulturhistorisch bedeutsamen Sammlung anerkannt werden, insbesondere wenn Originale nur unter erheblichen Schwierigkeiten erhältlich sind.

102 | Wie kann man Herkunft und Echtheit antiker Waffen prüfen?

Auf antiken Waffen sind die heute in Deutschland und vielen anderen Ländern gesetzlich vorgeschriebenen Beschusszeichen und sonstigen Kennzeichnungen noch nicht vorhanden. Meistens finden sich jedoch der Name des Büchsenmachers und/oder sein Meisterzeichen. In jahrzehntelanger Arbeit haben der dänische Waffenhistoriker Johan Støckel und nach ihm das »Schweizerische Waffeninstitut Schloss Grandson« unter Eugène Heer in einem dreibändigen Werk von insgesamt fast 2300 Seiten Umfang ein internationales Lexikon der Büchsenmacher, Feuerwaffenfabrikanten und Armbrustmacher von 1400 bis 1900 mit rund 33 000 Namen und 6500 Marken und Zeichen aus 32 Ländern zusammengestellt. Anhand dieses Werkes kann man die meisten echten antiken Waffen identifizieren und wichtige Informationen über Hersteller, Herstellungsort usw. erlangen.

103 | Was ist bei Beantragung einer Waffenbesitzkarte durch (zukünftige) Sammler zu bedenken?

Der Gesetzgeber hat im Waffengesetz den Begriff des Waffensammlers ganz fest umrissen und dabei die Waffensammler in drei Kategorien eingeteilt, und zwar in diejenigen, die »wissenschaftlich tätig« sind, die »technisch tätig« sind oder die eine »kulturhistorisch bedeutsame Sammlung« anlegen oder erweitern wollen. Nur wenn seitens des Antragstellers eines dieser drei Kriterien erfüllt wird, ist die Anerkennung eines Bedürfnisses als Waffensammler möglich. Wer Waffensammeln und die dafür (bei genehmigungspflichtigen Waffen) notwendige Erlaubnis beantragen möchte, sollte sich also vorher genauestens überlegen, in welche der drei Kategorien er einzuordnen ist, d. h. welche Begründung er in seinem Antrag angeben will.

Während die Begriffe »wissenschaftlich tätig« und »technisch tätig« in Verbindung mit Waffen oder Munition hinlänglich klar sind, wird der Begriff »kulturhistorisch bedeutsame Sammlung« häufig falsch interpretiert. Zweifellos kann man ihn nicht in detaillierten, in allen Punkten exakt gefassten Regeln formulieren. Auch die vorstehend zitierte Aufzählung der WaffVwV ist keineswegs vollzählig. Aus der Praxis des Verfassers in einem Ausschuss der Innenbehörde Hamburg für die Anerkennung von Waffensammlern sei jedoch gesagt, dass einerseits die Betonung auf allen drei Wörtern »kulturhistorisch«, »bedeutsam« und »Sammlung« liegen muss, andererseits alle drei Bedingungen erfüllt sein müssen.

Zunächst muss es sich um eine – zu erweiternde oder auch erst anzulegende – Sammlung handeln. Dabei kommt es weniger auf die Zahl der vorhandenen oder zu erwerbenden Stücke an, als vielmehr darauf, dass es sich – im Gegensatz zur bloßen Ansammlung – um eine echte Sammlung nach ganz bestimmten Gesichtspunkten (z. B. Blank- und Schusswaffen der preußischen Armee, Ausrüstung und Waffen der britischen Kolonialtruppen, internationale Entwicklung der Großwildbüchsen o. ä.) handelt, die in sich nach einem logisch aufgebauten und konsequent verwirklichten System angelegt ist. Eine unsystematische Ansammlung von Waffen oder Munition erfüllt nicht die Merkmale einer Sammlung.

D WAFFENRECHT

Eine nach solchen Gesichtspunkten aufgebaute Sammlung muss nun »kulturhistorisch bedeutsam« sein. Das wäre sie zweifellos nicht, wenn sie nur oder zu einem größeren Anteil Originalwaffen oder gar Nachbauten enthalten würde, die heute in großen Mengen billig auf dem Gebrauchtwaffenmarkt angeboten werden. Was im Handel als billiger Ramsch erhältlich ist, kann nicht kulturhistorische Bedeutsamkeit beanspruchen. Zwar können einzelne solcher Stücke zur Auffüllung von Lücken in der Sammlung verwandt werden. Im Wesentlichen muss eine Sammlung, die den Anspruch auf kulturhistorische Bedeutsamkeit erhebt, aber schon aus Waffen bestehen, die zumindest original sind und auch als Einzelstücke einen gewissen Sammlerwert haben.

Anlage und Ausbau einer solchen Sammlung setzen nennenswerte Sachkenntnisse hinsichtlich des bezogenen Themas, Kenntnis der einschlägigen Fachliteratur, einschlägiger Museen, berühmter Privatsammlungen usw. voraus, kurz gesagt eine eingehende gedankliche Beschäftigung mit dem thematischen Inhalt der Sammlung sowie mit dem jeweiligen historischen oder sachlichen Hintergrund, also – um bei den drei angeführten Beispielen zu bleiben – genügende Kenntnisse über die Geschichte der preußischen Armee, über die Geschichte der britischen Kolonialkriege und die betroffenen Länder, über die internationale Entwicklung der Großwildjagd und ihrer biologischen, wirtschaftlichen, kulturellen und sonstigen Aspekte.

104 | Wie kann ein ernsthaftes Sammelinteresse glaubhaft gemacht werden?

Handelt es sich lediglich um die Erweiterung einer bereits bestehenden Sammlung, kann die Glaubhaftmachung relativ leicht erfolgen. Für wissenschaftliche oder technische Sammlungen kann ein ernsthaftes Interesse oft aus einer entsprechenden, nachweislichen Tätigkeit heraus glaubhaft gemacht werden. Bei einer neu anzulegenden »kulturhistorisch bedeutsamen Sammlung« kann die Entscheidung aber oftmals schwierig sein, ob ein echtes Sammelinteresse vorliegt oder ob ein solches lediglich in Verfolgung anderer Absichten vorgespiegelt wird.

Diesbezüglich hat sich in Hamburg ein »Sammlergespräch« bewährt, das in Zweifelsfällen Behördenvertreter und Sachverständige mit dem Antragsteller führen. Bei diesem ausführlichen Gespräch (nicht Prüfung) zeigt sich zunächst, ob der Antragsteller die notwendigen waffenkundlichen und historischen Kenntnisse besitzt, die Voraussetzung zum Aufbau der von ihm angestrebten Sammlung sind. Sodann kann das manchmal zunächst recht vage Sammelthema schärfer definiert und abgegrenzt, gelegentlich auch ein genauerer Sammelplan aufgestellt werden, was auch im wohlverstandenen Interesse des Antragstellers liegt. Schließlich kann nach dem Gesamtgespräch sehr viel genauer als nach dem schriftlichen Antrag beurteilt werden, ob der Antragsteller wirklich ernsthafte Absichten hat, eine »kulturhistorisch bedeutsame Sammlung« anzulegen.

Ist das angestrebte Sammelgebiet sehr umfangreich, wird (in Abstimmung mit dem Antragsteller) der Genehmigungsbehörde manchmal empfohlen, die Sammelgenehmigung zunächst nur für ein genau umrissenes Teilgebiet zu erteilen und erst später die Erlaubnis zu erweitern, wenn der Antragsteller (oft erst nach Jahren) eine nennenswerte kulturhistorisch bedeutsame Sammlung über den genehmigten Teilbereich vorweisen kann. Die Erfahrung hat gezeigt, dass diese Handhabung oft auch für den Antragsteller (selbst bei anfänglichem Widerstreben) durchaus nützlich ist, da sie ihm zu größeren Kenntnissen und zur Vermeidung mancher Fehlinvestitionen verhilft.

105 | Wie weit müssen Waffensammlungen der Öffentlichkeit zugänglich gemacht werden?

In einem Grundsatzurteil stellt das Oberverwaltungsgericht Lüneburg zur Anerkennung des Waffensammelns fest: »Zweck und Ziel ... müssen ... über die ... Absicht hinausgehen, bereits bekannte Tatsachen und Zusammenhänge durch die eigene Anschauung zu bestätigen, um damit ein individuelles Interesse zu befriedigen. Das setzt unter anderem die Bereitschaft voraus, die gewonnenen Erkenntnisse der interessierten Öffentlichkeit zugänglich zu machen.« Das Gericht stellt deutlich auf ein Gemeinschaftsinteresse ab. Nach Ansicht einschlägig versierter Experten bedeutet dies nicht, dass nun aus jeder Waffensammlung ein Privatmuseum gemacht werden muss, zu dem jeder auf der Straße Vorübergehende Zutritt hat. In dem zitierten Wortlaut ist einerseits von den »gewonnenen Erkenntnissen«, andererseits von der »interessierten Öffentlichkeit« die Rede. Der Forderung des Gerichts dürfte vollauf Genüge getan sein, wenn anderen ernsthaften Waffensammlern, Fachinstituten, Fachbehörden, Waffen- oder Schießexperten, Gerichtsgutachtern, Fachschriftstellern o. ä. durch gelegentliche Einblicke in die Sammlung Unterstützung gewährt oder wenn aus der Sammlung gezogene, wissenschaftliche Erkenntnisse in der einschlägigen Fachliteratur in größerem Maße veröffentlicht werden. Zusammenfassend heißt es in dem Urteil: »Den Schutz des § 32 Abs. 1 Nr. 4 WaffG genießt ... nur ein Sammelinteresse, das über den Rahmen einer privaten Liebhaberei hinausgeht und zur Schaffung oder Vervollkommnung von Sammlungen eingesetzt wird, denen unter einem kulturhistorischen Blickwinkel allgemeines, mindestens aber fachgebundenes Interesse entgegengebracht wird.«

106 | Welche Auflagen können Waffensammlern gemacht werden?

Außer den Auflagen, die jedem Inhaber einer Waffenbesitzkarte zur Abwehr von Gefahren für die öffentliche Sicherheit gemacht werden können, ist nach § 28 Abs. 2 Satz 4 die Erteilung einer speziellen Waffenbesitzkarte für Waffensammler mit der Auflage zu verbinden, mindestens einmal jährlich der zuständigen Behörde eine Aufstellung über den Bestand an Schusswaffen vorzulegen.

107 | Wo können Waffensammler sich informieren?

In erster Linie ist die seriöse Fachliteratur zu nennen. Neben mehreren Fachzeitschriften und Schriftenreihen gibt es eine große Anzahl von Fachbüchern, die z. T. allgemein über waffentechnische und/oder waffenhistorische Grundlagen orientieren, die z. T. aber auch bis in (für Sammler wichtige) Einzelheiten hineingehen: bis hin zu einzelnen Fabrikaten oder gar Modellen.

In zweiter Linie sind einschlägige wissenschaftliche bzw. technische Institute des Waffen- und Schießwesens, Waffenmuseen usw. zu erwähnen, desgleichen Waffenausstellungen, Sammlerbörsen, bedeutende Auktionen usw. Alle diese Einrichtungen und Veranstaltungen können vielfältige Einblicke geben und z. T. sogar fachliche Auskünfte und Ratschläge erteilen.

In dritter Linie sind einschlägige Organisationen zu erwähnen, bei denen man Mitglied werden und dadurch Kontakte zu anderen Sammlern finden kann. In der Bundesrepublik Deutschland sind vor allem zwei derartige Organisationen zu

D WAFFENRECHT

nennen: der »Verband für Waffentechnik und -geschichte e.V.« (VdW) und das »Kuratorium zur Förderung historischer Waffensammlungen e.V.«.

Außer waffentechnischen und waffenhistorischen Informationen sind sehr eingehende Kenntnisse derjenigen Sachgebiete notwendig, die von der betreffenden Waffensammlung thematisch berührt werden, z. B. über das Militärwesen des betreffenden Staates in jener Zeit, über die Bewährung der jeweiligen Waffen in einem bestimmten Krieg im Vergleich zu den gegnerischen Waffen, über das Jagdwesen eines bestimmten Landes in der behandelten Epoche usw. usw. Auch über diese Sachgebiete sollten zumindest intensive Literaturstudien erfolgen. Auf den meisten der in Frage kommenden Sachgebiete gibt es auch entsprechende Institute, Organisationen usw.

Aufbewahrung von Waffen und Munition

108 | Regelt das Waffengesetz Aufbewahrungspflichten?

Im WaffG heißt es in § 36: »Wer Waffen oder Munition besitzt, hat die erforderlichen Vorkehrungen zu treffen, um zu verhindern, dass diese Gegenstände abhanden kommen oder Dritte sie unbefugt an sich nehmen.« Nähere diesbezügliche Bestimmungen finden sich in § 36 des Waffengesetzes und in § 13 der Allgemeinen Waffengesetz-Verordnung. In den folgenden Frage-Antwort-Komplexen werden die wichtigsten Punkte leicht verständlich und praxisgerecht dargestellt. Die genauen Formulierungen können aus dem Gesetz bzw. der Verordnung (in der Anlage dieses Buches) ersehen werden.

109 | Wie sind Schusswaffen aufzubewahren?

Im WaffG § 36 Abs. 1 heißt es: »Schusswaffen dürfen nur getrennt von Munition aufbewahrt werden, sofern nicht die Aufbewahrung in einem Sicherheitsbehältnis erfolgt, das mindestens der Norm DIN/EN 1143-1 Widerstandsgrad 0 (Stand Mai 1997) oder einer Norm mit gleichem Schutzniveau eines anderen Mitgliedstaates des Übereinkommens über den Europäischen Wirtschaftsraum (EWR-Mitgliedstaat) entspricht.«

Weiter heißt es in § 36 Abs. 2: »Schusswaffen, deren Erwerb nicht von der Erlaubnispflicht freigestellt ist, und verbotene Waffen sind mindestens in einem der Norm DIN/EN 1143-1 Widerstandsgrad 0 (Stand Mai 1997) entsprechenden oder gleichwertigen Behältnis aufzubewahren; als gleichwertig gilt insbesondere ein Behältnis der Sicherheitsstufe B nach VDMA 24992 (Stand Mai 1995). Für bis zu zehn Langwaffen gilt die sichere Aufbewahrung auch in einem Behältnis als gewährleistet, das der Sicherheitsstufe A nach VDMA 24992 (Stand Mai 1995) oder einer Norm mit gleichem Schutzniveau eines anderen EWR-Mitgliedstaates entspricht. Vergleichbar gesicherte Räume sind als gleichwertig anzusehen.«

> **Hinweis**
> Nach dem neu gefassten WaffG § 36/III darf die Behörde auch ohne Verdachtsmomente die zur Aufbewahrung dienenden Räume von Waffen und Munition kontrollieren. Eine Verweigerung kann gemäß § 4/IV in Zusammenhang mit § 45 zum Entzug der Erlaubnis führen.

AUFBEWAHRUNG VON WAFFEN UND MUNITION

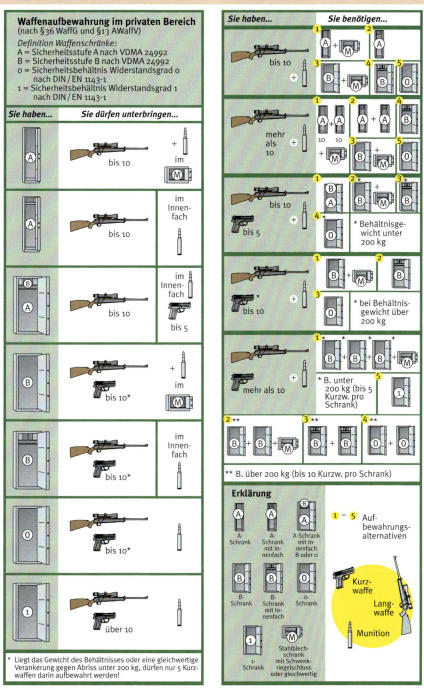

Tabellarische Darstellung der Aufbewahrungsvorschriften von Lang- und Kurzwaffen sowie Munition und deren Kombinationen.

D WAFFENRECHT

110 | Wie sind Kurzwaffen zu verwahren?

Kurzwaffen (Pistolen und Revolver) dürfen bis zu zehn Stück in einem B-Schrank (nach VDMA 24992) verwahrt werden, wobei das Behältnis mindestens 200 kg wiegen oder entsprechend gegen unbefugte Entfernung gesichert sein muss (Verankerung). Bei geringerem Gewicht des Behältnisses oder fehlender Verdübelung zum Mauerwerk/Boden dürfen nur bis zu fünf Kurzwaffen darin aufbewahrt werden. Enthält ein A-Schrank für Langwaffen (s. unten) ein Innenfach, das den Sicherheitsanforderungen eines B-Schrankes entspricht, so dürfen in diesem abgeschlossenen Innenfach bis zu fünf Kurzwaffen verwahrt werden.

111 | Wie sind verbotene Waffen zu verwahren?

Verbotene Waffen, für deren Besitz eine ausdrückliche Genehmigung vorliegt, sind nach den gleichen Regeln zu verwahren wie Kurzwaffen.
(Siehe WaffG § 52a [Straftat].)

112 | Wie sind Langwaffen zu verwahren?

Langwaffen (Gewehre) dürfen bis zu zehn Stück in einem Behältnis der Sicherheitsstufe A (nach VDMA 24992) aufbewahrt werden; größere Stückzahlen nur in einem B-Schrank (bzw. in einem höher klassifizierten Behältnis) oder in einer Mehrzahl von A-Schränken.
(Siehe WaffG § 52a [Straftat].)

113 | Wie ist Munition zu verwahren?

Nach dem WaffG muss auch Munition sicher verwahrt werden. Hierfür genügt jedoch ein Stahlblechbehältnis ohne Klassifizierung mit Schwenkriegelschloss oder einer gleichwertigen Verschlussvorrichtung oder ein gleichwertiges Behältnis. In Sicherheitsbehältnissen der Stufe A mit verschließbarem Innenfach darf in letzterem Munition verwahrt werden. Auch nicht zu den jeweiligen Waffen gehörige Munition darf mit den Waffen zusammen aufbewahrt werden. Die zuständige Behörde kann eine andere gleichwertig Aufbewahrung der Waffen (und der Munition) zulassen.
(Siehe WaffG § 52a [Straftat].)

114 | Ist die Aufbewahrung in einem Sicherheitsraum zulässig?

An Stelle der vorstehend genannten Sicherheitsbehältnisse kann die Aufbewahrung von Waffen und Munition auch in einem Sicherheitsraum erfolgen, sofern dieser Raum »dem Stand der Technik entspricht«. Diese Regelung dürfte vor allem für Büchsenmacher und Waffenhändler interessant sein.
(Siehe WaffG § 52a [Straftat].)

115 | Was gilt für nicht ständig bewohnte Gebäude?

In einem nicht dauernd bewohnten Gebäude dürfen nur bis zu drei erlaubnispflichtige Langwaffen aufbewahrt werden. Die Aufbewahrung darf hier nur in einem mindestens der Norm DIN/EN 1143-1 Widerstandsgrad I entsprechenden Sicherheitsbehältnis erfolgen.

116 | Was gilt für vorübergehende Aufbewahrung von Waffen außerhalb der Wohnung?

Bei der vorübergehenden Aufbewahrung von Waffen oder Munition außerhalb der Wohnung, insbesondere im Zusammenhang mit der Jagd (z. B. Jagdeinladung) oder dem sportlichen Schießen (z. B. Schießwettkämpfe) sind die Waffen bzw. Munition unter angemessener Aufsicht aufzubewahren oder durch sonstige erforderliche Vorkehrungen zu sichern.

WAFFENFÜHREN

117 | Ist die gemeinschaftliche Aufbewahrung von Waffen mehrerer Personen zulässig?
Ja! – Die gemeinschaftliche Aufbewahrung von Waffen oder Munition durch berechtigte Personen, die in einer häuslichen Gemeinschaft leben, ist zulässig.

Waffenführen

118 | Was ist Waffenführen?
Im Sinne des Waffengesetzes führt eine Waffe, wer die tatsächliche Gewalt über sie außerhalb seiner Wohnung, seiner Geschäftsräume oder seines befriedeten Besitztums ausübt. Dabei spielt es keine Rolle, ob die Waffe geladen ist oder nicht oder ob überhaupt Munition mitgeführt wird. Der Tatbestand des Waffenführens ist also auch dann gegeben, wenn jemand außerhalb seiner Wohn- und Geschäftsräume bzw. seines befriedeten Besitztums eine Schusswaffe ohne Munition bei sich hat. Demzufolge gilt es nicht als Waffenführen, wenn z. B. jemand in seiner Wohnung eine geladene Schusswaffe am Körper trägt.

119 | Welche Erlaubnis benötigt man zum Waffenführen?
Den Waffenschein. Dieser wird für bestimmte Waffen auf höchstens drei Jahre erteilt, kann nach Ablauf jedoch verlängert oder neu erteilt werden. Die Geltungsdauer ist kürzer zu bemessen, wenn nur ein vorübergehendes Bedürfnis nachgewiesen wird.

120 | Welche Waffen dürfen nicht geführt werden?
Nach Anlage 1, Abschnitt 1, Unterabschnitt 1 Nr. 1.6 dürfen aufgrund des neu eingeführten § 42a Absatz1 Nr. 1 keine Anscheinswaffen (Nr. 1.6.1) mehr geführt werden. Darunter fallen alle Imitate, die von den Originalwaffen kaum zu unterscheiden sind, bei denen aber keine Geschosse durch heiße Gase Verwendung finden. Besonders die Softair-Waffen, die oft Maschinenwaffen nachgebaut sind, werden von dem Verbot erfasst. Auch unbrauchbar gemachte Schusswaffen (Nr. 1.6.3) fallen unter das Verbot des Führens. Der Gesetzgeber wollte damit den Einsatz solcher Waffen z. B. bei Straftaten bzw. in Fällen der Notwehr oder gegenüber Polizeikräften verhindern.

121 | Welche tragbaren Gegenstände (Messer) dürfen nicht geführt werden?
Der § 42a Absatz 1 Nr. 2 und 3 verbietet das Führen von bestimmten Hieb- und Stoßwaffen (Anlage 1, Abschnitt 1, Unterabschnitt 2, Nr. 1.1) sowie bestimmter Messer. Grundsätzlich ist wiederum in erster Linie der Bestimmungszweck und in der zweiter Linie die Ausgestaltung entscheidend. Als Hieb- und Stoßwaffe gelten sicher ein Bajonett, ein Schwert oder Degen. Sie wurden dafür konstruiert, um zumindest die Abwehrfähigkeit von Menschen herabzusetzen. Ein Jagdmesser, das üblicherweise nur einseitig geschliffen ist, ist nicht dafür gedacht die menschliche Abwehrfähigkeit einzuschränken. Dasselbe gilt für einen Hirschfänger oder ein Waidblatt und eine Saufeder, weshalb das Führen solcher Geräte erlaubt ist.

Nach § 42a Absatz 1 Nr. 3 dürfen keine Einhandmesser mehr geführt werden. Darunter sind Messer zu verstehen, deren Klinge mit einer Hand ausgeklappt werden kann und dann feststellbar ist. Obwohl es sich bei den Einhandmessern üblicherweise um Gebrauchsgegenstände handelt, hat der Gesetzgeber das Führen trotzdem verboten. Für feststehende Messer (z. B. Fahrtenmesser oder Jagdnicker) gilt dies

D WAFFENRECHT

Das Einhandmesser von unten gesehen, wobei sich ein federnd gelagertes Stahlblatt – am geriffelten Teil erkennbar – hinter die Klinge schiebt und sie feststellt.

Das Einhandmesser kann mit einer Hand geöffnet werden und arretiert automatisch.

nicht. Das Verbot des Führens gilt nun auch für feststehende Messer mit einer Klingenlänge von mehr als 12 cm. Nach § 42a Absatz 2 und 3 ergeben sich hiervon einige Ausnahmefälle. Insbesondere dann, wenn ein berechtigtes Interesse vorliegt, wie z. B. bei der Jagdausübung, der Fischerei oder anderen Zwecken.

122 | Was ist der »Kleine Waffenschein«?

Nach dem WaffG § 10 Abs. 4 kann zum Führen von zugelassenen Schreckschuss-, Reizstoff- und Signalwaffen (SRS) ein »Kleiner Waffenschein« ohne Sachkunde-, Bedürfnis- und Haftpflichtversicherungsnachweis erteilt werden (s. auch Anl. 2, Abschnitt 2, Unterabschnitt 3, Nr. 2 und 2.1).

123 | Welche Papiere muss man zum Waffenführen bei sich haben?

Einen Personalausweis oder Pass und den Waffenschein. Personen, die aufgrund eines behördlichen Dienstausweises zum Waffenführen berechtigt sind (z. B. Polizeibeamte), müssen ihren Dienstausweis bei sich haben. Wird die Waffe zur befugten Jagdausübung oder zum Jagdschutz geführt (§ 13 Absatz 6 Satz 1), ist der gültige Jagdschein neben der Waffenbesitzkarte und dem Personaldokument die Legitimation. Bei der vorübergehenden Berechtigung zum Erwerb oder zum Führen benötigt man auch eine Bescheinigung nach § 12 Absatz 1 oder § 28 Absatz 4 und zum Schießen eine Erlaubnis nach § 10 Absatz 5 (siehe § 38).

124 | Kann der Geltungsbereich des Waffenscheins beschränkt werden?

Ja – Der Geltungsbereich des Waffenscheins kann auf bestimmte Anlässe oder Gebiete beschränkt werden, wenn ein darüber hinausgehendes Bedürfnis nicht nachgewiesen wird.

125 | Kann die Waffenscheinerteilung mit Auflagen verbunden werden?

Ja – Der Waffenschein kann mit Auflagen verbunden werden.

126 | Kann ein Waffenschein für mehrere Personen ausgestellt werden?

Ja – ein Waffenschein kann mit dem Zusatz ausgestellt werden, dass er auch für andere zuverlässige, sachkundige und körperlich geeignete Personen gilt, die aufgrund eines Arbeitsverhältnisses die Schusswaffe nach den Weisungen des Erlaubnisinhabers zu führen haben. Solche Waffenscheine sind mit der Auflage zu erteilen, dass der Erlaubnisinhaber die Personen, die die Schusswaffe führen sollen, der zuständigen Behörde vorher benennt. Diese Bestimmung kommt vor allem für Sicherheitsunternehmen (für Personenschutz oder Geld- und Werttransporte) in Frage.

127 | Benötigen Jäger einen Waffenschein?

Nach dem WaffG § 13 Abs. 6 Satz 1 darf ein Jäger (Jagdscheininhaber) Jagdwaffen zur befugten Jagdausübung einschließlich des Ein- und Anschießens im Revier, zur Ausbildung von Jagdhunden im Revier, zum Jagdschutz oder zum Forstschutz ohne Erlaubnis führen und mit ihnen schießen, er darf auch im Zusammenhang mit diesen Tätigkeiten die Jagdwaffen nicht schussbereit ohne Erlaubnis führen. Zu beachten ist, dass ein Jäger dieses Privileg verlässt, wenn er z. B. seine Waffe geladen auf dem Weg von oder zur Jagd führt (hierzu würde er einen Waffenschein benötigen). Der Jäger braucht auch keinen »kleinen Waffenschein«, wenn er SRS-Waffen bei den o. a. Tätigkeiten führen will.

128 | Welche Befugnis steht den Jägern nach der Änderung des Waffengesetzes im Frühjahr 2008 weiter zu?

Nach § 13 Absatz 6 Satz 2 kann ein Jäger auch Tiere, die dem Naturschutzrecht unterliegen, im Rahmen der befugten Jagdausübung töten, wenn dies im Gesetz so vorgesehen ist (z. B. in Bayern der Kormoran und ggf. auch der Biber).

129 | Was versteht man unter transportieren?

Im Sprachgebrauch wird mit transportieren das genehmigungsfreie, nicht gewerbliche Verbringen der Waffe von einem Ort zum anderen bezeichnet. Dabei darf die Waffe nicht schussbereit (Anlage 1, Abschnitt 2 Nr. 12) und nicht zugriffsbereit sein. Außerdem hat der Transportierende diejenige WBK, in welche die Waffe eingetragen ist, sowie seinen Personalausweis oder Pass mitzuführen. Beim Transport fremder Waffen empfiehlt es sich außerdem, dass der aus der WBK ersichtliche Besitzer dem Transportierenden eine schriftliche Bescheinigung mitgibt, aus der die Rechtmäßigkeit des Verbringens (inklusiv Besitz) hervorgeht.

130 | Was ist »zugriffsbereit«?

Als »zugriffsbereit« im Sinne des Gesetzes (Anlage 1, Abschnitt 2 Nr. 13) gilt eine Waffe, wenn sie mit wenigen schnellen Handgriffen in Anschlag gebracht werden kann, also beispielsweise eine Pistole, die in einer Tasche der Bekleidung, im Hosenbund oder in einem Holster getragen oder im nicht verschlossenen Handschuhfach des Autos aufbewahrt wird. Nicht zugriffsbereit dagegen ist die Waffe, wenn sie im abgeschlossenen Handschuhfach, in einem abgeschlossenen Futteral oder einem speziellen verschließbaren Pistolenkoffer transportiert wird oder wenn sie im allgemeinen Gepäck so verstaut ist, dass man sie nicht schnell erreichen kann, beispielsweise im Kofferraum des Autos.

131 | Sind Waffen offen oder verdeckt zu führen?

Das Waffengesetz macht keine Aussagen darüber, ob berechtigt geführte Waffen offen oder verdeckt (verborgen, unsichtbar) zu tragen sind. Eine generelle Regelung dieser Frage ist auch nicht möglich, da sowohl die Waffen als auch die Zwecke des Führens zu unterschiedlich sind. Gewehre sind kaum unauffällig zu tragen, und eine Mitführung in einem Gewehrkoffer o. ä. ist in der Praxis (Jagd, Forst- und Jagdschutz) weder üblich noch opportun. Auch bei Faustfeuerwaffen kann es sinnvoll sein, sie zwecks Abschreckung für jedermann sichtbar zu tragen, z. B. im Objektschutz, bei Geld- und Werttransporten usw. In anderen Fällen wird es dagegen sinnvoll sein, die Waffe möglichst unsichtbar zu tragen, etwa für besonders gefährdete Persönlichkeiten, für Leibwächter hochrangiger Politiker, Wirtschaftsführer usw. Sie alle werden die Waffe im normalen Zivilanzug so tragen wollen oder tragen müssen, dass man ihnen nicht anmerkt, dass sie bewaffnet sind. Sowohl für die eine als auch für die andere Trageart gibt es vielerlei zweckmäßige Tragevorrichtungen (s. B-124). Alle zum Führen von Faustfeuerwaffen berechtigten Personen sollten sich hierüber genau informieren und dann die für sie zweckmäßige Entscheidung treffen.

132 | Welche Voraussetzungen sind für die Erteilung eines Waffenscheins nötig?

Im Prinzip die gleichen wie bei den anderen waffenrechtlichen Genehmigungen: Mindestalter 18 Jahre, Zuverlässigkeit, Bedürfnis, Sachkunde usw. Außerdem ist für die Erteilung eines Waffenscheins Voraussetzung der Abschluss einer Haftpflichtversicherung in Höhe von 1 Million Euro pauschal für Personen- und Sachschäden. Waffenscheine werden sehr restriktiv ausgestellt.

133 | Müssen Waffenscheinbewerber auch Kenntnisse über Waffenbesitz und Waffenerwerb haben?

Personen, die (z. B. als Bedienstete eines Sicherheitsunternehmens) lediglich einen Waffenschein beantragen, müssen in der dafür erforderlichen Sachkundeprüfung trotzdem auch Kenntnisse über Waffenbesitz und Waffenerwerb nachweisen, da sie bei einer eventuellen späteren Beantragung einer Waffenbesitzkarte (für eine vergleichbare Waffenart) keine erneute Sachkundeprüfung abzulegen brauchen.

134 | Dürfen Waffen an Bord von Schiffen und Flugzeugen mitgenommen werden?

Nur mit besonderer Genehmigung, die für Schiffe der Kapitän, für Flugzeuge die für die Luftfahrt zuständigen Behörden erteilen können. Die gleichen Regelungen gelten auch für Munition.

135 | Dürfen bei öffentlichen Veranstaltungen Waffen geführt werden?

Nach § 2 Abs. 3 des Versammlungsgesetzes vom 24. Juli 1953 dürfen bei »Versammlungen und Aufzügen« im Sinne dieses Gesetzes keine Waffen mitgeführt werden, es sei denn, dass eine besondere behördliche Ermächtigung hierzu vorliegt. Darüber hinaus verbietet § 42 WaffG das Führen von Waffen bei öffentlichen Veranstaltungen. Dieses Verbot bezieht sich beispielsweise auch auf Schützenfeste, Jahrmärkte usw. und ist deshalb u. a. ganz besonders auch von Schützenvereinen zu beachten. Nach dem Waffengesetz können Ausnahmen von dem genannten Verbot genehmigt werden.

136 | Dürfen Waffenscheininhaber auf öffentlichen Veranstaltungen Waffen führen?

Die vorstehend genannten Verbote gelten auch für Waffenscheininhaber! Auch sie benötigen also, wenn sie auf öffentlichen Veranstaltungen Waffen führen wollen, eine entsprechende Sondergenehmigung nach dem Versammlungsgesetz oder nach § 42 WaffG. Solche Sondergenehmigungen kommen beispielsweise in Frage für zivile Leibwächter von gefährdeten Personen bei öffentlichen Vorträgen oder für historische Schützenvereinigungen bei Festumzügen. Dabei ist im Einzelfall zu beachten, ob die Waffen geladen sein dürfen oder ob überhaupt Munition mitgeführt werden darf. Gegebenenfalls sind alle derartigen Gesichtspunkte mit der jeweils zuständigen Erlaubnisbehörde zu erörtern.

137 | Was gilt als öffentliche Veranstaltung im Sinne des Waffengesetzes?

Nach der Auslegung des Bundesgerichtshofs (BGH 1 StR 44/91) ist zu unterscheiden zwischen »Öffentlichkeit« (z. B. Straße, öffentliche Verkehrsmittel, Kaufhaus, Gaststätte oder – wie im konkreten Fall – Spielhalle) und »öffentlichen Veranstaltungen«. Letztere definiert der BGH so: »Öffentliche Veranstaltungen im Sinne des … WaffG sind demnach planmäßige, zeitlich eingegrenzte, aus dem Alltag herausgehobene Ereignisse, welche nicht nach der Zahl der anwesenden Personen, sondern nach ihrem außeralltäglichen Charakter und jeweils spezifischen Zweck vom bloßen gemeinsamen Verweilen an einem Ort abgegrenzt und in der Regel jedermann zugänglich sind, auf einer besonderen Veranlassung beruhen und regelmäßig ein Ablaufprogramm haben.«

138 | Benötigen Inhaber einer Sondergenehmigung einen Waffenschein?

Nein – wer eine diesbezügliche Sondergenehmigung nach dem Versammlungsgesetz oder nach § 42 WaffG besitzt, benötigt keinen Waffenschein. Er darf dann allerdings die Waffen nur in dem meist sehr eng begrenzten Rahmen der Sondergenehmigung führen. Sollen die Waffen (z. B. von Leibwächtern) nicht nur auf diesen Veranstaltungen sondern auch sonst geführt werden, sind also Sondergenehmigung und Waffenschein erforderlich!

Herstellung, Handel, Einfuhr

139 | Bedürfen Waffenherstellung und Waffenhandel einer besonderen Erlaubnis?

Ja. Dabei ist zwischen einer gewerbsmäßigen und einer nichtgewerbsmäßigen Waffenherstellung zu unterscheiden.

Wer gewerbsmäßig oder selbstständig im Rahmen einer wirtschaftlichen Unternehmung Schusswaffen oder Munition

1. herstellen, bearbeiten oder instand setzen will (Waffenherstellung),
2. ankaufen, vertreiben (feilhalten, Bestellungen entgegennehmen oder aufsuchen), anderen überlassen oder den Erwerb, den Vertrieb oder das Überlassen solcher Gegenstände vermitteln will (Waffenhandel),

bedarf der Erlaubnis der zuständigen Behörde.

Für die nichtgewerbsmäßige Waffenherstellung ist ebenfalls eine behördliche Erlaubnis notwendig. Sie kann mit besonderen Auflagen verbunden werden.

140 | Was gilt als Bearbeiten oder Instandsetzen von Waffen?

Eine Schusswaffe wird insbesondere dann bearbeitet oder instandgesetzt, wenn sie verkürzt, in der Schussfolge verändert oder so geändert wird, dass andere Munition oder andere Geschosse aus ihr verschossen werden können, oder wenn wesentliche Teile ausgewechselt werden. Eine Schusswaffe wird jedoch weder bearbeitet noch instand gesetzt, wenn lediglich geringfügige Änderungen, insbesondere am Schaft oder an der Zieleinrichtung, vorgenommen werden. Auch die üblichen Reinigungs- und Wartungsarbeiten sind selbstverständlich nicht genehmigungspflichtig.

D WAFFENRECHT

141 | Ist das Wiederladen von Patronenhülsen erlaubnispflichtig?

Man benötigt hierzu eine Erlaubnis nach dem Sprengstoffgesetz (§ 27 SprengG und der dazu erlassenen Verordnungen), um mit Nitrozellulosepulver oder Schwarzpulver für Böller umzugehen (erwerben, aufbewahren, verwenden, vernichten und befördern). Für das nichtgewerbsmäßige (Wieder-)laden von Patronenhülsen bedarf es keiner Erlaubnis nach dem Waffengesetz. Gemäß § 10 Absatz 3, Sätze 3 und 4 darf grundsätzlich jedes Kaliber (wieder-)geladen werden. Es sind jedoch einige diesbezügliche gesetzliche Regelungen zu beachten, insbesondere die höchstzulässigen Gebrauchsgasdrücke, die Verbote bestimmter Geschoßtypen und die Vorschriften (u.a. Sprengstofferlaubnisschein) des Sprengstoffgesetzes und der dazu erlassenen Verordnungen. Ist die Erlaubnis nach § 27 SprengG abgelaufen, darf die Munition aber noch sechs Monate besessen werden, falls das entsprechende Kaliber nicht in der eigenen WBK eingetragen ist. Nur dann, wenn das (Wieder-)laden gewerbsmäßig geschieht, ist § 21 zu beachten.

142 | Was ist ein Büchsenmacher?

Büchsenmacher haben eine mehrjährige handwerkliche und theoretische Berufsausbildung in der Waffenherstellung absolviert und mit der Gesellen- bzw. Meisterprüfung abgeschlossen. In ihrem Beruf sind sie im wesentlichen mit der Herstellung und/oder Reparatur von Waffen befasst. In der Regel gründen sie einen eigenen selbstständigen Betrieb oder sind als Werkstattleiter, Abteilungsleiter o. ä. in einem größeren Betrieb (z. B. Waffenfabrik) tätig.

143 | Dürfen Büchsenmacher auch mit Waffen handeln?

Bei Personen, die als Büchsenmacher in die Handwerksrolle eingetragen sind, schließt die Erlaubnis zur Waffenherstellung die Erlaubnis zum Waffenhandel ein.

144 | Darf man Büchsenmachern und Waffenhändlern Waffen überlassen?

Behördlich zugelassenen, gewerbsmäßigen Waffenherstellern und Waffenhändlern dürfen ohne weitere Genehmigung Waffen überlassen werden. Erfolgt dieses Überlassen vorübergehend, z. B. zwecks Reparatur, sind keinerlei Formalitäten notwendig. Erfolgt das Überlassen endgültig, z. B. im Wege des Verkaufs, ist es (§ 34) innerhalb von zwei Wochen der zuständigen Behörde anzuzeigen.

145 | Darf man Schusswaffen und Munition einführen?

Wer Schusswaffen oder Munition, zu deren Erwerb es der Erlaubnis bedarf, einführen will, muss seine Berechtigung zum Erwerb der Schusswaffen oder Munition oder zum Besitz der Schusswaffen nachweisen, z. B. durch Vorlage der Waffenbesitzkarte oder des Munitionserwerbsscheins.

146 | Was ist bei der Einfuhr ausländischer Waffen zu beachten?

Bei der Einfuhr ausländischer Waffen, die zum Gebrauch im Inland bestimmt sind (Jagd, Schießsport usw.), ist darauf zu achten, ob diese Waffen ein im Inland anerkanntes Beschusszeichen tragen. Falls dies nicht der Fall ist, müssen die Waffen vor ihrer Benutzung im Inland zur Beschussprüfung an ein Beschussamt eingesandt werden.

147 | Was ist bei Auslandsreisen mit Waffen zu beachten?

Auch alle anderen Länder haben waffenrechtliche Bestimmungen, die jedoch oftmals beträchtlich von unseren abweichen.

VERBOTENE GEGENSTÄNDE D

Hinsichtlich der Mitnahme von Jagd- und Sportwaffen verfahren die meisten Länder sehr großzügig. Um sich Ärger zu ersparen, sollte man sich vorsichtshalber bei einem Konsulat des Ziellandes informieren. Es empfiehlt sich, derartige Erkundigungen so früh einzuholen, dass man gegebenenfalls notwendige Einfuhrgenehmigungen noch rechtzeitig beantragen kann. Auch sollte man zwecks Vermeidung von Missverständnissen schon bei der ersten Anfrage Zahl und Art der mitzunehmenden Waffen und Patronen, den Zweck der Reise (Jagd, Schießsportwettkampf o. ä.) sowie Zeitpunkt und Dauer des Aufenthaltes im Zielland angeben. Gleiche Informationen sollte man auch bezüglich eventueller Durchreiseländer einholen.

148 | Welche Papiere benötigt man für die Wiedereinfuhr eigener Waffen?

Für die Wiedereinfuhr von Waffen, die man auf einer Auslandsreise mitführte, die nach einer Reparatur bei der ausländischen Herstellerfirma zurückgesandt werden usw. genügt waffenrechtlich die Vorlage der Waffenbesitzkarte. Bezüglich zollrechtlicher Bestimmungen erkundige man sich zweckmäßigerweise vor der Ausreise beim Zoll. Das sog. INF 3 Formular sorgt hier für Sicherheit, da beim Zoll eine WBK nicht als Nachweis für das Eigentum an der Waffe anerkannt wird.

149 | Gibt es besondere Bestimmungen für die Mitnahme von Waffen in andere EG-Länder?

Solche Bestimmungen finden sich in den §§ 11, 31, 32 und 47.

Verbotene Gegenstände

150 | Welche Schusswaffen, für Schusswaffen bestimmte Gegenstände und tragbare Gegenstände sind generell verboten?

In Anlage 2, Abschnitt 1, werden die verbotenen Gegenstände im Einzelnen aufgeführt.

Hier soll nur beispielhaft eine schlagwortartige und auszugsweise Aufzählung erfolgen.

- Kriegswaffen
- vollautomatische Waffen
- Vorderschaftrepetierflinten, bei denen der Hinterschaft durch einen Pistolengriff ersetzt ist, deren kürzestmögliche Gesamtlänge der Verwendungsform weniger als 95 cm oder die Lauflänge weniger als 45 cm betragen
- als Gebrauchsgegenstände getarnte Waffen (Stockgewehr)
- schnell und kurz zerlegbare Wildererwaffen
- Zielpunktgeräte
- Nachtsichtgeräte mit Montagen für Schusswaffen
- Hieb- und Stoßwaffen getarnt in Gebrauchsgegenständen
- Stahlruten, Totschläger und Schlagringe
- scharfe Wurfsterne
- Molotow-Cocktails
- bestimmte Reizstoffsprühgeräte
- bestimmte Elektroimpulsgeräte
- Präzisionsschleudern z. B. mit Armstützen
- Würgehölzer
- alle Fallmesser
- Springmesser mit mehr als 8,5 cm Klingenlänge oder zweiseitig geschliffene Klinge
- Faustmesser (Ausnahme siehe § 40 Absatz 3)

145

D WAFFENRECHT

- Butterflymesser
- bestimmte Elektroimpulsgeräte ohne Prüfzeichen
- Patronen mit Geschossen mit Reiz- oder Betäubungsstoffen zu Angriffs- oder Verteidigungszwecken
- Patronen bei denen sich die Züge und Felder nicht am Geschoss abdrucken
- bestimmte Patronenmunition mit Leuchtspur- Brand- oder Sprengsatz bzw. Hartkerngeschossen

151 | Welche Zielgeräte sind generell verboten?
Nach Anl. 2 Abschnitt 1
1. Vorrichtungen, die das Ziel beleuchten (Zielscheinwerfer) oder markieren (z. B. Laser oder Zielpunktprojektoren),
2. Nachtsichtgeräte und Nachtzielgeräte mit Montagevorrichtung für Schusswaffen sowie Nachtsichtvorsätze und Nachtsichtaufsätze für Zielhilfsmittel (z. B. Zielfernrohre), sofern die Gegenstände einen Bildwandler oder eine elektronische Verstärkung besitzen.

152 | Gibt es Sondergenehmigungen für Erwerb und Besitz verbotener Gegenstände?
Ja. Das Bundeskriminalamt kann solche Ausnahmegenehmigungen erteilen.

Schießen

153 | Wo darf geschossen werden?
Von bestimmten gesetzlich geregelten Ausnahmen abgesehen, darf nur an Schießstätten (Schießständen) geschossen werden, welche die erforderlichen Voraussetzungen (insbesondere Sicherheitsvorkehrungen, evtl. auch Lärmschutz usw.) erfüllen und die von der zuständigen Behörde zugelassen sind. Die in der Zulassung enthaltenen Beschränkungen und Auflagen (z. B. Schießtage, Schießzeiten, Kaliber- und Geschossbegrenzungen, Schallemissionen, Belüftung usw.) müssen streng eingehalten werden. Daneben darf im Rahmen der Jagdausübung geschossen werden. Des Weiteren ist das Schießen auf dem eigenen befriedeten Besitztum mit Waffen mit dem Kennzeichen F im Fünfeck (nicht mehr als 7,5 Joule Bewegungsenergie) erlaubt, soweit die Geschosse das Grundstück nicht verlassen können und Gegenständen, die nach § 7 Beschussgesetz zugelassen sind. Auch bei Sportwettkämpfen darf auf festgelegten Strecken mit einer Langwaffe geschossen werden (Biathlon). In landwirtschaftlichen Betrieben darf zudem zum Vertreiben von Vögeln (Weingärten etc.) und weiteren Fällen des § 12 Absatz 4 geschossen werden.

154 | Was sind Schießstätten?
Schießstätten sind ortsfeste oder ortsveränderliche Anlagen, die ausschließlich oder neben anderen Zwecken dem Schießsport oder sonstigen Schießübungen mit Schusswaffen, der Erprobung von Schusswaffen oder dem Schießen mit Schusswaffen zur Belustigung dienen (§ 27). Sie dürfen nur in Betrieb genommen werden, wenn sie behördlich zugelassen worden sind. Die ortsfesten Schießstätten (Schießstände) sind in Deutschland weit überwiegend im Besitz von Behörden (Polizei, Bundeswehr usw.) oder von jagdlichen oder schießsportlichen Vereinigungen. Einige weitere Schießstände sind im Besitz von Waffenhersteller- oder Waffenhandelsfirmen. Grundsätzlich kann jedoch auch jede Privatperson einen Schießstand betreiben, sofern die Voraussetzungen erfüllt und die notwendigen Genehmigungen erteilt werden.

155 | Ist auf Schießständen eine Aufsicht erforderlich?
Nach §§ 10 und 11 der AWaffV hat der

SCHIESSEN D

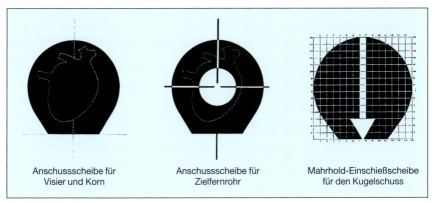

Anschussscheibe für Visier und Korn | Anschussscheibe für Zielfernrohr | Mahrhold-Einschießscheibe für den Kugelschuss

Einschießscheibe.

Inhaber der Schießstanderlaubnis eine oder mehrere volljährige, verantwortliche Aufsichtspersonen für das Schießen zu bestellen, soweit er nicht selbst die Aufsicht wahrnimmt oder eine schießsportliche oder jagdliche Vereinigung durch eigene verantwortliche Aufsichtspersonen die Aufsicht übernimmt. Die Personalien dieser verantwortlichen Aufsichtspersonen sind zwei Wochen vor der Übernahme der Aufsicht der zuständigen Behörde schriftlich anzuzeigen. Der Anzeige sind Nachweise beizufügen, aus denen hervorgeht, dass die Aufsichtsperson die erforderliche Sachkunde besitzt. Das Ausscheiden der angezeigten Aufsichtsperson oder die Bestellung einer neuen Aufsichtsperson ist der zuständigen Behörde unverzüglich anzuzeigen.

156 | Gibt es ein Mindestalter für das Schießen auf Schießständen?
Hier einschlägig ist § 27 Absatz 3 bis 6. Kindern unter zwölf Jahren darf das Schießen mit Schusswaffen in Schießstätten nicht gestattet werden. Kinder zwischen zwölf und vierzehn Jahren dürfen mit Luftdruck-, Federdruck- und CO_2-Waffen, Jugendliche zwischen vierzehn und achtzehn Jahren nur mit Kleinkaliberwaffen (Kaliber 5,6 mm) unter 200 J Mündungsenergie und Schrotflinten bis max. Kaliber 12 schießen. Die gilt nur wenn der Sorgeberechtigte schriftlich sein Einverständnis erklärt hat oder beim Schießen anwesend ist. Die zuständige Behörde kann aus besonderen Gründen Ausnahmen von dem Alterserfordernis zulassen.

157 | Gibt es besondere Vorschriften für die Ausbildung im Verteidigungsschießen?
Für die Ausbildung in der kampfmäßigen Verteidigung mit Schusswaffen sowie für Schießübungen dieser Art (auch als Combat-Schießen bekannt) gelten besondere Vorschriften, die in den §§ 15a WaffG, 6 und 7 AWaffV niedergelegt sind. Danach müssen sowohl derartige Veranstaltungen als auch Veranstalter, Ausbilder und Teilnehmer bestimmte Voraussetzungen erfüllen und mit vorgeschriebenen Angaben der zuständigen Behörde zwei Wochen vor Beginn gemeldet (§ 22 Absatz 2 AWaffV) werden. Teilnehmer dürfen im wesentlichen nur Personen sein, die zum Führen von Faustfeuerwaffen berechtigt sind. Interessenten sollten unbedingt die genauen diesbezüglichen Vorschriften nachlesen.

D WAFFENRECHT

158 | Benötigt man zum Schießen außerhalb von Schießständen eine Erlaubnis?
Von gewissen Ausnahmen abgesehen, benötigt man eine besondere Schießerlaubnis, wenn man außerhalb einer behördlich zugelassenen Schießstätte schießen will.

159 | Darf man mit Signalpistolen Silvester schießen?
Nein! – Außer zur Gefahrenabwehr und bei Rettungsübungen darf auch mit Signalwaffen nur bei Vorliegen einer entsprechenden Schießerlaubnis geschossen werden!

160 | Was ist unter »anschießen« und »einschießen« zu verstehen?
Das WaffG erlaubt im § 13 ausdrücklich das An- auch das Einschießen von Waffen durch Jäger. Unter dem Anschießen ist zu verstehen, dass z. B. nach einem Umfallen einer Waffe diese Probe geschossen wird. Dies bedeutet meist drei bis vier Schüsse auf eine Scheibe, mit dem Ziel, festzustellen, ob sich die Treffpunktlage verändert hat. Wäre dies der Fall, so müsste das Visier oder meist das Zielfernrohr in der Einstellung verändert werden, was ein Einschießen darstellt, bis der gewünschte Haltepunkt des Geschosses erreicht ist.

161 | Auf welche Tiere darf man im Garten schießen?
Das Schießen auf Tiere ist im Garten grundsätzlich verboten. Aufgrund der Bundesartenschutzverordnung sind nur wenige Arten der Säugetiere von besonderem Schutz ausgenommen, wie z. B. die Scher-, Rötel-, Erd,- Feld- und Hausmaus, die Wander- und Hausratte. Ist eine Schießerlaubnis zum Zwecke der »Schädlingsbekämpfung« in einem Garten, einem Park, einem Friedhof o. ä. erteilt worden, so dürfen trotzdem nicht die Tiere geschossen werden, die dem Naturschutz unterstehen, was z. B. bei den Maulwürfen und Hornissen der Fall ist. Bei den sog. jagdbaren Tieren, also bei den Tieren, die vom Bundesjagdgesetz oder dem dort geltenden Landesjagdgesetz erfasst werden, sind außerdem die Bestimmungen dieser Gesetze zu beachten. Die allermeisten jagdbaren Tiere sind entweder ganzjährig geschützt oder dürfen nur von dem örtlichen Jagdausübungsberechtigten oder seinem Beauftragten verfolgt und erlegt werden. Hinsichtlich aller jagdbaren Tiere – zu denen z. B. auch Wildkaninchen, Füchse, Marder u. a. gehören – sollte man sich unbedingt über die in dem jeweiligen Bundesland gültigen Vorschriften orientieren, um nicht gegen die Jagdgesetze zu verstoßen und infolgedessen u. U. auch die waffenrechtlichen Genehmigungen zu verlieren, weil man evtl. Wilderei begeht oder unzuverlässig ist. Selbstverständlich sind auch Tierschutzgesichtspunkte zu beachten. So darf nur mit Waffen bzw. Munition geschossen werden, die eine für die jeweilige Tierart genügend starke Wirkung erbringen, um den Tieren unnötige Qualen zu ersparen. Desgleichen sind die jeweils sinnvollen Schussentfernungen einzuhalten, eventuell krankgeschossene Tiere schnellstmöglich durch einen weiteren Schuss oder andere geeignete Maßnahmen zu erlösen usw.

162 | Woran erkennt man, ob eine Waffe zum Schießen zugelassen ist?
Eine Waffe, die nach den deutschen gesetzlichen Vorschriften oder nach den internationalen Übereinkommen auf Sicherheit geprüft und zum Schießen zugelassen ist, trägt – je nach Art der Waffe beziehungsweise der Munition – die vorgeschriebenen Prüf- bzw. Beschusszeichen. Diese sind nicht immer auf den ersten Blick äußerlich

SCHIESSEN D

Beschusszeichen für Österreich, Ferlach ①;
Italien ②; Deutschland, Köln, 1999 ③;
Deutschland, Suhl, 2001 ④.

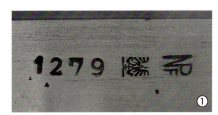

sichtbar. Bei Kipplaufwaffen muss man beispielsweise oft erst die Läufe abkippen oder gar abnehmen, um die Beschusszeichen sehen zu können. Doch auch dann, wenn dies einen gewissen Aufwand erfordert, sollte man eine unbekannte Waffe vor dem Schießen daraufhin überprüfen, ob sie die vorgeschriebenen Beschusszeichen trägt. Abgesehen davon, dass das Beschussgesetz ein Schießen und Überlassen nur mit solchen geprüften Waffen erlaubt, sollte man sich auch aus Gründen der eigenen Sicherheit streng daran halten.

163 | Was versteht man unter Beschuss?

Beschuss im Sinne des Beschussgesetzes und der Allgemeinen Verordnung hierzu ist die vorgeschriebene amtliche Einzelprüfung von Schusswaffen. Jede einzelne, diesem Beschuss unterliegende Waffe wird zunächst daraufhin untersucht, ob sie – insbesondere hinsichtlich der Lauf- und Lagermaße, der Verschlusseinrichtung, der Sicherung usw. – den gesetzlichen Vorschriften entspricht. Sodann werden aus dieser Waffe ein oder mehrere Schüsse mit spezieller Beschussmunition, die einen wesentlich höheren Gasdruck erzeugt als die gesetzlich zugelassene Gebrauchsmunition, abgegeben. Erst wenn die Waffe diese beiden Prüfungen anstandslos bestanden hat, erhält sie zum Zeichen dessen die entsprechenden Beschusszeichen. Schusspräzision usw. werden nicht begutachtet. Es handelt sich also um eine reine Sicherheitsüberprüfung: Haltbarkeit, Funktionssicherheit, Maßhaltigkeit und Kennzeichnung. Die gesetzlichen Grundlagen finden sich in dem Beschussgesetz (BeschG) vom 11. Oktober 2002 und der Beschussverordnung (BeschussV) vom 18. Februar 2008 (beide geändert am 26.03.08).

164 | Unterliegen alle Waffen dem Einzelbeschuss?

Nein – eine Reihe schwächerer Waffen sowie Schussapparate sind von der Beschusspflicht ausgenommen. Sie müssen jedoch – wie auch pyrotechnische Munition – besondere Zulassungszeichen tragen, die auf Seite 270 wiedergegeben werden.

D WAFFENRECHT

165 | Wer führt den Beschuss durch?

Den gesetzlich vorgeschriebenen Beschuss führen staatliche Beschussämter durch. Damit späterhin zu erkennen ist, welches Beschussamt diesen Beschuss durchgeführt hat, schlagen die Beschussämter jeweils ihr Ortszeichen neben die eigentlichen Beschusszeichen. Die heutigen Zeichen der Beschussämter der Bundesrepublik Deutschland sind auf Seite 269 wiedergegeben.

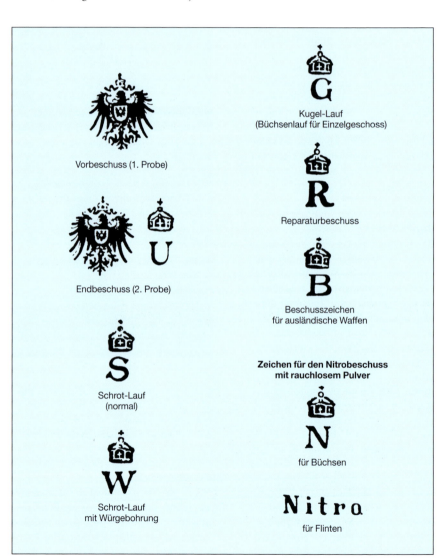

Beschusszeichen bis 1939.

166 | Wie sehen die Beschusszeichen der Bundesrepublik Deutschland aus?

Die gegenwärtig gültigen Beschusszeichen der Bundesrepublik Deutschland werden – unter Angabe ihrer jeweiligen Bedeutung – im Anhang Teil F in der BeschussV wiedergegeben.

167 | Welche Bedeutung hat ein »verstärkter Beschuss«?

Es gibt Schrotpatronen, die einen wesentlich höheren Gasdruck ergeben (sog. Magnum-Schrotpatronen) als die normalen Patronen dieses Kalibers. Diese Patronen passen zwar in alle Waffen dieses Kalibers, dürfen aber aus normal beschossenen Waffen nicht verfeuert werden, da diese hierfür nicht eingerichtet bzw. geprüft sind und durch den höheren Gasdruck u. U. eine beträchtliche Unfallgefahr besteht. Auf Antrag führen die Beschussämter einen »verstärkten Beschuss« durch, bei dem die Verwendbarkeit der Waffe für diese stärkere Munition geprüft und durch das entsprechende Beschusszeichen bestätigt wird. Die »Magnum-Schrotpatronen« dürfen nur aus Waffen mit diesem Beschusszeichen abgefeuert werden. Diese Sachlage könnte in der Zukunft eine erheblich steigende Bedeutung erlangen, da eine sinnvolle Verwendung von Stahlschroten eventuell zu einer Gasdruckverstärkung der Schrotpatronen führen wird.

Beschusszeichen von 1939–1945.

D WAFFENRECHT

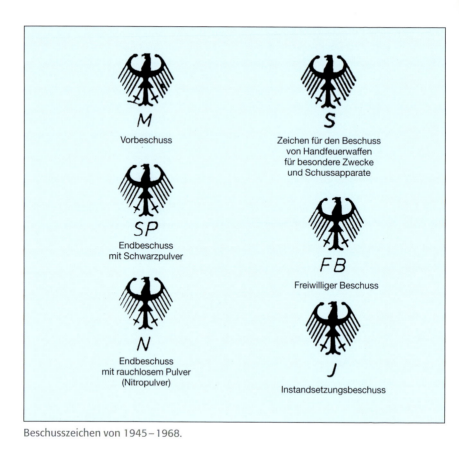

Beschusszeichen von 1945–1968.

Prüfzeichen für Handfeuerwaffen von Stahlschrotmunition mit verstärkter Ladung (§ 9 Absatz 3 Nr. 2 BeschussV) siehe Abb. Seite 268.

168 | Behalten auch ältere Beschusszeichen ihre Gültigkeit?

Ja, auch ältere Beschusszeichen haben uneingeschränkte Gültigkeit. Waffen, die ältere Beschusszeichen tragen, brauchen also nicht erneut beschossen zu werden, sondern können ohne weiteres benutzt werden. Obenstehend werden die älteren deutschen Beschusszeichen wiedergegeben.

169 | Gelten auch die Beschusszeichen der ehemaligen DDR?

Ja, auch die Beschusszeichen der ehemaligen DDR haben nach wie vor volle Gültigkeit und werden obenstehend in ihrer seit 1975 geltenden Form wiedergegeben. Das Beschussamt der DDR befand sich in Suhl. Dieses Beschussamt besteht weiterhin und verwendet jetzt die bisher schon für die Altbundesrepublik gültigen Beschusszeichen. Als Ortszeichen des Beschussamtes Suhl dient die »Suhler Hacke« – also wie bisher in den DDR-Beschusszeichen, nur ohne den jeweiligen großen Buchstaben.

SCHIESSEN D

Normaler Beschuss
bei Schusswaffen und Schussgeräten, die zum Verschießen von patronierter Munition mit normalem Gebrauchsgasdruck bestimmt sind

Normaler Beschuss
bei Schusswaffen und Schussgeräten, bei denen zum Antrieb ein flüssiges oder gasförmiges Gemisch oder eine Treibladung oder Kartusche verwendet wird

Verstärkter Beschuss
bei Schusswaffen, die zum Verschießen von Munition mit überhöhtem Gasdruck bestimmt sind

Reparaturbeschuss
nach Instandsetzung wesentlicher Teile

474
Datum des Beschusses
(Monat und Jahr, hier April 1974)

Beschusszeichen der DDR.

170 | Gelten bei uns auch ausländische Beschusszeichen?

Ja – auch die Beschusszeichen derjenigen Länder, mit denen entsprechende Verträge bestehen, haben bei uns volle Gültigkeit. Sind derartige ausländische Beschusszeichen auf einer Waffe vorhanden, braucht diese Waffe in Deutschland nicht noch einmal beschossen zu werden. Anerkannt sind in der Bundesrepublik Deutschland die Beschusszeichen folgender Länder: Belgien, Chile, Finnland, Frankreich, Großbritannien, Italien, Jugoslawien (nur von 1973 bis 1992), Österreich, Russische Föderation, Slowakische Republik, Spanien, Tschechei, Ungarn.

D WAFFENRECHT

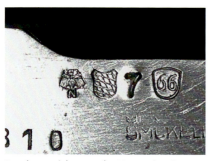

Beschusszeichen an der Unterseite einer Doppelflinte. Hier Nitrobeschuss im Juli 1966 in München.

Beschusszeichen Deutschland, Februar 1968.

171 | Was hat mit Waffen zu geschehen, die kein gültiges Beschusszeichen haben?

Bevor diese Waffen zum Schießen benutzt oder abgegeben werden, sind sie direkt oder über einen Büchsenmacher oder Waffenhändler einem Beschussamt zur Durchführung der vorgeschriebenen Beschussprüfung einzusenden.

172 | Wann müssen Waffen erneut beschossen werden?

Wenn ein wesentliches Teil im Sinne des Waffengesetzes ausgetauscht, verändert oder instand gesetzt ist, muss die Waffe erneut zum Beschuss vorgelegt werden. Dies gilt nicht, wenn ein Lauf ohne Anwendung von Hilfsmitteln ausgetauscht werden kann, vorausgesetzt, dass der Austauschlauf ebenfalls ein gültiges Beschusszeichen trägt.

173 | Kann man Schusswaffen auch auf andere Kriterien prüfen lassen?

Von den staatlichen Beschussämtern werden Schusswaffen auch bei einem freiwilligen Beschuss nur auf die genannten Kriterien hin geprüft (s. D-163). Darüberhinausgehende Prüfungen etwa der Treffpunktlage, der Streuung, der Treffpunktabweichungen mit unterschiedlichen Munitionsfabrikaten, Geschosstypen usw., der Feststellung von Liefermängeln oder späteren Beschädigungen, der Wertschätzung in Nachlassangelegenheiten oder zivilrechtlichen Streitigkeiten usw. usw. können von privaten Sachverständigen oder Institutionen vorgenommen werden. In der Bundesrepublik Deutschland ist diesbezüglich vor allem zu nennen die »Deutsche Versuchs- und Prüfanstalt für Jagd- und Sportwaffen e.V.« (DEVA) in Dune 3, 33184 Altenbeken. Diese Anstalt ist mit hochqualifiziertem Fachpersonal und modernsten technischen Messgeräten bestens ausgestattet und genießt national wie international einen vorzüglichen Ruf. Ein DEVA-Schießstand befindet sich in Berlin-Wannsee.

174 | Welche Angaben (Kennzeichen) müssen auf jeder Schusswaffe stehen?

1. der Name, die Firma oder ein einge-

Sonstige waffenrechtliche Bestimmungen

Das Warenzeichen der Firma Colt.

tragenes Warenzeichen eines Waffenherstellers oder Waffenhändlers, der im Geltungsbereich des Waffengesetzes eine gewerbliche Niederlassung hat,
2. die Bezeichnung der Munition oder, wenn keine Munition verwendet wird, die Bezeichnung der Geschosse,
3. eine fortlaufende Nummer (nicht notwendig bei Schreckschuss-, Reizstoff- und Signalwaffen sowie bei Luftgewehren bis 7,5 J),
4. die vorgeschriebenen Beschuss-, Prüf- oder Zulassungszeichen.

175 | Dürfen auch noch andere Angaben auf einer Schusswaffe stehen?
Ja – auf manchen Schusswaffen sind auch noch eine genaue Modellbezeichnung, Markenzeichen, Patentnummern usw. angegeben, was durchaus zulässig ist.

176 | Muss auch Munition gekennzeichnet sein?
Ja – sowohl auf jeder Patronenhülse als auch auf der Verpackung muss die Munition so gekennzeichnet sein, dass Hersteller und Bezeichnung der Munition daraus hervorgehen. Dies gilt jedoch nicht für Munition, die für Bundeswehr, Zoll oder Polizei hergestellt worden ist.

177 | Gilt das Waffengesetz auch für staatliche Stellen?
Nach seinen §§ 55 und 56 ist das Waffengesetz auf die obersten Bundes- und Landesbehörden sowie deren Bedienstete (einschließlich der Bundeswehr und ihrer Soldaten) und die in der Bundesrepublik Deutschland stationierten ausländischen Streitkräfte, wenn sie dienstlich tätig werden, nicht anzuwenden, soweit das Gesetz nicht ausdrücklich anderes bestimmt. Für die Geschäftsbereiche der Bundesregierung bzw. der Landesregierungen werden die diesbezüglichen Fragen auf dem Verordnungswege geregelt. Außerhalb ihrer dienstlichen Tätigkeit unterliegen auch die Bediensteten des Bundes und der Länder voll den Bestimmungen des Waffengesetzes.

178 | Wieweit gilt das Waffengesetz auch für Kriegswaffen?
Für Kriegswaffen im Sinne des Gesetzes über die Kontrolle von Kriegswaffen gelten nur Teile des Waffengesetzes, ansonsten das Kriegswaffenkontrollgesetz. Besitzer von Kriegswaffen sollten sich deshalb mit beiden Gesetzen eingehend befassen.

179 | Sind Waffenbesitzer zur Auskunft verpflichtet?
Ja. – Wer eine waffenrechtliche Genehmigung erhalten hat oder sonst die tatsächliche Gewalt über Schusswaffen ausübt, hat der zuständigen Behörde die für die Durchführung des Waffengesetzes erforderlichen Auskünfte zu erteilen.

180 | Müssen Waffen vorgezeigt werden?
Aus begründetem Anlass kann die zuständige Behörde anordnen, dass der Inhaber

der tatsächlichen Gewalt über Schusswaffen oder Munition, zu deren Erwerb oder Besitz es der Erlaubnis bedarf, oder über waffenrechtliche Genehmigungen, ihr diese vorzeigt. Das Verweigern des Zutritts von Kontrollorganen ohne besonderen Grund kann zur waffenrechtlichen Unzuverlässigkeit führen. Kontrollen zu Unzeiten sind unzulässig.

181 | Können waffenrechtliche Genehmigungen zurückgenommen werden?
Erlaubnisse oder Zulassungen nach dem Waffengesetz müssen zurückgenommen bzw. widerrufen werden, wenn nachträglich bekannt wird, dass sie hätten versagt werden müssen; sie können zurückgenommen bzw. widerrufen werden, wenn nachträglich bekannt wird, dass sie hätten versagt werden können.

182 | Sind waffenrechtliche Genehmigungen usw. gebührenpflichtig?
Ja. – Für Amtshandlungen, Prüfungen und Untersuchungen nach dem Waffengesetz werden Kosten nach einer besonderen Gebührenordnung erhoben, die in der Kostenverordnung zum Waffengesetz in der Fassung der Bekanntmachung vom 20. April 1990 (BGBl. I S.780) zuletzt geändert durch die Verordnung vom 10. Januar 2000 (BGBl. I S. 38) niedergelegt ist.

183 | Welche Bestimmungen sind beim Wiederladen von Patronenhülsen zu beachten?
Außer der selbstverständlichen Forderung fachlich sauberer, äußerst korrekter Arbeit sind eine Reihe von gesetzlichen Bestimmungen zu beachten, so hinsichtlich des Schießpulvers und des gesamten Umgangs hiermit die Vorschriften des Sprengstoffgesetzes, hinsichtlich der Geschosse die Beachtung gewisser diesbezüglicher Verbote und der vorgeschriebenen Kalibermaße, hinsichtlich der ganzen Patronen die Grenzen des zulässigen Gebrauchsgasdrucks usw. Konkret sind vor allem zu beachten das Sprengstoffgesetz sowie die Anlage III zur 3. WaffV und die dazugehörigen Maßtafeln für Handfeuerwaffen und Munition. Unbedingt zu empfehlen ist auch die strikte Beachtung der von den Pulverherstellern herausgegebenen Ladetabellen.

184 | Enthält auch das Jagdgesetz Bestimmungen bezüglich Waffen und Munition?
Ja, das Bundesjagdgesetz (BJG) enthält in § 19 Abs. 1 Nr. 1 und 2 eine Reihe einschränkender Bestimmungen bezüglich der auf Wild zu verwendenden Waffen und Patronen. Diese Bestimmungen dienen in erster Linie dem Zweck, unnötige Qualen für das Wild zu verhindern. Naturgemäß sind diese Vorschriften vor allem für Jäger von Bedeutung, einige jedoch auch für die Inhaber einer Schießerlaubnis zur so genannten Schädlingsbekämpfung in Gärten, Parks usw. Diesbezüglich sind zu nennen die Verbote, auf Wild mit halbautomatischen Waffen, die mehr als zwei Patronen in das Magazin aufnehmen können, zu schießen, sowie auf Wild mit Pistolen und Revolvern zu schießen, ausgenommen im Falle der Bau- und Fallenjagd sowie zur Abgabe von Fangschüssen, wenn die Mündungsenergie der Geschosse mindestens 200 J beträgt.

185 | Hat der EG-Zusammenschluss eine waffenrechtliche Bedeutung?
Die weitgehende Grenzöffnung zwischen den EG-Mitgliedstaaten und der entsprechende Fortfall von Grenzkontrollen und Handelsschranken macht eine Harmonisierung des Waffenrechts erforderlich. Als ersten Schritt hierzu hat der Rat der Euro-

SONSTIGE WAFFENRECHTLICHE BESTIMMUNGEN D

päischen Gemeinschaft eine allgemeine Richtlinie über die Kontrolle des Erwerbs und des Besitzes von Waffen erlassen. Diese Richtlinie zielt auf eine zukünftige Einteilung der Waffen in einheitliche Kategorien, auf den Waffenhandel, den persönlichen Erwerb und Besitz von Waffen sowie auf die grenzüberschreitende Verbringung von Waffen in andere EG-Länder. Das WaffG ist unter Berücksichtigung dieser EG-Vorgabe abgefasst worden.

186 | Wird ein EG-Waffenrecht das nationale Waffenrecht ersetzen?

Vorerst wird das nationale Waffenrecht der EG-Mitgliedstaaten nicht durch ein gemeinsames Waffenrecht ersetzt. Die nationalen Bestimmungen sollen lediglich so gefasst werden, dass auch nach Öffnung der Grenzen eine Kontrolle von Waffenhandel und Waffenverbreitung möglich ist. Ob langfristig gesehen ein einheitliches, gemeinsames Waffenrecht kommen wird, kann gegenwärtig noch nicht gesagt werden.

187 | Dürfen Waffen ohne weiteres in andere EG-Länder verbracht werden?

So lange die einzelnen EG-Länder ihr eigenes Waffenrecht besitzen, ist stets das jeweilige nationale Recht zu berücksichtigen. Ein eventuelles Verbringen von Waffen in ein anderes EG-Land hat sich also nach den betreffenden Bestimmungen beider Staaten zu richten. Gegebenenfalls sind die notwendigen Erkundigungen einzuziehen und die erforderlichen Formalitäten zu erfüllen.

188 | Was bezweckt der Europäische Feuerwaffenpass?

In der genannten EG-Waffenrichtlinie ist für Bürger der Mitgliedsländer ein »Europäischer Feuerwaffenpass« vorgesehen. In der Bundesrepublik Deutschland ist er mit Wirkung vom 1. Januar 1995 eingeführt worden. Er soll nicht die nationalen Waffengenehmigungen (z. B. Waffenbesitzkarte) ersetzen, sondern auf Antrag zusätzlich erteilt werden, um das Verbringen der darin eingetragenen Waffen von einem Mitgliedsland in ein anderes zu vereinheitlichen und zu erleichtern. Wer also (z. B. als Sportschütze oder Jäger) mit Feuerwaffen in ein anderes Mitgliedsland reisen will, kann bei seiner für waffenrechtliche Genehmigungen zuständigen Behörde einen Europäischen Feuerwaffenpass beantragen. Da gegenwärtig die nationalen Regelungen in den einzelnen Mitgliedsländern noch sehr unterschiedlich sind, ist dringend anzuraten, sich vor einer entsprechenden Reise bei einer Vertretung (Botschaft, Konsulat) des Ziellandes und eventueller Durchreiseländer nach den dortigen Regelungen zu erkundigen.

189 | Was ist das nationale Waffenregister?

Aufgrund § 43 WaffG wurde 2012 das Gesetz zur Errichtung eines Nationalen Waffenregisters (Nationales-Waffenregister-Gesetz – NWRG) erlassen. Durch dieses Gesetz ist die Zuordnung von erlaubnispflichtigen Waffen, waffenrechtlichen Erlaubnissen, Anordnungen und Verboten usw. zu Personen möglich, da nun alle waffenrechtlich relevanten Daten bundesweit bei der Registerbehörde (Bundesverwaltungsamt mit Hauptsitz in Köln) gesammelt werden.

E Notwehr und Notstand

> Notwehr ist die Verteidigung, die erforderlich ist, um einen gegenwärtigen, rechtswidrigen Angriff von sich oder einem anderen abzuwenden (§ 32 Abs. 2 StGB).

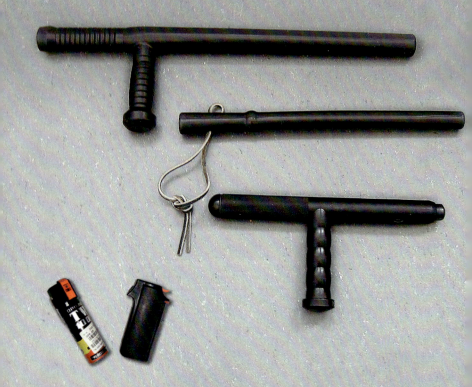

NOTWEHR

Notwehr 159
Notstand 162

Notwehr

1 | Was ist Notwehr?
Notwehr ist die Verteidigung, die erforderlich ist, um einen gegenwärtigen, rechtswidrigen Angriff von sich oder einem anderen abzuwenden (§ 32 Abs. 2 StGB). Voraussetzungen der Notwehr sind also:
  1. Ein Angriff (auf Leben, Gesundheit, Freiheit oder Besitz).
  2. Der Angriff muss gegenwärtig sein, d. h. er muss in diesem Augenblick stattfinden oder unmittelbar bevorstehen, nicht aber in einer unbestimmten Zukunft bevorstehen oder bereits abgebrochen sein.
  3. Der Angriff muss rechtswidrig sein. Wer einen mit Beute flüchtenden Dieb festhält, begeht zwar auch einen Angriff, nicht aber einen rechtswidrigen Angriff. Der festgehaltene Dieb kann also keine Notwehr geltend machen.

Die Notwehrhandlung, also die zur Abwendung eines gegenwärtigen rechtswidrigen Angriffs durchgeführte Verteidigungshandlung, muss erforderlich sein. Das bedeutet, dass das mildeste, in der jeweiligen Situation zum Ziele führende Mittel anzuwenden ist. Grundsätzlich sind Menschenleben höher zu bewerten als Sachwerte.

2 | Ist Notwehr strafbar?
Nein! – Nach § 32 Abs. 1 StGB handelt nicht rechtswidrig, wer eine Tat begeht, die durch Notwehr geboten ist.

3 | Was ist Notwehrüberschreitung?
Notwehrüberschreitung oder Notwehrexzess liegt vor, wenn der Verteidiger bei der Verteidigung das erforderliche Maß überschreitet.

4 | Ist Notwehrüberschreitung strafbar?
Die Überschreitung der Notwehr ist nach § 33 StGB nicht strafbar, wenn der Täter aus Verwirrung, Furcht oder Schrecken über die Grenzen der Notwehr hinausgegangen ist. Andernfalls ist die Notwehrüberschreitung strafbar.

5 | Was ist Nothilfe?
Als Nothilfe bezeichnet man die Abwehr eines gegen einen Dritten gerichteten Angriffs. Rechtlich gehört sie zur Notwehr. Die Voraussetzungen und Bedingungen sind deshalb dieselben wie bei der Notwehr.

6 | Gibt es Notwehr gegen Notwehr?
Nein! – Da eine Notwehrhandlung nicht rechtswidrig ist, kann es gegen sie auch keine Notwehr geben. Wohl aber ist Notwehr gegenüber einer (rechtswidrigen) Notwehrüberschreitung möglich.

7 | Darf in Notwehr stets von der Schusswaffe Gebrauch gemacht werden?
Nein! – Auch in einwandfreien Notwehrsituationen ist der Schusswaffengebrauch nur dann gerechtfertigt, wenn einerseits mildere Mittel (Abwehr mit Körperkräften, Spazierstock o. ä.) nicht zum Ziele führen würden und andererseits der Grundsatz beachtet wird, dass Menschenleben als höchstes Gut zu bewerten ist. Bei einem ernsthaften rechtswidrigen Angriff auf Leben oder Gesundheit eines Menschen dürfte der Schusswaffengebrauch stets gerechtfertigt sein, bei einem rechtswidrigen Angriff auf die Freiheit oftmals ebenfalls, sofern der Einsatz geringerer

E NOTWEHR UND NOTSTAND

Mittel nicht zum Ziele führen würde. Dagegen dürfte der Schusswaffengebrauch bei einem Angriff auf die Ehre (z. B. Beleidigung) nie, bei einem Angriff auf den Besitz nur in besonderen Fällen gerechtfertig sein (abgesehen von auch hier zulässigen Warnschüssen, wenn durch sie Menschen nicht gefährdet werden können). Der Schusswaffengebrauch als härteste und in der Wirkung schwerwiegendste Abwehrmaßnahme mit oftmals nicht wieder rückgängig zu machenden Folgen sollte stets als allerletzter Ausweg aus einer ernsthaft bedrohlichen Situation betrachtet werden!

8 | Darf man im Rahmen der Notwehr auf einen mit der Waffe flüchtenden Menschen schießen?

Das hängt von den näheren Umständen ab. Zwei Beispiele mögen das erläutern:

1. Ein Angreifer ist mit einer Doppelflinte (also Schrotgewehr) bewaffnet, deren menschengefährdende Reichweite durchaus begrenzt ist. Nachdem er zwei fehlgegangene Schüsse auf den Angegriffenen abgegeben hat, läuft er – ohne nachzuladen – mit dem Gewehr in der Hand über ein völlig freies Feld ohne jede Deckung davon. Der zuvor Angegriffene ist mit einer Hochleistungsbüchse mit Zielfernrohr ausgerüstet. Er könnte den Flüchtenden also auch noch auf eine Entfernung erreichen, auf die dieser keinen wirkungsvollen Schuss mehr abgeben kann. Hier würde keine Notwehr vorliegen, da der Angriff nicht mehr gegenwärtig, sondern als abgebrochen anzusehen ist.

2. Nach gleicher Vorgeschichte läuft der Angreifer zwar auch von dem Angegriffenen fort, jedoch auf einen nur etwa 50 m entfernten Steinhaufen zu, hinter dem hervor er – selber gegen Schüsse des Angegriffenen weitgehend geschützt – aus einer verbesserten Position erneut schießen kann. In diesem Fall wäre auch ein Schuss auf den vom Angegriffenen Fortlaufenden eine Notwehrhandlung, da das Fortlaufen hier ja keinen Abbruch des Angriffs bedeutet, sondern lediglich eine Verbesserung der Angriffsposition zum Ziel hat. Der Angegriffene braucht in dieser Situation nicht zu warten, bis der Angreifer die neue, verbesserte Schussposition eingenommen hat.

9 | Welche Geschosse dürfen für Notwehrzwecke benutzt werden?

Hierüber gibt es keine speziellen gesetzlichen Vorschriften. Aus naheliegenden Gründen kann es solche auch nicht geben. Der Notwehr-Paragraph (§ 32 Abs. 2 StGB) gibt jedoch mit dem Begriff »erforderlich« auch hier gewisse Grundsätze vor. Wer beispielsweise als Geldtransporteur einen Waffenschein besitzt und daraufhin einen großkalibrigen Revolver führt, den er mangels Erlaubnis und Gelegenheit zu keinerlei anderem Zweck als dem einer etwaigen Notwehr einsetzen kann, sollte – um gegebenenfalls keinerlei diesbezüglichen Vorwürfen einen Angriffspunkt zu bieten – solche Geschosse verwenden, die bei möglichst großer Aufhaltekraft keine unnötig großen Verletzungen hervorrufen. Wenn andererseits beispielsweise bei einem bewaffneten Überfall auf ein Einzelhaus lediglich eine Jagdbüchse mit den dazugehörigen, bekanntlich starke Zerstörungen verursachenden Jagdbüchsenpatronen oder eine Flinte mit den beim Nahschuss ebenfalls sehr schwere Verletzungen verursachenden Schrotpatronen zur augenblicklichen Verteidigung zur Verfügung steht, so ist auch deren Gebrauch gerechtfertigt.

10 | Muss in Notwehr vor einem Schusswaffengebrauch gewarnt werden?

Eine solche Warnung ist nicht vorgeschrieben. Da jedoch das jeweils mildeste zum Ziele führende Mittel anzuwenden ist,

NOTWEHR

sollte man aber – falls der Situation nach gefahrlos möglich – den Angreifer vor Abgabe eines gezielten Schusses durch entsprechenden Zuruf und/oder durch einen Warnschuss warnen. Ist eine solche Warnung in der gegebenen Situation nicht ohne eigene Gefährdung oder eine Gefährdung Unbeteiligter möglich, darf sofort gezielt geschossen werden.

11 | Können in einem Warnschuss Gefahren liegen?

In Warnschüssen können beträchtliche Gefahren für unbeteiligte Personen liegen. Bei Schüssen in den freien Luftraum müssen die Geschosse irgendwo wieder herunterkommen. Der Gefahrenbereich der heute zur Verteidigung üblichen Faustfeuerwaffen, in dem die Geschosse eine u. U. noch tödliche Energie besitzen, reicht bis zu 2 km, bei Büchsen bis zu 5 km. Bei nach unten gerichteten Schüssen, die auf Straßenpflaster, gefrorenen Boden o. ä. oder schräg auf Wasserflächen treffen, können so genannte Querschläger entstehen, die eine völlig unkontrollierte Flugbahn nehmen und ebenfalls tödliche Verletzungen verursachen können. Schließlich ist der Durchschlag durch Fenster, Türen, Autokarosserien u. ä. zu bedenken, wodurch nicht sichtbare Personen getroffen werden können. Ungefährlich sind Warnschüsse nur, wenn sie in Richtung auf einen sicheren Geschossfang abgegeben werden: Sand, lockeres Erdreich, Strohballen o. ä. Die Abgabe von Warnschüssen sollte also sehr zurückhaltend gehandhabt werden!

12 | Was ist nach einem in Notwehr erfolgten Schusswaffengebrauch zu tun?

Ist bei dem Vorfall ein Mensch verletzt worden, so ist diesem so schnell und so weit wie möglich Hilfe zu leisten, sofern dies ohne erhebliche Gefährdung des Helfenden möglich ist. Weiter sollte so schnell wie möglich für ärztliche Hilfe gesorgt werden. In jedem Fall sollte so schnell wie möglich die Polizei alarmiert und eine durch sie vorzunehmende Tatbestandsaufnahme veranlasst werden. Zum eigenen Nutzen sollte man sich möglichst umgehend nach dem Vorfall ausführliche eigene Aufzeichnungen machen. Darin müssen nicht zuletzt auch die Namen und Anschriften etwaiger Zeugen festgehalten werden.

13 | Was ist Putativnotwehr?

Putativnotwehr nennt man eine vermeintliche Notwehr, bei der die Abwehrhandlung in der irrigen Annahme durchgeführt wird, dass die Voraussetzungen der Notwehr vorlägen. Beispiel: Ein Wohnungsinhaber trifft in seiner eigenen Wohnung überraschend mit einem Einbrecher zusammen. Letzterer richtet sofort eine großkalibrige Pistole auf den etwa 5 m entfernt und völlig ungedeckt stehenden Wohnungsinhaber. Daraufhin schießt dieser den Einbrecher nieder. Nachträglich stellt sich heraus, dass die Pistole des Einbrechers zwar echt aber nicht geladen war. Der Wohnungsinhaber hat sich also tatsächlich nicht in Gefahr befunden. Aufgrund der Situation musste er sich aber in Lebensgefahr wähnen und damit den Notwehrfall als gegeben erachten.

14 | Ist ein Waffenträger zur Nothilfe verpflichtet?

Wer bei Unglücksfällen oder gemeiner Gefahr oder Not nicht Hilfe leistet, obwohl dies erforderlich und ihm den Umständen nach zuzumuten, insbesondere ohne erhebliche eigene Gefahr und ohne Verletzung anderer wichtiger Pflichten möglich ist, wird mit Freiheitsstrafe bis zu einem Jahr oder mit Geldstrafe bestraft (Unterlassene Hilfeleistung § 323c StGB). Ein Waffenträger, beispielsweise ein Waffenscheininhaber, kann durchaus in eine Situation kommen, in der er eine entsprechende Entscheidung fällen muss. Zwei Beispiele! Ein Waffenscheininhaber wird Augenzeuge, wie wenige Meter von ihm entfernt ein laut um Hilfe rufendes Mädchen von mehreren kräftigen, jedoch unbewaffneten Männern gewaltsam in ein Auto gezerrt wird. Durch Drohen mit seiner Faustfeuerwaffe, gegebenenfalls Abgabe eines Warnschusses, notfalls sogar Abgabe eines gezielten Schusses auf einen der Entführer hätte er die Möglichkeit, ohne größere eigene Gefährdung die Entführung zu verhindern. Tut er dies nicht, würde er sich dem Vorwurf der unterlassenen Hilfeleistung aussetzen. In einem anderen Fall wird ein Waffenscheininhaber Augenzeuge, wie mehrere mit Maschinenpistolen bewaffnete Täter eine Bank überfallen. Hier würde er sich einer erheblichen eigenen Gefahr aussetzen, wenn er seine Waffe ziehen und damit die Bankräuber bedrohen würde. Dazu ist er nicht verpflichtet.

15 | Gibt es Notwehr gegenüber Tieren?

Notwehr im Sinne des Gesetzes gibt es nur gegenüber einem menschlichen Angriff. Eine entsprechende Verteidigungshandlung gegenüber einem angreifenden Tier fällt nicht unter Notwehr, sondern unter Notstand. In besonderen Fällen kann allerdings auch die Verteidigung gegen ein angreifendes Tier eine Notwehrhandlung sein, beispielsweise dann, wenn ein mannscharfer Hund von seinem Herrn rechtswidrig auf einen anderen Menschen gehetzt wird und somit lediglich ein Angriffsmittel seines Herrn darstellt.

16 | Wer darf einen auf frischer Tat gestellten Straftäter festnehmen?

Wird jemand auf frischer Tat betroffen oder verfolgt, so ist, wenn er der Flucht verdächtig ist oder seine Persönlichkeit nicht sofort festgestellt werden kann, jedermann befugt, ihn auch ohne richterlichen Befehl vorläufig festzunehmen (§ 127 Abs. 1 StPO). In einem solchen Fall muss der Festgenommene jedoch so schnell wie möglich der Polizei übergeben werden. Polizei und Staatsanwaltschaft haben weitergehende Befugnisse.

Notstand

17 | Was ist Notstand?

Ganz allgemein versteht man unter Notstand im Sinne des Straf- und Zivilrechts (nicht zu verwechseln mit dem Staatsnotstand) eine Situation der gegenwärtigen Gefahr für irgendein Rechtsgut, die sich nur durch die Verletzung eines anderen Rechtsgutes abwenden lässt. Das Strafgesetzbuch unterscheidet den rechtfertigenden Notstand (§ 34 StGB) und den entschuldigenden Notstand (§ 35 StGB). Der Vollständigkeit halber sowie auch wegen der unter Umständen sehr großen Bedeutung der diesbezüglichen zivilrechtlichen Bestimmungen für den Waffenbesitzer werden nachfolgend auch die Bestimmungen der beiden diesbezüglichen Paragraphen des Bürgerlichen Gesetzbuches (§§ 228 und 904 BGB) aufgeführt.

18 | Was ist rechtfertigender Notstand?

Nach § 34 StGB handelt nicht rechtswidrig, wer in einer gegenwärtigen, nicht anders abwendbaren Gefahr für Leben, Leib, Freiheit, Ehre, Eigentum oder ein anderes Rechtsgut eine Tat begeht, um die Gefahr von sich oder einem anderen abzuwenden, wenn bei Abwägung der widerstreitenden Interessen, namentlich der betroffenen

NOTSTAND E

Rechtsgüter und des Grades der ihnen drohenden Gefahren, das geschützte Interesse das beeinträchtigte wesentlich überwiegt. Dies gilt jedoch nur, soweit die Tat ein angemessenes Mittel ist, die Gefahr abzuwenden.

19 | Was ist entschuldigender Notstand?

Nach § 35 StGB handelt ohne Schuld, wer in einer gegenwärtigen, nicht anders abwendbaren Gefahr für Leben, Leib oder Freiheit eine rechtswidrige Tat begeht, um die Gefahr von sich, einem Angehörigen oder einer anderen ihm nahestehenden Person abzuwenden. Dies gilt nicht, soweit dem Täter nach den Umständen, namentlich weil er die Gefahr selbst verursacht hat oder weil er in einem besonderen Rechtsverhältnis stand, zugemutet werden konnte, die Gefahr hinzunehmen.

20 | Was besagt das Zivilrecht über den Notstand?

Im Bürgerlichen Gesetzbuch beziehen sich zwei Paragraphen auf den Notstand.

Nach § 228 BGB handelt nicht widerrechtlich, wer eine fremde Sache (wozu im Sinne des Gesetzes auch Tiere gehören!) beschädigt oder zerstört, um eine durch sie drohende Gefahr von sich oder einem anderen (wobei der andere hier kein Angehöriger zu sein braucht!) abzuwenden, wenn die Beschädigung oder Zerstörung (bei Tieren auch Tötung) zur Abwendung der Gefahr erforderlich ist und der Schaden nicht außer Verhältnis zu der Gefahr steht. Hat der Handelnde die Gefahr verschuldet, so ist er zum Schadenersatz verpflichtet.

Nach § 904 BGB ist der Eigentümer einer Sache nicht berechtigt, die Einwirkung eines anderen auf die Sache zu verbieten, wenn die Einwirkung zur Abwendung einer gegenwärtigen Gefahr notwendig und der drohende Schaden gegenüber dem aus der Einwirkung dem Eigentümer entstehenden Schaden unverhältnismäßig groß ist. Der Eigentümer kann Ersatz des ihm entstehenden Schadens verlangen.

21 | Gibt es auch Putativnotstand?

Ja – in Parallele zur Putativnotwehr spricht man auch von Putativnotstand wenn eine Abwehrhandlung in der irrtümlichen Annahme erfolgt, dass eine Notstandslage besteht. Gegebenenfalls muss darüber befunden werden, ob der in vermeintlichem Notstand Handelnde leichtfertig gewesen oder einem entschuldbaren Irrtum erlegen ist.

22 | Kommt auch im Falle des Notstandes ein Schusswaffengebrauch in Frage?

Nicht nur im Falle der Notwehr sondern auch im Falle des Notstandes kann ein Schusswaffengebrauch durchaus infrage kommen. Dazu vier Beispiele:

1. Ein Waffenscheininhaber wird von einer offensichtlich tollwütigen Katze angefallen. Da er sich des Tieres anders nicht erwehren kann, ohne sich der Gefahr der Verletzung und damit einer lebensgefährlichen Tollwutinfektion auszusetzen, erschießt er die Katze mit seinem Revolver.

2. Ein Waffenscheininhaber wird Augenzeuge, wie ein großer Hund eine kleines Kind anfällt. Da es ihm anders nicht gelingt, das Kind zu schützen, erschießt er den Hund.

3. Ein Waffenscheininhaber sieht, dass es in einem Einfamilienhaus brennt und darin befindliche kleine Kinder in Lebensgefahr schweben. Da Feuerwehr und Polizei noch nicht anwesend sind, will er in das Haus eindringen, um die Kinder zu retten. Da er kein anderes Werkzeug zur Hand hat, zerschießt er eine dicke Fensterscheibe, um sich Einlass zu verschaffen.

163

E NOTWEHR UND NOTSTAND

4. Ein Waffenscheininhaber stürzt bei einem Spaziergang und verletzt sich dabei so, dass er sich nicht mehr fortbewegen kann. Weit und breit sind keine Menschen zu sehen; seine Hilferufe werden nicht gehört. Daraufhin gibt er Signalschüsse ab, um auf sich aufmerksam zu machen und Hilfe herbeizurufen.

In allen vier Fällen wird ein Rechtsgut verletzt (in drei Fällen fremdes Eigentum, in einem Fall eine Rechtsvorschrift), um ein höherwertiges Rechtsgut (Leben oder Gesundheit von Menschen) zu schützen.

23 | Muss auch im Notstandsfall die Verhältnismäßigkeit gewahrt werden?

Selbstverständlich muss auch bei allen Notstandshandlungen der Grundsatz der Verhältnismäßigkeit gewahrt werden, und zwar in zweierlei Hinsicht:

1. Vor einer Notstandshandlung muss eine Güterabwägung erfolgen, ob das durch die Handlung beeinträchtigte Rechtsgut deutlich geringer einzustufen ist als das dadurch geschützte Rechtsgut, da nur dann die Notstandshandlung gerechtfertigt ist. Dabei sind Menschenleben grundsätzlich höher einzustufen als Sachwerte. Man darf also beispielsweise einen fremden Hund erschießen, um dadurch Leben oder Gesundheit eines Kindes zu schützen; man dürfte den Hund aber nicht erschießen, weil man sich über sein Bellen ärgert. Im letzten Fall wäre eine Beschwerde bei dem Hundebesitzer verhältnismäßig, nicht aber ein Erschießen des Hundes.

2. Bei Notstandshandlungen muss das mildeste zur Verfügung stehende und zum Erfolg führende Mittel eingesetzt werden. Wenn man beispielsweise den das Kind beißenden Hund durch lautes Anschreien vertreiben kann, darf man ihn nicht erschießen. Lässt er sich durch Schreien nicht sogleich von dem Kind abbringen, darf man schießen, auch wenn man ihn vielleicht mit einem – im Augenblick aber nicht zur Verfügung stehenden – Knüppel abwehren könnte.

24 | Ist ein Waffenträger auch im Falle des Notstandes zur Hilfeleistung verpflichtet?

Die Strafandrohung bei unterlassener Hilfeleistung (§ 323c StGB), die bereits bei Behandlung der Notwehr angeführt wurde, gilt gleichermaßen im Falle eines Notstandes. Beispiel: Ein ausgebrochener wütender Bulle, der bereits mehrere Autos und landwirtschaftliche Maschinen demoliert hat, läuft auf Menschen zu, die sich nicht mehr in ein Haus retten können. Ein Jäger, der eine Hochwildbüchse starken Kalibers bei sich hat, ist Augenzeuge. Er könnte mit seiner Waffe den Bullen »ohne erhebliche eigene Gefahr« stoppen. Tut er es nicht, setzt er sich dem Vorwurf der unterlassenen Hilfeleistung aus.

25 | Worauf ist bei einem Schusswaffengebrauch in Notwehr und Notstand besonders zu achten?

Auch bei berechtigtem Schusswaffengebrauch in Notwehr und Notstand ist stets darauf zu achten, dass unbeteiligte Personen nicht gefährdet werden! Dabei ist sowohl auf die Umgebung und das Hintergelände zu achten als auch die Durchschlagskraft der Geschosse gegenüber Autokarosserien, Fensterläden, Haustüren usw. zu bedenken. Eine gewisse diesbezügliche Vorsorge von Waffenscheininhabern, die zu ihrem eigenen Schutz oder zum Schutz anderer Personen oder wertvoller Güter Verteidigungswaffen führen dürfen, beginnt demzufolge schon mit der Auswahl zweckmäßiger Waffen und Patronen, die wohl eine genügende Aufhaltekraft, dabei jedoch einen möglichst geringen Durchschlag aufweisen.

F Anhang

Waffengesetz (WaffG) 165

Allgemeine Waffengesetz-Verordnung (AWaffV) 219

Gesetz über die Prüfung und Zulassung von Feuerwaffen, Böllern, Geräten, bei denen zum Antrieb Munition verwendet wird, sowie von Munition und sonstigen Waffen (Beschussgesetz – BeschG) 245

Allgemeine Verordnung zum Beschussgesetz (Beschussverordnung – BeschussV) 259

Waffengesetz (WaffG)

Waffengesetz vom 11. Oktober 2002 (BGBl. I S. 3970 (4592) (2003, 1957)), das zuletzt durch Artikel 3 Absatz 5 des Gesetzes vom 17. Juli 2009 (BGBl. I S. 2062) geändert worden ist.

Inhaltsübersicht

Abschnitt 1
Allgemeine Bestimmungen
§ 1 Gegenstand und Zweck des Gesetzes, Begriffsbestimmungen
§ 2 Grundsätze des Umgangs mit Waffen oder Munition, Waffenliste
§ 3 Umgang mit Waffen oder Munition durch Kinder und Jugendliche

Abschnitt 2
Umgang mit Waffen oder Munition

Unterabschnitt 1
Allgemeine Voraussetzungen für Waffen- und Munitionserlaubnisse
§ 4 Voraussetzungen für eine Erlaubnis
§ 5 Zuverlässigkeit
§ 6 Persönliche Eignung
§ 7 Sachkunde
§ 8 Bedürfnis, allgemeine Grundsätze
§ 9 Inhaltliche Beschränkungen, Nebenbestimmungen und Anordnungen

F ANHANG

Unterabschnitt 2
Erlaubnisse für einzelne Arten des Umgangs mit Waffen oder Munition, Ausnahmen
- § 10 Erteilung von Erlaubnissen zum Erwerb, Besitz, Führen und Schießen
- § 11 Erwerb und Besitz von Schusswaffen oder Munition mit Bezug zu einem anderen Mitgliedstaat der Europäischen Union
- § 12 Ausnahmen von den Erlaubnispflichten

Unterabschnitt 3
Besondere Erlaubnistatbestände für bestimmte Personengruppen
- § 13 Erwerb und Besitz von Schusswaffen und Munition durch Jäger, Führen und Schießen zu Jagdzwecken
- § 14 Erwerb und Besitz von Schusswaffen und Munition durch Sportschützen
- § 15 Schießsportverbände, schießsportliche Vereine
- § 15a Sportordnungen
- § 15b Fachbeirat Schießsport
- § 16 Erwerb und Besitz von Schusswaffen und Munition durch Brauchtumsschützen, Führen von Waffen und Schießen zur Brauchtumspflege
- § 17 Erwerb und Besitz von Schusswaffen oder Munition durch Waffen- oder Munitionssammler
- § 18 Erwerb und Besitz von Schusswaffen oder Munition durch Waffen- oder Munitionssachverständige
- § 19 Erwerb und Besitz von Schusswaffen und Munition, Führen von Schusswaffen durch gefährdete Personen
- § 20 Erwerb und Besitz von Schusswaffen durch Erwerber infolge eines Erbfalls

Unterabschnitt 4
Besondere Erlaubnistatbestände für Waffenherstellung, Waffenhandel, Schießstätten, Bewachungsunternehmer
- § 21 Gewerbsmäßige Waffenherstellung, Waffenhandel
- § 21a Stellvertretungserlaubnis
- § 22 Fachkunde
- § 23 Waffenbücher
- § 24 Kennzeichnungspflicht, Markenanzeigepflicht
- § 25 Ermächtigungen und Anordnungen
- § 26 Nichtgewerbsmäßige Waffenherstellung
- § 27 Schießstätten, Schießen durch Minderjährige auf Schießstätten
- § 28 Erwerb, Besitz und Führen von Schusswaffen und Munition durch Bewachungsunternehmer und ihr Bewachungspersonal

Unterabschnitt 5
Verbringen und Mitnahme von Waffen oder Munition in den, durch den oder aus dem Geltungsbereich des Gesetzes
- § 29 Verbringen von Waffen oder Munition in den Geltungsbereich des Gesetzes
- § 30 Verbringen von Waffen oder Munition durch den Geltungsbereich des Gesetzes
- § 31 Verbringen von Waffen oder Munition aus dem Geltungsbereich des Gesetzes in andere Mitgliedstaaten der Europäischen Union
- § 32 Mitnahme von Waffen oder Munition in den, durch den oder aus dem Geltungsbereich des Gesetzes, Europäischer Feuerwaffenpass
- § 33 Anmelde- und Nachweispflicht bei Verbringen oder Mitnahme von Waffen oder Munition in den oder durch den Geltungsbereich des Gesetzes

Unterabschnitt 6
Obhutspflichten, Anzeige-, Hinweis- und Nachweispflichten
- § 34   Überlassen von Waffen oder Munition, Prüfung der Erwerbsberechtigung, Anzeigepflicht
- § 35   Werbung, Hinweispflichten, Handelsverbote
- § 36   Aufbewahrung von Waffen oder Munition
- § 37   Anzeigepflichten
- § 38   Ausweispflichten
- § 39   Auskunfts- und Vorzeigepflicht, Nachschau

Unterabschnitt 7
Verbote
- § 40   Verbotene Waffen
- § 41   Waffenverbote für den Einzelfall
- § 42   Verbot des Führens von Waffen bei öffentlichen Veranstaltungen
- § 42a Verbot des Führens von Anscheinswaffen und bestimmten tragbaren Gegenständen

Abschnitt 3
Sonstige waffenrechtliche Vorschriften
- § 43   Erhebung und Übermittlung personenbezogener Daten
- § 43a Nationales Waffenregister
- § 44   Übermittlung an und von Meldebehörden
- § 44a Behördliche Aufbewahrungspflichten
- § 45   Rücknahme und Widerruf
- § 46   Weitere Maßnahmen
- § 47   Verordnungen zur Erfüllung internationaler Vereinbarungen oder zur Angleichung an Gemeinschaftsrecht
- § 48   Sachliche Zuständigkeit
- § 49   Örtliche Zuständigkeit
- § 50   Kosten

Abschnitt 4
Straf- und Bußgeldvorschriften
- § 51   Strafvorschriften
- § 52   Strafvorschriften
- § 52a Strafvorschriften
- § 53   Bußgeldvorschriften
- § 54   Einziehung und erweiterter Verfall

Abschnitt 5
Ausnahmen von der Anwendung des Gesetzes
- § 55   Ausnahmen für oberste Bundes- und Landesbehörden, Bundeswehr, Polizei und Zollverwaltung, erheblich gefährdete Hoheitsträger sowie Bedienstete anderer Staaten
- § 56   Sondervorschriften für Staatsgäste und andere Besucher
- § 57   Kriegswaffen

Abschnitt 6
Übergangsvorschriften, Verwaltungsvorschriften
- § 58   Altbesitz
- § 59   Verwaltungsvorschriften

Anlage 1 (zu § 1 Abs. 4) Begriffsbestimmungen
Anlage 2 (zu § 2 Abs. 2 bis 4) Waffenliste

F ANHANG

Abschnitt 1
Allgemeine Bestimmungen

§ 1
Gegenstand und Zweck des Gesetzes, Begriffsbestimmungen

(1) Dieses Gesetz regelt den Umgang mit Waffen oder Munition unter Berücksichtigung der Belange der öffentlichen Sicherheit und Ordnung.

(2) Waffen sind
1. Schusswaffen oder ihnen gleichgestellte Gegenstände und
2. tragbare Gegenstände,
    a) die ihrem Wesen nach dazu bestimmt sind, die Angriffs- oder Abwehrfähigkeit von Menschen zu beseitigen oder herabzusetzen, insbesondere Hieb- und Stoßwaffen;
    b) die, ohne dazu bestimmt zu sein, insbesondere wegen ihrer Beschaffenheit, Handhabung oder Wirkungsweise geeignet sind, die Angriffs- oder Abwehrfähigkeit von Menschen zu beseitigen oder herabzusetzen, und die in diesem Gesetz genannt sind.

(3) Umgang mit einer Waffe oder Munition hat, wer diese erwirbt, besitzt, überlässt, führt, verbringt, mitnimmt, damit schießt, herstellt, bearbeitet, instand setzt oder damit Handel treibt.

(4) Die Begriffe der Waffen und Munition sowie die Einstufung von Gegenständen nach Absatz 2 Nr. 2 Buchstabe b als Waffen, die Begriffe der Arten des Umgangs und sonstige waffenrechtliche Begriffe sind in der Anlage 1 (Begriffsbestimmungen) zu diesem Gesetz näher geregelt.

§ 2
Grundsätze des Umgangs mit Waffen oder Munition, Waffenliste

(1) Der Umgang mit Waffen oder Munition ist nur Personen gestattet, die das 18. Lebensjahr vollendet haben.

(2) Der Umgang mit Waffen oder Munition, die in der Anlage 2 (Waffenliste) Abschnitt 2 zu diesem Gesetz genannt sind, bedarf der Erlaubnis.

(3) Der Umgang mit Waffen oder Munition, die in der Anlage 2 Abschnitt 1 zu diesem Gesetz genannt sind, ist verboten.

(4) Waffen oder Munition, mit denen der Umgang ganz oder teilweise von der Erlaubnispflicht oder von einem Verbot ausgenommen ist, sind in der Anlage 2 Abschnitt 1 und 2 genannt. Ferner sind in der Anlage 2 Abschnitt 3 die Waffen und Munition genannt, auf die dieses Gesetz ganz oder teilweise nicht anzuwenden ist.

(5) Bestehen Zweifel darüber, ob ein Gegenstand von diesem Gesetz erfasst wird oder wie er nach Maßgabe der Begriffsbestimmungen in Anlage 1 Abschnitt 1 und 3 und der Anlage 2 einzustufen ist, so entscheidet auf Antrag die zuständige Behörde. Antragsberechtigt sind
1. Hersteller, Importeure, Erwerber oder Besitzer des Gegenstandes, soweit sie ein berechtigtes Interesse an der Entscheidung nach Satz 1 glaubhaft machen können,
2. die zuständigen Behörden des Bundes und der Länder.

Die nach Landesrecht zuständigen Behörden sind vor der Entscheidung zu hören. Die Entscheidung ist für den Geltungsbereich dieses Gesetzes allgemein verbindlich. Sie ist im Bundesanzeiger bekannt zu machen.

§ 3
Umgang mit Waffen oder Munition durch Kinder und Jugendliche

(1) Jugendliche dürfen im Rahmen eines Ausbildungs- oder Arbeitsverhältnisses abweichend von § 2 Abs. 1 unter Aufsicht eines weisungsbefugten Waffenberechtigten mit Waffen oder Munition umgehen.

(2) Jugendliche dürfen abweichend von § 2 Abs. 1 Umgang mit geprüften Reizstoffsprühgeräten haben.

(3) Die zuständige Behörde kann für Kinder und Jugendliche allgemein oder für den Einzelfall Ausnahmen von Altersforderungen zulassen, wenn besondere Gründe vorliegen und öffentliche Interessen nicht entgegenstehen.

Abschnitt 2
Umgang mit Waffen oder Munition

Unterabschnitt 1
Allgemeine Voraussetzungen für Waffen- und Munitionserlaubnisse

§ 4
Voraussetzungen für eine Erlaubnis

(1) Eine Erlaubnis setzt voraus, dass der Antragsteller
1. das 18. Lebensjahr vollendet hat (§ 2 Abs. 1),
2. die erforderliche Zuverlässigkeit (§ 5) und persönliche Eignung (§ 6) besitzt,
3. die erforderliche Sachkunde nachgewiesen hat (§ 7),
4. ein Bedürfnis nachgewiesen hat (§ 8) und
5. bei der Beantragung eines Waffenscheins oder einer Schießerlaubnis eine Versicherung gegen Haftpflicht in Höhe von 1 Million Euro – pauschal für Personen- und Sachschäden – nachweist.

(2) Die Erlaubnis zum Erwerb, Besitz, Führen oder Schießen kann versagt werden, wenn der Antragsteller seinen gewöhnlichen Aufenthalt nicht seit mindestens fünf Jahren im Geltungsbereich dieses Gesetzes hat.

(3) Die zuständige Behörde hat die Inhaber von waffenrechtlichen Erlaubnissen in regelmäßigen Abständen, mindestens jedoch nach Ablauf von drei Jahren, erneut auf ihre Zuverlässigkeit und ihre persönliche Eignung zu prüfen sowie in den Fällen des Absatzes 1 Nr. 5 sich das Vorliegen einer Versicherung gegen Haftpflicht nachweisen zu lassen.

(4) Die zuständige Behörde hat drei Jahre nach Erteilung der ersten waffenrechtlichen Erlaubnis das Fortbestehen des Bedürfnisses zu prüfen. Dies kann im Rahmen der Prüfung nach Absatz 3 erfolgen. Die zuständige Behörde kann auch nach Ablauf des in Satz 1 genannten Zeitraums das Fortbestehen des Bedürfnisses prüfen.

§ 5
Zuverlässigkeit

(1) Die erforderliche Zuverlässigkeit besitzen Personen nicht,
1. die rechtskräftig verurteilt worden sind
    a) wegen eines Verbrechens oder
    b) wegen sonstiger vorsätzlicher Straftaten zu einer Freiheitsstrafe von mindestens einem Jahr, wenn seit dem Eintritt der Rechtskraft der letzten Verurteilung zehn Jahre noch nicht verstrichen sind,
2. bei denen Tatsachen die Annahme rechtfertigen, dass sie
    a) Waffen oder Munition missbräuchlich oder leichtfertig verwenden werden,
    b) mit Waffen oder Munition nicht vorsichtig oder sachgemäß umgehen oder diese Gegenstände nicht sorgfältig verwahren werden,
    c) Waffen oder Munition Personen überlassen werden, die zur Ausübung der tatsächlichen Gewalt über diese Gegenstände nicht berechtigt sind.

F ANHANG

(2) Die erforderliche Zuverlässigkeit besitzen in der Regel Personen nicht, die
1. a) wegen einer vorsätzlichen Straftat,
   b) wegen einer fahrlässigen Straftat im Zusammenhang mit dem Umgang mit Waffen, Munition oder explosionsgefährlichen Stoffen oder wegen einer fahrlässigen gemeingefährlichen Straftat,
   c) wegen einer Straftat nach dem Waffengesetz, dem Gesetz über die Kontrolle von Kriegswaffen, dem Sprengstoffgesetz oder dem Bundesjagdgesetz
   zu einer Freiheitsstrafe, Jugendstrafe, Geldstrafe von mindestens 60 Tagessätzen oder mindestens zweimal zu einer geringeren Geldstrafe rechtskräftig verurteilt worden sind oder bei denen die Verhängung von Jugendstrafe ausgesetzt worden ist, wenn seit dem Eintritt der Rechtskraft der letzten Verurteilung fünf Jahre noch nicht verstrichen sind,
2. Mitglied
   a) in einem Verein, der nach dem Vereinsgesetz als Organisation unanfechtbar verboten wurde oder der einem unanfechtbaren Betätigungsverbot nach dem Vereinsgesetz unterliegt, oder
   b) in einer Partei, deren Verfassungswidrigkeit das Bundesverfassungsgericht nach § 46 des Bundesverfassungsgerichtsgesetzes festgestellt hat,
   waren, wenn seit der Beendigung der Mitgliedschaft zehn Jahre noch nicht verstrichen sind,
3. einzeln oder als Mitglied einer Vereinigung Bestrebungen verfolgen oder unterstützen oder in den letzten fünf Jahren verfolgt oder unterstützt haben, die
   a) gegen die verfassungsmäßige Ordnung oder
   b) gegen den Gedanken der Völkerverständigung, insbesondere gegen das friedliche Zusammenleben der Völker, gerichtet sind, oder
   c) durch Anwendung von Gewalt oder darauf gerichtete Vorbereitungshandlungen auswärtige Belange der Bundesrepublik Deutschland gefährden,
4. innerhalb der letzten fünf Jahre mehr als einmal wegen Gewalttätigkeit mit richterlicher Genehmigung in polizeilichem Präventivgewahrsam waren,
5. wiederholt oder gröblich gegen die Vorschriften eines der in Nummer 1 Buchstabe c genannten Gesetze verstoßen haben.

(3) In die Frist nach Absatz 1 Nr. 1 oder Absatz 2 Nr. 1 nicht eingerechnet wird die Zeit, in welcher der Betroffene auf behördliche oder richterliche Anordnung in einer Anstalt verwahrt worden ist.

(4) Ist ein Verfahren wegen Straftaten im Sinne des Absatzes 1 Nr. 1 oder des Absatzes 2 Nr. 1 noch nicht abgeschlossen, so kann die zuständige Behörde die Entscheidung über den Antrag auf Erteilung einer waffenrechtlichen Erlaubnis bis zum rechtskräftigen Abschluss des Verfahrens aussetzen.

(5) Die zuständige Behörde hat im Rahmen der Zuverlässigkeitsprüfung folgende Erkundigungen einzuholen:
1. die unbeschränkte Auskunft aus dem Bundeszentralregister;
2. die Auskunft aus dem zentralen staatsanwaltschaftlichen Verfahrensregister hinsichtlich der in Absatz 2 Nr. 1 genannten Straftaten;
3. die Stellungnahme der örtlichen Polizeidienststelle, ob Tatsachen bekannt sind, die Bedenken gegen die Zuverlässigkeit begründen; die örtliche Polizeidienststelle schließt in ihre Stellungnahme das Ergebnis der von ihr vorzunehmenden Prüfung nach Absatz 2 Nr. 4 ein.

Die nach Satz 1 Nr. 2 erhobenen personenbezogenen Daten dürfen nur für den Zweck der waffenrechtlichen Zuverlässigkeitsprüfung verwendet werden.

§ 6
Persönliche Eignung

(1) Die erforderliche persönliche Eignung besitzen Personen nicht, wenn Tatsachen die Annahme rechtfertigen, dass sie
1. geschäftsunfähig sind,
2. abhängig von Alkohol oder anderen berauschenden Mitteln, psychisch krank oder debil sind oder
3. auf Grund in der Person liegender Umstände mit Waffen oder Munition nicht vorsichtig oder sachgemäß umgehen oder diese Gegenstände nicht sorgfältig verwahren können oder dass die konkrete Gefahr einer Fremd- oder Selbstgefährdung besteht.

Die erforderliche persönliche Eignung besitzen in der Regel Personen nicht, wenn Tatsachen die Annahme rechtfertigen, dass sie in ihrer Geschäftsfähigkeit beschränkt sind. Die zuständige Behörde soll die Stellungnahme der örtlichen Polizeidienststelle einholen. Der persönlichen Eignung können auch im Erziehungsregister eingetragene Entscheidungen oder Anordnungen nach § 60 Abs. 1 Nr. 1 bis 7 des Bundeszentralregistergesetzes entgegenstehen.

(2) Sind Tatsachen bekannt, die Bedenken gegen die persönliche Eignung nach Absatz 1 begründen, oder bestehen begründete Zweifel an vom Antragsteller beigebrachten Bescheinigungen, so hat die zuständige Behörde dem Betroffenen auf seine Kosten die Vorlage eines amts- oder fachärztlichen oder fachpsychologischen Zeugnisses über die geistige oder körperliche Eignung aufzugeben.

(3) Personen, die noch nicht das 25. Lebensjahr vollendet haben, haben für die erstmalige Erteilung einer Erlaubnis zum Erwerb und Besitz einer Schusswaffe auf eigene Kosten ein amts- oder fachärztliches oder fachpsychologisches Zeugnis über die geistige Eignung vorzulegen. Satz 1 gilt nicht für den Erwerb und Besitz von Schusswaffen im Sinne von § 14 Abs. 1 Satz 2.

(4) Das Bundesministerium des Innern wird ermächtigt, durch Rechtsverordnung mit Zustimmung des Bundesrates Vorschriften über das Verfahren zur Erstellung, über die Vorlage und die Anerkennung der in den Absätzen 2 und 3 genannten Gutachten bei den zuständigen Behörden zu erlassen.

§ 7
Sachkunde

(1) Den Nachweis der Sachkunde hat erbracht, wer eine Prüfung vor der dafür bestimmten Stelle bestanden hat oder seine Sachkunde durch eine Tätigkeit oder Ausbildung nachweist.

(2) Das Bundesministerium des Innern wird ermächtigt, durch Rechtsverordnung mit Zustimmung des Bundesrates Vorschriften über die Anforderungen an die waffentechnischen und waffenrechtlichen Kenntnisse, über die Prüfung und das Prüfungsverfahren einschließlich der Errichtung von Prüfungsausschüssen sowie über den anderweitigen Nachweis der Sachkunde zu erlassen.

§ 8
Bedürfnis, allgemeine Grundsätze

Der Nachweis eines Bedürfnisses ist erbracht, wenn gegenüber den Belangen der öffentlichen Sicherheit oder Ordnung
1. besonders anzuerkennende persönliche oder wirtschaftliche Interessen, vor allem als Jäger, Sportschütze, Brauchtumsschütze, Waffen- oder Munitionssammler, Waffen- oder Munitionssachverständiger, gefährdete Person, als Waffenhersteller oder -händler oder als Bewachungsunternehmer, und
2. die Geeignetheit und Erforderlichkeit der Waffen oder Munition für den beantragten Zweck glaubhaft gemacht sind.

F ANHANG

§ 9
Inhaltliche Beschränkungen,
Nebenbestimmungen und Anordnungen

(1) Eine Erlaubnis nach diesem Gesetz kann zur Abwehr von Gefahren für die öffentliche Sicherheit oder Ordnung inhaltlich beschränkt werden, insbesondere um Leben und Gesundheit von Menschen gegen die aus dem Umgang mit Schusswaffen oder Munition entstehenden Gefahren und erheblichen Nachteile zu schützen.

(2) Zu den in Absatz 1 genannten Zwecken können Erlaubnisse befristet oder mit Auflagen verbunden werden. Auflagen können nachträglich aufgenommen, geändert und ergänzt werden.

(3) Gegenüber Personen, die die Waffenherstellung oder den Waffenhandel nach Anlage 2 Abschnitt 2 Unterabschnitt 2 Nr. 4 bis 6 oder eine Schießstätte nach § 27 Abs. 2 ohne Erlaubnis betreiben dürfen, können Anordnungen zu den in Absatz 1 genannten Zwecken getroffen werden.

Unterabschnitt 2
Erlaubnisse für einzelne Arten des Umgangs mit Waffen oder Munition, Ausnahmen

§ 10
Erteilung von Erlaubnissen zum Erwerb, Besitz, Führen und Schießen

(1) Die Erlaubnis zum Erwerb und Besitz von Waffen wird durch eine Waffenbesitzkarte oder durch Eintragung in eine bereits vorhandene Waffenbesitzkarte erteilt. Für die Erteilung einer Erlaubnis für Schusswaffen sind Art, Anzahl und Kaliber der Schusswaffen anzugeben. Die Erlaubnis zum Erwerb einer Waffe gilt für die Dauer eines Jahres, die Erlaubnis zum Besitz wird in der Regel unbefristet erteilt.

(1a) Wer eine Waffe aufgrund einer Erlaubnis nach Absatz 1 Satz 1 erwirbt, hat binnen zwei Wochen der zuständigen Behörde unter Benennung von Name und Anschrift des Überlassenden den Erwerb schriftlich anzuzeigen und seine Waffenbesitzkarte zur Eintragung des Erwerbs vorzulegen.

(2) Eine Waffenbesitzkarte über Schusswaffen, die mehrere Personen besitzen, kann auf diese Personen ausgestellt werden. Eine Waffenbesitzkarte kann auch einem schießsportlichen Verein oder einer jagdlichen Vereinigung als juristischer Person erteilt werden. Sie ist mit der Auflage zu verbinden, dass der Verein der Behörde vor Inbesitznahme von Vereinswaffen unbeschadet des Vorliegens der Voraussetzung des § 4 Abs. 1 Nr. 5 eine verantwortliche Person zu benennen hat, für die die Voraussetzungen nach § 4 Abs. 1 Nr. 1 bis 3 nachgewiesen sind; diese benannte Person muss nicht vertretungsberechtigtes Organ des Vereins sein. Scheidet die benannte verantwortliche Person aus dem Verein aus oder liegen in ihrer Person nicht mehr alle Voraussetzungen nach § 4 Abs. 1 Nr. 1 bis 3 vor, so ist der Verein verpflichtet, dies unverzüglich der zuständigen Behörde mitzuteilen. Benennt der Verein nicht innerhalb von zwei Wochen eine neue verantwortliche Person, für die die Voraussetzungen nach § 4 Abs. 1 Nr. 1 bis 3 nachgewiesen werden, so ist die dem Verein erteilte Waffenbesitzerlaubnis zu widerrufen und die Waffenbesitzkarte zurückzugeben.

(3) Die Erlaubnis zum Erwerb und Besitz von Munition wird durch Eintragung in eine Waffenbesitzkarte für die darin eingetragenen Schusswaffen erteilt. In den übrigen Fällen wird die Erlaubnis durch einen Munitionserwerbsschein für eine bestimmte Munitionsart erteilt; sie ist für den Erwerb der Munition auf die Dauer von sechs Jahren zu befristen und gilt für den Besitz der Munition unbefristet. Die Erlaubnis zum nicht gewerblichen Laden von Munition im Sinne des Sprengstoffgesetzes gilt auch als Erlaubnis zum Erwerb und Besitz dieser Munition. Nach Ablauf der Gültigkeit des Erlaubnisdokuments gilt die Erlaubnis für den Besitz dieser Munition für die Dauer von sechs Monaten fort.

(4) Die Erlaubnis zum Führen einer Waffe wird durch einen Waffenschein erteilt. Eine Erlaubnis nach Satz 1 zum Führen von Schusswaffen wird für bestimmte Schusswaffen auf höchstens drei

Jahre erteilt; die Geltungsdauer kann zweimal um höchstens je drei Jahre verlängert werden, sie ist kürzer zu bemessen, wenn nur ein vorübergehendes Bedürfnis nachgewiesen wird. Der Geltungsbereich des Waffenscheins ist auf bestimmte Anlässe oder Gebiete zu beschränken, wenn ein darüber hinausgehendes Bedürfnis nicht nachgewiesen wird. Die Voraussetzungen für die Erteilung einer Erlaubnis zum Führen von Schreckschuss-, Reizstoff- und Signalwaffen sind in der Anlage 2 Abschnitt 2 Unterabschnitt 3 Nr. 2 und 2.1 genannt (Kleiner Waffenschein).

(5) Die Erlaubnis zum Schießen mit einer Schusswaffe wird durch einen Erlaubnisschein erteilt.

§ 11
**Erwerb und Besitz von Schusswaffen oder Munition
mit Bezug zu einem anderen Mitgliedstaat der Europäischen Union**

(1) Eine Erlaubnis zum Erwerb und Besitz einer Schusswaffe nach Anlage 1 Abschnitt 3 Nr. 1 bis 3 (Kategorien A bis C) oder von Munition für eine solche darf einer Person, die ihren gewöhnlichen Aufenthalt in einem anderen Mitgliedstaat der Europäischen Union (Mitgliedstaat) hat, nur erteilt werden, wenn sie
1. die Schusswaffen oder die Munition in den Mitgliedstaat im Wege der Selbstvornahme verbringen wird oder
2. eine schriftliche Erklärung vorlegt, dass und aus welchen Gründen sie die Schusswaffen oder die Munition nur im Geltungsbereich dieses Gesetzes zu besitzen beabsichtigt.

Die Erlaubnis zum Erwerb oder Besitz einer Schusswaffe nach Anlage 1 Abschnitt 3 Nr. 2 (Kategorie B) oder Munition für eine solche darf nur erteilt werden, wenn über die Voraussetzungen des Satzes 1 hinaus eine vorherige Zustimmung dieses Mitgliedstaates hierzu vorgelegt wird.

(2) Für eine Person mit gewöhnlichem Aufenthalt im Geltungsbereich dieses Gesetzes, die eine Schusswaffe nach Anlage 1 Abschnitt 3 Nr. 2 (Kategorie B) oder Munition für eine solche in einem anderen Mitgliedstaat mit einer Erlaubnis dieses Staates erwerben will, wird eine Erlaubnis erteilt, wenn die Voraussetzungen nach § 4 Abs. 1 Nr. 2 vorliegen.

§ 12
Ausnahmen von den Erlaubnispflichten

(1) Einer Erlaubnis zum Erwerb und Besitz einer Waffe bedarf nicht, wer diese
1. als Inhaber einer Waffenbesitzkarte von einem Berechtigten
    a) lediglich vorübergehend, höchstens aber für einen Monat für einen von seinem Bedürfnis umfassten Zweck oder im Zusammenhang damit, oder
    b) vorübergehend zum Zweck der sicheren Verwahrung oder der Beförderung
    erwirbt;
2. vorübergehend von einem Berechtigten zur gewerbsmäßigen Beförderung, zur gewerbsmäßigen Lagerung oder zur gewerbsmäßigen Ausführung von Verschönerungen oder ähnlicher Arbeiten an der Waffe erwirbt;
3. von einem oder für einen Berechtigten erwirbt, wenn und solange er
    a) auf Grund eines Arbeits- oder Ausbildungsverhältnisses,
    b) als Beauftragter oder Mitglied einer jagdlichen oder schießsportlichen Vereinigung, einer anderen sportlichen Vereinigung zur Abgabe von Startschüssen oder einer zur Brauchtumspflege Waffen tragenden Vereinigung,
    c) als Beauftragter einer in § 55 Abs. 1 Satz 1 bezeichneten Stelle,
    d) als Charterer von seegehenden Schiffen zur Abgabe von Seenotsignalen
    den Besitz über die Waffe nur nach den Weisungen des Berechtigten ausüben darf;

F Anhang

4. von einem anderen,
   a) dem er die Waffe vorübergehend überlassen hat, ohne dass es hierfür der Eintragung in die Erlaubnisurkunde bedurfte, oder
   b) nach dem Abhandenkommen
   wieder erwirbt;
5. auf einer Schießstätte (§ 27) lediglich vorübergehend zum Schießen auf dieser Schießstätte erwirbt;
6. auf einer Reise in den oder durch den Geltungsbereich des Gesetzes nach § 32 berechtigt mitnimmt.

(2) Einer Erlaubnis zum Erwerb und Besitz von Munition bedarf nicht, wer diese
1. unter den Voraussetzungen des Absatzes 1 Nr. 1 bis 4 erwirbt;
2. unter den Voraussetzungen des Absatzes 1 Nr. 5 zum sofortigen Verbrauch lediglich auf dieser Schießstätte (§ 27) erwirbt;
3. auf einer Reise in den oder durch den Geltungsbereich des Gesetzes nach § 32 berechtigt mitnimmt.

(3) Einer Erlaubnis zum Führen von Waffen bedarf nicht, wer
1. diese mit Zustimmung eines anderen in dessen Wohnung, Geschäftsräumen oder befriedetem Besitztum oder dessen Schießstätte zu einem von seinem Bedürfnis umfassten Zweck oder im Zusammenhang damit führt;
2. diese nicht schussbereit und nicht zugriffsbereit von einem Ort zu einem anderen Ort befördert, sofern der Transport der Waffe zu einem von seinem Bedürfnis umfassten Zweck oder im Zusammenhang damit erfolgt;
3. eine Langwaffe nicht schussbereit den Regeln entsprechend als Teilnehmer an genehmigten Sportwettkämpfen auf festgelegten Wegstrecken führt;
4. eine Signalwaffe beim Bergsteigen, als verantwortlicher Führer eines Wasserfahrzeugs auf diesem Fahrzeug oder bei Not- und Rettungsübungen führt;
5. eine Schreckschuss- oder eine Signalwaffe zur Abgabe von Start- oder Beendigungszeichen bei Sportveranstaltungen führt, wenn optische oder akustische Signalgebung erforderlich ist.

(4) Einer Erlaubnis zum Schießen mit einer Schusswaffe bedarf nicht, wer auf einer Schießstätte (§ 27) schießt. Das Schießen außerhalb von Schießstätten ist darüber hinaus ohne Schießerlaubnis nur zulässig
1. durch den Inhaber des Hausrechts oder mit dessen Zustimmung im befriedeten Besitztum
   a) mit Schusswaffen, deren Geschossen eine Bewegungsenergie von nicht mehr als 7,5 Joule (J) erteilt wird oder deren Bauart nach § 7 des Beschussgesetzes zugelassen ist, sofern die Geschosse das Besitztum nicht verlassen können,
   b) mit Schusswaffen, aus denen nur Kartuschenmunition verschossen werden kann,
2. durch Personen, die den Regeln entsprechend als Teilnehmer an genehmigten Sportwettkämpfen nach Absatz 3 Nr. 3 mit einer Langwaffe an Schießständen schießen,
3. mit Schusswaffen, aus denen nur Kartuschenmunition verschossen werden kann,
   a) durch Mitwirkende an Theateraufführungen und diesen gleich zu achtenden Vorführungen,
   b) zum Vertreiben von Vögeln in landwirtschaftlichen Betrieben,
4. mit Signalwaffen bei Not- und Rettungsübungen,
5. mit Schreckschuss- oder mit Signalwaffen zur Abgabe von Start- oder Beendigungszeichen im Auftrag der Veranstalter bei Sportveranstaltungen, wenn optische oder akustische Signalgebung erforderlich ist.

(5) Die zuständige Behörde kann im Einzelfall weitere Ausnahmen von den Erlaubnispflichten zulassen, wenn besondere Gründe vorliegen und Belange der öffentlichen Sicherheit und Ordnung nicht entgegenstehen.

Unterabschnitt 3
Besondere Erlaubnistatbestände für bestimmte Personengruppen

§ 13
Erwerb und Besitz von Schusswaffen und Munition durch Jäger, Führen und Schießen zu Jagdzwecken

(1) Ein Bedürfnis für den Erwerb und Besitz von Schusswaffen und der dafür bestimmten Munition wird bei Personen anerkannt, die Inhaber eines gültigen Jagdscheines im Sinne von § 15 Abs. 1 Satz 1 des Bundesjagdgesetzes sind (Jäger), wenn
1. glaubhaft gemacht wird, dass sie die Schusswaffen und die Munition zur Jagdausübung oder zum Training im jagdlichen Schießen einschließlich jagdlicher Schießwettkämpfe benötigen, und
2. die zu erwerbende Schusswaffe und Munition nach dem Bundesjagdgesetz in der zum Zeitpunkt des Erwerbs geltenden Fassung nicht verboten ist (Jagdwaffen und -munition).

(2) Für Jäger gilt § 6 Abs. 3 Satz 1 nicht. Bei Jägern, die Inhaber eines Jahresjagdscheines im Sinne von § 15 Abs. 2 in Verbindung mit Abs. 1 Satz 1 des Bundesjagdgesetzes sind, erfolgt keine Prüfung der Voraussetzungen des Absatzes 1 Nr. 1 sowie des § 4 Abs. 1 Nr. 4 für den Erwerb und Besitz von Langwaffen und zwei Kurzwaffen, sofern die Voraussetzungen des Absatzes 1 Nr. 2 vorliegen.

(3) Inhaber eines gültigen Jahresjagdscheines im Sinne des § 15 Abs. 2 in Verbindung mit Abs. 1 Satz 1 des Bundesjagdgesetzes bedürfen zum Erwerb von Langwaffen nach Absatz 1 Nr. 2 keiner Erlaubnis. Die Ausstellung der Waffenbesitzkarte oder die Eintragung in eine bereits erteilte Waffenbesitzkarte ist binnen zwei Wochen durch den Erwerber zu beantragen.

(4) Für den Erwerb und vorübergehenden Besitz gemäß § 12 Abs. 1 Nr. 1 von Langwaffen nach Absatz 1 Nr. 2 steht ein Jagdschein im Sinne von § 15 Abs. 1 Satz 1 des Bundesjagdgesetzes einer Waffenbesitzkarte gleich.

(5) Jäger bedürfen für den Erwerb und Besitz von Munition für Langwaffen nach Absatz 1 Nr. 2 keiner Erlaubnis, sofern sie nicht nach dem Bundesjagdgesetz in der jeweiligen Fassung verboten ist.

(6) Ein Jäger darf Jagdwaffen zur befugten Jagdausübung einschließlich des Ein- und Anschießens im Revier, zur Ausbildung von Jagdhunden im Revier, zum Jagdschutz oder zum Forstschutz ohne Erlaubnis führen und mit ihnen schießen; er darf auch im Zusammenhang mit diesen Tätigkeiten die Jagdwaffen nicht schussbereit ohne Erlaubnis führen. Der befugten Jagdausübung gleichgestellt ist der Abschuss von Tieren, die dem Naturschutzrecht unterliegen, wenn die naturschutzrechtliche Ausnahme oder Befreiung die Tötung durch einen Jagdscheininhaber vorsieht.

(7) Inhabern eines Jugendjagdscheines im Sinne von § 16 des Bundesjagdgesetzes wird eine Erlaubnis zum Erwerb und Besitz von Schusswaffen und der dafür bestimmten Munition nicht erteilt. Sie dürfen Schusswaffen und die dafür bestimmte Munition nur für die Dauer der Ausübung der Jagd oder des Trainings im jagdlichen Schießen einschließlich jagdlicher Schießwettkämpfe ohne Erlaubnis erwerben, besitzen, die Schusswaffen führen und damit schießen; sie dürfen auch im Zusammenhang mit diesen Tätigkeiten die Jagdwaffen nicht schussbereit ohne Erlaubnis führen.

(8) Personen in der Ausbildung zum Jäger dürfen nicht schussbereite Jagdwaffen in der Ausbildung ohne Erlaubnis unter Aufsicht eines Ausbilders erwerben, besitzen und führen, wenn sie das 14. Lebensjahr vollendet haben und der Sorgeberechtigte und der Ausbildungsleiter ihr Einverständnis in einer von beiden unterzeichneten Berechtigungsbescheinigung erklärt haben. Die Person hat in der Ausbildung die Berechtigungsbescheinigung mit sich zu führen.

F ANHANG

§ 14
Erwerb und Besitz von Schusswaffen und Munition durch Sportschützen

(1) Die Erlaubnis zum Erwerb und Besitz von Schusswaffen und Munition zum Zweck des sportlichen Schießens wird abweichend von § 4 Abs. 1 Nr. 1 nur erteilt, wenn der Antragsteller das 21. Lebensjahr vollendet hat. Satz 1 gilt nicht für den Erwerb und Besitz von Schusswaffen bis zu einem Kaliber von 5,6 mm lfB (.22 l.r.) für Munition mit Randfeuerzündung, wenn die Mündungsenergie der Geschosse höchstens 200 Joule (J) beträgt, und Einzellader-Langwaffen mit glatten Läufen mit Kaliber 12 oder kleiner, sofern das sportliche Schießen mit solchen Waffen durch die genehmigte Sportordnung eines Schießsportverbandes zugelassen ist.

(2) Ein Bedürfnis für den Erwerb und Besitz von Schusswaffen und der dafür bestimmten Munition wird bei Mitgliedern eines Schießsportvereins anerkannt, der einem nach § 15 Abs. 1 anerkannten Schießsportverband angehört. Durch eine Bescheinigung des Schießsportverbandes oder eines ihm angegliederten Teilverbandes ist glaubhaft zu machen, dass

1. das Mitglied seit mindestens zwölf Monaten den Schießsport in einem Verein regelmäßig als Sportschütze betreibt und
2. die zu erwerbende Waffe für eine Sportdisziplin nach der Sportordnung des Schießsportverbandes zugelassen und erforderlich ist.

Innerhalb von sechs Monaten dürfen in der Regel nicht mehr als zwei Schusswaffen erworben werden.

(3) Ein Bedürfnis von Sportschützen nach Absatz 2 für den Erwerb und Besitz von mehr als drei halbautomatischen Langwaffen und mehr als zwei mehrschüssigen Kurzwaffen für Patronenmunition sowie der hierfür erforderlichen Munition wird unter Beachtung des Absatzes 2 durch Vorlage einer Bescheinigung des Schießsportverbandes des Antragstellers glaubhaft gemacht, wonach die weitere Waffe

1. von ihm zur Ausübung weiterer Sportdisziplinen benötigt wird oder
2. zur Ausübung des Wettkampfsports erforderlich ist

und der Antragsteller regelmäßig an Schießsportwettkämpfen teilgenommen hat.

(4) Sportschützen, die dem Schießsport in einem Schießsportverband nach § 15 Abs. 1 als gemeldetes Mitglied nachgehen, wird abweichend von § 10 Abs. 1 Satz 3 unter Beachtung des Absatzes 2 Satz 2 Nr. 1 und Satz 3 eine unbefristete Erlaubnis erteilt, die zum Erwerb von Einzellader-Langwaffen mit glatten und gezogenen Läufen, von Repetier-Langwaffen mit gezogenen Läufen sowie von einläufigen Einzellader-Kurzwaffen für Patronenmunition und von mehrschüssigen Kurz- und Langwaffen mit Zündhütchenzündung (Perkussionswaffen) berechtigt. Die Eintragung von Waffen, die auf Grund dieser unbefristeten Erlaubnis erworben wurden, in die Waffenbesitzkarte ist durch den Erwerber binnen zwei Wochen zu beantragen.

§ 15
Schießsportverbände, schießsportliche Vereine

(1) Als Schießsportverband im Sinne dieses Gesetzes wird ein überörtlicher Zusammenschluss schießsportlicher Vereine anerkannt, der

1. wenigstens in jedem Land, in dem seine Sportschützen ansässig sind, in schießsportlichen Vereinen organisiert ist,
2. mindestens 10.000 Sportschützen, die mit Schusswaffen schießen, als Mitglieder insgesamt in seinen Vereinen hat,
3. den Schießsport als Breitensport und Leistungssport betreibt,
4. a) auf eine sachgerechte Ausbildung in den schießsportlichen Vereinen und
   b) zur Förderung des Nachwuchses auf die Durchführung eines altersgerechten Schießsports für Kinder oder Jugendliche in diesen Vereinen
   hinwirkt,

5. regelmäßig überregionale Wettbewerbe organisiert oder daran teilnimmt,
6. den sportlichen Betrieb in den Vereinen auf der Grundlage einer genehmigten Schießsportordnung organisiert und
7. im Rahmen eines festgelegten Verfahrens die ihm angehörenden schießsportlichen Vereine verpflichtet und regelmäßig darauf überprüft, dass diese
   a) die ihnen nach diesem Gesetz oder auf Grund dieses Gesetzes obliegenden Pflichten erfüllen,
   b) einen Nachweis über die Häufigkeit der schießsportlichen Aktivitäten jedes ihrer Mitglieder während der ersten drei Jahre, nachdem diesem erstmalig eine Waffenbesitzkarte als Sportschütze erteilt wurde, führen und
   c) über eigene Schießstätten für die nach der Schießsportordnung betriebenen Disziplinen verfügen oder geregelte Nutzungsmöglichkeiten für derartige Schießstätten nachweisen.

(2) Von den Voraussetzungen des Absatzes 1 Nr. 1, 2 oder 4 Buchstabe b kann abgewichen werden, wenn die besondere Eigenart des Verbandes dies erfordert, öffentliche Interessen nicht entgegenstehen und der Verband die Gewähr dafür bietet, die sonstigen Anforderungen nach Absatz 1 an die geordnete Ausübung des Schießsports zu erfüllen. Ein Abweichen von dem Erfordernis nach Absatz 1 Nr. 2 ist unter Beachtung des Satzes 1 nur bei Verbänden zulässig, die mindestens 2.000 Sportschützen, die mit Schusswaffen schießen, als Mitglieder in ihren Vereinen haben.

(3) Die Anerkennung nach Absatz 1 erfolgt durch das Bundesverwaltungsamt im Benehmen mit den nach § 48 Abs. 1 zuständigen Behörden des Landes, in dem der Schießsportverband seinen Sitz hat, und, soweit nicht der Schießsportverband nur auf dem Gebiet dieses Landes tätig ist, im Benehmen mit den nach § 48 Abs. 1 zuständigen Behörden der übrigen Länder.

(4) Die zuständige Behörde hat das Recht, jederzeit den Nachweis über das Vorliegen der Voraussetzungen für die Anerkennung zu verlangen. Die Anerkennung kann zurückgenommen werden, wenn die Voraussetzungen nach Absatz 1 für ihre Erteilung nicht vorgelegen haben; sie ist zurückzunehmen, wenn die Voraussetzungen weiterhin nicht vorliegen. Die Anerkennung ist zu widerrufen, wenn eine der Voraussetzungen für ihre Erteilung nachträglich entfallen ist. Anerkennung, Rücknahme und Widerruf sind im Bundesanzeiger zu veröffentlichen. Vom Zeitpunkt der Unanfechtbarkeit der Aufhebung der Anerkennung an sind die Bescheinigungen des betreffenden Verbandes nach § 14 Abs. 2 und 3 nicht mehr als geeignete Mittel zur Glaubhaftmachung anzuerkennen. Sofern der Grund für die Aufhebung der Anerkennung Zweifel an der inhaltlichen Richtigkeit von Bescheinigungen aufkommen lässt, können die Behörden bereits ab der Einleitung der Anhörung von der Anerkennung der Bescheinigungen absehen. Die Anerkennungsbehörde unterrichtet die nach Absatz 3 an der Anerkennung beteiligten Stellen von der Einleitung und dem Abschluss des Verfahrens zur Aufhebung der Anerkennung.

(5) Der schießsportliche Verein ist verpflichtet, der zuständigen Behörde Sportschützen, die Inhaber einer Waffenbesitzkarte sind und die aus ihrem Verein ausgeschieden sind, unverzüglich zu benennen.

(6) (weggefallen)

(7) (weggefallen)

§ 15a
Sportordnungen

(1) Sportliches Schießen liegt dann vor, wenn nach festen Regeln einer genehmigten Sportordnung geschossen wird. Schießübungen des kampfmäßigen Schießens, insbesondere die Verwendung von Zielen oder Scheiben, die Menschen darstellen oder symbolisieren, sind im Schießsport nicht zulässig.

(2) Das Bundesverwaltungsamt entscheidet über die Genehmigung der Teile der Sportordnungen von Verbänden und Vereinen, die für die Ausführung dieses Gesetzes und der auf seiner Grundlage

F ANHANG

erlassenen Rechtsverordnungen erheblich sind. Die Genehmigung einer Sportordnung muss im besonderen öffentlichen Interesse liegen. Änderungen von Sportordnungen sind dem Bundesverwaltungsamt zur Prüfung vorzulegen. Sofern das Bundesverwaltungsamt nicht binnen drei Monaten Änderungen verlangt oder dem Betroffenen mitteilt, dass die Prüfung aus anderen wichtigen Gründen nicht abgeschlossen werden kann, gilt die Änderung als genehmigt. Die Frist nach Satz 3 beginnt mit Zugang aller erforderlichen Prüfunterlagen beim Bundesverwaltungsamt.

(3) Die Genehmigung einer Sportordnung ohne gleichzeitige Anerkennung als Verband nach § 15 Abs. 1 kann erfolgen, wenn die Vorgaben des Buchstabens a des § 15 Abs. 1 Nr. 4 und der Buchstaben a bis c des § 15 Abs. 1 Nr. 7 erfüllt sind.

(4) Das Bundesministerium des Innern wird ermächtigt, durch Rechtsverordnung mit Zustimmung des Bundesrates zur Abwehr von Gefahren für die öffentliche Sicherheit oder Ordnung unter Berücksichtigung der berechtigten Interessen des Schießsports Vorschriften über die Anforderungen und die Inhalte der Sportordnungen zum sportlichen Schießen zu erlassen und insbesondere zu bestimmen, dass vom Schießsport bestimmte Schusswaffen wegen ihrer Konstruktion, ihrer Handhabung oder Wirkungsweise ganz oder teilweise ausgeschlossen sind.

§ 15b
Fachbeirat Schießsport

Das Bundesministerium des Innern wird ermächtigt, durch Rechtsverordnung mit Zustimmung des Bundesrates einen Ausschuss zu bilden, in den neben Vertretern der beteiligten Bundes- und Landesbehörden auch Vertreter des Sports zu berufen sind und der das Bundesverwaltungsamt in Fragen der Anerkennung eines Schießsportverbandes und der Genehmigung von Schießsportordnungen nach § 15a Abs. 2 und 3 unter Berücksichtigung waffentechnischer Fragen berät.

§ 16
Erwerb und Besitz von Schusswaffen und Munition durch Brauchtumsschützen, Führen von Waffen und Schießen zur Brauchtumspflege

(1) Ein Bedürfnis für den Erwerb und Besitz von Einzellader-Langwaffen und bis zu drei Repetier-Langwaffen sowie der dafür bestimmten Munition wird bei Mitgliedern einer zur Brauchtumspflege Waffen tragenden Vereinigung (Brauchtumsschützen) anerkannt, wenn sie durch eine Bescheinigung der Brauchtumsschützenvereinigung glaubhaft machen, dass sie diese Waffen zur Pflege des Brauchtums benötigen.

(2) Für Veranstaltungen, bei denen es Brauch ist, aus besonderem Anlass Waffen zu tragen, kann für die Dauer von fünf Jahren die Ausnahmebewilligung zum Führen von in Absatz 1 Satz 1 genannten Schusswaffen sowie von sonstigen zur Brauchtumspflege benötigten Waffen im Sinne des § 1 Abs. 2 Nr. 2 einem verantwortlichen Leiter der Brauchtumsschützenvereinigung unter den Voraussetzungen des § 42 Abs. 2 erteilt werden, wenn gewährleistet ist, dass die erforderliche Sorgfalt beachtet wird.

(3) Die Erlaubnis zum Schießen mit den in Absatz 1 Satz 1 genannten Schusswaffen außerhalb von Schießstätten mit Kartuschenmunition bei Veranstaltungen nach Absatz 2 kann für die Dauer von fünf Jahren einem verantwortlichen Leiter der Brauchtumsschützenvereinigung erteilt werden. Sie ist zu versagen, wenn
1. in dessen Person eine Voraussetzung nach § 4 Abs. 1 Nr. 1 bis 4 nicht vorliegt,
2. die Beachtung der erforderlichen Sorgfalt nicht gewährleistet ist,
3. Gefahren oder erhebliche Nachteile für Einzelne oder die Allgemeinheit zu befürchten sind und nicht durch Auflagen verhindert werden können oder
4. kein Haftpflichtversicherungsschutz gemäß § 4 Abs. 1 Nr. 5 nachgewiesen ist.

Die Erlaubnis nach Satz 1 kann mit der Ausnahmebewilligung nach Absatz 2 verbunden werden.

(4) Brauchtumsschützen dürfen in den Fällen der Absätze 2 und 3 oder bei Vorliegen einer Ausnahmebewilligung nach § 42 Abs. 2 die Schusswaffen ohne Erlaubnis führen und damit schießen. Sie dürfen die zur Pflege des Brauchtums benötigten Schusswaffen auch im Zusammenhang mit Veranstaltungen, bei denen es Brauch ist, aus besonderem Anlass Waffen zu tragen, für die eine Erlaubnis nach Absatz 2 oder nach § 42 Abs. 2 erteilt wurde, ohne Erlaubnis führen.

§ 17
Erwerb und Besitz von Schusswaffen oder Munition
durch Waffen- oder Munitionssammler

(1) Ein Bedürfnis zum Erwerb und Besitz von Schusswaffen oder Munition wird bei Personen anerkannt, die glaubhaft machen, dass sie Schusswaffen oder Munition für eine kulturhistorisch bedeutsame Sammlung (Waffensammler, Munitionssammler) benötigen; kulturhistorisch bedeutsam ist auch eine wissenschaftlich-technische Sammlung.

(2) Die Erlaubnis zum Erwerb von Schusswaffen oder Munition wird in der Regel unbefristet erteilt. Sie kann mit der Auflage verbunden werden, der Behörde in bestimmten Zeitabständen eine Aufstellung über den Bestand an Schusswaffen vorzulegen.

(3) Die Erlaubnis zum Erwerb und Besitz von Schusswaffen oder Munition wird auch einem Erben, Vermächtnisnehmer oder durch Auflage Begünstigten (Erwerber infolge eines Erbfalls) erteilt, der eine vorhandene Sammlung des Erblassers im Sinne des Absatzes 1 fortführt.

§ 18
Erwerb und Besitz von Schusswaffen oder Munition
durch Waffen- oder Munitionssachverständige

(1) Ein Bedürfnis zum Erwerb und Besitz von Schusswaffen oder Munition wird bei Personen anerkannt, die glaubhaft machen, dass sie Schusswaffen oder Munition für wissenschaftliche oder technische Zwecke, zur Erprobung, Begutachtung, Untersuchung oder zu einem ähnlichen Zweck (Waffen-, Munitionssachverständige) benötigen.

(2) Die Erlaubnis zum Erwerb von Schusswaffen oder Munition wird in der Regel
1. für Schusswaffen oder Munition jeder Art und
2. unbefristet

erteilt. Sie kann mit der Auflage verbunden werden, der Behörde in bestimmten Zeitabständen eine Aufstellung über den Bestand an Schusswaffen vorzulegen. Auf den Inhaber einer Waffenbesitzkarte für Schusswaffen jeder Art findet im Fall des Erwerbs einer Schusswaffe § 10 Abs. 1a keine Anwendung, wenn der Besitz nicht länger als drei Monate ausgeübt wird.

§ 19
Erwerb und Besitz von Schusswaffen und Munition,
Führen von Schusswaffen durch gefährdete Personen

(1) Ein Bedürfnis zum Erwerb und Besitz einer Schusswaffe und der dafür bestimmten Munition wird bei einer Person anerkannt, die glaubhaft macht,
1. wesentlich mehr als die Allgemeinheit durch Angriffe auf Leib oder Leben gefährdet zu sein und
2. dass der Erwerb der Schusswaffe und der Munition geeignet und erforderlich ist, diese Gefährdung zu mindern.

(2) Ein Bedürfnis zum Führen einer Schusswaffe wird anerkannt, wenn glaubhaft gemacht ist, dass die Voraussetzungen nach Absatz 1 auch außerhalb der eigenen Wohnung, Geschäftsräume oder des eigenen befriedeten Besitztums vorliegen.

F ANHANG

§ 20
Erwerb und Besitz von Schusswaffen durch Erwerber infolge Erbfalls

(1) Der Erbe hat binnen eines Monats nach der Annahme der Erbschaft oder dem Ablauf der für die Ausschlagung der Erbschaft vorgeschriebenen Frist die Ausstellung einer Waffenbesitzkarte für die zum Nachlass gehörenden erlaubnispflichtigen Schusswaffen oder ihre Eintragung in eine bereits ausgestellte Waffenbesitzkarte zu beantragen; für den Vermächtnisnehmer oder durch Auflage Begünstigten beginnt diese Frist mit dem Erwerb der Schusswaffen.

(2) Dem Erwerber infolge eines Erbfalls ist die gemäß Absatz 1 beantragte Erlaubnis abweichend von § 4 Abs. 1 zu erteilen, wenn der Erblasser berechtigter Besitzer war und der Antragsteller zuverlässig und persönlich geeignet ist.

(3) Für erlaubnispflichtige Schusswaffen und erlaubnispflichtige Munition, für die der Erwerber infolge eines Erbfalles ein Bedürfnis nach § 8 oder §§ 13 ff. geltend machen kann, sind die Vorschriften des § 4 Abs. 1 Nr. 1 bis 3 und des § 8 und der §§ 13 bis 18 anzuwenden. Kann kein Bedürfnis geltend gemacht werden, sind Schusswaffen durch ein dem Stand der Technik entsprechendes Blockiersystem zu sichern und ist erlaubnispflichtige Munition binnen angemessener Frist unbrauchbar zu machen oder einem Berechtigten zu überlassen. Einer Sicherung durch ein Blockiersystem bedarf es nicht, wenn der Erwerber der Erbwaffe bereits aufgrund eines Bedürfnisses nach § 8 oder §§ 13 ff. berechtigter Besitzer einer erlaubnispflichtigen Schusswaffe ist. Für den Transport der Schusswaffe im Zusammenhang mit dem Einbau des Blockiersystems gilt § 12 Abs. 3 Nr. 2 entsprechend.

(4) Das Bundesministerium des Innern erstellt nach Anhörung eines Kreises von Vertretern der Wissenschaft, der Betroffenen, der beteiligten Wirtschaft und der für das Waffenrecht zuständigen obersten Landesbehörden dem Stand der Sicherheitstechnik entsprechende Regeln (Technische Richtlinie – Blockiersysteme für Erbwaffen) für ein Blockiersystem nach Absatz 3 Satz 2 sowie für dessen Zulassungsverfahren und veröffentlicht diese im Bundesanzeiger. Die Prüfung der Konformität und die Zulassung neu entwickelter Blockiersysteme gemäß der Technischen Richtlinie erfolgt durch die Physikalisch-Technische Bundesanstalt.

(5) Der Einbau und die Entsperrung von Blockiersystemen darf nur durch hierin eingewiesene Inhaber einer Waffenherstellungserlaubnis oder einer Waffenhandelserlaubnis nach § 21 Abs. 1 oder durch deren hierzu bevollmächtigten Mitarbeiter erfolgen. Die vorübergehende Entsperrung aus besonderem Anlass ist möglich. Die Zeitpunkte aller Einbauten und Entsperrungen sind schriftlich festzuhalten. § 39 Abs. 1 Satz 1 gilt entsprechend.

(6) In der Waffenbesitzkarte ist von der Waffenbehörde einzutragen, dass die Schusswaffe mit einem Blockiersystem gesichert wurde.

(7) Die Waffenbehörde hat auf Antrag Ausnahmen von der Verpflichtung, alle Erbwaffen mit einem dem Stand der Sicherheitstechnik entsprechenden Blockiersystem zu sichern, zuzulassen, wenn oder so lange für eine oder mehrere Erbwaffen ein entsprechendes Blockiersystem noch nicht vorhanden ist. Eine Ausnahme kann auch für Erbwaffen erteilt werden, die Bestandteil einer kulturhistorisch bedeutsamen Sammlung gemäß § 17 sind oder werden sollen.

Unterabschnitt 4
Besondere Erlaubnistatbestände für Waffenherstellung, Waffenhandel,
Schießstätten, Bewachungsunternehmer

§ 21
Gewerbsmäßige Waffenherstellung, Waffenhandel

(1) Die Erlaubnis zur gewerbsmäßig oder selbstständig im Rahmen einer wirtschaftlichen Unternehmung betriebenen Herstellung, Bearbeitung oder Instandsetzung von Schusswaffen oder Muni-

tion wird durch eine Waffenherstellungserlaubnis, die Erlaubnis zum entsprechend betriebenen Handel mit Schusswaffen oder Munition durch eine Waffenhandelserlaubnis erteilt. Sie kann auf bestimmte Schusswaffen- und Munitionsarten beschränkt werden.

(2) Die Waffenherstellungserlaubnis nach Absatz 1 Satz 1 schließt für Schusswaffen oder Munition, auf die sich die Erlaubnis erstreckt, die Erlaubnis zum vorläufigen oder endgültigen Überlassen an Inhaber einer Waffenherstellungs- oder Waffenhandelserlaubnis sowie zum Erwerb für Zwecke der Waffenherstellung ein. Bei in die Handwerksrolle eingetragenen Büchsenmachern schließt die Waffenherstellungserlaubnis die Erlaubnis zum Waffenhandel ein.

(3) Die Erlaubnis ist zu versagen, wenn
1. der Antragsteller die erforderliche Zuverlässigkeit (§ 5) oder persönliche Eignung (§ 6) nicht besitzt,
2. der Antragsteller die für die erlaubnispflichtige Tätigkeit bei handwerksmäßiger Betriebsweise erforderlichen Voraussetzungen nach der Handwerksordnung nicht erfüllt, soweit eine Erlaubnis zu einer entsprechenden Waffenherstellung beantragt wird,
3. der Antragsteller nicht die erforderliche Fachkunde nachweist, soweit eine Erlaubnis zum Waffenhandel beantragt wird; dies gilt nicht, wenn der Antragsteller weder den Betrieb, eine Zweigniederlassung noch eine unselbstständige Zweigstelle selbst leitet.

(4) Die Erlaubnis kann versagt werden, wenn der Antragsteller
1. nicht Deutscher im Sinne des Artikels 116 des Grundgesetzes ist oder
2. weder seinen gewöhnlichen Aufenthalt noch eine gewerbliche Niederlassung im Geltungsbereich dieses Gesetzes hat.

(5) Die Erlaubnis erlischt, wenn der Erlaubnisinhaber die Tätigkeit nicht innerhalb eines Jahres nach Erteilung der Erlaubnis begonnen oder ein Jahr lang nicht ausgeübt hat. Die Fristen können aus besonderen Gründen verlängert werden.

(6) Der Inhaber einer Erlaubnis nach Absatz 1 hat die Aufnahme und Einstellung des Betriebs sowie die Eröffnung und Schließung einer Zweigniederlassung oder einer unselbstständigen Zweigstelle innerhalb von zwei Wochen der zuständigen Behörde anzuzeigen.

(7) Die zuständige Behörde unterrichtet das Bundeskriminalamt, die Landeskriminalämter und das Bundesamt für Wirtschaft und Ausfuhrkontrolle über das Erlöschen einer Erlaubnis nach Absatz 5 Satz 1 und über die Rücknahme oder den Widerruf einer Erlaubnis nach Absatz 1.

§ 21a
Stellvertretungserlaubnis

Wer ein erlaubnisbedürftiges Waffengewerbe durch einen Stellvertreter betreiben will, bedarf einer Stellvertretererlaubnis; sie wird dem Erlaubnisinhaber für einen bestimmten Stellvertreter erteilt und kann befristet werden. Dies gilt auch für die Beauftragung einer Person mit der Leitung einer Zweigniederlassung oder einer unselbstständigen Zweigstelle. Die Vorschriften des § 21 gelten entsprechend.

§ 22
Fachkunde

(1) Die Fachkunde ist durch eine Prüfung vor der zuständigen Behörde nachzuweisen. Die Fachkunde braucht nicht nachzuweisen, wer die Voraussetzungen für die Eintragung eines Büchsenmacherbetriebes in die Handwerksrolle erfüllt.

(2) Das Bundesministerium des Innern wird ermächtigt, durch Rechtsverordnung mit Zustimmung des Bundesrates Vorschriften über
1. die notwendigen Anforderungen an die waffentechnischen und waffenrechtlichen Kenntnisse, auch beschränkt auf bestimmte Waffen- und Munitionsarten (Fachkunde),

F ANHANG

2. die Prüfung und das Prüfungsverfahren einschließlich der Errichtung von Prüfungsausschüssen,
3. die Anforderungen an Art, Umfang und Nachweis der beruflichen Tätigkeit nach Absatz 1 Satz 2

zu erlassen.

§ 23
Waffenbücher

(1) Wer gewerbsmäßig Schusswaffen herstellt, hat ein Waffenherstellungsbuch zu führen, aus dem die Art und Menge der Schusswaffen sowie ihr Verbleib hervorgehen. Satz 1 ist nicht anzuwenden auf Schusswaffen, deren Bauart nach den §§ 7 und 8 des Beschussgesetzes zugelassen ist oder die der Anzeigepflicht nach § 9 des Beschussgesetzes unterliegen, sowie auf wesentliche Teile von erlaubnisfreien Schusswaffen.

(2) Wer gewerbsmäßig Schusswaffen erwirbt, vertreibt oder anderen überlässt, hat ein Waffenhandelsbuch zu führen, aus dem die Art und Menge der Schusswaffen, ihre Herkunft und ihr Verbleib hervorgehen. Satz 1 ist nicht anzuwenden auf

1. Schusswaffen im Sinne des Absatzes 1 Satz 2, die vom Hersteller oder demjenigen, der die Schusswaffen in den Geltungsbereich dieses Gesetzes verbracht hat, mit dem auf Grund einer Rechtsverordnung nach § 25 Abs. 1 Nr. 1 Buchstabe c bestimmten Kennzeichen versehen sind,
2. Schusswaffen, über die in demselben Betrieb ein Waffenherstellungsbuch nach Absatz 1 zu führen ist,
3. Verwahr-, Reparatur- und Kommissionswaffen.

§ 24
Kennzeichnungspflicht, Markenanzeigepflicht

(1) Wer gewerbsmäßig Schusswaffen herstellt oder in den Geltungsbereich dieses Gesetzes verbringt, hat unverzüglich mindestens auf einem wesentlichen Teil der Waffe deutlich sichtbar und dauerhaft folgende Angaben anzubringen:

1. den Namen, die Firma oder eine eingetragene Marke eines Waffenherstellers oder -händlers, der im Geltungsbereich dieses Gesetzes eine gewerbliche Niederlassung hat,
2. das Herstellungsland (zweistelliges Landeskürzel nach ISO 3166),
3. die Bezeichnung der Munition oder, wenn keine Munition verwendet wird, die Bezeichnung der Geschosse,
4. bei Importwaffen zusätzlich das Einfuhrland (Landeskürzel nach ISO 3166) und das Einfuhrjahr und
5. eine fortlaufende Nummer (Seriennummer).

Die Seriennummer nach Satz 1 Nr. 5 ist bei zusammengesetzten Langwaffen auf dem Lauf und bei zusammengesetzten Kurzwaffen auf dem Griffstück anzubringen. Satz 2 gilt nur für Schusswaffen, die ab dem 1. April 2008 hergestellt, auf Dauer erworben oder in den Geltungsbereich des Gesetzes verbracht werden. Auf erlaubnispflichtige Schusswaffen, die Bestandteil einer kulturhistorisch bedeutsamen Sammlung im Sinne des § 17 sind oder werden sollen, sind Satz 1 und 2 nicht anzuwenden. Auf Schusswaffen im Sinne des § 23 Abs. 1 Satz 2 ist Satz 1 Nr. 2, 4 und 5 nicht anzuwenden. Wesentliche Teile erlaubnispflichtiger Schusswaffen sind gesondert mit einer Seriennummer zu kennzeichnen und in Waffenbüchern nach § 23 zu erfassen, wenn sie einzeln gehandelt werden.

(2) Schusswaffen, deren Geschossen eine Bewegungsenergie von nicht mehr als 7,5 Joule erteilt wird, müssen eine Typenbezeichnung sowie das Kennzeichen nach Anlage 1 Abbildung 1 zur Ersten Verordnung zum Waffengesetz vom 24. Mai 1976 (BGBl. I S. 1285) in der zum Zeitpunkt des Inkrafttretens dieses Gesetzes geltenden Fassung oder ein durch Rechtsverordnung nach § 25 Abs. 1 Nr. 1 Buchstabe c bestimmtes Zeichen tragen.

(3) Wer gewerbsmäßig Munition herstellt oder in den Geltungsbereich dieses Gesetzes verbringt, hat unverzüglich auf der kleinsten Verpackungseinheit Zeichen anzubringen, die den Hersteller, die Fertigungsserie (Fertigungszeichen), die Zulassung und die Bezeichnung der Munition erkennen lassen; das Herstellerzeichen und die Bezeichnung der Munition sind auch auf der Hülse anzubringen. Munition, die wiedergeladen wird, ist außerdem mit einem besonderen Kennzeichen zu versehen. Als Hersteller gilt auch derjenige, unter dessen Namen, Firma oder Marke die Munition vertrieben oder anderen überlassen wird und der die Verantwortung dafür übernimmt, dass die Munition den Vorschriften dieses Gesetzes entspricht.

(4) Wer Waffenhandel betreibt, darf Schusswaffen oder Munition anderen gewerbsmäßig nur überlassen, wenn er festgestellt hat, dass die Schusswaffen gemäß Absatz 1 gekennzeichnet sind, oder wenn er auf Grund von Stichproben überzeugt ist, dass die Munition nach Absatz 3 mit dem Herstellerzeichen gekennzeichnet ist.

(5) Wer gewerbsmäßig Schusswaffen, Munition oder Geschosse für Schussapparate herstellt, Munition wiederlädt oder im Geltungsbereich dieses Gesetzes mit diesen Gegenständen Handel treibt und eine Marke für diese Gegenstände benutzen will, hat dies der Physikalisch-Technischen Bundesanstalt unter Vorlage der Marke vorher schriftlich anzuzeigen. Verbringer, die die Marke eines Herstellers aus einem anderen Staat benutzen wollen, haben diese Marke anzuzeigen.

(6) Absatz 3 Satz 3 und Absatz 4 gelten nicht, sofern es sich um Munition handelt, die Teil einer Sammlung (§ 17 Abs. 1) oder für eine solche bestimmt ist.

§ 25
Ermächtigungen und Anordnungen

(1) Das Bundesministerium des Innern wird ermächtigt, durch Rechtsverordnung mit Zustimmung des Bundesrates zur Durchführung der §§ 23 und 24
1. Vorschriften zu erlassen über
   a) Inhalt und Führung des Waffenherstellungs- und Waffenhandelsbuches,
   b) Aufbewahrung und Vorlage des Waffenherstellungs- und Waffenhandelsbuches,
   c) eine besondere Kennzeichnung bestimmter Waffen- und Munitionsarten sowie über die Art, Form und Aufbringung dieser Kennzeichnung,
2. zu bestimmen,
   a) auf welchen wesentlichen Teilen der Schusswaffe die Kennzeichen anzubringen sind und wie die Schusswaffen nach einem Austausch, einer Veränderung oder einer Umarbeitung wesentlicher Teile zu kennzeichnen sind,
   b) dass bestimmte Waffen- und Munitionsarten von der in § 24 vorgeschriebenen Kennzeichnung ganz oder teilweise befreit sind.

(2) Ist eine kennzeichnungspflichtige Schusswaffe nicht mit einer fortlaufenden Nummer (§ 24 Abs. 1 Satz 1 Nummer 5) gekennzeichnet, so kann die zuständige Behörde – auch nachträglich – anordnen, dass der Besitzer ein bestimmtes Kennzeichen anbringen lässt.

§ 26
Nichtgewerbsmäßige Waffenherstellung

(1) Die Erlaubnis zur nichtgewerbsmäßigen Herstellung, Bearbeitung oder Instandsetzung von Schusswaffen wird durch einen Erlaubnisschein erteilt. Sie schließt den Erwerb von zu diesen Tätigkeiten benötigten wesentlichen Teilen von Schusswaffen sowie den Besitz dieser Gegenstände ein.

(2) Die Erlaubnis ist auf höchstens drei Jahre zu befristen und auf eine bestimmte Zahl und Art von Schusswaffen und wesentlichen Teilen zu beschränken. Personen, denen Schusswaffen zur Er-

F ANHANG

probung, Begutachtung, Untersuchung oder für ähnliche Zwecke, die insbesondere eine Bearbeitung oder Instandsetzung erforderlich machen können, überlassen werden, kann die Erlaubnis nach Absatz 1 ohne Beschränkung auf eine bestimmte Zahl und Art von Schusswaffen und wesentlichen Teilen erteilt werden.

§ 27
Schießstätten, Schießen durch Minderjährige auf Schießstätten

(1) Wer eine ortsfeste oder ortsveränderliche Anlage, die ausschließlich oder neben anderen Zwecken dem Schießsport oder sonstigen Schießübungen mit Schusswaffen, der Erprobung von Schusswaffen oder dem Schießen mit Schusswaffen zur Belustigung dient (Schießstätte), betreiben oder in ihrer Beschaffenheit oder in der Art ihrer Benutzung wesentlich ändern will, bedarf der Erlaubnis der zuständigen Behörde. Die Erlaubnis darf nur erteilt werden, wenn der Antragsteller die erforderliche Zuverlässigkeit (§ 5) und persönliche Eignung (§ 6) besitzt und eine Versicherung gegen Haftpflicht für aus dem Betrieb der Schießstätte resultierende Schädigungen in Höhe von mindestens 1 Million Euro – pauschal für Personen- und Sachschäden – sowie gegen Unfall für aus dem Betrieb der Schießstätte resultierende Schädigungen von bei der Organisation des Schießbetriebs mitwirkenden Personen in Höhe von mindestens 10.000 Euro für den Todesfall und 100.000 Euro für den Invaliditätsfall bei einem im Geltungsbereich dieses Gesetzes zum Geschäftsbetrieb befugten Versicherungsunternehmen nachweist. § 10 Abs. 2 Satz 2 bis 5 gilt entsprechend. Abweichend von Satz 2 richtet sich die Haftpflichtversicherung für Schießgeschäfte, die der Schaustellerhaftpflichtverordnung unterliegen, nach § 1 Abs. 2 Nr. 2 dieser Verordnung. Bei ortsveränderlichen Schießstätten ist eine einmalige Erlaubnis vor der erstmaligen Aufstellung ausreichend. Der Inhaber einer Erlaubnis nach Satz 5 hat Aufnahme und Beendigung des Betriebs der Schießstätte der örtlich zuständigen Behörde zwei Wochen vorher schriftlich anzuzeigen.

(2) Absatz 1 Satz 1 ist nicht anzuwenden auf Schießstätten, bei denen in geschlossenen Räumen ausschließlich zur Erprobung von Schusswaffen oder Munition durch Waffen- oder Munitionshersteller, durch Waffen- oder Munitionssachverständige oder durch wissenschaftliche Einrichtungen geschossen wird. Der Betreiber hat die Aufnahme und Beendigung des Betriebs der Schießstätte der zuständigen Behörde zwei Wochen vorher schriftlich anzuzeigen.

(3) Unter Obhut des zur Aufsichtsführung berechtigten Sorgeberechtigten oder verantwortlicher und zur Kinder- und Jugendarbeit für das Schießen geeigneter Aufsichtspersonen darf
1. Kindern, die das zwölfte Lebensjahr vollendet haben und noch nicht 14 Jahre alt sind, das Schießen in Schießstätten mit Druckluft-, Federdruckwaffen und Waffen, bei denen zum Antrieb der Geschosse kalte Treibgase verwendet werden (Anlage 2 Abschnitt 2 Unterabschnitt 2 Nr. 1.1 und 1.2),
2. Jugendlichen, die das 14. Lebensjahr vollendet haben und noch nicht 18 Jahre alt sind, auch das Schießen mit sonstigen Schusswaffen bis zu einem Kaliber von 5,6 mm lfB (.22 l.r.) für Munition mit Randfeuerzündung, wenn die Mündungsenergie höchstens 200 Joule (J) beträgt und Einzellader-Langwaffen mit glatten Läufen mit Kaliber 12 oder kleiner

gestattet werden, wenn der Sorgeberechtigte schriftlich sein Einverständnis erklärt hat oder beim Schießen anwesend ist. Die verantwortlichen Aufsichtspersonen haben die schriftlichen Einverständniserklärungen der Sorgeberechtigten vor der Aufnahme des Schießens entgegenzunehmen und während des Schießens aufzubewahren. Sie sind der zuständigen Behörde oder deren Beauftragten auf Verlangen zur Prüfung auszuhändigen. Die verantwortliche Aufsichtsperson hat die Geeignetheit zur Kinder- und Jugendarbeit glaubhaft zu machen. Der in Satz 1 genannten besonderen Obhut bedarf es nicht beim Schießen durch Jugendliche mit Waffen nach Anlage 2 Abschnitt 2 Unterabschnitt 2 Nr. 1.1 und 1.2 und nicht beim Schießen mit sonstigen Schusswaffen durch Jugendliche, die das 16. Lebensjahr vollendet haben.

(4) Die zuständige Behörde kann einem Kind zur Förderung des Leistungssports eine Ausnahme von dem Mindestalter des Absatzes 3 Satz 1 bewilligen. Diese soll bewilligt werden, wenn durch eine ärztliche Bescheinigung die geistige und körperliche Eignung und durch eine Bescheinigung des Vereins die schießsportliche Begabung glaubhaft gemacht sind.

(5) Personen in der Ausbildung zum Jäger dürfen in der Ausbildung ohne Erlaubnis mit Jagdwaffen schießen, wenn sie das 14. Lebensjahr vollendet haben und der Sorgeberechtigte und der Ausbildungsleiter ihr Einverständnis in einer von beiden unterzeichneten Berechtigungsbescheinigung erklärt haben. Die Person hat in der Ausbildung die Berechtigungsbescheinigung mit sich zu führen.

(6) An ortsveränderlichen Schießstätten, die dem Schießen zur Belustigung dienen, darf von einer verantwortlichen Aufsichtsperson Minderjährigen das Schießen mit Druckluft-, Federdruckwaffen und Waffen, bei denen zum Antrieb der Geschosse kalte Treibgase verwendet werden (Anlage 2 Abschnitt 2 Unterabschnitt 2 Nr. 1.1 und 1.2), gestattet werden. Bei Kindern hat der Betreiber sicherzustellen, dass die verantwortliche Aufsichtsperson in jedem Fall nur einen Schützen bedient.

(7) Das kampfmäßige Schießen auf Schießstätten ist nicht zulässig. Das Bundesministerium des Innern wird ermächtigt, durch Rechtsverordnung mit Zustimmung des Bundesrates zur Abwehr von Gefahren für die öffentliche Sicherheit oder Ordnung sowie von sonstigen Gefahren oder erheblichen Nachteilen für die Benutzer einer Schießstätte, die Bewohner des Grundstücks, die Nachbarschaft oder die Allgemeinheit
1. die Benutzung von Schießstätten einschließlich der Aufsicht über das Schießen und der Anforderungen an das Aufsichtspersonal und dessen besondere Ausbildung für die Kinder- und Jugendarbeit zu regeln,
2. Vorschriften über den Umfang der Verpflichtungen zu erlassen, die bei Lehrgängen zur Ausbildung in der Verteidigung mit Schusswaffen und bei Schießübungen dieser Art einzuhalten sind; darin kann bestimmt werden,
    a) dass die Durchführung dieser Veranstaltungen einer Anzeige bedarf,
    b) dass und in welcher Weise der Veranstalter die Einstellung und das Ausscheiden der verantwortlichen Aufsichtsperson und der Ausbilder anzuzeigen hat,
    c) dass nur Personen an den Veranstaltungen teilnehmen dürfen, die aus Gründen persönlicher Gefährdung, aus dienstlichen oder beruflichen Gründen zum Besitz oder zum Führen von Schusswaffen einer Erlaubnis bedürfen,
    d) dass und in welcher Weise der Veranstalter Aufzeichnungen zu führen, aufzubewahren und der zuständigen Behörde vorzulegen hat,
    e) dass die zuständige Behörde die Veranstaltungen untersagen darf, wenn der Veranstalter, die verantwortliche Aufsichtsperson oder ein Ausbilder die erforderliche Zuverlässigkeit, die persönliche Eignung oder Sachkunde nicht oder nicht mehr besitzt,
3. Vorschriften über die sicherheitstechnische Prüfung von Schießstätten zu erlassen.

§ 28
Erwerb, Besitz und Führen von Schusswaffen und Munition durch Bewachungsunternehmer und ihr Bewachungspersonal

(1) Ein Bedürfnis zum Erwerb, Besitz und Führen von Schusswaffen wird bei einem Bewachungsunternehmer (§ 34a der Gewerbeordnung) anerkannt, wenn er glaubhaft macht, dass Bewachungsaufträge wahrgenommen werden oder werden sollen, die aus Gründen der Sicherung einer gefährdeten Person im Sinne des § 19 oder eines gefährdeten Objektes Schusswaffen erfordern. Satz 1 gilt entsprechend für Wachdienste als Teil wirtschaftlicher Unternehmungen. Ein nach den Sätzen 1 und 2 glaubhaft gemachtes Bedürfnis umfasst auch den Erwerb und Besitz der für die dort genannten Schusswaffen bestimmten Munition.

(2) Die Schusswaffe darf nur bei der tatsächlichen Durchführung eines konkreten Auftrages nach Absatz 1 geführt werden. Der Unternehmer hat dies auch bei seinem Bewachungspersonal in geeigneter Weise sicherzustellen.

(3) Wachpersonen, die auf Grund eines Arbeitsverhältnisses Schusswaffen des Erlaubnisinhabers nach dessen Weisung besitzen oder führen sollen, sind der zuständigen Behörde zur Prüfung zu benennen; der Unternehmer soll die betreffende Wachperson in geeigneter Weise vorher über die Benennung unter Hinweis auf die Erforderlichkeit der Speicherung und Verarbeitung personenbezogener Daten bei der Behörde unterrichten. Die Überlassung von Schusswaffen oder Munition darf erst erfolgen, wenn die zuständige Behörde zugestimmt hat. Die Zustimmung ist zu versagen, wenn die Wachperson nicht die Voraussetzungen des § 4 Abs. 1 Nr. 1 bis 3 erfüllt oder die Haftpflichtversicherung des Bewachungsunternehmers das Risiko des Umgangs mit Schusswaffen durch die Wachpersonen nicht umfasst.

(4) In einen Waffenschein nach § 10 Abs. 4 kann auch der Zusatz aufgenommen werden, dass die in Absatz 3 bezeichneten Personen die ihnen überlassenen Waffen nach Weisung des Erlaubnisinhabers führen dürfen.

Unterabschnitt 5
Verbringen und Mitnahme von Waffen oder Munition in den, durch den oder aus dem Geltungsbereich des Gesetzes

§ 29
Verbringen von Waffen oder Munition in den Geltungsbereich des Gesetzes

(1) Die Erlaubnis zum Verbringen von Schusswaffen oder Munition nach Anlage 1 Abschnitt 3 (Kategorien A 1.2 bis D) und sonstiger Waffen oder Munition, deren Erwerb und Besitz der Erlaubnis bedürfen, in den Geltungsbereich des Gesetzes kann erteilt werden, wenn
1. der Empfänger zum Erwerb oder Besitz dieser Waffen oder Munition berechtigt ist und
2. der sichere Transport durch einen zum Erwerb oder Besitz dieser Waffen oder Munition Berechtigten gewährleistet ist.

(2) Sollen Schusswaffen oder Munition nach Anlage 1 Abschnitt 3 (Kategorien A 1.2 bis D) aus einem anderen Mitgliedstaat der Europäischen Union (Mitgliedstaat) in den Geltungsbereich des Gesetzes verbracht werden, wird die Erlaubnis nach Absatz 1 als Zustimmung zu der Erlaubnis des anderen Mitgliedstaates für das betreffende Verbringen erteilt.

§ 30
Verbringen von Waffen oder Munition durch den Geltungsbereich des Gesetzes

(1) Die Erlaubnis zum Verbringen von Waffen oder Munition im Sinne des § 29 Abs. 1 durch den Geltungsbereich des Gesetzes kann erteilt werden, wenn der sichere Transport durch einen zum Erwerb oder Besitz dieser Waffen oder Munition Berechtigten gewährleistet ist. § 29 Abs. 2 gilt entsprechend.

(2) Sollen Schusswaffen oder Munition nach Anlage 1 Abschnitt 3 (Kategorien A 1.2 bis D) aus einem Staat, der nicht Mitgliedstaat der Europäischen Union ist (Drittstaat), durch den Geltungsbereich des Gesetzes in einen Mitgliedstaat verbracht werden, so bedarf die Erlaubnis zu dem Verbringen nach Absatz 1 auch, soweit die Zustimmung des anderen Mitgliedstaates erforderlich ist, dessen vorheriger Zustimmung.

§ 31
Verbringen von Waffen oder Munition aus dem Geltungsbereich des Gesetzes in andere Mitgliedstaaten der Europäischen Union

(1) Die Erlaubnis zum Verbringen von Schusswaffen oder Munition nach Anlage 1 Abschnitt 3 (Kategorien A 1.2 bis D) aus dem Geltungsbereich des Gesetzes in einen anderen Mitgliedstaat kann erteilt werden, wenn die nach dem Recht des anderen Mitgliedstaates erforderliche vorherige Zustimmung vorliegt und der sichere Transport durch einen zum Erwerb oder Besitz dieser Waffen oder Munition Berechtigten gewährleistet ist.

(2) Gewerbsmäßigen Waffenherstellern oder -händlern (§ 21) kann allgemein die Erlaubnis nach Absatz 1 zum Verbringen aus dem Geltungsbereich des Gesetzes zu Waffenhändlern in anderen Mitgliedstaaten für die Dauer von bis zu drei Jahren erteilt werden. Die Erlaubnis kann auf bestimmte Arten von Schusswaffen oder Munition beschränkt werden. Der Inhaber einer Erlaubnis nach Satz 1 hat ein Verbringen dem Bundeskriminalamt vorher schriftlich anzuzeigen.

§ 32
Mitnahme von Waffen oder Munition in den, durch den oder aus dem Geltungsbereich des Gesetzes, Europäischer Feuerwaffenpass

(1) Die Erlaubnis zur Mitnahme von Schusswaffen oder Munition nach Anlage 1 Abschnitt 3 (Kategorien A 1.2 bis D) und sonstiger Waffen oder Munition, deren Erwerb und Besitz der Erlaubnis bedürfen, in den oder durch den Geltungsbereich des Gesetzes kann erteilt werden, wenn die Voraussetzungen des § 4 Abs. 1 Nr. 1 bis 4 vorliegen. Die Erlaubnis kann für die Dauer von bis zu einem Jahr für einen oder für mehrere Mitnahmevorgänge erteilt werden und kann mehrfach um jeweils ein Jahr verlängert werden. Für Personen aus einem Drittstaat gilt bei der Mitnahme von Schusswaffen oder Munition nach Anlage 1 Abschnitt 3 (Kategorien A 1.2 bis D) durch den Geltungsbereich des Gesetzes in einen anderen Mitgliedstaat § 30 Abs. 2 entsprechend.

(2) Eine Erlaubnis nach Absatz 1 darf Personen, die ihren gewöhnlichen Aufenthalt in einem anderen Mitgliedstaat haben und Schusswaffen nach Anlage 1 Abschnitt 3 (Kategorien A 1.2 bis D) und die dafür bestimmte Munition nach Absatz 1 mitnehmen wollen, nur erteilt werden, wenn sie Inhaber eines durch diesen Mitgliedstaat ausgestellten Europäischen Feuerwaffenpasses sind und die Waffen in den Europäischen Feuerwaffenpass eingetragen sind.

(3) Einer Erlaubnis nach Absatz 1 bedarf es unter den Voraussetzungen des Absatzes 2 nicht für
1. Jäger, die bis zu drei Langwaffen nach Anlage 1 Abschnitt 3 der Kategorien C und D und die dafür bestimmte Munition im Sinne des § 13 Abs. 1 Nr. 2, Abs. 5 zum Zweck der Jagd,
2. Sportschützen, die bis zu sechs Schusswaffen nach Anlage 1 Abschnitt 3 der Kategorien B, C oder D und die dafür bestimmte Munition zum Zweck des Schießsports,
3. Brauchtumsschützen, die bis zu drei Einzellader- oder Repetier-Langwaffen nach Anlage 1 Abschnitt 3 Kategorien C und D und die dafür bestimmte Munition zur Teilnahme an einer Brauchtumsveranstaltung

mitnehmen, sofern sie den Grund der Mitnahme nachweisen können.

(4) Zu den in Absatz 3 Nr. 1 bis 3 beschriebenen Zwecken kann für die dort jeweils genannten Waffen und Munition Personen, die ihren gewöhnlichen Aufenthalt in einem Drittstaat haben, abweichend von Absatz 1 eine Erlaubnis erteilt werden, es sei denn, dass Tatsachen die Annahme rechtfertigen, dass die Voraussetzungen des § 4 Abs. 1 Nr. 2 nicht vorliegen.

(5) Einer Erlaubnis zur Mitnahme von Waffen oder Munition in den oder durch den Geltungsbereich des Gesetzes bedarf es nicht
1. für Waffen oder Munition, die durch Inhaber einer Erlaubnis zum Erwerb oder Besitz für diese Waffen oder Munition mitgenommen werden,

2. für Signalwaffen und die dafür bestimmte Munition, die aus Gründen der Sicherheit an Bord von Schiffen mitgeführt werden, oder
3. für Waffen und Munition, die an Bord von Schiffen oder Luftfahrzeugen mitgeführt, während des Aufenthalts im Geltungsbereich dieses Gesetzes unter Verschluss gehalten, der zuständigen Überwachungsbehörde unter Angabe des Hersteller- oder Warenzeichens, der Modellbezeichnung und, wenn die Waffen eine Herstellungsnummer haben, auch dieser, unverzüglich gemeldet und spätestens innerhalb eines Monats wieder aus dem Geltungsbereich des Gesetzes befördert werden.

(6) Personen, die ihren gewöhnlichen Aufenthalt im Geltungsbereich des Gesetzes haben und Schusswaffen oder Munition nach Anlage 1 Abschnitt 3 (Kategorien A 1.2 bis D) in einen anderen Mitgliedstaat mitnehmen wollen, wird ein Europäischer Feuerwaffenpass ausgestellt, wenn sie zum Besitz der Waffen, die in den Europäischen Feuerwaffenpass eingetragen werden sollen, berechtigt sind.

§ 33
Anmelde- und Nachweispflicht bei Verbringen oder Mitnahme von Waffen oder Munition in den oder durch den Geltungsbereich des Gesetzes

(1) Waffen oder Munition im Sinne des § 29 Abs. 1 hat derjenige, der sie aus einem Drittstaat in den oder durch den Geltungsbereich dieses Gesetzes verbringen oder mitnehmen will, bei der nach Absatz 3 zuständigen Überwachungsbehörde beim Verbringen oder bei der Mitnahme anzumelden und auf Verlangen vorzuführen und die Berechtigung zum Verbringen oder zur Mitnahme nachzuweisen. Auf Verlangen sind diese Nachweise den Überwachungsbehörden zur Prüfung auszuhändigen.

(2) Die nach Absatz 3 zuständigen Überwachungsbehörden können Beförderungsmittel und -behälter sowie deren Lade- und Verpackungsmittel anhalten, um zu prüfen, ob die für das Verbringen oder die Mitnahme in den Geltungsbereich dieses Gesetzes geltenden Bestimmungen eingehalten sind.

(3) Das Bundesministerium der Finanzen bestimmt die Zolldienststellen, das Bundesministerium des Innern bestimmt die Behörden der Bundespolizei, die bei der Überwachung des Verbringens und der Mitnahme von Waffen oder Munition mitwirken. Soweit der grenzpolizeiliche Einzeldienst von Kräften der Länder wahrgenommen wird (§ 2 Abs. 1 und 3 des Bundespolizeigesetzes), wirken diese bei der Überwachung mit.

Unterabschnitt 6
Obhutspflichten, Anzeige-, Hinweis- und Nachweispflichten

§ 34
Überlassen von Waffen oder Munition, Prüfung der Erwerbsberechtigung, Anzeigepflicht

(1) Waffen oder Munition dürfen nur berechtigten Personen überlassen werden. Die Berechtigung muss offensichtlich sein oder nachgewiesen werden. Werden sie zur gewerbsmäßigen Beförderung überlassen, müssen die ordnungsgemäße Beförderung sichergestellt und Vorkehrungen gegen ein Abhandenkommen getroffen sein. Munition darf gewerbsmäßig nur in verschlossenen Packungen überlassen werden; dies gilt nicht im Fall des Überlassens auf Schießstätten gemäß § 12 Abs. 2 Nr. 2 oder soweit einzelne Stücke von Munitionssammlern erworben werden. Wer Waffen oder Munition einem anderen lediglich zur gewerbsmäßigen Beförderung (§ 12 Abs. 1 Nr. 2, Abs. 2 Nr. 1) an einen Dritten übergibt, überlässt sie dem Dritten.

(2) Der Inhaber einer Erlaubnis nach § 21 Abs. 1 Satz 1, der einem anderen auf Grund einer Erlaubnis nach § 10 Abs. 1 oder einer gleichgestellten anderen Erlaubnis zum Erwerb und Besitz eine

Schusswaffe überlässt, hat in die Waffenbesitzkarte unverzüglich Herstellerzeichen oder Marke und – wenn gegeben – die Herstellungsnummer der Waffe, ferner den Tag des Überlassens und die Bezeichnung und den Sitz des Betriebs dauerhaft einzutragen und das Überlassen binnen zwei Wochen der zuständigen Behörde schriftlich anzuzeigen. Überlässt sonst jemand einem anderen eine Schusswaffe, zu deren Erwerb es einer Erlaubnis bedarf, so hat er dies binnen zwei Wochen der zuständigen Behörde schriftlich anzuzeigen und ihr, sofern ihm eine Waffenbesitzkarte oder ein Europäischer Feuerwaffenpass erteilt worden ist, diese zur Berichtigung vorzulegen; dies gilt nicht in den Fällen des § 12 Abs. 1. In der Anzeige nach den Sätzen 1 und 2 sind anzugeben Name, Vorname, Geburtsdatum, Geburtsort und Wohnanschrift des Erwerbers sowie Art und Gültigkeitsdauer der Erwerbs- und Besitzberechtigung. Bei Nachweis der Erwerbs- und Besitzerlaubnis durch eine Waffenbesitzkarte sind darüber hinaus deren Nummer und ausstellende Behörde anzugeben. Bei Überlassung an einen Erlaubnisinhaber nach § 21 Abs. 1 Satz 1 sind in der Anzeige lediglich der Name der Firma und die Anschrift der Niederlassung anzugeben.

(3) Die Absätze 1 und 2 gelten nicht für denjenigen, der Schusswaffen oder Munition einem anderen, der sie außerhalb des Geltungsbereichs des Gesetzes erwirbt, insbesondere im Versandwege unter eigenem Namen überlässt. Die Vorschriften des § 31 bleiben unberührt.

(4) Wer Personen, die ihren gewöhnlichen Aufenthalt in einem anderen Mitgliedstaat der Europäischen Union haben, eine Schusswaffe nach Anlage 1 Abschnitt 3 (Kategorien B und C) oder Munition für eine solche überlässt, hat dies unverzüglich dem Bundeskriminalamt schriftlich anzuzeigen; dies gilt nicht in den Fällen des § 12 Abs. 1 Nr. 1 und 5.

(5) Wer erlaubnispflichtige Feuerwaffen nach Anlage 1 Abschnitt 1 Unterabschnitt 1 Nr. 2, ausgenommen Einzellader-Langwaffen mit nur glattem Lauf oder glatten Läufen, und deren wesentliche Teile, Schalldämpfer und tragbare Gegenstände nach Anlage 1 Abschnitt 1 Unterabschnitt 1 Nr. 1.2.1 einem anderen, der seinen gewöhnlichen Aufenthalt in einem Mitgliedstaat des Übereinkommens vom 28. Juni 1978 über die Kontrolle des Erwerbs und Besitzes von Schusswaffen durch Einzelpersonen (BGBl. 1980 II S. 953) hat, überlässt, dorthin versendet oder ohne Wechsel des Besitzers endgültig dorthin verbringt, hat dies unverzüglich dem Bundeskriminalamt schriftlich anzuzeigen. Dies gilt nicht
1. für das Überlassen und Versenden der in Satz 1 bezeichneten Gegenstände an staatliche Stellen in einem dieser Staaten und in den Fällen, in denen Unternehmen Schusswaffen zur Durchführung von Kooperationsvereinbarungen zwischen Staaten oder staatlichen Stellen überlassen werden, sofern durch Vorlage einer Bescheinigung von Behörden des Empfangsstaates nachgewiesen wird, dass diesen Behörden der Erwerb bekannt ist, oder
2. soweit Anzeigepflichten nach Absatz 4 oder nach § 31 Abs. 2 Satz 3 bestehen.

(6) Das Bundesministerium des Innern wird ermächtigt, durch Rechtsverordnung mit Zustimmung des Bundesrates zur Abwehr von Gefahren für Leben und Gesundheit von Menschen zu bestimmen, dass in den in den Absätzen 2, 4 und 5 bezeichneten Anzeigen weitere Angaben zu machen oder den Anzeigen weitere Unterlagen beizufügen sind.

§ 35
Werbung, Hinweispflichten, Handelsverbote

(1) Wer Waffen oder Munition zum Kauf oder Tausch in Anzeigen oder Werbeschriften anbietet, hat bei den nachstehenden Waffenarten auf das Erfordernis der Erwerbsberechtigung jeweils wie folgt hinzuweisen:
1. bei erlaubnispflichtigen Schusswaffen und erlaubnispflichtiger Munition: Abgabe nur an Inhaber einer Erwerbserlaubnis,
2. bei nicht erlaubnispflichtigen Schusswaffen und nicht erlaubnispflichtiger Munition sowie sonstigen Waffen: Abgabe nur an Personen mit vollendetem 18. Lebensjahr,

3. bei verbotenen Waffen: Abgabe nur an Inhaber einer Ausnahmegenehmigung, sowie seinen Namen, seine Anschrift und gegebenenfalls seine eingetragene Marke bekannt zu geben. Anzeigen und Werbeschriften nach Satz 1 dürfen nur veröffentlicht werden, wenn sie den Namen und die Anschrift des Anbieters sowie die von ihm je nach Waffenart mitzuteilenden Hinweise enthalten. Satz 2 gilt nicht für die Bekanntgabe der Personalien des nicht gewerblichen Anbieters, wenn dieser der Bekanntgabe widerspricht. Derjenige, der die Anzeige oder Werbeschrift veröffentlicht, ist im Fall des Satzes 3 gegenüber der zuständigen Behörde verpflichtet, die Urkunden über den Geschäftsvorgang ein Jahr lang aufzubewahren und dieser auf Verlangen Einsicht zu gewähren.

(2) Dürfen Schusswaffen nur mit Erlaubnis geführt oder darf mit ihnen nur mit Erlaubnis geschossen werden, so hat der Inhaber einer Erlaubnis nach § 21 Abs. 1 bei ihrem Überlassen im Einzelhandel den Erwerber auf das Erfordernis des Waffenscheins oder der Schießerlaubnis hinzuweisen. Beim Überlassen von Schreckschuss-, Reizstoff- oder Signalwaffen im Sinne des § 10 Abs. 4 Satz 4 hat der Inhaber einer Erlaubnis nach § 21 Abs. 1 überdies auf die Strafbarkeit des Führens ohne Erlaubnis (Kleiner Waffenschein) hinzuweisen und die Erfüllung dieser sowie der Hinweispflicht nach Satz 1 zu protokollieren.

(3) Der Vertrieb und das Überlassen von Schusswaffen, Munition, Hieb- oder Stoßwaffen ist verboten:
1. im Reisegewerbe, ausgenommen in den Fällen des § 55b Abs. 1 der Gewerbeordnung,
2. auf festgesetzten Veranstaltungen im Sinne des Titels IV der Gewerbeordnung (Messen, Ausstellungen, Märkte), ausgenommen die Entgegennahme von Bestellungen auf Messen und Ausstellungen,
3. auf Volksfesten, Schützenfesten, Märkten, Sammlertreffen oder ähnlichen öffentlichen Veranstaltungen, ausgenommen das Überlassen der benötigten Schusswaffen oder Munition in einer Schießstätte sowie von Munition, die Teil einer Sammlung (§ 17 Abs. 1) oder für eine solche bestimmt ist.

Die zuständige Behörde kann Ausnahmen von den Verboten für ihren Bezirk zulassen, wenn öffentliche Interessen nicht entgegenstehen.

§ 36
Aufbewahrung von Waffen oder Munition

(1) Wer Waffen oder Munition besitzt, hat die erforderlichen Vorkehrungen zu treffen, um zu verhindern, dass diese Gegenstände abhanden kommen oder Dritte sie unbefugt an sich nehmen. Schusswaffen dürfen nur getrennt von Munition aufbewahrt werden, sofern nicht die Aufbewahrung in einem Sicherheitsbehältnis erfolgt, das mindestens der Norm DIN/EN 1143-1 Widerstandsgrad 0 (Stand Mai 1997) oder einer Norm mit gleichem Schutzniveau eines anderen Mitgliedstaates des Übereinkommens über den Europäischen Wirtschaftsraum (EWR-Mitgliedstaat) entspricht.

(2) Schusswaffen, deren Erwerb nicht von der Erlaubnispflicht freigestellt ist, und verbotene Waffen sind mindestens in einem der Norm DIN/EN 1143-1 Widerstandsgrad 0 (Stand Mai 1997) entsprechenden oder gleichwertigen Behältnis aufzubewahren; als gleichwertig gilt insbesondere ein Behältnis der Sicherheitsstufe B nach VDMA 24992 (Stand Mai 1995). Für bis zu zehn Langwaffen gilt die sichere Aufbewahrung auch in einem Behältnis als gewährleistet, das der Sicherheitsstufe A nach VDMA 24992 (Stand Mai 1995) oder einer Norm mit gleichem Schutzniveau eines anderen EWR-Mitgliedstaates entspricht. Vergleichbar gesicherte Räume sind als gleichwertig anzusehen.

(3) Wer erlaubnispflichtige Schusswaffen, Munition oder verbotene Waffen besitzt oder die Erteilung einer Erlaubnis zum Besitz beantragt hat, hat der zuständigen Behörde die zur sicheren Aufbewahrung getroffenen oder vorgesehenen Maßnahmen nachzuweisen. Besitzer von erlaubnispflichtigen Schusswaffen, Munition oder verbotenen Waffen haben außerdem der Behörde zur Überprüfung der Pflichten aus Absatz 1 und Absatz 2 Zutritt zu den Räumen zu gestatten, in denen

die Waffen und die Munition aufbewahrt werden. Wohnräume dürfen gegen den Willen des Inhabers nur zur Verhütung dringender Gefahren für die öffentliche Sicherheit betreten werden; das Grundrecht der Unverletzlichkeit der Wohnung (Artikel 13 des Grundgesetzes) wird insoweit eingeschränkt.

(4) Entspricht die bisherige Aufbewahrung von Waffen oder Munition, deren Erwerb und Besitz ihrer Art nach der Erlaubnis bedarf, nicht den in diesem Gesetz oder in einer Rechtsverordnung nach Absatz 5 festgelegten Anforderungen, so hat der Besitzer bis zum 31. August 2003 die ergänzenden Vorkehrungen zur Gewährleistung einer diesen Anforderungen entsprechenden Aufbewahrung vorzunehmen. Dies ist gegenüber der zuständigen Behörde innerhalb der Frist des Satzes 1 anzuzeigen und nachzuweisen.

(5) Das Bundesministerium des Innern wird ermächtigt, nach Anhörung der beteiligten Kreise durch Rechtsverordnung mit Zustimmung des Bundesrates unter Berücksichtigung des Standes der Technik, der Art und Zahl der Waffen, der Munition oder der Örtlichkeit von den Anforderungen an die Aufbewahrung abzusehen oder zusätzliche Anforderungen an die Aufbewahrung oder die Sicherung der Waffe festzulegen. Dabei können
1. Anforderungen an technische Sicherungssysteme zur Verhinderung einer unberechtigten Wegnahme oder Nutzung von Schusswaffen,
2. die Nachrüstung oder der Austausch vorhandener Sicherungssysteme,
3. die Ausstattung der Schusswaffe mit mechanischen, elektronischen oder biometrischen Sicherungssystemen

festgelegt werden.

(6) Ist im Einzelfall, insbesondere wegen der Art und Zahl der aufzubewahrenden Waffen oder Munition oder wegen des Ortes der Aufbewahrung, ein höherer Sicherheitsstandard erforderlich, hat die zuständige Behörde die notwendigen Ergänzungen anzuordnen und zu deren Umsetzung eine angemessene Frist zu setzen.

§ 37
Anzeigepflichten

(1) Wer Waffen oder Munition, deren Erwerb der Erlaubnis bedarf,
1. beim Tode eines Waffenbesitzers, als Finder oder in ähnlicher Weise,
2. als Insolvenzverwalter, Zwangsverwalter, Gerichtsvollzieher oder in ähnlicher Weise
in Besitz nimmt, hat dies der zuständigen Behörde unverzüglich anzuzeigen. Die zuständige Behörde kann die Waffen und die Munition sicherstellen oder anordnen, dass sie binnen angemessener Frist unbrauchbar gemacht oder einem Berechtigten überlassen werden und dies der zuständigen Behörde nachgewiesen wird. Nach fruchtlosem Ablauf der Frist kann die zuständige Behörde die Waffen oder Munition einziehen. Ein Erlös aus der Verwertung steht dem nach bürgerlichem Recht bisher Berechtigten zu.

(2) Sind jemandem Waffen oder Munition, deren Erwerb der Erlaubnis bedarf, oder Erlaubnisurkunden abhanden gekommen, so hat er dies der zuständigen Behörde unverzüglich anzuzeigen und, soweit noch vorhanden, die Waffenbesitzkarte und den Europäischen Feuerwaffenpass zur Berichtigung vorzulegen. Die örtliche Behörde unterrichtet zum Zweck polizeilicher Ermittlungen die örtliche Polizeidienststelle über das Abhandenkommen.

(3) Wird eine Schusswaffe, zu deren Erwerb es einer Erlaubnis bedarf, oder eine verbotene Schusswaffe nach Anlage 2 Abschnitt 1 Nr. 1.2 nach den Anforderungen der Anlage 1 Abschnitt 1 Unterabschnitt 1 Nr. 1.4 unbrauchbar gemacht oder zerstört, so hat der Besitzer dies der zuständigen Behörde binnen zwei Wochen schriftlich anzuzeigen und ihr auf Verlangen den Gegenstand vorzulegen. Dabei hat er seine Personalien sowie Art, Kaliber, Herstellerzeichen oder Marke und – sofern vorhanden – die Herstellungsnummer der Schusswaffe anzugeben.

F ANHANG

(4) Inhaber waffenrechtlicher Erlaubnisse und Bescheinigungen sind verpflichtet, bei ihrem Wegzug ins Ausland ihre neue Anschrift der zuletzt für sie zuständigen Waffenbehörde mitzuteilen.

§ 38
Ausweispflichten

Wer eine Waffe führt, muss
1. seinen Personalausweis oder Pass und
    a) wenn es einer Erlaubnis zum Erwerb bedarf, die Waffenbesitzkarte oder, wenn es einer Erlaubnis zum Führen bedarf, den Waffenschein,
    b) im Fall des Verbringens oder der Mitnahme einer Waffe oder von Munition im Sinne von § 29 Abs. 1 aus einem Drittstaat gemäß § 29 Abs. 1, § 30 Abs. 1 oder § 32 Abs. 1 den Erlaubnisschein, im Falle der Mitnahme auf Grund einer Erlaubnis nach § 32 Abs. 4 auch den Beleg für den Grund der Mitnahme,
    c) im Fall des Verbringens einer Schusswaffe nach Anlage 1 Abschnitt 3 (Kategorien A bis D) gemäß § 29 Abs. 1 oder § 30 Abs. 1 aus einem anderen Mitgliedstaat den Erlaubnisschein dieses Staates oder eine Bescheinigung, die auf diesen Erlaubnisschein Bezug nimmt,
    d) im Fall der Mitnahme einer Schusswaffe nach Anlage 1 Abschnitt 3 (Kategorien A bis D) aus einem anderen Mitgliedstaat gemäß § 32 Abs. 1 bis 3 den Europäischen Feuerwaffenpass und im Falle des § 32 Abs. 3 zusätzlich einen Beleg für den Grund der Mitnahme,
    e) im Fall der vorübergehenden Berechtigung zum Erwerb oder zum Führen auf Grund des § 12 Abs. 1 Nr. 1 und 2 oder § 28 Abs. 4 einen Beleg, aus dem der Name des Überlassers, des Besitzberechtigten und das Datum der Überlassung hervorgeht, oder
    f) im Fall des Schießens mit einer Schießerlaubnis nach § 10 Abs. 5 diese, und
2. in den Fällen des § 13 Abs. 6 den Jagdschein

mit sich führen und Polizeibeamten oder sonst zur Personenkontrolle Befugten auf Verlangen zur Prüfung aushändigen. In den Fällen des § 13 Abs. 3 und § 14 Abs. 4 Satz 2 genügt an Stelle der Waffenbesitzkarte ein schriftlicher Nachweis darüber, dass die Antragsfrist noch nicht verstrichen oder ein Antrag gestellt worden ist. Satz 1 gilt nicht in Fällen des § 12 Abs. 3 Nr. 1.

§ 39
Auskunfts- und Vorzeigpflicht, Nachschau

(1) Wer Waffenherstellung, Waffenhandel oder eine Schießstätte betreibt, eine Schießstätte benutzt oder in ihr die Aufsicht führt, ein Bewachungsunternehmen betreibt, Veranstaltungen zur Ausbildung im Verteidigungsschießen durchführt oder sonst den Besitz über Waffen oder Munition ausübt, hat der zuständigen Behörde auf Verlangen oder, sofern dieses Gesetz einen Zeitpunkt vorschreibt, zu diesem Zeitpunkt die für die Durchführung dieses Gesetzes erforderlichen Auskünfte zu erteilen; eine entsprechende Pflicht gilt ferner für Personen, gegenüber denen ein Verbot nach § 41 Abs. 1 oder 2 ausgesprochen wurde. Sie können die Auskunft auf solche Fragen verweigern, deren Beantwortung sie selbst oder einen der in § 383 Abs. 1 Nr. 1 bis 3 der Zivilprozessordnung bezeichneten Angehörigen der Gefahr strafrechtlicher Verfolgung oder eines Verfahrens nach dem Gesetz über Ordnungswidrigkeiten aussetzen würde. Darüber hinaus hat der Inhaber der Erlaubnis die Einhaltung von Auflagen nachzuweisen.

(2) Betreibt der Auskunftspflichtige Waffenherstellung, Waffenhandel, eine Schießstätte oder ein Bewachungsunternehmen, so sind die von der zuständigen Behörde mit der Überwachung des Betriebs beauftragten Personen berechtigt, Betriebsgrundstücke und Geschäftsräume während der Betriebs- und Arbeitszeit zu betreten, um dort Prüfungen und Besichtigungen vorzunehmen, Proben zu entnehmen und Einsicht in die geschäftlichen Unterlagen zu nehmen; zur Abwehr dringender Gefahren für die öffentliche Sicherheit oder Ordnung dürfen diese Arbeitsstätten auch außerhalb

dieser Zeit sowie die Wohnräume des Auskunftspflichtigen gegen dessen Willen besichtigt werden. Das Grundrecht der Unverletzlichkeit der Wohnung (Artikel 13 des Grundgesetzes) wird insoweit eingeschränkt.

(3) Aus begründetem Anlass kann die zuständige Behörde anordnen, dass der Besitzer von
1. Waffen oder Munition, deren Erwerb der Erlaubnis bedarf, oder
2. in Anlage 2 Abschnitt 1 bezeichneten verbotenen Waffen
ihr diese sowie Erlaubnisscheine oder Ausnahmebescheinigungen binnen angemessener, von ihr zu bestimmender Frist zur Prüfung vorlegt.

Unterabschnitt 7
Verbote

§ 40
Verbotene Waffen

(1) Das Verbot des Umgangs umfasst auch das Verbot, zur Herstellung der in Anlage 2 Abschnitt 1 Nr. 1.3.4 bezeichneten Gegenstände anzuleiten oder aufzufordern.

(2) Das Verbot des Umgangs mit Waffen oder Munition ist nicht anzuwenden, soweit jemand auf Grund eines gerichtlichen oder behördlichen Auftrags tätig wird.

(3) Inhaber einer jagdrechtlichen Erlaubnis und Angehörige von Leder oder Pelz verarbeitenden Berufen dürfen abweichend von § 2 Abs. 3 Umgang mit Faustmessern nach Anlage 2 Abschnitt 1 Nr. 1.4.2 haben, sofern sie diese Messer zur Ausübung ihrer Tätigkeit benötigen. Inhaber sprengstoffrechtlicher Erlaubnisse (§§ 7 und 27 des Sprengstoffgesetzes) und Befähigungsscheine (§ 20 des Sprengstoffgesetzes) sowie Teilnehmer staatlicher oder staatlich anerkannter Lehrgänge dürfen abweichend von § 2 Absatz 3 Umgang mit explosionsgefährlichen Stoffen oder Gegenständen nach Anlage 2 Abschnitt 1 Nummer 1.3.4 haben, soweit die durch die Erlaubnis oder den Befähigungsschein gestattete Tätigkeit oder die Ausbildung hierfür dies erfordern. Dies gilt insbesondere für Sprengarbeiten sowie Tätigkeiten im Katastrophenschutz oder im Rahmen von Theatern, vergleichbaren Einrichtungen, Film- und Fernsehproduktionsstätten sowie die Ausbildung für derartige Tätigkeiten.

(4) Das Bundeskriminalamt kann auf Antrag von den Verboten der Anlage 2 Abschnitt 1 allgemein oder für den Einzelfall Ausnahmen zulassen, wenn die Interessen des Antragstellers auf Grund besonderer Umstände das öffentliche Interesse an der Durchsetzung des Verbots überwiegen. Dies kann insbesondere angenommen werden, wenn die in der Anlage 2 Abschnitt 1 bezeichneten Waffen oder Munition zum Verbringen aus dem Geltungsbereich dieses Gesetzes, für wissenschaftliche oder Forschungszwecke oder zur Erweiterung einer kulturhistorisch bedeutsamen Sammlung bestimmt sind und eine erhebliche Gefahr für die öffentliche Sicherheit nicht zu befürchten ist.

(5) Wer eine in Anlage 2 Abschnitt 1 bezeichnete Waffe als Erbe, Finder oder in ähnlicher Weise in Besitz nimmt, hat dies der zuständigen Behörde unverzüglich anzuzeigen. Die zuständige Behörde kann die Waffen oder Munition sicherstellen oder anordnen, dass innerhalb einer angemessenen Frist die Waffen oder Munition unbrauchbar gemacht, von Verbotsmerkmalen befreit oder einem nach diesem Gesetz Berechtigten überlassen werden, oder dass der Erwerber einen Antrag nach Absatz 4 stellt. Das Verbot des Umgangs mit Waffen oder Munition wird nicht wirksam, solange die Frist läuft oder eine ablehnende Entscheidung nach Absatz 4 dem Antragsteller noch nicht bekannt gegeben worden ist.

F ANHANG

§ 41
Waffenverbote für den Einzelfall

(1) Die zuständige Behörde kann jemandem den Besitz von Waffen oder Munition, deren Erwerb nicht der Erlaubnis bedarf, und den Erwerb solcher Waffen oder Munition untersagen,
1. soweit es zur Verhütung von Gefahren für die Sicherheit oder zur Kontrolle des Umgangs mit diesen Gegenständen geboten ist oder
2. wenn Tatsachen bekannt werden, die die Annahme rechtfertigen, dass der rechtmäßige Besitzer oder Erwerbswillige abhängig von Alkohol oder anderen berauschenden Mitteln, psychisch krank oder debil ist oder sonst die erforderliche persönliche Eignung nicht besitzt oder ihm die für den Erwerb oder Besitz solcher Waffen oder Munition erforderliche Zuverlässigkeit fehlt.

Im Fall des Satzes 1 Nr. 2 ist der Betroffene darauf hinzuweisen, dass er die Annahme mangelnder persönlicher Eignung im Wege der Beibringung eines amts- oder fachärztlichen oder fachpsychologischen Zeugnisses über die geistige oder körperliche Eignung ausräumen kann; § 6 Abs. 2 findet entsprechende Anwendung.

(2) Die zuständige Behörde kann jemandem den Besitz von Waffen oder Munition, deren Erwerb der Erlaubnis bedarf, untersagen, soweit es zur Verhütung von Gefahren für die Sicherheit oder Kontrolle des Umgangs mit diesen Gegenständen geboten ist.

(3) Die zuständige Behörde unterrichtet die örtliche Polizeidienststelle über den Erlass eines Waffenbesitzverbotes.

§ 42
Verbot des Führens von Waffen bei öffentlichen Veranstaltungen

(1) Wer an öffentlichen Vergnügungen, Volksfesten, Sportveranstaltungen, Messen, Ausstellungen, Märkten oder ähnlichen öffentlichen Veranstaltungen teilnimmt, darf keine Waffen im Sinne des § 1 Abs. 2 führen.

(2) Die zuständige Behörde kann allgemein oder für den Einzelfall Ausnahmen von Absatz 1 zulassen, wenn
1. der Antragsteller die erforderliche Zuverlässigkeit (§ 5) und persönliche Eignung (§ 6) besitzt,
2. der Antragsteller nachgewiesen hat, dass er auf Waffen bei der öffentlichen Veranstaltung nicht verzichten kann, und
3. eine Gefahr für die öffentliche Sicherheit oder Ordnung nicht zu besorgen ist.

(3) Unbeschadet des § 38 muss der nach Absatz 2 Berechtigte auch den Ausnahmebescheid mit sich führen und auf Verlangen zur Prüfung aushändigen.

(4) Die Absätze 1 bis 3 sind nicht anzuwenden
1. auf die Mitwirkenden an Theateraufführungen und diesen gleich zu achtenden Vorführungen, wenn zu diesem Zweck ungeladene oder mit Kartuschenmunition geladene Schusswaffen oder Waffen im Sinne des § 1 Abs. 2 Nr. 2 geführt werden,
2. auf das Schießen in Schießstätten (§ 27),
3. soweit eine Schießerlaubnis nach § 10 Abs. 5 vorliegt,
4. auf das gewerbliche Ausstellen der in Absatz 1 genannten Waffen auf Messen und Ausstellungen.

(5) Die Landesregierungen werden ermächtigt, durch Rechtsverordnung vorzusehen, dass das Führen von Waffen im Sinne des § 1 Abs. 2 auf bestimmten öffentlichen Straßen, Wegen oder Plätzen allgemein oder im Einzelfall verboten oder beschränkt werden kann, soweit an dem jeweiligen Ort wiederholt
1. Straftaten unter Einsatz von Waffen oder
2. Raubdelikte, Körperverletzungsdelikte, Bedrohungen, Nötigungen, Sexualdelikte, Freiheitsberaubungen oder Straftaten gegen das Leben

begangen worden sind und Tatsachen die Annahme rechtfertigen, dass auch künftig mit der Begehung solcher Straftaten zu rechnen ist. In der Rechtsverordnung nach Satz 1 soll bestimmt werden, dass die zuständige Behörde allgemein oder für den Einzelfall Ausnahmen insbesondere für Inhaber waffenrechtlicher Erlaubnisse, Anwohner und Gewerbetreibende zulassen kann, soweit eine Gefährdung der öffentlichen Sicherheit nicht zu besorgen ist. Im Falle des Satzes 2 gilt Absatz 3 entsprechend. Die Landesregierungen können ihre Befugnis nach Satz 1 in Verbindung mit Satz 2 durch Rechtsverordnung auf die zuständige oberste Landesbehörde übertragen; diese kann die Befugnis durch Rechtsverordnung weiter übertragen.

§ 42a
Verbot des Führens von Anscheinswaffen und bestimmten tragbaren Gegenständen

(1) Es ist verboten
1. Anscheinswaffen,
2. Hieb- und Stoßwaffen nach Anlage 1 Abschnitt 1 Unterabschnitt 2 Nr. 1.1 oder
3. Messer mit einhändig feststellbarer Klinge (Einhandmesser) oder feststehende Messer mit einer Klingenlänge über 12 cm

zu führen.

(2) Absatz 1 gilt nicht
1. für die Verwendung bei Foto-, Film- oder Fernsehaufnahmen oder Theateraufführungen,
2. für den Transport in einem verschlossenen Behältnis,
3. für das Führen der Gegenstände nach Absatz 1 Nr. 2 und 3, sofern ein berechtigtes Interesse vorliegt.

Weitergehende Regelungen bleiben unberührt.

(3) Ein berechtigtes Interesse nach Absatz 2 Nr. 3 liegt insbesondere vor, wenn das Führen der Gegenstände im Zusammenhang mit der Berufsausübung erfolgt, der Brauchtumspflege, dem Sport oder einem allgemein anerkannten Zweck dient.

Abschnitt 3
Sonstige waffenrechtliche Vorschriften

§ 43
Erhebung und Übermittlung personenbezogener Daten

(1) Die für die Ausführung dieses Gesetzes zuständigen Behörden dürfen personenbezogene Daten auch ohne Mitwirkung des Betroffenen in den Fällen des § 5 Abs. 5 und des § 6 Abs. 1 Satz 3 und 4 erheben. Sonstige Rechtsvorschriften des Bundes- oder Landesrechts, die eine Erhebung ohne Mitwirkung des Betroffenen vorsehen oder zwingend voraussetzen, bleiben unberührt.

(2) Öffentliche Stellen im Geltungsbereich dieses Gesetzes sind auf Ersuchen der zuständigen Behörde verpflichtet, dieser im Rahmen datenschutzrechtlicher Übermittlungsbefugnisse personenbezogene Daten zu übermitteln, soweit die Daten nicht wegen überwiegender öffentlicher Interessen geheim gehalten werden müssen.

§ 43a
Nationales Waffenregister

Bis zum 31. Dezember 2012 ist ein Nationales Waffenregister zu errichten, in dem bundesweit insbesondere Schusswaffen, deren Erwerb und Besitz der Erlaubnis bedürfen, sowie Daten von Erwerbern, Besitzern und Überlassern dieser Schusswaffen elektronisch auswertbar zu erfassen und auf aktuellem Stand zu halten sind.

F ANHANG

§ 44
Übermittlung an und von Meldebehörden

(1) Die für die Erteilung einer waffenrechtlichen Erlaubnis zuständige Behörde teilt der für den Antragsteller zuständigen Meldebehörde die erstmalige Erteilung einer Erlaubnis mit. Sie unterrichtet ferner diese Behörde, wenn eine Person über keine waffenrechtlichen Erlaubnisse mehr verfügt.

(2) Die Meldebehörden teilen den Waffenerlaubnisbehörden Namensänderungen, Zuzug, Wegzug und Tod der Einwohner mit, für die das Vorliegen einer waffenrechtlichen Erlaubnis gespeichert ist.

§ 44a
Behördliche Aufbewahrungspflichten

(1) Die für die Ausführung dieses Gesetzes zuständigen Behörden haben alle Unterlagen, die für die Feststellung der gegenwärtigen und früheren Besitzverhältnisse sowie die Rückverfolgung von Verkaufswegen erforderlich sind, aufzubewahren.

(2) Die Aufbewahrungspflicht bezieht sich sowohl auf eigene Unterlagen als auch nach § 17 Abs. 6 Satz 2 und 3 der Allgemeinen Waffengesetz-Verordnung vom 27. Oktober 2003 (BGBl. I S. 2123), die zuletzt durch Artikel 2 des Gesetzes vom 26. März 2008 (BGBl. I S. 426) geändert worden ist, übernommene Waffenherstellungs- und Waffenhandelsbücher.

(3) Für die Waffenherstellungsbücher beträgt die Aufbewahrungsfrist mindestens 30 Jahre. Für alle anderen Unterlagen einschließlich der Einfuhr- und Ausfuhraufzeichnungen beträgt die Aufbewahrungsfrist mindestens 20 Jahre.

§ 45
Rücknahme und Widerruf

(1) Eine Erlaubnis nach diesem Gesetz ist zurückzunehmen, wenn nachträglich bekannt wird, dass die Erlaubnis hätte versagt werden müssen.

(2) Eine Erlaubnis nach diesem Gesetz ist zu widerrufen, wenn nachträglich Tatsachen eintreten, die zur Versagung hätten führen müssen. Eine Erlaubnis nach diesem Gesetz kann auch widerrufen werden, wenn inhaltliche Beschränkungen nicht beachtet werden.

(3) Bei einer Erlaubnis kann abweichend von Absatz 2 Satz 1 im Fall eines vorübergehenden Wegfalls des Bedürfnisses, aus besonderen Gründen auch in Fällen des endgültigen Wegfalls des Bedürfnisses, von einem Widerruf abgesehen werden. Satz 1 gilt nicht, sofern es sich um eine Erlaubnis zum Führen einer Waffe handelt.

(4) Verweigert ein Betroffener im Fall der Überprüfung des weiteren Vorliegens von in diesem Gesetz oder in einer auf Grund dieses Gesetzes erlassenen Rechtsverordnung vorgeschriebenen Tatbestandsvoraussetzungen, bei deren Wegfall ein Grund zur Rücknahme oder zum Widerruf einer Erlaubnis oder Ausnahmebewilligung gegeben wäre, seine Mitwirkung, so kann die Behörde deren Wegfall vermuten. Der Betroffene ist hierauf hinzuweisen.

(5) Widerspruch und Anfechtungsklage gegen Maßnahmen nach Absatz 1 und Absatz 2 Satz 1 haben keine aufschiebende Wirkung, sofern die Erlaubnis wegen des Nichtvorliegens oder Entfallens der Voraussetzungen nach § 4 Abs. 1 Nr. 2 zurückgenommen oder widerrufen wird.

§ 46
Weitere Maßnahmen

(1) Werden Erlaubnisse nach diesem Gesetz zurückgenommen oder widerrufen, so hat der Inhaber alle Ausfertigungen der Erlaubnisurkunde der zuständigen Behörde unverzüglich zurückzugeben. Das Gleiche gilt, wenn die Erlaubnis erloschen ist.

(2) Hat jemand auf Grund einer Erlaubnis, die zurückgenommen, widerrufen oder erloschen ist, Waffen oder Munition erworben oder befugt besessen, und besitzt er sie noch, so kann die zuständige Behörde anordnen, dass er binnen angemessener Frist die Waffen oder Munition dauerhaft unbrauchbar macht oder einem Berechtigten überlässt und den Nachweis darüber gegenüber der Behörde führt. Nach fruchtlosem Ablauf der Frist kann die zuständige Behörde die Waffen oder Munition sicherstellen.

(3) Besitzt jemand ohne die erforderliche Erlaubnis oder entgegen einem vollziehbaren Verbot nach § 41 Abs. 1 oder 2 eine Waffe oder Munition, so kann die zuständige Behörde anordnen, dass er binnen angemessener Frist
1. die Waffe oder Munition dauerhaft unbrauchbar macht oder einem Berechtigten überlässt oder
2. im Fall einer verbotenen Waffe oder Munition die Verbotsmerkmale beseitigt und
3. den Nachweis darüber gegenüber der Behörde führt.

Nach fruchtlosem Ablauf der Frist kann die zuständige Behörde die Waffe oder Munition sicherstellen.

(4) Die zuständige Behörde kann Erlaubnisurkunden sowie die in den Absätzen 2 und 3 bezeichneten Waffen oder Munition sofort sicherstellen
1. in Fällen eines vollziehbaren Verbots nach § 41 Abs. 1 oder 2 oder
2. soweit Tatsachen die Annahme rechtfertigen, dass die Waffen oder Munition missbräuchlich verwendet oder von einem Nichtberechtigten erworben werden sollen.

Zu diesem Zweck sind die Beauftragten der zuständigen Behörde berechtigt, die Wohnung des Betroffenen zu betreten und diese nach Urkunden, Waffen oder Munition zu durchsuchen; Durchsuchungen dürfen nur durch den Richter, bei Gefahr im Verzug auch durch die zuständige Behörde angeordnet werden; das Grundrecht der Unverletzlichkeit der Wohnung (Artikel 13 des Grundgesetzes) wird insoweit eingeschränkt. Widerspruch und Anfechtungsklage haben keine aufschiebende Wirkung.

(5) Sofern der bisherige Inhaber nicht innerhalb eines Monats nach Sicherstellung einen empfangsbereiten Berechtigten benennt oder im Fall der Sicherstellung verbotener Waffen oder Munition nicht in dieser Frist eine Ausnahmezulassung nach § 40 Abs. 4 beantragt, kann die zuständige Behörde die sichergestellten Waffen oder Munition einziehen und verwerten oder vernichten. Dieselben Befugnisse besitzt die zuständige Behörde im Fall der unanfechtbaren Versagung einer für verbotene Waffen oder Munition vor oder rechtzeitig nach der Sicherstellung beantragten Ausnahmezulassung nach § 40 Abs. 4. Der Erlös aus einer Verwertung der Waffen oder Munition steht nach Abzug der Kosten der Sicherstellung, Verwahrung und Verwertung dem nach bürgerlichem Recht bisher Berechtigten zu.

§ 47
Verordnungen zur Erfüllung internationaler Vereinbarungen oder zur Angleichung an Gemeinschaftsrecht

Das Bundesministerium des Innern wird ermächtigt, mit Zustimmung des Bundesrates zur Erfüllung von Verpflichtungen aus internationalen Vereinbarungen oder zur Erfüllung bindender Beschlüsse der Europäischen Union, die Sachbereiche dieses Gesetzes betreffen, Rechtsverordnungen zu erlassen, die insbesondere
1. Anforderungen an das Überlassen und Verbringen von Waffen oder Munition an Personen, die ihren gewöhnlichen Aufenthalt außerhalb des Geltungsbereichs des Gesetzes haben, festlegen und
2. das Verbringen und die vorübergehende Mitnahme von Waffen oder Munition in den Geltungsbereich des Gesetzes sowie
3. die zu den Nummern 1 und 2 erforderlichen Bescheinigungen, Mitteilungspflichten und behördlichen Maßnahmen regeln.

F ANHANG

§ 48
Sachliche Zuständigkeit

(1) Die Landesregierungen oder die von ihnen durch Rechtsverordnung bestimmten Stellen können durch Rechtsverordnung die für die Ausführung dieses Gesetzes zuständigen Behörden bestimmen, soweit nicht Bundesbehörden zuständig sind.

(2) Das Bundesverwaltungsamt ist die zuständige Behörde für
1. ausländische Diplomaten, Konsularbeamte und gleichgestellte sonstige bevorrechtigte ausländische Personen,
2. ausländische Angehörige der in der Bundesrepublik Deutschland stationierten ausländischen Streitkräfte sowie deren Ehegatten und unterhaltsberechtigte Kinder,
3. Personen, die zum Schutze ausländischer Luftfahrzeuge und Seeschiffe eingesetzt sind,
4. Deutsche im Sinne des Artikels 116 des Grundgesetzes, die ihren gewöhnlichen Aufenthalt außerhalb des Geltungsbereichs dieses Gesetzes haben; dies gilt nicht für die in den §§ 21 und 28 genannten Personen, wenn sich der Sitz des Unternehmens im Geltungsbereich dieses Gesetzes befindet.

(3) Zuständig für die Entscheidungen nach § 2 Abs. 5 ist das Bundeskriminalamt.

(4) Verwaltungsverfahren nach diesem Gesetz oder auf Grund dieses Gesetzes können über eine einheitliche Stelle nach den Vorschriften der Verwaltungsverfahrensgesetze abgewickelt werden.

§ 49
Örtliche Zuständigkeit

(1) Die Vorschriften der Verwaltungsverfahrensgesetze über die örtliche Zuständigkeit gelten mit der Maßgabe, dass örtlich zuständig ist
1. für einen Antragsteller oder Erlaubnisinhaber, der keinen gewöhnlichen Aufenthalt im Geltungsbereich dieses Gesetzes hat,
    a) die Behörde, in deren Bezirk er sich aufhält oder aufhalten will, oder,
    b) soweit sich ein solcher Aufenthaltswille nicht ermitteln lässt, die Behörde, in deren Bezirk der Grenzübertritt erfolgt,
2. für Antragsteller oder Inhaber einer Erlaubnis nach § 21 Abs. 1 sowie Bewachungsunternehmer die Behörde, in deren Bezirk sich die gewerbliche Hauptniederlassung befindet oder errichtet werden soll.

(2) Abweichend von Absatz 1 ist örtlich zuständig für
1. Schießerlaubnisse nach § 10 Abs. 5 die Behörde, in deren Bezirk geschossen werden soll, soweit nicht die Länder nach § 48 Abs. 1 eine abweichende Regelung getroffen haben,
2. Erlaubnisse nach § 27 Abs. 1 sowie für Maßnahmen auf Grund einer Rechtsverordnung nach § 27 Abs. 7 bei ortsfesten Schießstätten die Behörde, in deren Bezirk die ortsfeste Schießstätte betrieben wird oder betrieben oder geändert werden soll,
3. a) Erlaubnisse nach § 27 Abs. 1 sowie für Maßnahmen auf Grund einer Rechtsverordnung nach § 27 Abs. 7 bei ortsveränderlichen Schießstätten die Behörde, in deren Bezirk der Betreiber seinen gewöhnlichen Aufenthalt hat,
    b) Auflagen bei den in Buchstabe a genannten Schießstätten die Behörde, in deren Bezirk die Schießstätte aufgestellt werden soll,
4. Ausnahmebewilligungen nach § 35 Abs. 3 Satz 2 die Behörde, in deren Bezirk die Tätigkeit ausgeübt werden soll,
5. Ausnahmebewilligungen nach § 42 Abs. 2 die Behörde, in deren Bezirk die Veranstaltung stattfinden soll oder, soweit Ausnahmebewilligungen für mehrere Veranstaltungen in verschiedenen Bezirken erteilt werden, die Behörde, in deren Bezirk die erste Veranstaltung stattfinden soll,
6. die Sicherstellung nach § 46 Abs. 2 Satz 2, Abs. 3 Satz 2 und Abs. 4 Satz 1 auch die Behörde, in deren Bezirk sich der Gegenstand befindet.

§ 50
Kosten

(1) Für Amtshandlungen, Prüfungen und Untersuchungen nach diesem Gesetz und nach den auf diesem Gesetz beruhenden Rechtsvorschriften werden Kosten (Gebühren und Auslagen) erhoben.

(2) Das Bundesministerium des Innern wird ermächtigt, im Einvernehmen mit dem Bundesministerium für Wirtschaft und Technologie für den Bereich der Bundesverwaltung durch Rechtsverordnung, die nicht der Zustimmung des Bundesrates bedarf, die gebührenpflichtigen Tatbestände näher zu bestimmen und dabei feste Sätze oder Rahmensätze vorzusehen. Die Gebührensätze sind so zu bemessen, dass der mit den Amtshandlungen, Prüfungen oder Untersuchungen verbundene Personal- und Sachaufwand gedeckt wird. Bei begünstigenden Amtshandlungen kann daneben die Bedeutung, der wirtschaftliche Wert oder der sonstige Nutzen für den Gebührenschuldner angemessen berücksichtigt werden. Soweit der Gegenstand der Gebühr in den Anwendungsbereich der Richtlinie 2006/123/EG des Europäischen Parlamentes und des Rates vom 12. Dezember 2006 über Dienstleistungen im Binnenmarkt (ABl. L 376 vom 27.12.2006, S. 36–68) fällt, findet Satz 3 keine Anwendung; inländische Gebührenschuldner dürfen hierdurch nicht benachteiligt werden.

(3) In der Rechtsverordnung nach Absatz 2 kann bestimmt werden, dass die für die Prüfung oder Untersuchung zulässige Gebühr auch erhoben werden darf, wenn die Prüfung oder Untersuchung ohne Verschulden der prüfenden oder untersuchenden Stelle und ohne ausreichende Entschuldigung des Bewerbers oder Antragstellers am festgesetzten Termin nicht stattfinden konnte oder abgebrochen werden musste. In der Rechtsverordnung können ferner die Kostenbefreiung, die Kostengläubigerschaft, die Kostenschuldnerschaft, der Umfang der zu erstattenden Auslagen und die Kostenerhebung abweichend von den Vorschriften des Verwaltungskostengesetzes geregelt werden.

Abschnitt 4
Straf- und Bußgeldvorschriften

§ 51
Strafvorschriften

(1) Mit Freiheitsstrafe von einem Jahr bis zu fünf Jahren wird bestraft, wer entgegen § 2 Abs. 1 oder 3, jeweils in Verbindung mit Anlage 2 Abschnitt 1 Nr. 1.2.1, eine dort genannte Schusswaffe zum Verschießen von Patronenmunition nach Anlage 1 Abschnitt 1 Unterabschnitt 3 Nr. 1.1 erwirbt, besitzt, überlässt, führt, verbringt, mitnimmt, herstellt, bearbeitet, instand setzt oder damit Handel treibt.

(2) In besonders schweren Fällen ist die Strafe Freiheitsstrafe von einem Jahr bis zu zehn Jahren. Ein besonders schwerer Fall liegt in der Regel vor, wenn der Täter gewerbsmäßig oder als Mitglied einer Bande, die sich zur fortgesetzten Begehung solcher Straftaten verbunden hat, unter Mitwirkung eines anderen Bandenmitgliedes handelt.

(3) In minder schweren Fällen ist die Strafe Freiheitsstrafe bis zu drei Jahren oder Geldstrafe.

(4) Handelt der Täter fahrlässig, so ist die Strafe Freiheitsstrafe bis zu zwei Jahren oder Geldstrafe.

§ 52
Strafvorschriften

(1) Mit Freiheitsstrafe von sechs Monaten bis zu fünf Jahren wird bestraft, wer
1. entgegen § 2 Abs. 1 oder 3, jeweils in Verbindung mit Anlage 2 Abschnitt 1 Nr. 1.1 oder 1.3.4, eine dort genannte Schusswaffe oder einen dort genannten Gegenstand erwirbt, besitzt, überlässt, führt, verbringt, mitnimmt, herstellt, bearbeitet, instand setzt oder damit Handel treibt,

F ANHANG

2. ohne Erlaubnis nach
   a) § 2 Abs. 2 in Verbindung mit Anlage 2 Abschnitt 2 Unterabschnitt 1 Satz 1, eine Schusswaffe oder Munition erwirbt, um sie entgegen § 34 Abs. 1 Satz 1 einem Nichtberechtigten zu überlassen,
   b) § 2 Abs. 2 in Verbindung mit Anlage 2 Abschnitt 2 Unterabschnitt 1 Satz 1, eine halbautomatische Kurzwaffe zum Verschießen von Patronenmunition nach Anlage 1 Abschnitt 1 Unterabschnitt 3 Nr. 1.1 erwirbt, besitzt oder führt,
   c) § 2 Abs. 2 in Verbindung mit Anlage 2 Abschnitt 2 Unterabschnitt 1 Satz 1 in Verbindung mit § 21 Abs. 1 Satz 1 oder § 21a eine Schusswaffe oder Munition herstellt, bearbeitet, instand setzt oder damit Handel treibt,
   d) § 2 Abs. 2 in Verbindung mit Anlage 2 Abschnitt 2 Unterabschnitt 1 Satz 1 in Verbindung mit § 29 Abs. 1, § 30 Abs. 1 Satz 1 oder § 32 Abs. 1 Satz 1 eine Schusswaffe oder Munition in den oder durch den Geltungsbereich dieses Gesetzes verbringt oder mitnimmt,
3. entgegen § 35 Abs. 3 Satz 1 eine Schusswaffe, Munition oder eine Hieb- oder Stoßwaffe im Reisegewerbe oder auf einer dort genannten Veranstaltung vertreibt oder anderen überlässt oder
4. entgegen § 40 Abs. 1 zur Herstellung eines dort genannten Gegenstandes anleitet oder auffordert.

(2) Der Versuch ist strafbar.

(3) Mit Freiheitsstrafe bis zu drei Jahren oder mit Geldstrafe wird bestraft, wer

1. entgegen § 2 Abs. 1 oder 3, jeweils in Verbindung mit Anlage 2 Abschnitt 1 Nr. 1.2.2 bis 1.2.5, 1.3.1 bis 1.3.3, 1.3.5, 1.3.7, 1.3.8, 1.4.1 Satz 1, Nr. 1.4.2 bis 1.4.4 oder 1.5.3 bis 1.5.7, einen dort genannten Gegenstand erwirbt, besitzt, überlässt, führt, verbringt, mitnimmt, herstellt, bearbeitet, instand setzt oder damit Handel treibt,
2. ohne Erlaubnis nach § 2 Abs. 2 in Verbindung mit Anlage 2 Abschnitt 2 Unterabschnitt 1 Satz 1
   a) eine Schusswaffe erwirbt, besitzt, führt oder
   b) Munition erwirbt oder besitzt,
   wenn die Tat nicht in Absatz 1 Nr. 2 Buchstabe a oder b mit Strafe bedroht ist,
3. ohne Erlaubnis nach § 2 Abs. 2 in Verbindung mit Anlage 2 Abschnitt 2 Unterabschnitt 1 Satz 1 in Verbindung mit § 26 Abs. 1 Satz 1 eine Schusswaffe herstellt, bearbeitet oder instand setzt,
4. ohne Erlaubnis nach § 2 Abs. 2 in Verbindung mit Anlage 2 Abschnitt 2 Unterabschnitt 1 Satz 1 in Verbindung mit § 31 Abs. 1 eine dort genannte Schusswaffe oder Munition in einen anderen Mitgliedstaat verbringt,
5. entgegen § 28 Abs. 2 Satz 1 eine Schusswaffe führt,
6. entgegen § 28 Abs. 3 Satz 2 eine Schusswaffe oder Munition überlässt,
7. entgegen § 34 Abs. 1 Satz 1 eine erlaubnispflichtige Schusswaffe oder erlaubnispflichtige Munition einem Nichtberechtigten überlässt,
8. einer vollziehbaren Anordnung nach § 41 Abs. 1 Satz 1 oder Abs. 2 zuwiderhandelt,
9. entgegen § 42 Abs. 1 eine Waffe führt oder
10. entgegen § 57 Abs. 5 Satz 1 den Besitz über eine Schusswaffe oder Munition ausübt.

(4) Handelt der Täter in den Fällen des Absatzes 1 Nr. 1, 2 Buchstabe b, c oder d oder Nr. 3 oder des Absatzes 3 fahrlässig, so ist die Strafe bei den bezeichneten Taten nach Absatz 1 Freiheitsstrafe bis zu zwei Jahren oder Geldstrafe, bei Taten nach Absatz 3 Freiheitsstrafe bis zu einem Jahr oder Geldstrafe.

(5) In besonders schweren Fällen des Absatzes 1 Nr. 1 ist die Strafe Freiheitsstrafe von einem Jahr bis zu zehn Jahren. Ein besonders schwerer Fall liegt in der Regel vor, wenn der Täter gewerbsmäßig oder als Mitglied einer Bande, die sich zur fortgesetzten Begehung solcher Straftaten verbunden hat, unter Mitwirkung eines anderen Bandenmitgliedes handelt.

(6) In minder schweren Fällen des Absatzes 1 ist die Strafe Freiheitsstrafe bis zu drei Jahren oder Geldstrafe.

§ 52a
Strafvorschriften

Mit Freiheitsstrafe bis zu drei Jahren oder mit Geldstrafe wird bestraft, wer eine in § 53 Absatz 1 Nummer 19 bezeichnete Handlung vorsätzlich begeht und dadurch die Gefahr verursacht, dass eine Schusswaffe oder Munition abhanden kommt oder darauf unbefugt zugegriffen wird.

§ 53
Bußgeldvorschriften

(1) Ordnungswidrig handelt, wer vorsätzlich oder fahrlässig
1. entgegen § 2 Abs. 1 eine nicht erlaubnispflichtige Waffe oder nicht erlaubnispflichtige Munition erwirbt oder besitzt,
2. entgegen § 2 Abs. 1 oder 3, jeweils in Verbindung mit Anlage 2 Abschnitt 1 Nr. 1.3.6, einen dort genannten Gegenstand erwirbt, besitzt, überlässt, führt, verbringt, mitnimmt, herstellt, bearbeitet, instand setzt oder damit Handel treibt,
3. ohne Erlaubnis nach § 2 Abs. 2 in Verbindung mit Abs. 4, dieser in Verbindung mit Anlage 2 Abschnitt 2 Unterabschnitt 1 Satz 1, mit einer Schusswaffe schießt,
4. einer vollziehbaren Auflage nach § 9 Abs. 2 Satz 1, § 10 Abs. 2 Satz 3, § 17 Abs. 2 Satz 2 oder § 18 Abs. 2 Satz 2 oder einer vollziehbaren Anordnung nach § 9 Abs. 3, § 36 Abs. 3 Satz 1 oder Abs. 6, § 37 Abs. 1 Satz 2, § 39 Abs. 3, § 40 Abs. 5 Satz 2 oder § 46 Abs. 2 Satz 1 oder Abs. 3 Satz 1 zuwiderhandelt,
5. entgegen § 10 Abs. 1a, § 21 Abs. 6 Satz 1 und 4, § 24 Abs. 5, § 27 Abs. 1 Satz 6, Abs. 2 Satz 2, § 31 Abs. 2 Satz 3, § 34 Absatz 2 Satz 1 oder Satz 2, Abs. 4 oder Abs. 5 Satz 1, § 36 Abs. 4 Satz 2, § 37 Abs. 1 Satz 1, Abs. 2 Satz 1 oder Abs. 3 Satz 1 oder § 40 Abs. 5 Satz 1 eine Anzeige nicht, nicht richtig, nicht vollständig, nicht in der vorgeschriebenen Weise oder nicht rechtzeitig erstattet,
6. entgegen § 10 Absatz 2 Satz 4 oder § 37 Absatz 4 eine Mitteilung nicht, nicht richtig, nicht vollständig oder nicht rechtzeitig macht,
7. entgegen § 13 Abs. 3 Satz 2, § 14 Abs. 4 Satz 2 oder § 20 Absatz 1 die Ausstellung einer Waffenbesitzkarte oder die Eintragung der Waffe in eine bereits erteilte Waffenbesitzkarte nicht beantragt oder entgegen § 34 Absatz 2 Satz 2 den Europäischen Feuerwaffenpass nicht oder nicht rechtzeitig vorlegt,
8. entgegen § 23 Abs. 1 Satz 1 oder Abs. 2 Satz 1, jeweils auch in Verbindung mit einer Rechtsverordnung nach § 25 Abs. 1 Nr. 1 Buchstabe a, das Waffenherstellungs- oder Waffenhandelsbuch nicht, nicht richtig oder nicht vollständig führt,
9. entgegen § 24 Abs. 1, auch in Verbindung mit einer Rechtsverordnung nach § 25 Abs. 1 Nr. 1 Buchstabe c oder Nr. 2 Buchstabe a, oder § 24 Abs. 2 oder 3 Satz 1 und 2, auch in Verbindung mit einer Rechtsverordnung nach § 25 Abs. 1 Nr. 1 Buchstabe c, eine Angabe, ein Zeichen oder die Bezeichnung der Munition auf der Schusswaffe nicht, nicht richtig, nicht vollständig, nicht in der vorgeschriebenen Weise oder nicht rechtzeitig anbringt oder Munition nicht, nicht richtig, nicht vollständig, nicht in der vorgeschriebenen Weise oder nicht rechtzeitig mit einem besonderen Kennzeichen versieht,
10. entgegen § 24 Abs. 4 eine Schusswaffe oder Munition anderen gewerbsmäßig überlässt,
11. ohne Erlaubnis nach § 27 Abs. 1 Satz 1 eine Schießstätte betreibt oder ihre Beschaffenheit oder die Art ihrer Benutzung wesentlich ändert,
12. entgegen § 27 Abs. 3 Satz 1 Nr. 1 und 2 einem Kind oder Jugendlichen das Schießen gestattet oder entgegen § 27 Abs. 6 Satz 2 nicht sicherstellt, dass die Aufsichtsperson nur einen Schützen bedient,
13. entgegen § 27 Abs. 3 Satz 2 Unterlagen nicht aufbewahrt oder entgegen § 27 Abs. 3 Satz 3 diese nicht herausgibt,

F ANHANG

14. entgegen § 27 Abs. 5 Satz 2 eine Bescheinigung nicht mitführt,
15. entgegen § 33 Abs. 1 Satz 1 eine Schusswaffe oder Munition nicht anmeldet oder nicht oder nicht rechtzeitig vorführt,
16. entgegen § 34 Abs. 1 Satz 1 eine nicht erlaubnispflichtige Waffe oder nicht erlaubnispflichtige Munition einem Nichtberechtigten überlässt,
17. entgegen § 35 Abs. 1 Satz 4 die Urkunden nicht aufbewahrt oder nicht, nicht vollständig oder nicht rechtzeitig Einsicht gewährt,
18. entgegen § 35 Abs. 2 einen Hinweis nicht, nicht richtig, nicht vollständig oder nicht rechtzeitig gibt oder die Erfüllung einer dort genannten Pflicht nicht, nicht richtig, nicht vollständig oder nicht rechtzeitig protokolliert,
19. entgegen § 36 Abs. 1 Satz 2 oder Abs. 2 eine Schusswaffe aufbewahrt,
20. entgegen § 38 Satz 1 eine dort genannte Urkunde nicht mit sich führt oder nicht oder nicht rechtzeitig aushändigt,
21. entgegen § 39 Abs. 1 Satz 1 eine Auskunft nicht, nicht richtig, nicht vollständig oder nicht rechtzeitig erteilt,
21a. entgegen § 42a Abs. 1 eine Anscheinswaffe, eine dort genannte Hieb- oder Stoßwaffe oder ein dort genanntes Messer führt,
22. entgegen § 46 Abs. 1 Satz 1, auch in Verbindung mit Satz 2, eine Ausfertigung der Erlaubnisurkunde nicht oder nicht rechtzeitig zurückgibt oder
23. einer Rechtsverordnung nach § 15a Absatz 4, § 25 Abs. 1 Nr. 1 Buchstabe b, § 27 Abs. 7, § 36 Abs. 5, § 42 Abs. 5 Satz 1, auch in Verbindung mit Satz 2, oder § 47 oder einer vollziehbaren Anordnung auf Grund einer solchen Rechtsverordnung zuwiderhandelt, soweit die Rechtsverordnung für einen bestimmten Tatbestand auf diese Bußgeldvorschrift verweist.

(2) Die Ordnungswidrigkeit kann mit einer Geldbuße bis zu zehntausend Euro geahndet werden.
(3) Verwaltungsbehörde im Sinne des § 36 Abs. 1 Nr. 1 des Gesetzes über Ordnungswidrigkeiten ist, soweit dieses Gesetz von der Physikalisch-Technischen Bundesanstalt, dem Bundesverwaltungsamt oder dem Bundeskriminalamt ausgeführt wird, die für die Erteilung von Erlaubnissen nach § 21 Abs. 1 zuständige Behörde.

§ 54
Einziehung und erweiterter Verfall

(1) Ist eine Straftat nach den §§ 51, 52 Abs. 1, 2 oder 3 Nr. 1, 2 oder 3 oder Abs. 5 begangen worden, so werden Gegenstände,
1. auf die sich diese Straftat bezieht oder
2. die durch sie hervorgebracht oder zu ihrer Begehung oder Vorbereitung gebraucht worden oder bestimmt gewesen sind,
eingezogen.
(2) Ist eine sonstige Straftat nach § 52 oder eine Ordnungswidrigkeit nach § 53 begangen worden, so können in Absatz 1 bezeichnete Gegenstände eingezogen werden.
(3) § 74a des Strafgesetzbuches und § 23 des Gesetzes über Ordnungswidrigkeiten sind anzuwenden. In den Fällen der §§ 51, 52 Abs. 1 oder 3 Nr. 1 bis 3 ist § 73d des Strafgesetzbuches anzuwenden, wenn der Täter gewerbsmäßig oder als Mitglied einer Bande handelt, die sich zur fortgesetzten Begehung solcher Straftaten verbunden hat.
(4) Als Maßnahme im Sinne des § 74b Abs. 2 Satz 2 des Strafgesetzbuches kommt auch die Anweisung in Betracht, binnen einer angemessenen Frist eine Entscheidung der zuständigen Behörde über die Erteilung einer Erlaubnis nach § 10 vorzulegen oder die Gegenstände einem Berechtigten zu überlassen.

Abschnitt 5
Ausnahmen von der Anwendung des Gesetzes

§ 55
Ausnahmen für oberste Bundes- und Landesbehörden, Bundeswehr, Polizei und Zollverwaltung, erheblich gefährdete Hoheitsträger sowie Bedienstete anderer Staaten

(1) Dieses Gesetz ist, wenn es nicht ausdrücklich etwas anderes bestimmt, nicht anzuwenden auf
1. die obersten Bundes- und Landesbehörden und die Deutsche Bundesbank,
2. die Bundeswehr und die in der Bundesrepublik Deutschland stationierten ausländischen Streitkräfte,
3. die Polizeien des Bundes und der Länder,
4. die Zollverwaltung

und deren Bedienstete, soweit sie dienstlich tätig werden. Bei Polizeibediensteten und bei Bediensteten der Zollverwaltung mit Vollzugsaufgaben gilt dies, soweit sie durch Dienstvorschriften hierzu ermächtigt sind, auch für den Besitz über dienstlich zugelassene Waffen oder Munition und für das Führen dieser Waffen außerhalb des Dienstes.

(2) Personen, die wegen der von ihnen wahrzunehmenden hoheitlichen Aufgaben des Bundes oder eines Landes erheblich gefährdet sind, wird an Stelle einer Waffenbesitzkarte, eines Waffenscheins oder einer Ausnahmebewilligung nach § 42 Abs. 2 eine Bescheinigung über die Berechtigung zum Erwerb und Besitz von Waffen oder Munition sowie eine Bescheinigung zum Führen dieser Waffen erteilt. Die Bescheinigung ist auf die voraussichtliche Dauer der Gefährdung zu befristen. Die Bescheinigung erteilt für Hoheitsträger des Bundes das Bundesministerium des Innern oder eine von ihm bestimmte Stelle.

(3) Dieses Gesetz ist nicht anzuwenden auf Bedienstete anderer Staaten, die dienstlich mit Waffen oder Munition ausgestattet sind, wenn die Bediensteten im Rahmen einer zwischenstaatlichen Vereinbarung oder auf Grund einer Anforderung oder einer allgemein oder für den Einzelfall erteilten Zustimmung einer zuständigen inländischen Behörde oder Dienststelle im Geltungsbereich dieses Gesetzes tätig werden und die zwischenstaatliche Vereinbarung, die Anforderung oder die Zustimmung nicht etwas anderes bestimmt.

(4) Auf Waffen oder Munition, die für die in Absatz 1 Satz 1 bezeichneten Stellen in den Geltungsbereich dieses Gesetzes verbracht oder hergestellt und ihnen überlassen werden, ist § 40 nicht anzuwenden.

(4a) Auf den Waffen, die für die in Absatz 1 Satz 1 bezeichneten Stellen in den Geltungsbereich dieses Gesetzes verbracht oder hergestellt und ihnen überlassen werden, sind neben den für Waffen allgemein vorgeschriebenen Kennzeichnungen (§ 24) zusätzlich Markierungen anzubringen, aus denen die verfügungsberechtigte Stelle ersichtlich ist. Bei Aussonderung aus staatlicher Verfügung und dauerhafter Überführung in zivile Verwendung ist die zusätzliche Markierung durch zwei waagerecht dauerhaft eingebrachte Striche zu entwerten. Dabei muss erkennbar bleiben, welche nach Absatz 1 Satz 1 bezeichnete Stelle verfügungsberechtigt über die Waffe war.

(5) Die Bundesregierung kann durch Rechtsverordnung, die nicht der Zustimmung des Bundesrates bedarf, eine dem Absatz 1 Satz 1 entsprechende Regelung für sonstige Behörden und Dienststellen des Bundes treffen. Die Bundesregierung kann die Befugnis nach Satz 1 durch Rechtsverordnung, die nicht der Zustimmung des Bundesrates bedarf, auf eine andere Bundesbehörde übertragen.

(6) Die Landesregierungen können durch Rechtsverordnung eine dem Absatz 5 Satz 1 entsprechende Regelung für sonstige Behörden und Dienststellen des Landes treffen. Die Landesregierungen können die Befugnis nach Satz 1 durch Rechtsverordnung auf andere Landesbehörden übertragen.

F ANHANG

§ 56
Sondervorschriften für Staatsgäste und andere Besucher

Auf
1. Staatsgäste aus anderen Staaten,
2. sonstige erheblich gefährdete Personen des öffentlichen Lebens aus anderen Staaten, die sich besuchsweise im Geltungsbereich dieses Gesetzes aufhalten, und
3. Personen aus anderen Staaten, denen der Schutz der in den Nummern 1 und 2 genannten Personen obliegt,

ist § 10 und Abschnitt 2 Unterabschnitt 5 nicht anzuwenden, wenn ihnen das Bundesverwaltungsamt oder, soweit es sich nicht um Gäste des Bundes handelt, die nach § 48 Abs. 1 zuständige Behörde hierüber eine Bescheinigung erteilt hat. Die Bescheinigung, zu deren Wirksamkeit es der Bekanntgabe an den Betroffenen nicht bedarf, ist zu erteilen, wenn dies im öffentlichen Interesse, insbesondere zur Wahrung der zwischenstaatlichen Gepflogenheiten bei solchen Besuchen, geboten ist. Es muss gewährleistet sein, dass in den Geltungsbereich dieses Gesetzes verbrachte oder dort erworbene Schusswaffen oder Munition nach Beendigung des Besuches aus dem Geltungsbereich dieses Gesetzes verbracht oder einem Berechtigten überlassen werden. Sofern das Bundesverwaltungsamt in den Fällen des Satzes 1 nicht rechtzeitig tätig werden kann, entscheidet über die Erteilung der Bescheinigung die nach § 48 Abs. 1 zuständige Behörde. Das Bundesverwaltungsamt ist über die getroffene Entscheidung zu unterrichten.

§ 57
Kriegswaffen

(1) Dieses Gesetz gilt nicht für Kriegswaffen im Sinne des Gesetzes über die Kontrolle von Kriegswaffen. Auf tragbare Schusswaffen, für die eine Waffenbesitzkarte nach § 59 Abs. 4 Satz 2 des Waffengesetzes in der vor dem 1. Juli 1976 geltenden Fassung erteilt worden ist, sind unbeschadet der Vorschriften des Gesetzes über die Kontrolle von Kriegswaffen § 4 Abs. 3, § 45 Abs. 1 und 2 sowie die §§ 36 und 53 Abs. 1 Nr. 19 anzuwenden. Auf Verstöße gegen § 59 Abs. 2 des Waffengesetzes in der vor dem 1. Juli 1976 geltenden Fassung und gegen § 58 Abs. 1 des Waffengesetzes in der vor dem 1. April 2003 geltenden Fassung ist § 52 Abs. 3 Nr. 1 anzuwenden. Zuständige Behörde für Maßnahmen nach Satz 2 ist das Bundesamt für Wirtschaft und Ausfuhrkontrolle.

(2) Wird die Anlage zu dem Gesetz über die Kontrolle von Kriegswaffen (Kriegswaffenliste) geändert und verlieren deshalb tragbare Schusswaffen ihre Eigenschaft als Kriegswaffen, so hat derjenige, der seine Befugnis zum Besitz solcher Waffen durch eine Genehmigung oder Bestätigung der zuständigen Behörde nachweisen kann, diese Genehmigung oder Bestätigung der nach § 48 Abs. 1 zuständigen Behörde vorzulegen; diese stellt eine Waffenbesitzkarte aus oder ändert eine bereits erteilte Waffenbesitzkarte, wenn kein Versagungsgrund im Sinne des Absatzes 4 vorliegt. Die übrigen Besitzer solcher Waffen können innerhalb einer Frist von sechs Monaten nach Inkrafttreten der Änderung der Kriegswaffenliste bei der nach § 48 Abs. 1 zuständigen Behörde die Ausstellung einer Waffenbesitzkarte beantragen, sofern nicht der Besitz der Waffen nach § 59 Abs. 2 des Waffengesetzes in der vor dem 1. Juli 1976 geltenden Fassung anzumelden oder ein Antrag nach § 58 Abs. 1 des Waffengesetzes in der vor dem 1. April 2003 geltenden Fassung zu stellen war und der Besitzer die Anmeldung oder den Antrag unterlassen hat.

(3) Wird die Anlage zu dem Gesetz über die Kontrolle von Kriegswaffen (Kriegswaffenliste) geändert und verliert deshalb Munition für tragbare Kriegswaffen ihre Eigenschaft als Kriegswaffe, so hat derjenige, der bei Inkrafttreten der Änderung der Kriegswaffenliste den Besitz über sie ausübt, innerhalb einer Frist von sechs Monaten einen Antrag auf Erteilung einer Erlaubnis nach § 10 Abs. 3 bei der nach § 48 Abs. 1 zuständigen Behörde zu stellen, es sei denn, dass er bereits eine Berechtigung zum Besitz dieser Munition besitzt.

(4) Die Waffenbesitzkarte nach Absatz 2 und die Erlaubnis zum Munitionsbesitz nach Absatz 3 dürfen nur versagt werden, wenn Tatsachen die Annahme rechtfertigen, dass der Antragsteller nicht die erforderliche Zuverlässigkeit oder persönliche Eignung besitzt.
(5) Wird der Antrag nach Absatz 2 Satz 2 oder Absatz 3 nicht gestellt oder wird die Waffenbesitzkarte oder die Erlaubnis unanfechtbar versagt, so darf der Besitz über die Schusswaffen oder die Munition nach Ablauf der Antragsfrist oder nach der Versagung nicht mehr ausgeübt werden. § 46 Abs. 2 findet entsprechend Anwendung.

Abschnitt 6
Übergangsvorschriften, Verwaltungsvorschriften

§ 58
Altbesitz

(1) Soweit nicht nachfolgend Abweichendes bestimmt wird, gelten Erlaubnisse im Sinne des Waffengesetzes in der Fassung der Bekanntmachung vom 8. März 1976 (BGBl. I S. 432), zuletzt geändert durch das Gesetz vom 21. November 1996 (BGBl. I S. 1779), fort. Erlaubnisse zum Erwerb von Munition berechtigen auch zu deren Besitz. Hat jemand berechtigt Munition vor dem Inkrafttreten dieses Gesetzes erworben, für die auf Grund dieses Gesetzes eine Erlaubnis erforderlich ist, und übt er über diese bei Inkrafttreten dieses Gesetzes noch den Besitz aus, so hat er diese Munition bis 31. August 2003 der zuständigen Behörde schriftlich anzumelden. Die Anmeldung muss die Personalien des Besitzers sowie die Munitionsarten enthalten. Die nachgewiesene fristgerechte Anmeldung gilt als Erlaubnis zum Besitz.
(2) Eine auf Grund des Waffengesetzes in der Fassung der Bekanntmachung vom 8. März 1976 (BGBl. I S. 432) erteilte waffenrechtliche Erlaubnis für Kriegsschusswaffen tritt am ersten Tag des sechsten auf das Inkrafttreten dieses Gesetzes folgenden Monats außer Kraft.
(3) Ist über einen vor Inkrafttreten dieses Gesetzes gestellten Antrag auf Erteilung einer Erlaubnis nach § 7 des Waffengesetzes in der Fassung der Bekanntmachung vom 8. März 1976 (BGBl. I S. 432) noch nicht entschieden worden, findet für die Entscheidung über den Antrag § 21 dieses Gesetzes Anwendung.
(4) Bescheinigungen nach § 6 Abs. 2 des Waffengesetzes in der Fassung der Bekanntmachung vom 8. März 1976 (BGBl. I S. 432) gelten im bisherigen Umfang als Bescheinigungen nach § 55 Abs. 2 dieses Gesetzes.
(5) Ausnahmebewilligungen nach § 37 Abs. 3 und § 57 Abs. 7 des Waffengesetzes in der Fassung der Bekanntmachung vom 8. März 1976 (BGBl. I S. 432) gelten in dem bisherigen Umfang als Ausnahmebewilligungen nach § 40 Abs. 4 dieses Gesetzes.
(6) Die nach § 40 Abs. 1 des Waffengesetzes in der Fassung der Bekanntmachung vom 8. März 1976 (BGBl. I S. 432) ausgesprochenen Verbote gelten in dem bisherigen Umfang als Verbote nach § 41 dieses Gesetzes.
(7) Hat jemand am 1. April 2003 eine bislang nicht einem Verbot nach § 37 Abs. 1 des Waffengesetzes in der Fassung der Bekanntmachung vom 8. März 1976 (BGBl. I S. 432) unterliegende Waffe im Sinne der Anlage 2 Abschnitt 1 dieses Gesetzes besessen, so wird das Verbot nicht wirksam, wenn er bis zum 31. August 2003 diese Waffe unbrauchbar macht, einem Berechtigten überlässt oder einen Antrag nach § 40 Abs. 4 dieses Gesetzes stellt. § 46 Abs. 3 Satz 2 und Abs. 5 findet entsprechend Anwendung.
(8) Wer eine am 25. Juli 2009 unerlaubt besessene Waffe bis zum 31. Dezember 2009 unbrauchbar macht, einem Berechtigten überlässt oder der zuständigen Behörde oder einer Polizeidienststelle übergibt, wird nicht wegen unerlaubten Erwerbs, unerlaubten Besitzes oder unerlaubten Verbringens bestraft. Satz 1 gilt nicht, wenn

F ANHANG

1. vor der Unbrauchbarmachung, Überlassung oder Übergabe dem bisherigen Besitzer der Waffe die Einleitung des Straf- oder Bußgeldverfahrens wegen der Tat bekannt gegeben worden ist oder
2. der Verstoß im Zeitpunkt der Unbrauchbarmachung, Überlassung oder Übergabe ganz oder zum Teil bereits entdeckt war und der bisherige Besitzer dies wusste oder bei verständiger Würdigung der Sachlage damit rechnen musste.

(9) Besitzt eine Person, die noch nicht das 25. Lebensjahr vollendet hat, am 1. April 2003 mit einer Erlaubnis auf Grund des Waffengesetzes in der Fassung der Bekanntmachung vom 8. März 1976 (BGBl. I S. 432) eine Schusswaffe, so hat sie binnen eines Jahres auf eigene Kosten der zuständigen Behörde ein amts- oder fachärztliches oder fachpsychologisches Zeugnis über die geistige Eignung nach § 6 Abs. 3 vorzulegen. Satz 1 gilt nicht für den Erwerb und Besitz von Schusswaffen im Sinne von § 14 Abs. 1 Satz 2 und in den Fällen des § 13 Abs. 2 Satz 1.

(10) Die Erlaubnispflicht für Schusswaffen im Sinne der Anlage 2 Abschnitt 2 Unterabschnitt 1 Satz 3 gilt für Schusswaffen, die vor dem 1. April 2008 erworben wurden, erst ab dem 1. Oktober 2008.

(11) Hat jemand am 1. April 2008 eine bislang nicht nach Anlage 2 Abschnitt 1 Nr. 1.2.1.2 dieses Gesetzes verbotene Waffe besessen, so wird dieses Verbot nicht wirksam, wenn er bis zum 1. Oktober 2008 diese Waffe unbrauchbar macht, einem Berechtigten überlässt oder der zuständigen Behörde oder einer Polizeidienststelle überlässt oder einen Antrag nach § 40 Abs. 4 dieses Gesetzes stellt. § 46 Abs. 3 Satz 2 und Abs. 5 findet entsprechend Anwendung.

(12) Besitzt der Inhaber einer Waffenbesitzkarte am 1. April 2008 erlaubnisfrei erworbene Teile von Schusswaffen im Sinne der Anlage 2 Abschnitt 2 Unterabschnitt 2 Nr. 2, so sind diese Teile bis zum 1. Oktober 2008 in die Waffenbesitzkarte einzutragen.

§ 59
Verwaltungsvorschriften

Das Bundesministerium des Innern erlässt allgemeine Verwaltungsvorschriften über den Erwerb und das Führen von Schusswaffen durch Behörden und Bedienstete seines Geschäftsbereichs sowie über das Führen von Schusswaffen durch erheblich gefährdete Hoheitsträger im Sinne von § 55 Abs. 2; die anderen obersten Bundesbehörden und die Deutsche Bundesbank erlassen die Verwaltungsvorschriften für ihren Geschäftsbereich im Einvernehmen mit dem Bundesministerium des Innern.

Anlage 1 (zu § 1 Abs. 4) Begriffsbestimmungen

Abschnitt 1:
Waffen- und munitionstechnische Begriffe, Einstufung von Gegenständen

Unterabschnitt 1:
Schusswaffen

1. Schusswaffen im Sinne des § 1 Abs. 2 Nr. 1
1.1 Schusswaffen
Schusswaffen sind Gegenstände, die zum Angriff oder zur Verteidigung, zur Signalgebung, zur Jagd, zur Distanzinjektion, zur Markierung, zum Sport oder zum Spiel bestimmt sind und bei denen Geschosse durch einen Lauf getrieben werden.

1.2   Gleichgestellte Gegenstände
Den Schusswaffen stehen gleich tragbare Gegenstände,
1.2.1   die zum Abschießen von Munition für die in Nummer 1.1 genannten Zwecke bestimmt sind,
1.2.2   bei denen bestimmungsgemäß feste Körper gezielt verschossen werden, deren Antriebsenergie durch Muskelkraft eingebracht und durch eine Sperrvorrichtung gespeichert werden kann (z. B. Armbrüste). Dies gilt nicht für feste Körper, die mit elastischen Geschossspitzen (z. B. Saugnapf aus Gummi) versehen sind, bei denen eine maximale Bewegungsenergie der Geschossspitzen je Flächeneinheit von 0,16 J/cm^2 nicht überschritten wird;
1.3   Wesentliche Teile von Schusswaffen, Schalldämpfer
Wesentliche Teile von Schusswaffen und Schalldämpfer stehen, soweit in diesem Gesetz nichts anderes bestimmt ist, den Schusswaffen gleich, für die sie bestimmt sind. Dies gilt auch dann, wenn sie mit anderen Gegenständen verbunden sind und die Gebrauchsfähigkeit als Waffenteil nicht beeinträchtigt ist oder mit allgemein gebräuchlichen Werkzeugen wiederhergestellt werden kann. Teile von Kriegswaffen im Sinne des Gesetzes über die Kontrolle von Kriegswaffen in der Fassung der Bekanntmachung vom 22. November 1990 (BGBl. I S. 2506), zuletzt geändert durch Artikel 24 der Verordnung vom 31. Oktober 2006 (BGBl. I S. 2407), die nicht vom Gesetz über die Kontrolle von Kriegswaffen erfasst und nachstehend als wesentliche Teile aufgeführt sind, sowie Schalldämpfer zu derartigen Waffen werden von diesem Gesetz erfasst;
Wesentliche Teile sind
1.3.1   der Lauf oder Gaslauf, der Verschluss sowie das Patronen- oder Kartuschenlager, wenn diese nicht bereits Bestandteil des Laufes sind; der Lauf ist ein aus einem ausreichend festen Werkstoff bestehender rohrförmiger Gegenstand, der Geschossen, die hindurchgetrieben werden, ein gewisses Maß an Führung gibt, wobei dies in der Regel als gegeben anzusehen ist, wenn die Länge des Laufteils, der die Führung des Geschosses bestimmt, mindestens das Zweifache des Kalibers beträgt; der Gaslauf ist ein Lauf, der ausschließlich der Ableitung der Verbrennungsgase dient; der Verschluss ist das unmittelbar das Patronen- oder Kartuschenlager oder den Lauf abschließende Teil;
1.3.2   bei Schusswaffen, bei denen zum Antrieb ein entzündbares flüssiges oder gasförmiges Gemisch verwendet wird, auch die Verbrennungskammer und die Einrichtung zur Erzeugung des Gemisches;
1.3.3   bei Schusswaffen mit anderem Antrieb auch die Antriebsvorrichtung, sofern sie fest mit der Schusswaffe verbunden ist;
1.3.4   bei Kurzwaffen auch das Griffstück oder sonstige Waffenteile, soweit sie für die Aufnahme des Auslösemechanismus bestimmt sind.
Als wesentliche Teile gelten auch vorgearbeitete wesentliche Teile von Schusswaffen sowie Teile/Reststücke von Läufen und Laufrohlingen, wenn sie mit allgemein gebräuchlichen Werkzeugen fertiggestellt werden können. Schalldämpfer sind Vorrichtungen, die der wesentlichen Dämpfung des Mündungsknalls dienen und für Schusswaffen bestimmt sind;
1.4   Unbrauchbar gemachte Schusswaffen (Dekorationswaffen)
Schusswaffen sind dann unbrauchbar, wenn
1.4.1   das Patronenlager dauerhaft so verändert ist, dass weder Munition noch Treibladungen geladen werden können,
1.4.2   der Verschluss dauerhaft funktionsunfähig gemacht worden ist,
1.4.3   in Griffstücken oder anderen wesentlichen Waffenteilen für Handfeuer-Kurzwaffen der Auslösemechanismus dauerhaft funktionsunfähig gemacht worden ist,
1.4.4   bei Kurzwaffen der Lauf auf seiner ganzen Länge, im Patronenlager beginnend,
– bis zur Laufmündung einen durchgehenden Längsschlitz von mindestens 4 mm Breite oder
– im Abstand von jeweils 3 cm, mindestens jedoch 3 kalibergroße Bohrungen oder
– andere gleichwertige Laufveränderungen
aufweist,

F ANHANG

1.4.5 bei Langwaffen der Lauf in dem dem Patronenlager zugekehrten Drittel
- mindestens 6 kalibergroße Bohrungen oder
- andere gleichwertige Laufveränderungen

aufweist und vor diesen in Richtung der Laufmündung mit einem kalibergroßen gehärteten Stahlstift dauerhaft verschlossen ist,

1.4.6 dauerhaft unbrauchbar gemacht oder geworden ist eine Schusswaffe dann, wenn mit allgemein gebräuchlichen Werkzeugen die Schussfähigkeit der Waffe oder die Funktionsfähigkeit der wesentlichen Teile nicht wiederhergestellt werden kann.

1.5 Salutwaffen

Salutwaffen sind veränderte Langwaffen, die u. a. für Theateraufführungen, Foto-, Film- oder Fernsehaufnahmen bestimmt sind, wenn sie die nachstehenden Anforderungen erfüllen:
- das Patronenlager muss dauerhaft so verändert sein, dass keine Patronen- oder pyrotechnische Munition geladen werden kann,
- der Lauf muss in dem dem Patronenlager zugekehrten Drittel mindestens sechs kalibergroße, offene Bohrungen oder andere gleichwertige Laufveränderungen aufweisen und vor diesen in Richtung der Laufmündung mit einem kalibergroßen gehärteten Stahlstift dauerhaft verschlossen sein,
- der Lauf muss mit dem Gehäuse fest verbunden sein, sofern es sich um Waffen handelt, bei denen der Lauf ohne Anwendung von Werkzeugen ausgetauscht werden kann,
- die Änderungen müssen so vorgenommen sein, dass sie nicht mit allgemein gebräuchlichen Werkzeugen rückgängig gemacht und die Gegenstände nicht so geändert werden können, dass aus ihnen Geschosse, Patronen- oder pyrotechnische Munition verschossen werden können, und
- der Verschluss muss ein Kennzeichen nach Abbildung 11 der Anlage II zur Beschussverordnung tragen;

1.6 Anscheinswaffen

Anscheinswaffen sind

1.6.1 Schusswaffen, die ihrer äußeren Form nach im Gesamterscheinungsbild den Anschein von Feuerwaffen (Anlage 1 Abschnitt 1 Unterabschnitt 1 Nr. 2.1) hervorrufen und bei denen zum Antrieb der Geschosse keine heißen Gase verwendet werden,

1.6.2 Nachbildungen von Schusswaffen mit dem Aussehen von Schusswaffen nach Nummer 1.6.1 oder

1.6.3 unbrauchbar gemachte Schusswaffen mit dem Aussehen von Schusswaffen nach Nummer 1.6.1.

Ausgenommen sind solche Gegenstände, die erkennbar nach ihrem Gesamterscheinungsbild zum Spiel oder für Brauchtumsveranstaltungen bestimmt sind oder die Teil einer kulturhistorisch bedeutsamen Sammlung im Sinne des § 17 sind oder werden sollen oder Schusswaffen, für die gemäß § 10 Abs. 4 eine Erlaubnis zum Führen erforderlich ist. Erkennbar nach ihrem Gesamterscheinungsbild zum Spiel bestimmt sind insbesondere Gegenstände, deren Größe die einer entsprechenden Feuerwaffe um 50 Prozent über- oder unterschreiten, neonfarbene Materialien enthalten oder keine Kennzeichnungen von Feuerwaffen aufweisen.

2. Arten von Schusswaffen

2.1 Feuerwaffen; dies sind Schusswaffen nach Nummer 1.1, bei denen ein Geschoss mittels heißer Gase durch einen oder aus einem Lauf getrieben wird.

2.2 Automatische Schusswaffen; dies sind Schusswaffen, die nach Abgabe eines Schusses selbsttätig erneut schussbereit werden und bei denen aus demselben Lauf durch einmalige Betätigung des Abzuges oder einer anderen Schussauslösevorrichtung mehrere Schüsse abgegeben werden können (Vollautomaten) oder durch einmalige Betätigung des Abzuges oder einer anderen Schussauslösevorrichtung jeweils nur ein Schuss abgegeben werden kann (Halbautomaten). Als automatische

Schusswaffen gelten auch Schusswaffen, die mit allgemein gebräuchlichen Werkzeugen in automatische Schusswaffen geändert werden können. Als Vollautomaten gelten auch in Halbautomaten geänderte Vollautomaten, die mit den in Satz 2 genannten Hilfsmitteln wieder in Vollautomaten zurückgeändert werden können. Double-Action-Revolver sind keine halbautomatischen Schusswaffen. Beim Double-Action-Revolver wird bei Betätigung des Abzuges durch den Schützen die Trommel weitergedreht, so dass das nächste Lager mit einer neuen Patrone vor den Lauf und den Schlagbolzen zu liegen kommt, und gleichzeitig die Feder gespannt. Beim weiteren Durchziehen des Abzuges schnellt der Hahn nach vorn und löst den Schuss aus.

2.3 Repetierwaffen; dies sind Schusswaffen, bei denen nach Abgabe eines Schusses über einen von Hand zu betätigenden Mechanismus Munition aus einem Magazin in das Patronenlager nachgeladen wird.

2.4 Einzelladerwaffen; dies sind Schusswaffen ohne Magazin mit einem oder mehreren Läufen, die vor jedem Schuss aus demselben Lauf von Hand geladen werden.

2.5 Langwaffen; dies sind Schusswaffen, deren Lauf und Verschluss in geschlossener Stellung insgesamt länger als 30 cm sind und deren kürzeste bestimmungsgemäß verwendbare Gesamtlänge 60 cm überschreitet; Kurzwaffen sind alle anderen Schusswaffen.

2.6 Schreckschusswaffen; dies sind Schusswaffen mit einem Kartuschenlager, die zum Abschießen von Kartuschenmunition bestimmt sind.

2.7 Reizstoffwaffen; dies sind Schusswaffen mit einem Patronen- oder Kartuschenlager, die zum Verschießen von Reiz- oder anderen Wirkstoffen bestimmt sind.

2.8 Signalwaffen; dies sind Schusswaffen mit einem Patronen- oder Kartuschenlager oder tragbare Gegenstände nach Nummer 1.2.1, die zum Verschießen pyrotechnischer Munition bestimmt sind.

2.9 Druckluft- und Federdruckwaffen und Waffen, bei denen zum Antrieb der Geschosse kalte Treibgase verwendet werden; Federdruckwaffen sind Schusswaffen, bei denen entweder Federkraft direkt ein Geschoss antreibt (auch als Federkraftwaffen bezeichnet) oder ein federbelasteter Kolben in einem Zylinder bewegt wird und ein vom Kolben erzeugtes Luftpolster das Geschoss antreibt. Druckluftwaffen sind Schusswaffen, bei denen Luft in einen Druckbehälter vorkomprimiert und gespeichert sowie über ein Ventilsystem zum Geschossantrieb freigegeben wird. Waffen, bei denen zum Antrieb der Geschosse kalte Treibgase Verwendung finden, sind z. B. Druckgaswaffen.

3. Weitere Begriffe zu den wesentlichen Teilen

3.1 Austauschläufe sind Läufe für ein bestimmtes Waffenmodell oder -system, die ohne Nacharbeit ausgetauscht werden können.

3.2 Wechselläufe sind Läufe, die für eine bestimmte Waffe zum Austausch des vorhandenen Laufes vorgefertigt sind und die noch eingepasst werden müssen.

3.3 Einsteckläufe sind Läufe ohne eigenen Verschluss, die in die Läufe von Waffen größeren Kalibers eingesteckt werden können.

3.4 Wechseltrommeln sind Trommeln für ein bestimmtes Revolvermodell, die ohne Nacharbeit gewechselt werden können.

3.5 Wechselsysteme sind Wechselläufe einschließlich des für sie bestimmten Verschlusses.

3.6 Einstecksysteme sind Einsteckläufe einschließlich des für sie bestimmten Verschlusses.

3.7 Einsätze sind Teile, die den Innenmaßen des Patronenlagers der Schusswaffe angepasst und zum Verschießen von Munition kleinerer Abmessungen bestimmt sind.

4. Sonstige Vorrichtungen für Schusswaffen

4.1 Zielscheinwerfer sind für Schusswaffen bestimmte Vorrichtungen, die das Ziel beleuchten. Ein Ziel wird dann beleuchtet, wenn es mittels Lichtstrahlen bei ungünstigen Lichtverhältnissen oder Dunkelheit für den Schützen erkennbar dargestellt wird. Dabei ist es unerheblich, ob das Licht sichtbar oder unsichtbar (z. B. infrarot) ist und ob der Schütze weitere Hilfsmittel für die Zielerkennung benötigt.

4.2 Laser oder Zielpunktprojektoren sind für Schusswaffen bestimmte Vorrichtungen, die das Ziel markieren. Ein Ziel wird markiert, wenn auf diesem für den Schützen erkennbar ein Zielpunkt projiziert wird.

4.3 Nachtsichtgeräte oder Nachtzielgeräte sind für Schusswaffen bestimmte Vorrichtungen, die eine elektronische Verstärkung oder einen Bildwandler und eine Montageeinrichtung für Schusswaffen besitzen. Zu Nachtzielgeräten zählen auch Nachtsichtvorsätze und Nachtsichtaufsätze für Zielhilfsmittel (Zielfernrohre).

5. Reizstoffe sind Stoffe, die bei ihrer bestimmungsgemäßen Anwendung auf den Menschen eine belästigende Wirkung durch Haut- und Schleimhautreizung, insbesondere durch einen Augenreiz ausüben und resorptiv nicht giftig wirken.

6. Nachbildungen von Schusswaffen sind Gegenstände,
– die nicht als Schusswaffen hergestellt wurden,
– die die äußere Form einer Schusswaffe haben,
– aus denen nicht geschossen werden kann und
– die nicht mit allgemein gebräuchlichen Werkzeugen so umgebaut oder verändert werden können, dass aus ihnen Munition, Ladungen oder Geschosse verschossen werden können.

Unterabschnitt 2:
Tragbare Gegenstände

1. Tragbare Gegenstände nach § 1 Abs. 2 Nr. 2 Buchstabe a sind insbesondere

1.1 Hieb- und Stoßwaffen (Gegenstände, die ihrem Wesen nach dazu bestimmt sind, unter unmittelbarer Ausnutzung der Muskelkraft durch Hieb, Stoß, Stich, Schlag oder Wurf Verletzungen beizubringen),

1.2 Gegenstände,

1.2.1 die unter Ausnutzung einer anderen als mechanischen Energie Verletzungen beibringen (z. B. Elektroimpulsgeräte),

1.2.2 aus denen Reizstoffe versprüht oder ausgestoßen werden, die eine Reichweite bis zu 2 m haben (Reizstoffsprühgeräte),

1.2.3 bei denen in einer Entfernung von mehr als 2 m bei Menschen
a) eine angriffsunfähig machende Wirkung durch ein gezieltes Versprühen oder Ausstoßen von Reiz- oder anderen Wirkstoffen oder
b) eine gesundheitsschädliche Wirkung durch eine andere als kinetische Energie, insbesondere durch ein gezieltes Ausstrahlen einer elektromagnetischen Strahlung
hervorgerufen werden kann,

1.2.4 bei denen gasförmige, flüssige oder feste Stoffe den Gegenstand gezielt und brennend mit einer Flamme von mehr als 20 cm Länge verlassen,

1.2.5 bei denen leicht entflammbare Stoffe so verteilt und entzündet werden, dass schlagartig ein Brand entstehen kann, oder in denen unter Verwendung explosionsgefährlicher oder explosionsfähiger Stoffe eine Explosion ausgelöst werden kann,

1.2.6 die nach ihrer Beschaffenheit und Handhabung dazu bestimmt sind, durch Drosseln die Gesundheit zu schädigen,

1.3 Schleudern, die zur Erreichung einer höchstmöglichen Bewegungsenergie eine Armstütze oder eine vergleichbare Vorrichtung besitzen oder für eine solche Vorrichtung eingerichtet sind (Präzisionsschleudern) sowie Armstützen und vergleichbare Vorrichtungen für die vorbezeichneten Gegenstände.

2. Tragbare Gegenstände im Sinne des § 1 Abs. 2 Nr. 2 Buchstabe b sind
2.1 Messer,

2.1.1 deren Klingen auf Knopf- oder Hebeldruck hervorschnellen und hierdurch oder beim Loslassen der Sperrvorrichtung festgestellt werden können (Springmesser),
2.1.2 deren Klingen beim Lösen einer Sperrvorrichtung durch ihre Schwerkraft oder durch eine Schleuderbewegung aus dem Griff hervorschnellen und selbsttätig oder beim Loslassen der Sperrvorrichtung festgestellt werden (Fallmesser),
2.1.3 mit einem quer zur feststehenden oder feststellbaren Klinge verlaufenden Griff, die bestimmungsgemäß in der geschlossenen Faust geführt oder eingesetzt werden (Faustmesser),
2.1.4 Faltmesser mit zweigeteilten, schwenkbaren Griffen (Butterflymesser),
2.2 Gegenstände, die bestimmungsgemäß unter Ausnutzung einer anderen als mechanischen Energie Tieren Schmerzen beibringen (z. B. Elektroimpulsgeräte), mit Ausnahme der ihrer Bestimmung entsprechend im Bereich der Tierhaltung oder bei der sachgerechten Hundeausbildung Verwendung findenden Gegenstände (z. B. Viehtreiber).
2.2.1 die bestimmungsgemäß unter Ausnutzung einer anderen als mechanischen Energie Tieren Verletzungen beibringen (z. B. Elektroimpulsgeräte), mit Ausnahme der ihrer Bestimmung entsprechend im Bereich der Tierhaltung Verwendung findenden Gegenstände.

Unterabschnitt 3:
Munition und Geschosse

1. Munition ist zum Verschießen aus Schusswaffen bestimmte
1.1 Patronenmunition (Hülsen mit Ladungen, die ein Geschoss enthalten, und Geschosse mit Eigenantrieb),
1.2 Kartuschenmunition (Hülsen mit Ladungen, die ein Geschoss nicht enthalten),
1.3 hülsenlose Munition (Ladung mit oder ohne Geschoss, wobei die Treibladung eine den Innenabmessungen einer Schusswaffe oder eines Gegenstandes nach Unterabschnitt 1 Nr. 1.2 angepasste Form hat),
1.4 pyrotechnische Munition (dies sind Gegenstände, die Geschosse mit explosionsgefährlichen Stoffen oder Stoffgemischen [pyrotechnische Sätze] enthalten, die Licht-, Schall-, Rauch-, Nebel-, Heiz-, Druck- oder Bewegungswirkungen erzeugen und keine zweckbestimmte Durchschlagskraft im Ziel entfalten); hierzu gehört
1.4.1 pyrotechnische Patronenmunition (Patronenmunition, bei der das Geschoss einen pyrotechnischen Satz enthält),
1.4.2 unpatronierte pyrotechnische Munition (Geschosse, die einen pyrotechnischen Satz enthalten),
1.4.3 mit der Antriebsvorrichtung fest verbundene pyrotechnische Munition.
2. Ladungen sind die Hauptenergieträger, die in loser Schüttung in Munition oder als vorgefertigte Ladung oder in loser Form in Waffen nach Unterabschnitt 1 Nr. 1.1 oder Gegenstände nach Unterabschnitt 1 Nr. 1.2.1 eingegeben werden und
– zum Antrieb von Geschossen oder Wirkstoffen oder
– zur Erzeugung von Schall- oder Lichtimpulsen
bestimmt sind, sowie Anzündsätze, die direkt zum Antrieb von Geschossen dienen.
3. Geschosse im Sinne dieses Gesetzes sind als Waffen oder für Schusswaffen bestimmte
3.1 feste Körper,
3.2 gasförmige, flüssige oder feste Stoffe in Umhüllungen.

F ANHANG

Abschnitt 2:
Waffenrechtliche Begriffe

Im Sinne dieses Gesetzes
1. erwirbt eine Waffe oder Munition, wer die tatsächliche Gewalt darüber erlangt,
2. besitzt eine Waffe oder Munition, wer die tatsächliche Gewalt darüber ausübt,
3. überlässt eine Waffe oder Munition, wer die tatsächliche Gewalt darüber einem anderen einräumt,
4. führt eine Waffe, wer die tatsächliche Gewalt darüber außerhalb der eigenen Wohnung, Geschäftsräume, des eigenen befriedeten Besitztums oder einer Schießstätte ausübt,
5. verbringt eine Waffe oder Munition, wer diese Waffe oder Munition über die Grenze zum dortigen Verbleib oder mit dem Ziel des Besitzwechsels in den, durch den oder aus dem Geltungsbereich des Gesetzes zu einer anderen Person oder zu sich selbst transportieren lässt oder selbst transportiert,
6. nimmt eine Waffe oder Munition mit, wer diese Waffe oder Munition vorübergehend auf einer Reise ohne Aufgabe des Besitzes zur Verwendung über die Grenze in den, durch den oder aus dem Geltungsbereich des Gesetzes bringt,
7. schießt, wer mit einer Schusswaffe Geschosse durch einen Lauf verschießt, Kartuschenmunition abschießt, mit Patronen- oder Kartuschenmunition Reiz- oder andere Wirkstoffe verschießt oder pyrotechnische Munition verschießt,
8.
8.1 werden Waffen oder Munition hergestellt, wenn aus Rohteilen oder Materialien ein Endprodukt oder wesentliche Teile eines Endproduktes erzeugt werden; als Herstellen von Munition gilt auch das Wiederladen von Hülsen,
8.2 wird eine Schusswaffe insbesondere bearbeitet oder instand gesetzt, wenn sie verkürzt, in der Schussfolge verändert oder so geändert wird, dass andere Munition oder Geschosse anderer Kaliber aus ihr verschossen werden können, oder wenn wesentliche Teile, zu deren Einpassung eine Nacharbeit erforderlich ist, ausgetauscht werden; eine Schusswaffe wird weder bearbeitet noch instand gesetzt, wenn lediglich geringfügige Änderungen, insbesondere am Schaft oder an der Zieleinrichtung, vorgenommen werden,
9. treibt Waffenhandel, wer gewerbsmäßig oder selbstständig im Rahmen einer wirtschaftlichen Unternehmung Schusswaffen oder Munition ankauft, feilhält, Bestellungen entgegennimmt oder aufsucht, anderen überlässt oder den Erwerb, den Vertrieb oder das Überlassen vermittelt,
10. sind Kinder Personen, die noch nicht 14 Jahre alt sind,
11. sind Jugendliche Personen, die mindestens 14, aber noch nicht 18 Jahre alt sind;
12. ist eine Waffe schussbereit, wenn sie geladen ist, das heißt, dass Munition oder Geschosse in der Trommel, im in die Waffe eingefügten Magazin oder im Patronen- oder Geschosslager sind, auch wenn sie nicht gespannt ist;
13. ist eine Schusswaffe zugriffsbereit, wenn sie unmittelbar in Anschlag gebracht werden kann; sie ist nicht zugriffsbereit, wenn sie in einem verschlossenen Behältnis mitgeführt wird.

Abschnitt 3:
Einteilung der Schusswaffen oder Munition
in die Kategorien A bis D nach der Waffenrichtlinie

1. Kategorie A
1.1 Kriegsschusswaffen der Nummern 29 und 30 der Kriegswaffenliste (Anlage zu § 1 Abs. 1 des Gesetzes über die Kontrolle von Kriegswaffen),
1.2 vollautomatische Schusswaffen,

1.3 als anderer Gegenstand getarnte Schusswaffen,
1.4 Pistolen- und Revolvermunition mit Expansivgeschossen sowie Geschosse für diese Munition mit Ausnahme solcher für Jagd- und Sportwaffen von Personen, die zur Benutzung dieser Waffen befugt sind.
1.5 panzerbrechende Munition, Munition mit Spreng- und Brandsätzen und Munition mit Leuchtspursätzen sowie Geschosse für diese Munition, soweit die Munition oder die Geschosse nicht von dem Gesetz über die Kontrolle von Kriegswaffen erfasst sind.
2. Kategorie B
2.1 halbautomatische Kurz-Schusswaffen und kurze Repetier-Schusswaffen,
2.2 kurze Einzellader-Schusswaffen für Munition mit Zentralfeuerzündung,
2.3 kurze Einzellader-Schusswaffen für Munition mit Randfeuerzündung mit einer Gesamtlänge von weniger als 28 cm,
2.4 halbautomatische Lang-Schusswaffen, deren Magazin und Patronenlager mehr als drei Patronen aufnehmen kann,
2.5 halbautomatische Lang-Schusswaffen, deren Magazin und Patronenlager nicht mehr als drei Patronen aufnehmen kann und deren Magazin auswechselbar ist oder bei denen nicht sichergestellt ist, dass sie mit allgemein gebräuchlichen Werkzeugen nicht zu Waffen, deren Magazin und Patronenlager mehr als drei Patronen aufnehmen kann, umgebaut werden können,
2.6 lange Repetier-Schusswaffen und halbautomatische Schusswaffen mit glattem Lauf, deren Lauf nicht länger als 60 cm ist,
2.7 zivile halbautomatische Schusswaffen, die wie vollautomatische Kriegswaffen aussehen.
3. Kategorie C
3.1 andere lange Repetier-Schusswaffen als die unter Nummer 2.6 genannten,
3.2 lange Einzellader-Schusswaffen mit gezogenem Lauf/gezogenen Läufen,
3.3 andere halbautomatische Lang-Schusswaffen als die unter den Nummern 2.4 bis 2.7 genannten,
3.4 kurze Einzellader-Schusswaffen für Munition mit Randfeuerzündung, ab einer Gesamtlänge von 28 cm.
4. Kategorie D
4.1 lange Einzellader-Schusswaffen mit glattem Lauf/glatten Läufen.

Anlage 2 (zu § 2 Abs. 2 bis 4) **Waffenliste**

Abschnitt 1:
Verbotene Waffen

Der Umgang mit folgenden Waffen und Munition ist verboten:
1.1 Waffen (§ 1 Abs. 2), mit Ausnahme halbautomatischer tragbarer Schusswaffen, die in der Anlage zum Gesetz über die Kontrolle von Kriegswaffen (Kriegswaffenliste) in der Fassung der Bekanntmachung vom 22. November 1990 (BGBl. I S. 2506) oder deren Änderungen aufgeführt sind, nach Verlust der Kriegswaffeneigenschaft;
1.2 Schusswaffen im Sinne des § 1 Abs. 2 Nr. 1 nach den Nummern 1.2.1 bis 1.2.3 und deren Zubehör nach Nummer 1.2.4, die
1.2.1.1 Vollautomaten im Sinne der Anlage 1 Abschnitt 1 Unterabschnitt 1 Nr. 2.2 oder

F ANHANG

1.2.1.2 Vorderschaftrepetierflinten, bei denen anstelle des Hinterschaftes ein Kurzwaffengriff vorhanden ist oder die Waffengesamtlänge in der kürzest möglichen Verwendungsform weniger als 95 cm oder die Lauflänge weniger als 45 cm beträgt, sind;
1.2.2 ihrer Form nach geeignet sind, einen anderen Gegenstand vorzutäuschen oder die mit Gegenständen des täglichen Gebrauchs verkleidet sind (z. B. Koppelschlosspistolen, Schießkugelschreiber, Stockgewehre, Taschenlampenpistolen);
1.2.3 über den für Jagd- und Sportzwecke allgemein üblichen Umfang hinaus zusammengeklappt, zusammengeschoben, verkürzt oder schnell zerlegt werden können;
1.2.4 für Schusswaffen bestimmte
1.2.4.1 Vorrichtungen sind, die das Ziel beleuchten (z. B. Zielscheinwerfer) oder markieren (z. B. Laser oder Zielpunktprojektoren);
1.2.4.2 Nachtsichtgeräte und Nachtzielgeräte mit Montagevorrichtung für Schusswaffen sowie Nachtsichtvorsätze und Nachtsichtaufsätze für Zielhilfsmittel (z. B. Zielfernrohre) sind, sofern die Gegenstände einen Bildwandler oder eine elektronische Verstärkung besitzen;
1.2.5 mehrschüssige Kurzwaffen sind, deren Baujahr nach dem 1. Januar 1970 liegt, für Zentralfeuermunition in Kalibern unter 6,3 mm, wenn der Antrieb der Geschosse nicht ausschließlich durch den Zündsatz erfolgt;
1.3 Tragbare Gegenstände im Sinne des § 1 Abs. 2 Nr. 2 Buchstabe a nach den Nummern 1.3.1 bis 1.3.8
1.3.1 Hieb- oder Stoßwaffen, die ihrer Form nach geeignet sind, einen anderen Gegenstand vorzutäuschen, oder die mit Gegenständen des täglichen Gebrauchs verkleidet sind;
1.3.2 Stahlruten, Totschläger oder Schlagringe;
1.3.3 sternförmige Scheiben, die nach ihrer Beschaffenheit und Handhabung zum Wurf auf ein Ziel bestimmt und geeignet sind, die Gesundheit zu beschädigen (Wurfsterne);
1.3.4 Gegenstände, bei denen leicht entflammbare Stoffe so verteilt und entzündet werden, dass schlagartig ein Brand entstehen kann; oder in denen unter Verwendung explosionsgefährlicher oder explosionsfähiger Stoffe eine Explosion ausgelöst werden kann
1.3.5 Gegenstände mit Reiz- oder anderen Wirkstoffen, es sei denn, dass die Stoffe als gesundheitlich unbedenklich amtlich zugelassen sind und die Gegenstände
– in der Reichweite und Sprühdauer begrenzt sind und
– zum Nachweis der gesundheitlichen Unbedenklichkeit, der Reichweiten- und der Sprühdauerbegrenzung ein amtliches Prüfzeichen tragen;
1.3.6 Gegenstände, die unter Ausnutzung einer anderen als mechanischen Energie Verletzungen beibringen (z. B. Elektroimpulsgeräte), sofern sie nicht als gesundheitlich unbedenklich amtlich zugelassen sind und ein amtliches Prüfzeichen tragen zum Nachweis der gesundheitlichen Unbedenklichkeit; sowie Distanz-Elektroimpulsgeräte, die mit dem Abschuss- oder Auslösegerät durch einen leitungsfähigen Flüssigkeitsstrahl einen Elektroimpuls übertragen oder durch Leitung verbundene Elektroden zur Übertragung eines Elektroimpulses am Körper aufbringen
1.3.7 Präzisionsschleudern nach Anlage 1 Abschnitt 1 Unterabschnitt 2 Nr. 1.3 sowie Armstützen und vergleichbare Vorrichtungen für die vorbezeichneten Gegenstände;
1.3.8 Gegenstände, die nach ihrer Beschaffenheit und Handhabung dazu bestimmt sind, durch Drosseln die Gesundheit zu schädigen (z. B. Nun-Chakus);
1.4 Tragbare Gegenstände im Sinne des § 1 Abs. 2 Nr. 2 Buchstabe b nach den Nummern 1.4.1 bis 1.4.4
1.4.1 Spring- und Fallmesser nach Anlage 1 Abschnitt 1 Unterabschnitt 2 Nr. 2.1.1 und 2.1.2. Hiervon ausgenommen sind Springmesser, wenn die Klinge seitlich aus dem Griff herausspringt und der aus dem Griff herausragende Teil der Klinge
– höchstens 8,5 cm lang ist und
– nicht zweiseitig geschliffen ist;

1.4.2 Faustmesser nach Anlage 1 Abschnitt 1 Unterabschnitt 2 Nr. 2.1.3,
1.4.3 Butterflymesser nach Anlage 1 Abschnitt 1 Unterabschnitt 2 Nr. 2.1.4,
1.4.4 Gegenstände, die unter Ausnutzung einer anderen als mechanischen Energie Tieren Verletzungen beibringen (z. B. Elektroimpulsgeräte), sofern sie nicht als gesundheitlich unbedenklich amtlich zugelassen sind und ein amtliches Prüfzeichen tragen zum Nachweis der gesundheitlichen Unbedenklichkeit oder bestimmungsgemäß in der Tierhaltung Verwendung finden;
1.5 Munition und Geschosse nach den Nummern 1.5.1 bis 1.5.7
1.5.1 Geschosse mit Betäubungsstoffen, die zu Angriffs- oder Verteidigungszwecken bestimmt sind;
1.5.2 Geschosse oder Kartuschenmunition mit Reizstoffen, die zu Angriffs- oder Verteidigungszwecken bestimmt sind ohne amtliches Prüfzeichen zum Nachweis der gesundheitlichen Unbedenklichkeit;
1.5.3 Patronenmunition für Schusswaffen mit gezogenen Läufen, deren Geschosse im Durchmesser kleiner sind als die Felddurchmesser der dazugehörigen Schusswaffen und die mit einer Treib- und Führungshülse umgeben sind, die sich nach Verlassen des Laufes vom Geschoss trennt;
1.5.4 Patronenmunition mit Geschossen, die einen Leuchtspur-, Brand- oder Sprengsatz oder einen Hartkern (mindestens 400 HB 25 – Brinellhärte – bzw. 421 HV – Vickershärte -) enthalten, ausgenommen pyrotechnische Munition, die bestimmungsgemäß zur Signalgebung bei der Gefahrenabwehr dient;
1.5.5 Knallkartuschen, Reiz- und sonstige Wirkstoffmunition nach Tabelle 5 der Maßtafeln nach § 1 Abs. 3 Satz 3 der Dritten Verordnung zum Waffengesetz in der Fassung der Bekanntmachung vom 2. September 1991 (BGBl. I S. 1872), die zuletzt durch die Zweite Verordnung zur Änderung von waffenrechtlichen Verordnungen vom 24. Januar 2000 (BGBl. I S. 38) geändert wurde, in der jeweils geltenden Fassung (Maßtafeln), bei deren Verschießen in Entfernungen von mehr als 1,5 m vor der Mündung Verletzungen durch feste Bestandteile hervorgerufen werden können, ausgenommen Kartuschenmunition der Kaliber 16 und 12 mit einer Hülsenlänge von nicht mehr als 47 oder 49 mm;
1.5.6 Kleinschrotmunition, die in Lagern nach Tabelle 5 der Maßtafeln mit einem Durchmesser $P_{(tief)}1$ bis 12,5 mm geladen werden kann;
1.5.7 Munition, die zur ausschließlichen Verwendung in Kriegswaffen oder durch die in § 55 Abs. 1 Satz 1 bezeichneten Stellen bestimmt ist, soweit die Munition nicht unter die Vorschriften des Gesetzes über die Kontrolle von Kriegswaffen oder des Sprengstoffgesetzes fällt.

**Abschnitt 2:
Erlaubnispflichtige Waffen**

**Unterabschnitt 1:
Erlaubnispflicht**

Der Umgang, ausgenommen das Überlassen, mit Waffen im Sinne des § 1 Abs. 2 Nr. 1 (Anlage 1 Abschnitt 1 Unterabschnitt 1 Nr. 1 bis 4) und der dafür bestimmten Munition bedarf der Erlaubnis, soweit solche Waffen oder Munition nicht nach Unterabschnitt 2 für die dort bezeichneten Arten des Umgangs von der Erlaubnispflicht freigestellt sind. In Unterabschnitt 3 sind die Schusswaffen oder Munition aufgeführt, bei denen die Erlaubnis unter erleichterten Voraussetzungen erteilt wird. Ist eine erlaubnispflichtige Feuerwaffe in eine Waffe umgearbeitet worden, deren Erwerb und Besitz unter erleichterten und wegfallenden Erlaubnisvoraussetzungen möglich wäre, so richtet sich die Erlaubnispflicht nach derjenigen für die ursprüngliche Waffe. Dies gilt nicht für veränderte Langwaffen nach Anlage 1 Abschnitt 1 Unterabschnitt 1 Nr. 1.5 (Salutwaffen).

F ANHANG

Unterabschnitt 2:
Erlaubnisfreie Arten des Umgangs

1. Erlaubnisfreier Erwerb und Besitz
1.1 Druckluft-, Federdruckwaffen und Waffen, bei denen zum Antrieb der Geschosse kalte Treibgase Verwendung finden, wenn den Geschossen eine Bewegungsenergie von nicht mehr als 7,5 Joule erteilt wird und die das Kennzeichen nach Anlage 1 Abbildung 1 zur Ersten Verordnung zum Waffengesetz vom 24. Mai 1976 (BGBl. I S. 1285) in der zum Zeitpunkt des Inkrafttretens dieses Gesetzes geltenden Fassung oder ein durch Rechtsverordnung nach § 25 Abs. 1 Nr. 1 Buchstabe c bestimmtes Zeichen tragen;
1.2 Druckluft-, Federdruckwaffen und Waffen, bei denen zum Antrieb der Geschosse kalte Treibgase Verwendung finden, die vor dem 1. Januar 1970 oder in dem in Artikel 3 des Einigungsvertrages genannten Gebiet vor dem 2. April 1991 hergestellt und entsprechend den zu diesem Zeitpunkt geltenden Bestimmungen in den Handel gebracht worden sind;
1.3 Schreckschuss-, Reizstoff- und Signalwaffen, die der zugelassenen Bauart nach § 8 des Beschussgesetzes entsprechen und das Zulassungszeichen nach Anlage 1 Abbildung 2 zur Ersten Verordnung zum Waffengesetz vom 24. Mai 1976 (BGBl. I S. 1285) in der zum Zeitpunkt des Inkrafttretens dieses Gesetzes geltenden Fassung oder ein durch Rechtsverordnung nach § 25 Abs. 1 Nr. 1 Buchstabe c bestimmtes Zeichen tragen;
1.4 Kartuschenmunition für die in Nummer 1.3 bezeichneten Schusswaffen;
1.5 veränderte Langwaffen, die zu Theateraufführungen, Foto-, Film- oder Fernsehaufnahmen bestimmt sind (Salutwaffen), wenn sie entsprechend den Anforderungen der Anlage 1 Abschnitt 1 Unterabschnitt 1 Nr. 1.5 abgeändert worden sind.
1.6 Schusswaffen, die vor dem 1. April 1976 entsprechend den Anforderungen des § 3 der Ersten Verordnung zum Waffengesetz vom 19. Dezember 1972 (BGBl. I S. 2522) verändert worden sind;
1.7 einläufige Einzelladerwaffen mit Zündhütchenzündung (Perkussionswaffen), deren Modell vor dem 1. Januar 1871 entwickelt worden ist;
1.8 Schusswaffen mit Lunten- oder Funkenzündung, deren Modell vor dem 1. Januar 1871 entwickelt worden ist;
1.9 Schusswaffen mit Zündnadelzündung, deren Modell vor dem 1. Januar 1871 entwickelt worden ist;
1.10 Armbrüste;
1.11 Kartuschenmunition für die nach Nummer 1.5 abgeänderten Schusswaffen sowie für Schussapparate nach § 7 des Beschussgesetzes;
1.12 pyrotechnische Munition, die das Zulassungszeichen nach Anlage II Abbildung 5 zur Dritten Verordnung zum Waffengesetz in der Fassung der Bekanntmachung vom 2. September 1991 (BGBl. I S. 1872) mit der Klassenbezeichnung PM I trägt.
2. Erlaubnisfreier Erwerb durch Inhaber einer Waffenbesitzkarte (unbeschadet der Eintragungspflicht nach § 10 Abs. 1a)
2.1 Wechsel- und Austauschläufe gleichen oder geringeren Kalibers einschließlich der für diese Läufe erforderlichen auswechselbaren Verschlüsse (Wechselsysteme);
2.2 Wechseltrommeln, aus denen nur Munition verschossen werden kann, bei der gegenüber der für die Waffe bestimmten Munition Geschossdurchmesser und höchstzulässiger Gebrauchsgasdruck gleich oder geringer sind;
für Schusswaffen, die bereits in der Waffenbesitzkarte des Inhabers einer Erlaubnis eingetragen sind.
2a. Erlaubnisfreier Erwerb und Besitz durch Inhaber einer Waffenbesitzkarte
Einsteckläufe und dazugehörige Verschlüsse (Einstecksysteme) sowie Einsätze, die dazu bestimmt sind, Munition mit kleinerer Abmessung zu verschießen, und die keine Einsteckläufe sind;

für Schusswaffen, die bereits in der Waffenbesitzkarte des Inhabers einer Erlaubnis eingetragen sind.
3. Erlaubnisfreies Führen
3.1 Schusswaffen mit Lunten- oder Funkenzündung, deren Modell vor dem 1. Januar 1871 entwickelt worden ist;
3.2 Armbrüste.
4. Erlaubnisfreier Handel und erlaubnisfreie Herstellung
4.1 Schusswaffen mit Lunten- oder Funkenzündung, deren Modell vor dem 1. Januar 1871 entwickelt worden ist;
4.2 Armbrüste.
5. Erlaubnisfreier Handel
5.1 Einläufige Einzelladerwaffen mit Zündhütchenzündung (Perkussionswaffen), deren Modell vor dem 1. Januar 1871 entwickelt worden ist;
5.2 Schusswaffen mit Zündnadelzündung, deren Modell vor dem 1. Januar 1871 entwickelt worden ist.
6. Erlaubnisfreie nichtgewerbsmäßige Herstellung
6.1 Munition.
7. Erlaubnisfreies Verbringen und erlaubnisfreie Mitnahme in den, durch den oder aus dem Geltungsbereich des Gesetzes
7.1 Druckluft-, Federdruckwaffen und Waffen, bei denen zum Antrieb der Geschosse kalte Treibgase Verwendung finden, sofern sie den Voraussetzungen der Nummer 1.1 oder 1.2 entsprechen;
7.2 Schreckschuss-, Reizstoff- und Signalwaffen, die der zugelassenen Bauart nach § 8 des Beschussgesetzes entsprechen und das Zulassungszeichen nach Anlage 1 Abbildung 2 zur Ersten Verordnung zum Waffengesetz vom 24. Mai 1976 (BGBl. I S. 1285) in der zum Zeitpunkt des Inkrafttretens dieses Gesetzes geltenden Fassung oder ein durch Rechtsverordnung nach § 25 Abs. 1 Nr. 1 Buchstabe c bestimmtes Zeichen tragen;
7.3 veränderte Langwaffen, die zu Theateraufführungen, Foto-, Film- oder Fernsehaufnahmen bestimmt sind (Salutwaffen), wenn sie entsprechend den Anforderungen der Anlage 1 Abschnitt 1 Unterabschnitt 1 Nr. 1.5 abgeändert worden sind.
7.4 Schusswaffen, die vor dem 1. April 1976 entsprechend den Anforderungen des § 3 der Ersten Verordnung zum Waffengesetz vom 19. Dezember 1972 (BGBl. I S. 2522) verändert worden sind;
7.5 Munition für die in Nummer 7.2 bezeichneten Waffen;
7.6 einläufige Einzelladerwaffen mit Zündhütchenzündung (Perkussionswaffen), deren Modell vor dem 1. Januar 1871 entwickelt worden ist;
7.7 Schusswaffen mit Lunten- oder Funkenzündung oder mit Zündnadelzündung deren Modell vor dem 1. Januar 1871 entwickelt worden ist;
7.8 Armbrüste;
7.9 pyrotechnische Munition, die das Zulassungszeichen nach Anlage II Abbildung 5 zur Dritten Verordnung zum Waffengesetz in der Fassung der Bekanntmachung vom 2. September 1991 (BGBl. I S. 1872) mit der Klassenbezeichnung PM I trägt.
8. Erlaubnisfreies Verbringen und erlaubnisfreie Mitnahme aus dem Geltungsbereich des Gesetzes in einen Staat, der nicht Mitgliedstaat der Europäischen Union ist
Sämtliche Waffen im Sinne des § 1 Absatz 2.

F Anhang

Unterabschnitt 3:
Entbehrlichkeit einzelner Erlaubnisvoraussetzungen

1. Erwerb und Besitz ohne Bedürfnisnachweis (§ 4 Abs. 1 Nr. 4)
1.1 Feuerwaffen, deren Geschossen eine Bewegungsenergie von nicht mehr als 7,5 Joule erteilt wird und die das Kennzeichen nach Anlage 1 Abbildung 1 der Ersten Verordnung zum Waffengesetz vom 24. Mai 1976 (BGBl. I S. 1285) in der zum Zeitpunkt des Inkrafttretens dieses Gesetzes geltenden Fassung oder ein durch Rechtsverordnung nach § 25 Abs. 1 Nr. 1 Buchstabe c bestimmtes Zeichen tragen;
1.2 für Waffen nach Nummer 1.1 bestimmte Munition.
2. Führen ohne Sachkunde-, Bedürfnis- und Haftpflichtversicherungsnachweis (§ 4 Abs. 1 Nr. 3 bis 5) – Kleiner Waffenschein
2.1 Schreckschuss-, Reizstoff- und Signalwaffen nach Unterabschnitt 2 Nr. 1.3.

Abschnitt 3:
Vom Gesetz ganz oder teilweise ausgenommene Waffen

Unterabschnitt 1:
Vom Gesetz mit Ausnahme von § 2 Abs. 1 und § 41 ausgenommene Waffen

Unterwassersportgeräte, bei denen zum Antrieb der Geschosse keine Munition verwendet wird (Harpunengeräte).

Unterabschnitt 2:
Vom Gesetz mit Ausnahme des § 42a ausgenommene Waffen

1. Schusswaffen (Anlage 1 Abschnitt 1 Unterabschnitt 1 Nr. 1.1, ausgenommen Blasrohre), die zum Spiel bestimmt sind, wenn aus ihnen nur Geschosse verschossen werden können, denen eine Bewegungsenergie von nicht mehr als 0,5 Joule (J) erteilt wird, es sei denn, sie können mit allgemein gebräuchlichen Werkzeugen so geändert werden, dass die Bewegungsenergie der Geschosse über 0,5 Joule (J) steigt.
2. Schusswaffen (Anlage 1 Abschnitt 1 Unterabschnitt 1 Nr. 1.1), bei denen feste Körper durch Muskelkraft ohne Möglichkeit der Speicherung der so eingebrachten Antriebsenergie durch eine Sperrvorrichtung angetrieben werden (z. B. Blasrohre).
3. Gegenstände, die zum Spiel bestimmt sind, wenn mit ihnen nur Zündblättchen, -bänder, -ringe (Amorces) oder Knallkorken abgeschossen werden können, es sei denn, sie können mit allgemein gebräuchlichen Werkzeugen in eine Schusswaffe oder einen anderen einer Schusswaffe gleichstehenden Gegenstand umgearbeitet werden.
4. Unbrauchbar gemachte Schusswaffen (Dekorationswaffen); dies sind
4.1 unbrauchbar gemachte Schusswaffen, die vor dem 1. April 2003 entsprechend den Anforderungen des § 7 der Ersten Verordnung zum Waffengesetz vom 24. Mai 1976 (BGBl. I S. 1285) in der bis zu diesem Zeitpunkt geltenden Fassung unbrauchbar gemacht worden sind;
4.2 unbrauchbar gemachte Schusswaffen, Zier- oder Sammlerwaffen, die in der Zeit vom 1. April 2003 an entsprechend den Anforderungen der Anlage 1 Abschnitt 1 Unterabschnitt 1 Nr. 1.4 unbrauchbar gemacht worden sind und die ein Zulassungszeichen nach Anlage II Abbildung 11 zur Beschussverordnung vom 13. Juli 2006 (BGBl. I S. 1474) aufweisen.
5. Nachbildungen von Schusswaffen nach Anlage 1 Abschnitt 1 Unterabschnitt 1 Nr. 6.

AWaffV **F**

Allgemeine Waffengesetz-Verordnung (AWaffV)

Allgemeine Waffengesetz-Verordnung vom 27. Oktober 2003 (BGBl. I S. 2123), die zuletzt durch Artikel 3 Absatz 6 des Gesetzes vom 17. Juli 2009 (BGBl. I S. 2062) geändert worden ist.

Inhaltsübersicht

Abschnitt 1
Nachweis der Sachkunde
§ 1 Umfang der Sachkunde
§ 2 Prüfung
§ 3 Anderweitiger Nachweis der Sachkunde

Abschnitt 2
Nachweis der persönlichen Eignung
§ 4 Gutachten über die persönliche Eignung

Abschnitt 3
Schießsportordnungen; Ausschluss von Schusswaffen; Fachbeirat
§ 5 Schießsportordnungen
§ 6 Vom Schießsport ausgeschlossene Schusswaffen
§ 7 Unzulässige Schießübungen im Schießsport
§ 8 Beirat für schießsportliche Fragen

Abschnitt 4
Benutzung von Schießstätten
§ 9 Zulässige Schießübungen auf Schießstätten
§ 10 Aufsichtspersonen; Obhut über das Schießen durch Kinder und Jugendliche
§ 11 Aufsicht
§ 12 Überprüfung der Schießstätten

Abschnitt 5
Aufbewahrung von Waffen und Munition
§ 13 Aufbewahrung von Waffen oder Munition
§ 14 Aufbewahrung von Waffen oder Munition in Schützenhäusern, auf Schießstätten oder im gewerblichen Bereich

Abschnitt 6
Vorschriften für das Waffengewerbe

Unterabschnitt 1
Fachkunde
§ 15 Umfang der Fachkunde
§ 16 Prüfung

F ANHANG

Unterabschnitt 2
Waffenherstellungs- und Waffenhandelsbücher
§ 17 Grundsätze der Buchführungspflicht
§ 18 Führung der Waffenbücher in gebundener Form
§ 19 Führung der Waffenbücher in Karteiform
§ 20 Führung der Waffenbücher in elektronischer Form

Unterabschnitt 3
Kennzeichnung von Waffen
§ 21 Kennzeichnung von Schusswaffen

Abschnitt 7
Ausbildung in der Verteidigung mit Schusswaffen
§ 22 Lehrgänge und Schießübungen
§ 23 Zulassung zum Lehrgang
§ 24 Verzeichnisse
§ 25 Untersagung von Lehrgängen oder Lehrgangsteilen; Abberufung von Aufsichtspersonen oder Ausbildern

Abschnitt 8
Vorschriften mit Bezug zur Europäischen Union und zu Drittstaaten

Unterabschnitt 1
Anwendung des Gesetzes auf Bürger der Europäischen Union
§ 26 Allgemeine Bestimmungen
§ 27 Besondere Bestimmungen zur Fachkunde

Unterabschnitt 2
Erwerb von Waffen und Munition in anderen Mitgliedstaaten; Verbringen und Mitnahme
§ 28 Erlaubnisse für den Erwerb von Waffen und Munition in einem anderen Mitgliedstaat
§ 29 Erlaubnisse zum Verbringen von Waffen und Munition
§ 30 Erlaubnisse für die Mitnahme von Waffen und Munition nach oder durch Deutschland
§ 31 Anzeigen
§ 32 Mitteilungen der Behörden
§ 33 Europäischer Feuerwaffenpass

Abschnitt 9
Ordnungswidrigkeiten und Schlussvorschriften
§ 34 Ordnungswidrigkeiten
§ 35 (weggefallen)
§ 36 Inkrafttreten, Außerkrafttreten

Abschnitt 1
Nachweis der Sachkunde

§ 1
Umfang der Sachkunde

(1) Die in der Prüfung nach § 7 Abs. 1 des Waffengesetzes nachzuweisende Sachkunde umfasst ausreichende Kenntnisse
1. über die beim Umgang mit Waffen und Munition zu beachtenden Rechtsvorschriften des Waffenrechts, des Beschussrechts sowie der Notwehr und des Notstands,

2. auf waffentechnischem Gebiet über Schusswaffen (Langwaffen, Kurzwaffen und Munition) hinsichtlich Funktionsweise, sowie Innen- und Außenballistik, Reichweite und Wirkungsweise des Geschosses, bei verbotenen Gegenständen, die keine Schusswaffen sind, über die Funktions- und Wirkungsweise sowie die Reichweite,
3. über die sichere Handhabung von Waffen oder Munition einschließlich ausreichender Fertigkeiten im Schießen mit Schusswaffen.

(2) Die nach Absatz 1 nachzuweisenden Kenntnisse über Waffen und Munition brauchen nur für die beantragte Waffen- und Munitionsart und nur für den mit dem Bedürfnis geltend gemachten und den damit im Zusammenhang stehenden Zweck nachgewiesen werden.

(3) Wird eine Erlaubnis nach § 26 des Waffengesetzes beantragt, so umfasst die nachzuweisende Sachkunde außer waffentechnischen Kenntnissen auch Werkstoff-, Fertigungs- und Ballistikkenntnisse.

§ 2
Prüfung

(1) Die zuständige Behörde bildet für die Abnahme der Prüfung Prüfungsausschüsse.

(2) Ein Prüfungsausschuss besteht aus dem Vorsitzenden und zwei Beisitzern. Die Mitglieder müssen sachkundig sein. Nicht mehr als ein Mitglied des Ausschusses darf in der Waffenherstellung oder im Waffenhandel tätig sein.

(3) Die Prüfung besteht aus einem theoretischen und einem praktischen Teil, der den Nachweis der ausreichenden Fertigkeiten nach § 1 Abs. 1 Nr. 3 einschließt. Über das Ergebnis und den wesentlichen Inhalt der Prüfung ist eine Niederschrift anzufertigen, die vom Vorsitzenden des Prüfungsausschusses zu unterzeichnen ist.

(4) Über das Prüfungsergebnis ist dem Bewerber ein Zeugnis zu erteilen, das Art und Umfang der erworbenen Sachkunde erkennen lassen muss und vom Vorsitzenden des Prüfungsausschusses zu unterzeichnen ist.

(5) Eine Prüfung kann bei Nichtbestehen auch mehrmals wiederholt werden. Der Prüfungsausschuss kann bestimmen, dass die Prüfung erst nach Ablauf einer bestimmten Frist wiederholt werden darf.

§ 3
Anderweitiger Nachweis der Sachkunde

(1) Die Sachkunde gilt insbesondere als nachgewiesen, wenn der Antragsteller
1. a) die Jägerprüfung oder eine ihr gleichgestellte Prüfung bestanden hat oder durch eine Bescheinigung eines Ausbildungsleiters für das Schießwesen nachweist, dass er die erforderlichen Kenntnisse durch Teilnahme an einem Lehrgang für die Ablegung der Jägerprüfung erworben hat,
   b) die Gesellenprüfung für das Büchsenmacherhandwerk bestanden hat oder
2. a) seine Fachkunde nach § 22 Abs. 1 Satz 1 des Waffengesetzes nachgewiesen hat,
   b) mindestens drei Jahre als Vollzeitkraft im Handel mit Schusswaffen und Munition tätig gewesen ist oder
   c) die nach § 7 des Waffengesetzes nachzuweisenden Kenntnisse auf Grund einer anderweitigen, insbesondere behördlichen oder staatlich anerkannten Ausbildung oder als Sportschütze eines anerkannten Schießsportverbandes erworben und durch eine Bescheinigung der Behörde, des Ausbildungsträgers oder Schießsportverbandes nachgewiesen hat,

sofern die Tätigkeit nach Nummer 2 Buchstabe b oder Ausbildung nach Nummer 2 Buchstabe c ihrer Art nach geeignet war, die für den Umgang mit der beantragten Waffe oder Munition erforderliche Sachkunde zu vermitteln. Ausbildungen im Sinne der Nummer 2 Buchstabe c können auch durchgeführt werden im Rahmen von

F ANHANG

1. Ausbildungen, die mit einer zum Führen eines Luft- oder Wasserfahrzeuges berechtigenden staatlichen Prüfung abschließen,
2. staatlich anerkannten Berufsausbildungen der Luft- und Seefahrt.

Der Nachweis der waffenrechtlichen Sachkunde wird durch eine von der Prüfungskommission erteilte Bescheinigung oder einen Eintrag im Prüfungszeugnis oder der Fahrerlaubnis geführt.

(2) Die staatliche Anerkennung von Lehrgängen zur Vermittlung der Sachkunde im Umgang mit Waffen und Munition erfolgt durch die zuständige Behörde; sie gilt für den gesamten Geltungsbereich des Waffengesetzes. Eine Anerkennung des waffenrechtlichen Teils einer zum Führen eines Luft- oder Wasserfahrzeuges berechtigenden staatlichen Prüfung soll erfolgen, wenn die theoretische Ausbildung auf der Grundlage anerkannter Grundsätze, insbesondere eines zwischen Bund, Ländern und Verbänden abgestimmten Fragenkatalogs, stattfindet und die praktische Unterweisung im Umgang mit Seenotsignalmitteln durch sachkundige Personen erfolgt.

(3) Lehrgänge dürfen nur anerkannt werden, wenn in einem theoretischen Teil die in § 1 Abs. 1 Nr. 1 und 2 bezeichneten Kenntnisse und in einem praktischen Teil ausreichende Fertigkeiten in der Handhabung von Waffen und im Schießen mit Schusswaffen im Sinne des § 1 Abs. 1 Nr. 3 vermittelt werden; § 1 Abs. 2 bleibt unberührt. Außerdem dürfen Lehrgänge nur anerkannt werden, wenn
1. der Antragsteller die erforderliche Zuverlässigkeit und persönliche Eignung für die Durchführung des Lehrgangs besitzt,
2. die fachliche Leitung des Lehrgangs und die von dem Lehrgangsträger beauftragten Lehrkräfte die ordnungsgemäße Durchführung der Ausbildung gewährleisten,
3. die Dauer des Lehrgangs eine ordnungsgemäße Vermittlung der erforderlichen Kenntnisse und Fertigkeiten gewährleistet und
4. der Antragsteller mit den erforderlichen Lehrmitteln ausgestattet ist und über einen geeigneten Unterrichtsraum verfügt.

(4) Der Lehrgang ist mit einer theoretischen und einer praktischen Prüfung abzuschließen. Sie ist vor einem Prüfungsausschuss abzulegen, der von dem Lehrgangsträger gebildet wird. Im Übrigen gilt § 2 entsprechend mit der Maßgabe, dass der Lehrgangsträger verpflichtet ist,
1. die Durchführung der Prüfung und die Namen der Prüfungsteilnehmer der für den Ort der Lehrgangsveranstaltung zuständigen Behörde zwei Wochen vor dem Tag der Prüfung anzuzeigen und
2. einem Vertreter der Behörde die Teilnahme an der Prüfung zu gestatten. Im Falle seiner Teilnahme hat der Vertreter der Behörde die Stellung eines weiteren Beisitzers im Prüfungsausschuss; bei Stimmengleichheit gibt die Stimme des Vorsitzenden den Ausschlag.

(5) Schießsportliche Vereine, die einem nach § 15 Abs. 3 des Waffengesetzes anerkannten Schießsportverband angehören, können Sachkundeprüfungen für ihre Mitglieder abnehmen. Absatz 2, zweiter Halbsatz und die Absätze 3 und 4 finden hierfür entsprechende Anwendung. Zur Durchführung der Prüfung bilden die schießsportlichen Vereine eigene Prüfungsausschüsse.

Abschnitt 2
Nachweis der persönlichen Eignung

§ 4
Gutachten über die persönliche Eignung

(1) Derjenige,
1. dem gegenüber die zuständige Behörde die Vorlage eines amts- oder fachärztlichen oder fachpsychologischen Gutachtens angeordnet hat, weil begründete Zweifel an von ihm beigebrachten Bescheinigungen oder durch Tatsachen begründete Bedenken bestehen, dass er

a) geschäftsunfähig oder in seiner Geschäftsfähigkeit beschränkt ist,
b) abhängig von Alkohol oder anderen berauschenden Mitteln, psychisch krank oder debil ist,
c) auf Grund in seiner Person liegender Umstände mit Waffen oder Munition nicht vorsichtig oder sachgemäß umgehen oder diese Gegenstände nicht sorgfältig verwahren kann oder dass die konkrete Gefahr einer Fremd- oder Selbstgefährdung besteht, oder

2. der zur Vorlage eines Gutachtens über die geistige Eignung verpflichtet ist, weil er noch nicht das 25. Lebensjahr vollendet hat und eine erlaubnispflichtige Schusswaffe, ausgenommen Schusswaffen der in § 14 Abs. 1 Satz 2 des Waffengesetzes genannten Art, erwerben und besitzen will,

hat auf eigene Kosten mit der Begutachtung einen sachkundigen Gutachter zu beauftragen.

(2) Die Begutachtung in den Fällen des Absatzes 1 soll von Gutachtern folgender Fachrichtungen durchgeführt werden:
1. Amtsärzten,
2. Fachärzten der Fachrichtungen Psychiatrie, Psychiatrie und Psychotherapie, Psychiatrie und Neurologie, Nervenheilkunde, Kinder- und Jugendpsychiatrie oder Kinder- und Jugendpsychiatrie und -psychotherapie,
3. Psychotherapeuten, die nach dem Psychotherapeutengesetz approbiert sind,
4. Fachärzten für Psychotherapeutische Medizin oder
5. Fachpsychologen der Fachrichtungen Rechtspsychologie, Verkehrspsychologie oder klinische Psychologie.

Das Vorliegen der Sachkunde auf dem betreffenden Gebiet beurteilt sich nach berufsständischen Regeln.

(3) In den Fällen des Absatzes 1 Nr. 1 teilt die Behörde dem Betroffenen unter Darlegung der Gründe für die Zweifel oder der die Bedenken begründenden Tatsachen hinsichtlich seiner persönlichen Eignung mit, dass er sich innerhalb einer von ihr festgelegten Frist auf seine Kosten der Untersuchung zu unterziehen und ein Gutachten beizubringen hat. Der Betroffene hat die Behörde darüber zu unterrichten, wen er mit der Untersuchung beauftragt hat. Die Behörde übersendet zur Durchführung der Untersuchung auf Verlangen des Gutachters bei Vorliegen der Einwilligung des Betroffenen die zur Begutachtung erforderlichen ihr vorliegenden Unterlagen. Der Gutachter ist verpflichtet, sich mit der Erstattung des Gutachtens von den Unterlagen zu entlasten, indem er sie der Behörde übergibt oder vernichtet.

(4) Zwischen dem Gutachter und dem Betroffenen darf in den letzten fünf Jahren kein Behandlungsverhältnis bestanden haben. Der Gutachter hat in dem Gutachten zu versichern, dass der Betroffene in dem vorgenannten Zeitraum nicht in einem derartigen Behandlungsverhältnis stand oder jetzt steht. Die Sätze 1 und 2 schließen eine Konsultation des in den genannten Zeiträumen behandelnden Haus- oder Facharztes durch den Gutachter nicht aus.

(5) Der Gutachter hat sich über den Betroffenen einen persönlichen Eindruck zu verschaffen. Das Gutachten muss darüber Auskunft geben, ob der Betroffene persönlich ungeeignet ist, mit Waffen oder Munition umzugehen; die bei der Erstellung des Gutachtens angewandte Methode muss angegeben werden. In den Fällen des Absatzes 1 Nr. 2 ist in der Regel ausreichend ein Gutachten auf Grund anerkannter Testverfahren über die Frage, ob der Betroffene infolge fehlender Reife geistig ungeeignet ist für den Umgang mit den dort aufgeführten Schusswaffen. Kann allein auf Grund des Tests nicht ausgeschlossen werden, dass der Betroffene geistig ungeeignet ist, ist mit einer weitergehenden Untersuchung nach dem jeweiligen Stand der Wissenschaft vorzugehen.

(6) Weigert sich in den Fällen des Absatzes 1 Nr. 1 der Betroffene, sich untersuchen zu lassen, oder bringt er der zuständigen Behörde das von ihr geforderte Gutachten aus von ihm zu vertretenden Gründen nicht fristgerecht bei, darf die Behörde bei ihrer Entscheidung auf die Nichteignung des Betroffenen schließen. Der Betroffene ist hierauf bei der Anordnung nach Absatz 1 Nr. 1 in Verbindung mit Absatz 3 Satz 1 hinzuweisen.

F ANHANG

(7) Dienstwaffenträger können an Stelle des in § 6 Abs. 3 des Waffengesetzes genannten Zeugnisses eine Bescheinigung ihrer Dienstbehörde vorlegen, dass eine Begutachtung ihrer geistigen Eignung durch einen sachkundigen Gutachter bereits stattgefunden hat und dass sie uneingeschränkt zum Umgang mit Dienstwaffen berechtigt sind.

Abschnitt 3
Schießsportordnungen; Ausschluss von Schusswaffen; Fachbeirat

§ 5
Schießsportordnungen

(1) Die Genehmigung einer Sportordnung für das Schießen mit Schusswaffen setzt insbesondere voraus, dass das Schießen nur auf zugelassenen Schießstätten veranstaltet wird und
1. jeder Schütze den Regeln der Sportordnung unterworfen ist,
2. ausreichende Sicherheitsbestimmungen für das Schießen festgelegt und dabei erforderliche verantwortlichen Aufsichtspersonen (§ 10) getroffen sind,
3. mit nicht vom Schießsport ausgeschlossenen Waffen (§ 6) durchgeführt wird,
4. nicht im Schießsport unzulässige Schießübungen (§ 7) durchgeführt werden,
5. jede einzelne Schießdisziplin beschrieben und die für sie zugelassenen Waffen nach Art, Kaliber, Lauflänge und Visierung bezeichnet sind, wobei bei einzelnen Schießdisziplinen auch ausdrücklich festgelegt werden kann, dass nur einzelne oder auch keine speziellen Vorgaben (freie Klassen) erfolgen, und
6. zur Ausübung der jeweiligen Schießdisziplinen zugelassene Schießstätten zur regelmäßigen Nutzung verfügbar sind.

(2) Dem Antrag auf Genehmigung einer Schießsportordnung sind die zur Prüfung des Vorliegens der Voraussetzungen wesentlichen Regelungen und Angaben, insbesondere auch die Beschreibung des Ablaufs der einzelnen Schießdisziplinen, beizufügen. Die Genehmigung von Änderungen der Schießsportordnung, insbesondere von der Neuaufnahme von Schießdisziplinen, ist vor Aufnahme des jeweiligen Schießbetriebs nach den geänderten Regeln einzuholen. Der Wegfall oder der Ersatz der regelmäßigen Nutzungsmöglichkeit von nach Absatz 1 Nr. 6 angegebenen Schießstätten ist unverzüglich anzuzeigen.

(3) Im Einzelfall kann ein Verband oder ein ihm angegliederter Teilverband zur Erprobung neuer Schießübungen Abweichungen von den Schießdisziplinen der genehmigten Schießsportordnung zulassen. Zulassungen nach Satz 1 sind auf höchstens ein Jahr zu befristen und müssen die Art der Abweichung von der genehmigten Schießsportordnung bezeichnen; sie sind dem Bundesverwaltungsamt vor Beginn der Erprobungsphase anzuzeigen. Das Bundesverwaltungsamt kann zur Abwehr von Gefahren für die öffentliche Sicherheit oder Ordnung Zulassungen nach Satz 1 untersagen oder Anordnungen treffen.

(4) Für das sportliche Schießen im Training und im Einzelfall für Schießsportveranstaltungen können Schießsportordnungen Abweichungen von den in ihr festgelegten Schießdisziplinen zulassen.

§ 6
Vom Schießsport ausgeschlossene Schusswaffen

(1) Vom sportlichen Schießen sind ausgeschlossen:
1. Kurzwaffen mit einer Lauflänge von weniger als 7,62 Zentimeter (drei Zoll) Länge;
2. halbautomatische Schusswaffen, die ihrer äußeren Form nach den Anschein einer vollautomatischen Kriegswaffe hervorrufen, die Kriegswaffe im Sinne des Gesetzes über die Kontrolle von Kriegswaffen ist, wenn

a) die Lauflänge weniger als 42 Zentimeter beträgt,
b) das Magazin sich hinter der Abzugseinheit befindet (so genannte Bul-Pup-Waffen) oder
c) die Hülsenlänge der verwendeten Munition bei Langwaffen weniger als 40 Millimeter beträgt;
3. halbautomatische Langwaffen mit einem Magazin, das eine Kapazität von mehr als zehn Patronen hat.

(2) Das Verbot des Schießsports mit Schusswaffen und Munition im Sinne der Anlage 2 Abschnitt 1 des Waffengesetzes bleibt unberührt.

(3) Das Bundesverwaltungsamt kann auf Antrag eines anerkannten Schießsportverbandes Ausnahmen von den Verboten des Absatzes 1 zulassen, insbesondere wenn es sich um in national oder international bedeutenden Schießsportwettkämpfen verwendete Schusswaffen handelt.

(4) Zuständige Behörde für die Beurteilung der Schusswaffen nach Absatz 1 ist das Bundeskriminalamt.

§ 7
Unzulässige Schießübungen im Schießsport

(1) Im Schießsport sind die Durchführung von Schießübungen in der Verteidigung mit Schusswaffen (§ 22) und solche Schießübungen und Wettbewerbe verboten, bei denen
1. das Schießen aus Deckungen heraus erfolgt,
2. nach der Abgabe des ersten Schusses Hindernisse überwunden werden,
3. das Schießen im deutlich erkennbaren Laufen erfolgt,
4. das schnelle Reagieren auf plötzlich und überraschend auftauchende, sich bewegende Ziele gefordert wird,
   a) ausgenommen das Schießen auf Wurf- und auf laufende Scheiben,
   b) es sei denn, das Schießen erfolgt entsprechend einer vom Bundesverwaltungsamt genehmigten Sportordnung,
5. das Überkreuzziehen von mehr als einer Waffe (Cross Draw) gefordert wird,
6. Schüsse ohne genaues Anvisieren des Ziels (Deutschüsse) abgegeben werden, ausgenommen das Schießen auf Wurfscheiben, oder
7. der Ablauf der Schießübung dem Schützen vor ihrer Absolvierung nicht auf Grund zuvor festgelegter Regeln bekannt ist.

Die Veranstaltung der in Satz 1 genannten Schießübungen und die Teilnahme als Sportschütze an diesen sind verboten.

(2) Das Verbot von Schießübungen des kampfmäßigen Schießens (§ 15 Abs. 6 Satz 2 des Waffengesetzes) und mit verbotenen oder vom Schießsport ausgeschlossenen Schusswaffen oder Teilen von Schusswaffen (§ 6), soweit nicht eine Ausnahme nach § 6 Abs. 3 erteilt ist, bleibt unberührt.

(3) Die Ausbildung und das Training im jagdlichen Schießen einschließlich jagdlicher Schießwettkämpfe werden durch die vorstehenden Regelungen nicht beschränkt.

§ 8
Beirat für schießsportliche Fragen

(1) Beim Bundesministerium des Innern wird ein Beirat für schießsportliche Fragen (Fachbeirat) gebildet. Den Vorsitz führt ein Vertreter des Bundesministeriums des Innern. An den Sitzungen des Fachbeirates nehmen Vertreter des Bundesverwaltungsamtes teil.

(2) Der Fachbeirat setzt sich aus dem Vorsitzenden und aus folgenden ständigen Mitgliedern zusammen:
1. je einem Vertreter jedes Landes,

F Anhang

2. einem Vertreter des Deutschen Olympischen Sportbundes,
3. je einem Vertreter der anerkannten Schießsportverbände,
4. einem Vertreter der Deutschen Versuchs- und Prüfanstalt für Jagd- und Sportwaffen e. V.

(3) Die Mitglieder des Fachbeirates sollen auf schießsportlichem Gebiet sachverständig und erfahren sein.

(4) Das Bundesministerium des Innern kann Vertreter weiterer Bundes- und Landesbehörden sowie weitere Sachverständige insbesondere auf schießsportlichem oder waffentechnischem Gebiet zur Beratung hinzuziehen. In den Fällen, in denen der Fachbeirat über die Genehmigung der Schießsportordnung eines nicht anerkannten Schießsportverbandes beraten soll, lädt das Bundesministerium des Innern auch einen Vertreter dieses Verbandes ein.

(5) Das Bundesministerium des Innern beruft
1. die Vertreter jedes Landes einschließlich deren Stellvertreter auf Vorschlag des Landes;
2. die Vertreter der in Absatz 2 Nr. 2, 3 und 4 bezeichneten Verbände und Organisationen nach Anhörung der Vorstände dieser Verbände.

(6) Die Mitglieder des Fachbeirates üben ihre Tätigkeit ehrenamtlich aus, sofern sie keine Behörde vertreten.

Abschnitt 4
Benutzung von Schießstätten

§ 9
Zulässige Schießübungen auf Schießstätten

(1) Auf einer Schießstätte ist unter Beachtung des Verbots des kampfmäßigen Schießens (§ 27 Abs. 7 Satz 1 des Waffengesetzes) das Schießen mit Schusswaffen und Munition auf der Grundlage der für die Schießstätte erteilten Erlaubnis (§ 27 Abs. 1 Satz 1 des Waffengesetzes) nur zulässig, wenn
1. die Person, die zu schießen beabsichtigt, die Berechtigung zum Erwerb und Besitz von Schusswaffen nachweisen kann und das Schießen mit Schusswaffen dieser Art innerhalb des der Berechtigung zugrunde liegenden Bedürfnisses erfolgt,
2. geschossen wird
   a) auf der Grundlage einer genehmigten Schießsportordnung,
   b) im Rahmen von Lehrgängen oder Schießübungen in der Verteidigung mit Schusswaffen (§ 22),
   c) zur Erlangung der Sachkunde (§ 1 Abs. 1 Nr. 3) oder
   d) in der jagdlichen Ausbildung, oder
3. es sich nicht um Schusswaffen und Munition nach § 6 Abs. 1 handelt.
In den Fällen des Satzes 1 Nr. 1, Nr. 2 Buchstabe c und Nr. 3 gilt § 7 Abs. 1 und 3 entsprechend; beim Schießen nach Satz 1 Nr. 2 Buchstabe a bleibt § 7 unberührt. Der Betreiber der Schießstätte hat die Einhaltung der Voraussetzungen nach den Sätzen 1 und 2 zu überwachen.

(2) Die zuständige Behörde kann dem Betreiber einer Schießstätte oder im Einzelfall dem Benutzer Ausnahmen von den Beschränkungen des Absatzes 1 gestatten, soweit Belange der öffentlichen Sicherheit und Ordnung nicht entgegenstehen.

(3) Absatz 1 gilt nicht für Behörden oder Dienststellen und deren Bedienstete, die nach § 55 Abs. 1 des Waffengesetzes oder auf Grund einer nach § 55 Abs. 5 oder 6 des Waffengesetzes erlassenen Rechtsverordnung von der Anwendung des Waffengesetzes ausgenommen sind.

§ 10
Aufsichtspersonen; Obhut über das Schießen durch Kinder und Jugend

(1) Der Inhaber der Erlaubnis für die Schießstätte (Erlaubnisinhaber) hat unter Berücksichtigung der Erfordernisse eines sicheren Schießbetriebs eine oder mehrere verantwortliche Aufsichtspersonen für das Schießen zu bestellen, soweit er nicht selbst die Aufsicht wahrnimmt oder eine schießsportliche oder jagdliche Vereinigung oder ein Veranstalter im Sinne des § 22 durch eigene verantwortliche Aufsichtspersonen die Aufsicht übernimmt. Der Erlaubnisinhaber kann selbst die Aufsicht wahrnehmen, wenn er die erforderliche Sachkunde nachgewiesen hat und, sofern es die Obhut über das Schießen durch Kinder und Jugendliche betrifft, die Eignung zur Kinder- und Jugendarbeit besitzt. Aufsichtspersonen müssen das 18. Lebensjahr vollendet haben. Der Schießbetrieb darf nicht aufgenommen oder fortgesetzt werden, solange keine ausreichende Anzahl von verantwortlichen Aufsichtspersonen die Aufsicht wahrnimmt. Die zuständige Behörde kann gegenüber dem Erlaubnisinhaber die Zahl der nach Satz 1 erforderlichen Aufsichtspersonen festlegen.

(2) Der Erlaubnisinhaber hat der zuständigen Behörde die Personalien der verantwortlichen Aufsichtspersonen zwei Wochen vor der Übernahme der Aufsicht schriftlich anzuzeigen; beauftragt eine schießsportliche oder jagdliche Vereinigung die verantwortliche Aufsichtsperson, so obliegt diese Anzeige der Aufsichtsperson selbst. Der Anzeige sind Nachweise beizufügen, aus denen hervorgeht, dass die Aufsichtsperson die erforderliche Sachkunde und, sofern es die Obhut über das Schießen durch Kinder und Jugendliche betrifft, auch die Eignung zur Kinder- und Jugendarbeit besitzt. Der Erlaubnisinhaber hat das Ausscheiden der angezeigten Aufsichtsperson und die Bestellung einer neuen Aufsichtsperson der zuständigen Behörde unverzüglich anzuzeigen.

(3) Bei der Beauftragung der verantwortlichen Aufsichtsperson durch einen schießsportlichen Verein eines anerkannten Schießsportverbandes genügt an Stelle der Anzeige nach Absatz 2 Satz 1 eine Registrierung der Aufsichtsperson bei dem Verein. Dieser hat bei der Registrierung das Vorliegen der Voraussetzungen der erforderlichen Sachkunde und, sofern es die Obhut über das Schießen durch Kinder und Jugendliche betrifft, auch der Eignung zur Kinder- und Jugendarbeit zu überprüfen und zu vermerken. Der Aufsichtsperson ist durch den Verein hierüber ein Nachweisdokument auszustellen. Die Aufsichtsperson hat dieses Dokument während der Wahrnehmung der Aufsicht mitzuführen und zur Kontrolle Befugten auf Verlangen zur Prüfung auszuhändigen. Für eine Überprüfung nach Satz 4 hat der Verein auf Verlangen Einblick in die Registrierung der Aufsichtsperson zu gewähren. Die Sätze 1 bis 5 gelten entsprechend bei der von einer jagdlichen Vereinigung beauftragten verantwortlichen Aufsichtsperson mit der Maßgabe, dass während der Ausübung der Aufsicht ein gültiger Jagdschein nach § 15 Abs. 1 Satz 1 des Bundesjagdgesetzes mitzuführen ist.

(4) Ergeben sich Anhaltspunkte für die begründete Annahme, dass die verantwortliche Aufsichtsperson die erforderliche Zuverlässigkeit, persönliche Eignung oder Sachkunde oder, sofern es die Obhut über das Schießen durch Kinder und Jugendliche betrifft, die Eignung zur Kinder- und Jugendarbeit nicht besitzt, so hat die zuständige Behörde dem Erlaubnisinhaber gegenüber die Ausübung der Aufsicht durch die Aufsichtsperson zu untersagen.

(5) Die Obhut über das Schießen durch Kinder und Jugendliche ist durch eine hierfür qualifizierte und auf der Schießstätte anwesende Aufsichtsperson auszuüben, die
1. für die Schießausbildung der Kinder oder Jugendlichen leitend verantwortlich ist und
2. berechtigt ist, jederzeit der Aufsicht beim Schützen Weisungen zu erteilen oder die Aufsicht beim Schützen selbst zu übernehmen.

(6) Die Qualifizierung zur Aufsichtsperson oder zur Eignung zur Kinder- und Jugendarbeit kann durch die Jagdverbände oder die anerkannten Schießsportverbände erfolgen; bei Schießsportverbänden sind die Qualifizierungsrichtlinien Bestandteil des Anerkennungsverfahrens nach § 15 des Waffengesetzes.

F ANHANG

(7) Die Absätze 1 bis 6 gelten nicht für ortsveränderliche Schießstätten im Sinne von § 27 Abs. 6 des Waffengesetzes.

§ 11
Aufsicht

(1) Die verantwortlichen Aufsichtspersonen haben das Schießen in der Schießstätte ständig zu beaufsichtigen, insbesondere dafür zu sorgen, dass die in der Schießstätte Anwesenden durch ihr Verhalten keine vermeidbaren Gefahren verursachen, und zu beachten, dass die Bestimmungen des § 27 Abs. 3 oder 6 des Waffengesetzes eingehalten werden. Sie haben, wenn dies zur Verhütung oder Beseitigung von Gefahren erforderlich ist, das Schießen oder den Aufenthalt in der Schießstätte zu untersagen.

(2) Die Benutzer der Schießstätten haben die Anordnungen der verantwortlichen Aufsichtspersonen nach Absatz 1 zu befolgen.

(3) Eine zur Aufsichtsführung befähigte Person darf schießen, ohne selbst beaufsichtigt zu werden, wenn sichergestellt ist, dass sie sich allein auf dem Schießstand befindet.

§ 12
Überprüfung der Schießstätten

(1) Schießstätten sind vor ihrer ersten Inbetriebnahme hinsichtlich der sicherheitstechnischen Anforderungen zu überprüfen. In regelmäßigen Abständen von mindestens vier Jahren sind sie von der zuständigen Behörde zu überprüfen, wenn auf ihnen mit erlaubnispflichtigen Schusswaffen geschossen wird. Ist das Schießen auf einer Schießstätte nur mit erlaubnisfreien Schusswaffen zulässig, so ist eine Überprüfung mindestens alle sechs Jahre erforderlich. Falls Zweifel an dem ordnungsgemäßen Zustand oder den erforderlichen schießtechnischen Einrichtungen bestehen, kann die zuständige Behörde die Schießstätte in sicherheitstechnischer Hinsicht überprüfen oder von dem Erlaubnisinhaber die Vorlage eines Gutachtens eines anerkannten Schießstandsachverständigen verlangen. Die Kosten hierfür sind von dem Erlaubnisinhaber zu tragen.

(2) Werden bei der Überprüfung Mängel festgestellt, die eine Gefährdung der Benutzer der Schießstätte oder Dritter befürchten lassen, kann die zuständige Behörde die weitere Benutzung der Schießstätte bis zur Beseitigung der Mängel untersagen. Der weitere Betrieb oder die Benutzung der Schießstätte ist im Falle der Untersagung nach Satz 1 verboten.

(3) Die sicherheitstechnischen Anforderungen, die an Schießstätten zu stellen sind, ergeben sich aus den »Richtlinien für die Errichtung, die Abnahme und das Betreiben von Schießständen (Schießstandrichtlinien)«. Das Bundesministerium des Innern erstellt die Schießstandrichtlinien nach Anhörung von Vertretern der Wissenschaft, der Betroffenen und der für das Waffenrecht zuständigen obersten Landesbehörden als dem Stand der Sicherheitstechnik entsprechende Regeln und veröffentlicht diese im Bundesanzeiger. Die Veröffentlichung ist auch im elektronischen Bundesanzeiger zulässig. [1]

(4) Anerkannte Schießstandsachverständige nach Absatz 1 sind
1. öffentlich bestellte und vereidigte Sachverständige für das Fachgebiet »Sicherheit von nichtmilitärischen Schießständen«, die auf der Grundlage der in Absatz 3 genannten Schießstandrichtlinien in der jeweils geltenden Fassung von Lehrgangsträgern ausgebildet sind,
2. auf der Basis polizeilicher oder militärischer Regelungen als Schießstandsachverständige ausgebildete Personen, die auf der Grundlage der in Absatz 3 genannten Schießstandrichtlinien in der jeweils geltenden Fassung regelmäßig fortgebildet worden sind.

---

[1] Bis zur Veröffentlichung nach Absatz 3 Satz 2 sind Stand der Technik die »Richtlinien für die Errichtung, die Abnahme und das Betreiben von Schießständen (Schießstandrichtlinien), Stand Januar 2000, herausgegeben vom Deutschen Schützenbund, Wiesbaden«.

(5) Eine Bestellung darf erfolgen, wenn die fachlichen Bestellungsvoraussetzungen auf dem Sachgebiet »Sicherheit von nichtmilitärischen Schießstätten« [1] in einer Prüfung nachgewiesen worden sind. § 16 findet entsprechende Anwendung.

(6) Als anerkannte Schießstandsachverständige gelten auch diejenigen, die bis zum 31. März 2008 auf der Grundlage bisheriger Schießstandrichtlinien ausgebildet und regelmäßig fortgebildet worden sind. Die Anerkennung nach Satz 1 erlischt zum 1. Januar 2013, sofern keine öffentliche Bestellung für das Fachgebiet »Sicherheit von nichtmilitärischen Schießständen« erfolgt ist.

Abschnitt 5
Aufbewahrung von Waffen und Munition

§ 13
Aufbewahrung von Waffen oder Munition

(1) In einem Sicherheitsbehältnis, das der Norm DIN/EN 1143-1 Widerstandsgrad 0 (Stand: Mai 1997) [2] oder einer Norm mit gleichem Schutzniveau eines anderen Mitgliedstaates des Übereinkommens über den Europäischen Wirtschaftsraum (EWR-Mitgliedstaat) oder der Sicherheitsstufe B nach VDMA 24992 [3] [4] (Stand: Mai 1995) entspricht, dürfen nicht mehr als zehn Kurzwaffen (Anlage 1 Abschnitt 1 Unterabschnitt 1 Nr. 2.6, dritter Halbsatz zum Waffengesetz), zu deren Erwerb und Besitz es einer Erlaubnis bedarf, oder zehn nach Anlage 2 Abschnitt 1 Nr. 1.1 bis 1.2.3 zum Waffengesetz verbotene Waffen aufbewahrt werden; unterschreitet das Gewicht des Behältnisses 200 Kilogramm oder liegt die Verankerung gegen Abriss unter einem vergleichbaren Gewicht, so verringert sich die Höchstzahl der aufzubewahrenden Waffen auf fünf. Wird die in Satz 1 genannte Anzahl überschritten, so darf die Aufbewahrung nur in einem Sicherheitsbehältnis, das mindestens der Norm DIN/EN 1143-1 Widerstandsgrad I (Stand: Mai 1997) oder einer Norm mit gleichem Schutzniveau eines anderen EWR-Mitgliedstaates entspricht, oder in einer entsprechenden Mehrzahl von Sicherheitsbehältnissen nach Satz 1 erfolgen.

(2) Werden mehr als zehn Langwaffen (Anlage 1 Abschnitt 1 Unterabschnitt 1 Nr. 2.6, erster und zweiter Halbsatz zum Waffengesetz), zu deren Erwerb und Besitz es einer Erlaubnis bedarf, aufbewahrt, so darf die Aufbewahrung nur in einem Sicherheitsbehältnis, das mindestens einer der in Absatz 1 Satz 1 genannten Normen entspricht, oder in einer entsprechenden Mehrzahl von Sicherheitsbehältnissen nach § 36 Abs. 2 Satz 2 des Waffengesetzes erfolgen.

(3) Munition, deren Erwerb nicht von der Erlaubnispflicht freigestellt ist, darf nur in einem Stahlblechbehältnis ohne Klassifizierung mit Schwenkriegelschloss oder einer gleichwertigen Verschlussvorrichtung oder in einem gleichwertigen Behältnis aufbewahrt werden.

(4) Werden Langwaffen, zu deren Erwerb und Besitz es einer Erlaubnis bedarf, in einem Sicherheitsbehältnis, das der Sicherheitsstufe A nach VDMA 24992 (Stand: Mai 1995) entspricht, aufbewahrt, so ist es für die Aufbewahrung von bis zu fünf Kurzwaffen, zu deren Erwerb und Besitz es einer Erlaubnis bedarf, und der Munition für die Lang- und Kurzwaffen ausreichend, wenn sie in einem Innenfach erfolgt, das den Sicherheitsanforderungen nach Absatz 1 Satz 1 entspricht; in diesem Fall dürfen die Kurzwaffen und die Munition innerhalb des Innenfaches zusammen aufbewahrt werden. Im Falle der Aufbewahrung von Schusswaffen in einem Sicherheitsbehältnis der Sicherheitsstufe A oder B nach VDMA 24992 ist es für die Aufbewahrung der dazugehörigen Munition ausreichend, wenn sie in einem Innenfach aus Stahlblech ohne Klassifizierung mit Schwenkriegel-

---

1) Herausgegeben vom Institut für Sachverständigenwesen e.V., Köln.
2) Herausgegeben im Beuth-Verlag GmbH, Berlin und Köln.
3) Verband Deutscher Maschinen- und Anlagenbau e.V.
4) Herausgegeben im Beuth-Verlag GmbH, Berlin und Köln.

schloss oder einer gleichwertigen Verschlussvorrichtung erfolgt; nicht zu den dort aufbewahrten Waffen gehörige Munition darf zusammen aufbewahrt werden.

(5) Die zuständige Behörde kann eine andere gleichwertige Aufbewahrung der Waffen zulassen. Insbesondere kann von Sicherheitsbehältnissen im Sinne des § 36 Abs. 1 und 2 des Waffengesetzes oder im Sinne der Absätze 1 bis 3 abgesehen werden, wenn die Waffen und die Munition in einem Waffenraum aufbewahrt werden, der dem Stand der Technik entspricht.

(6) In einem nicht dauernd bewohnten Gebäude dürfen nur bis zu drei Langwaffen, zu deren Erwerb und Besitz es einer Erlaubnis bedarf, aufbewahrt werden. Die Aufbewahrung darf nur in einem mindestens der Norm DIN/EN 1143-1 Widerstandsgrad I entsprechenden Sicherheitsbehältnis erfolgen. Die zuständige Behörde kann Abweichungen in Bezug auf die Art oder Anzahl der aufbewahrten Waffen oder das Sicherheitsbehältnis auf Antrag zulassen.

(7) Die zuständige Behörde kann auf Antrag bei einer Waffen- oder Munitionssammlung unter Berücksichtigung der Art und der Anzahl der Waffen oder der Munition und ihrer Gefährlichkeit für die öffentliche Sicherheit und Ordnung von den Vorgaben der Absätze 1 bis 6 insbesondere unter dem Gesichtspunkt der Sichtbarkeit zu Ausstellungszwecken abweichen und dabei geringere oder höhere Anforderungen an die Aufbewahrung stellen; bei Sammlungen von Waffen, deren Modell vor dem 1. Januar 1871 entwickelt worden ist, und bei Munitionssammlungen soll sie geringere Anforderungen stellen. Dem Antrag ist ein Aufbewahrungskonzept beizugeben.

(8) Die zuständige Behörde kann auf Antrag von Anforderungen an die Sicherheitsbehältnisse nach § 36 Abs. 1 und 2 des Waffengesetzes oder nach den Absätzen 1 bis 3 oder an einen Waffenraum nach Absatz 5 Satz 2 absehen, wenn ihre Einhaltung unter Berücksichtigung der Art und der Anzahl der Waffen und der Munition und ihrer Gefährlichkeit für die öffentliche Sicherheit und Ordnung eine besondere Härte darstellen würde. In diesem Fall hat sie die niedrigeren Anforderungen festzusetzen.

(9) Bestehen begründete Zweifel, dass Normen anderer EWR-Mitgliedstaaten im Schutzniveau den in § 36 Abs. 1 und 2 des Waffengesetzes oder in den Absätzen 1 bis 4 genannten Normen gleichwertig sind, kann die Behörde vom Verpflichteten die Vorlage einer Stellungnahme insbesondere des Deutschen Instituts für Normung verlangen.

(10) Die gemeinschaftliche Aufbewahrung von Waffen oder Munition durch berechtigte Personen, die in einer häuslichen Gemeinschaft leben, ist zulässig.

(11) Bei der vorübergehenden Aufbewahrung von Waffen im Sinne des Absatzes 1 Satz 1 oder des Absatzes 2 oder von Munition außerhalb der Wohnung, insbesondere im Zusammenhang mit der Jagd oder dem sportlichen Schießen, hat der Verpflichtete die Waffen oder Munition unter angemessener Aufsicht aufzubewahren oder durch sonstige erforderliche Vorkehrungen gegen Abhandenkommen oder unbefugte Ansichnahme zu sichern, wenn die Aufbewahrung gemäß den Anforderungen der Absätze 1 bis 8 nicht möglich ist.

§ 14
**Aufbewahrung von Waffen oder Munition in Schützenhäusern,
auf Schießstätten oder im gewerblichen Bereich**

Die zuständige Behörde kann auf Antrag eines Betreibers eines Schützenhauses, einer Schießstätte oder eines Waffengewerbes Abweichungen von den Anforderungen des § 13 Abs. 1 bis 5 und 6 Satz 1 und 2 zulassen, wenn ihr ein geeignetes Aufbewahrungskonzept vorgelegt wird. Sie hat bei ihrer Entscheidung neben der für die Aufbewahrung vorgesehenen Art und Anzahl der Waffen oder der Munition und des Grades der von ihnen ausgehenden Gefahr für die öffentliche Sicherheit und Ordnung die Belegenheit und Frequentiertheit der Aufbewahrungsstätte besonders zu berücksichtigen.

Abschnitt 6
Vorschriften für das Waffengewerbe

Unterabschnitt 1
Fachkunde

§ 15
Umfang der Fachkunde

(1) Die in der Prüfung nach § 22 Abs. 1 Satz 1 des Waffengesetzes nachzuweisende Fachkunde umfasst ausreichende Kenntnisse
1. der Vorschriften über den Handel mit Schusswaffen und Munition, den Erwerb und das Führen von Schusswaffen sowie der Grundzüge der sonstigen waffenrechtlichen und der beschussrechtlichen Vorschriften,
2. über Art, Konstruktion und Handhabung der gebräuchlichen Schusswaffen, wenn die Erlaubnis für den Handel mit Schusswaffen beantragt ist, und
3. über die Behandlung der gebräuchlichen Munition und ihre Verwendung in der dazugehörigen Schusswaffe, wenn die Erlaubnis für den Handel mit Munition beantragt ist.

(2) Der Antragsteller hat in der Prüfung nach Absatz 1 Kenntnisse nachzuweisen über
1. Schusswaffen und Munition aller Art, wenn eine umfassende Waffenhandelserlaubnis beantragt ist,
2. die in der Anlage aufgeführten Waffen- oder Munitionsarten, für die Erlaubnis zum Handel beantragt ist.

§ 16
Prüfung

(1) Die zuständige Behörde bildet für die Abnahme der Prüfung staatliche Prüfungsausschüsse. Die Geschäftsführung kann auf die örtliche Industrie- und Handelskammer übertragen werden. Es können gemeinsame Prüfungsausschüsse für die Bezirke mehrerer Behörden gebildet werden.

(2) Der Prüfungsausschuss besteht aus dem Vorsitzenden und zwei Beisitzern. Die Mitglieder des Prüfungsausschusses müssen in dem Prüfungsgebiet sachkundig sein. Der Vorsitzende darf nicht im Waffenhandel tätig sein. Als Beisitzer sollen ein selbstständiger Waffenhändler und ein Angestellter im Waffenhandel oder, wenn ein solcher nicht zur Verfügung steht, ein Angestellter in der Waffenherstellung bestellt werden.

(3) Die Prüfung ist mündlich abzulegen.

(4) Für die Erteilung eines Zeugnisses, die Anfertigung einer Niederschrift und die Wiederholung der Prüfung gilt § 2 Abs. 3 Satz 2 und Abs. 4 und 5 entsprechend.

Unterabschnitt 2
Waffenherstellungs- und Waffenhandelsbücher

§ 17
Grundsätze der Buchführungspflicht

(1) Das Waffenherstellungs- und das Waffenhandelsbuch sind in gebundener Form oder in Karteiform oder mit Hilfe der elektronischen Datenverarbeitung im Betrieb oder in dem Betriebsteil, in dem die Schusswaffen hergestellt oder vertrieben werden, zu führen und, gegen Abhandenkommen, Datenverlust und unberechtigten Zugriff gesichert, aufzubewahren.

(2) Wird das Buch in gebundener Form geführt, so sind die Seiten laufend zu nummerieren; die Zahl der Seiten ist auf dem Titelblatt anzugeben. Wird das Buch in Karteiform geführt, so sind die Karteiblätter der zuständigen Behörde zur Abstempelung der Blätter und zur Bestätigung ihrer Gesamtzahl vorzulegen.

F ANHANG

(3) Alle Eintragungen in das Buch sind unverzüglich in dauerhafter Form und in deutscher Sprache vorzunehmen; § 239 Abs. 3 des Handelsgesetzbuches gilt entsprechend. Sofern eine Eintragung nicht gemacht werden kann, ist dies unter Angabe der Gründe zu vermerken.

(4) Die Bücher sind zum 31. Dezember jeden zweiten Jahres sowie beim Wechsel des Betriebsinhabers oder bei der Einstellung des Betriebs mit Datum und Unterschrift so abzuschließen, dass nachträglich Eintragungen nicht mehr vorgenommen werden können. Der beim Abschluss der Bücher verbliebene Bestand ist vorzutragen, bevor neue Eintragungen vorgenommen werden. Ein Buch, das nicht mehr verwendet wird, ist unter Angabe des Datums abzuschließen.

(5) Die Bücher mit den Belegen sind auf Verlangen der zuständigen Behörde auch in deren Diensträumen oder den Beauftragten der Behörde vorzulegen.

(6) Der zur Buchführung Verpflichtete hat das Buch mit den Belegen im Betrieb oder in dem Betriebsteil, in dem die Schusswaffen hergestellt oder vertrieben werden, bis zum Ablauf von zehn Jahren, von dem Tage der letzten Eintragung an gerechnet, aufzubewahren. Will er das Buch nach Ablauf der in Satz 1 genannten Frist nicht weiter aufbewahren, so hat er es der zuständigen Behörde zur Aufbewahrung zu übergeben. Gibt der zur Buchführung Verpflichtete das Gewerbe auf, so hat er das Buch seinem Nachfolger zu übergeben oder der zuständigen Behörde zur Aufbewahrung auszuhändigen.

§ 18
Führung der Waffenbücher in gebundener Form

(1) Wird das Waffenherstellungsbuch in gebundener Form geführt, so ist es nach folgendem Muster zu führen:

Linke Seite:
1. Laufende Nummer der Eintragung
2. Datum der Fertigstellung
3. Herstellungsnummer

Rechte Seite:
4. Datum des Abgangsoder der Kenntnis des Verlustes
5. Name und Anschrift des Empfängers oder Art des Verlustes
6. Sofern die Schusswaffe nicht einem einem Erwerber nach § 21 Abs. 1 des Waffengesetzes überlassen wird, die Bezeichnung der Erwerbsberechtigung unter Angabe der ausstellenden Behörde und des Ausstellungsdatums
7. Sofern die Schusswaffe einem Erwerber nach § 34 Abs. 5 Satz 1 des Waffengesetzes überlassen oder an ihn versandt wird, Bezeichnung und Datum der Bestätigung der Anzeige

Für jeden Waffentyp ist ein besonderes Blatt anzulegen, auf dem der Waffentyp und der Name, die Firma oder die Marke, die auf den Waffen angebracht sind, zu vermerken sind.

(2) Wird das Waffenhandelsbuch in gebundener Form geführt, so ist es nach folgendem Muster zu führen:

Linke Seite:
1. Laufende Nummer der Eintragung
2. Datum des Eingangs
3. Waffentyp
4. Name, Firma oder Marke, die auf der Waffe angebracht sind
5. Herstellungsnummer
6. Name und Anschrift des Überlassers

Rechte Seite:
7. Datum des Abgangs oder der Kenntnis des Verlustes
8. Name und Anschrift des Empfängers oder Art des Verlustes
9. Sofern die Schusswaffe nicht einem Erwerber nach § 21 Abs. 1 des Waffengesetzes überlassen wird, die Bezeichnung der

Erwerbsberechtigung unter Angabe der ausstellenden Behörde und des Ausstellungsdatums

10. Sofern die Schusswaffe einem Erwerber nach § 34 Abs. 5 Satz 1 des Waffengesetzes überlassen oder an ihn versandt wird, Bezeichnung und Datum der Bestätigung der Anzeige durch das Bundeskriminalamt.

(3) Die Eintragungen nach den Absätzen 1 und 2 sind für jede Waffe gesondert vorzunehmen. Eine Waffe gilt im Sinne des Absatzes 1 Satz 1 Nr. 2 als fertiggestellt,
1. sobald sie nach § 3 des Beschussgesetzes geprüft worden ist,
2. wenn die Waffe nicht der amtlichen Beschussprüfung unterliegt, sobald sie zum Verkauf vorrätig gehalten wird.

(4) Von der Eintragung des Namens und der Anschrift des Überlassers nach Absatz 2 Nr. 6 kann abgesehen werden bei Schusswaffen, deren Modell vor dem 1. Januar 1871 entwickelt worden ist,
1. mit Zündnadelzündung,
2. mit Zündhütchenzündung (Perkussionswaffen), soweit es sich um einläufige Einzelladerwaffen handelt,
3. mit Lunten- oder Funkenzündung.

§ 19
Führung der Waffenbücher in Karteiform

(1) Wird das Waffenherstellungsbuch oder das Waffenhandelsbuch in Karteiform geführt, so können die Eintragungen für mehrere Waffen desselben Typs (Waffenposten) nach Absatz 2 oder 3 zusammengefasst werden. Auf einer Karteikarte darf nur ein Waffenposten nach Absatz 2 Nr. 1 oder Absatz 3 Nr. 1 eingetragen werden. Neueingänge dürfen auf demselben Karteiblatt erst eingetragen werden, wenn der eingetragene Waffenposten vollständig abgebucht ist. Abgänge sind mit den Angaben nach Absatz 2 Nr. 2 oder Absatz 3 Nr. 2 gesondert einzutragen. Für jeden Waffentyp ist ein besonderes Blatt anzulegen, auf dem der Waffentyp und der Name, die Firma oder die Marke, die auf der Waffe angebracht sind, zu vermerken sind.

(2) Das Waffenherstellungsbuch ist nach folgendem Muster zu führen:
1. bei der Eintragung der Fertigstellung:
   a) Datum der Fertigstellung
   b) Stückzahl
   c) Herstellungsnummern
2. bei der Eintragung von Abgängen:
   a) laufende Nummer der Eintragung
   b) Datum des Abgangs oder der Kenntnis des Verlustes
   c) Stückzahl
   d) Herstellungsnummern
   e) Name und Anschrift des Empfängers oder Art des Verlustes
   f) sofern die Schusswaffe nicht einem Erwerber nach § 21 Abs. 1 des Waffengesetzes überlassen wird, die Bezeichnung der Erwerbsberechtigung unter Angabe der ausstellenden Behörde und des Ausstellungsdatums
   g) sofern die Schusswaffe einem Erwerber nach § 34 Abs. 5 Satz 1 des Waffengesetzes überlassen oder an ihn versandt wird, Bezeichnung und Datum der Bestätigung der Anzeige durch das Bundeskriminalamt.

(3) Das Waffenhandelsbuch ist nach folgendem Muster zu führen:

F ANHANG

1. bei der Eintragung des Eingangs:
   a) Datum des Eingangs
   b) Stückzahl
   c) Herstellungsnummern
   d) Name und Anschrift des Überlassers
2. bei der Eintragung von Abgängen:
   a) laufende Nummer der Eintragung
   b) Datum des Abgangs oder der Kenntnis des Verlustes
   c) Stückzahl
   d) Herstellungsnummern
   e) Name und Anschrift des Empfängers oder Art des Verlustes
   f) sofern die Schusswaffe nicht einem Erwerber nach § 21 Abs. 1 des Waffengesetzes überlassen wird, die Bezeichnung der Erwerbsberechtigung unter Angabe der ausstellenden Behörde und des Ausstellungsdatums
   g) sofern die Schusswaffe einem Erwerber nach § 34 Abs. 5 Satz 1 des Waffengesetzes überlassen oder an ihn versandt wird, Bezeichnung und Datum der Bestätigung der Anzeige durch das Bundeskriminalamt.

(4) Von der Eintragung des Namens und der Anschrift des Überlassers nach Absatz 3 Nr. 1 Buchstabe d kann abgesehen werden bei Schusswaffen, deren Modell vor dem 1. Januar 1871 entwickelt worden ist,
1. mit Zündnadelzündung,
2. mit Zündhütchenzündung (Perkussionswaffen), soweit es sich um einläufige Einzelladerwaffen handelt,
3. mit Lunten- oder Funkenzündung.

(5) § 17 Abs. 3, 5 und 6 ist auf die Eintragungen in den Karteiblättern sowie auf die Vorlage und Aufbewahrung der Karteiblätter und der Belege entsprechend anzuwenden.

§ 20
Führung der Waffenbücher in elektronischer Form

(1) Wird das Waffenherstellungs- oder das Waffenhandelsbuch in elektronischer Form geführt, so müssen die gespeicherten Datensätze (aufzeichnungspflichtigen Vorgänge) die nach § 19 geforderten Angaben enthalten. Die Datensätze sind unverzüglich zu speichern; sie sind fortlaufend zu nummerieren. Die Bestimmungen des Bundesdatenschutzgesetzes sind zu beachten.

(2) Die gespeicherten Datensätze sind nach Ablauf eines jeden Monats in Klarschrift auszudrucken. Der Ausdruck ist nach Maßgabe des § 19 in Karteiform vorzunehmen. Der Name des Überlassers, des Erwerbers und die Erwerbsberechtigung können auch in verschlüsselter Form ausgedruckt werden. In diesem Fall ist dem Ausdruck ein Verzeichnis beizugeben, das eine unmittelbare Entschlüsselung der bezeichneten Daten ermöglicht. Die Bestände sind auf den nächsten Monat vorzutragen.

(3) § 17 Abs. 3, 5 und 6 ist auf die Eintragungen in den Karteiblättern sowie auf die Vorlage und Aufbewahrung der Karteiblätter und der Belege entsprechend anzuwenden. Der Ausdruck der nach dem letzten Monatsabschluss gespeicherten Datensätze ist auf Verlangen der zuständigen Behörde auch in deren Diensträumen oder den Beauftragten der Behörde auch während des laufenden Monats jederzeit vorzulegen.

(4) Die zuständige Behörde kann Ausnahmen von Absatz 2 Satz 1 und 5 zulassen, wenn der Gesamtbestand an Waffen zu Beginn eines jeden Jahres und die Zu- und Abgänge monatlich in Klarschrift ausgedruckt werden und sichergestellt ist, dass die während des Jahres gespeicherten Daten auf Verlangen der zuständigen Behörde jederzeit in Klarschrift ausgedruckt werden können.

Unterabschnitt 3
Kennzeichnung von Waffen

§ 21
Kennzeichnung von Schusswaffen

(1) Wird die Kennzeichnung nach § 24 Abs. 1 Satz 1 Nr. 1 des Waffengesetzes auf mehreren wesentlichen Teilen angebracht, so müssen die Angaben auf denselben Hersteller oder Händler hinweisen.

(2) Bei Schusswaffen mit glatten Läufen sind auf jedem glatten Lauf der Laufdurchmesser, der 23 Zentimeter ± 1 Zentimeter vom Stoßboden gemessen wird, und die Lagerlänge anzubringen. Schusswaffen, bei denen der Lauf oder die Trommel ohne Anwendung von Hilfsmitteln ausgetauscht werden kann, sind auf dem Verschluss nach § 24 Abs. 1 Satz 1 Nr. 1 und 3 des Waffengesetzes zu kennzeichnen. Auf dem Lauf und der Trommel sind Angaben über den Hersteller und die Bezeichnung der Munition (§ 24 Abs. 1 Satz 1 Nr. 1 und 2 des Waffengesetzes) anzubringen.

(3) Wer eine Schusswaffe gewerbsmäßig verändert oder wesentliche Teile einer Schusswaffe nach Anlage 1 Abschnitt 1 Unterabschnitt 1 Nr. 1.3 zum Waffengesetz gewerbsmäßig austauscht und dabei die Angaben über den Hersteller (§ 24 Abs. 1 Satz 1 Nr. 1 des Waffengesetzes) entfernt, hat seinen Namen, seine Firma oder seine Marke auf der Schusswaffe anzubringen. Auf der Schusswaffe und den ausgetauschten Teilen darf keine Kennzeichnung angebracht sein, die auf verschiedene Hersteller oder Händler hinweist.

(4) Wer gewerbsmäßig Schusswaffen
1. so verkürzt, dass die Länge nicht mehr als 60 Zentimeter beträgt,
2. in ihrer Schussfolge verändert,
3. mit einer Bewegungsenergie der Geschosse von nicht mehr als 7,5 Joule in Schusswaffen mit einer höheren Bewegungsenergie der Geschosse umarbeitet,
4. mit einer Bewegungsenergie der Geschosse von mehr als 7,5 Joule in Schusswaffen mit einer geringeren Bewegungsenergie der Geschosse umarbeitet,
5. mit einer Bewegungsenergie der Geschosse von weniger als 0,08 Joule in Schusswaffen mit einer höheren Bewegungsenergie der Geschosse umarbeitet oder
6. in Waffen nach Anlage 2 Abschnitt 2 Unterabschnitt 1 Nr. 1.5 zum Waffengesetz oder in Gegenstände nach Anlage 1 Abschnitt 1 Unterabschnitt 1 Nr. 1.4 zum Waffengesetz abändert,

hat seinen Namen, seine Firma oder seine Marke auch dann auf der Schusswaffe dauerhaft anzubringen, wenn er die Angaben über den Hersteller (§ 24 Abs. 1 Satz 1 Nr. 1 des Waffengesetzes) nicht entfernt. Haben die Veränderungen nach Satz 1 Nr. 1 bis 3 oder 5 zur Folge, dass die Bewegungsenergie der Geschosse 7,5 Joule überschreitet, so ist auf der Schusswaffe auch die Herstellungsnummer (§ 24 Abs. 1 Satz 1 Nr. 3 des Waffengesetzes) anzubringen und das Kennzeichen nach § 24 Abs. 2 Waffengesetzes zu entfernen. Neben der auf Grund der Änderung angebrachten Kennzeichnung ist dauerhaft der Buchstabe »U« anzubringen.

Abschnitt 7
Ausbildung in der Verteidigung mit Schusswaffen

§ 22
Lehrgänge und Schießübungen

(1) In Lehrgängen zur Ausbildung in der Verteidigung mit Schusswaffen oder bei Schießübungen dieser Art sind unter Beachtung des Verbots des kampfmäßigen Schießens (§ 27 Abs. 7 Satz 1 des Waffengesetzes) Schießübungen und insbesondere die Verwendung solcher Hindernisse und Übungseinbauten nicht zulässig, die der Übung über den Zweck der Verteidigung der eigenen Per-

F ANHANG

son oder Dritter hinaus einen polizeieinsatzmäßigen oder militärischen Charakter verleihen. Die Verwendung von Zielen oder Scheiben, die Menschen darstellen oder symbolisieren, ist gestattet. Die Veranstaltung der in Satz 1 genannten Schießübungen und die Teilnahme als Schütze an diesen Schießübungen sind verboten.

(2) Wer Lehrgänge zur Ausbildung in der Verteidigung mit Schusswaffen oder Schießübungen dieser Art veranstalten will, hat die beabsichtigte Tätigkeit und den Ort, an dem die Veranstaltung stattfinden soll, zwei Wochen vorher der zuständigen Behörde schriftlich anzuzeigen. Auf Verlangen der zuständigen Behörde ist ein Lehrgangsplan oder Übungsprogramm vorzulegen, aus dem die zu vermittelnden Kenntnisse und die Art der beabsichtigten Schießübungen erkennbar sind. Die Beendigung der Lehrgänge oder Schießübungen ist der zuständigen Behörde innerhalb von zwei Wochen ebenfalls anzuzeigen. Der Betreiber der Schießstätte darf die Durchführung von Veranstaltungen der genannten Art nur zulassen, wenn der Veranstalter ihm gegenüber schriftlich erklärt hat, dass die nach Satz 1 erforderliche Anzeige erfolgt ist.

(3) In der Anzeige über die Aufnahme der Lehrgänge oder Schießübungen hat der Veranstalter die Personalien der volljährigen verantwortlichen Aufsichtsperson und der Ausbilder anzugeben. § 10 Abs. 2 Satz 2 ist entsprechend anzuwenden. Die spätere Einstellung oder das Ausscheiden der genannten Personen hat der Veranstalter der zuständigen Behörde unverzüglich anzuzeigen.

(4) Auf die Verpflichtung des Veranstalters zur Bestellung einer verantwortlichen Aufsichtsperson und von Ausbildern ist § 10 Abs. 1 entsprechend anzuwenden.

§ 23
Zulassung zum Lehrgang

(1) Zur Teilnahme an den Lehrgängen oder Schießübungen im Sinne des § 22 dürfen nur Personen zugelassen werden,
1. die auf Grund eines Waffenscheins oder einer Bescheinigung nach § 55 Abs. 2 des Waffengesetzes zum Führen einer Schusswaffe berechtigt sind oder
2. denen ein in § 55 Abs. 1 des Waffengesetzes bezeichneter Dienstherr die dienstlichen Gründe zum Führen einer Schusswaffe bescheinigt hat oder denen von der zuständigen Behörde eine Bescheinigung nach Absatz 2 erteilt worden ist.

Die verantwortliche Aufsichtsperson hat sich vor der Aufnahme des Schießbetriebs vom Vorliegen der in Satz 1 genannten Erfordernisse zu überzeugen.

(2) Die zuständige Behörde kann Inhabern einer für Kurzwaffen ausgestellten Waffenbesitzkarte und Inhabern eines Jagdscheins, die im Sinne des § 19 des Waffengesetzes persönlich gefährdet sind, die Teilnahme an Lehrgängen oder Schießübungen der in § 22 genannten Art gestatten.

§ 24
Verzeichnisse

(1) Der Veranstalter hat ein Verzeichnis der verantwortlichen Aufsichtspersonen, der Ausbilder und der Teilnehmer gemäß Absatz 2 zu führen.

(2) Aus dem Verzeichnis müssen folgende Angaben über die in Absatz 1 genannten Personen hervorgehen:
1. Vor- und Familiennamen, Geburtsdatum und -ort, Wohnort und Anschrift;
2. Nummer, Ausstellungsdatum und ausstellende Behörde des Waffenscheins, der Bescheinigung nach § 55 Abs. 2 des Waffengesetzes oder der Bescheinigung des Dienstherrn nach § 23 Abs. 1 Satz 1 Nr. 2 oder der Ausnahmeerlaubnis nach § 23 Abs. 2;
3. in welchem Zeitraum (Monat und Jahr) sie als Aufsichtsperson oder als Ausbilder tätig waren oder an einer Veranstaltung teilgenommen haben.

(3) Das Verzeichnis ist vom Veranstalter auf Verlangen der zuständigen Behörde auch in deren Diensträumen oder den Beauftragten der Behörde vorzulegen.
(4) Der Veranstalter hat das Verzeichnis bis zum Ablauf von fünf Jahren, vom Tage der letzten Eintragung an gerechnet, sicher aufzubewahren. Gibt der Veranstalter die Durchführung des Verteidigungsschießens auf, so hat er das Verzeichnis seinem Nachfolger zu übergeben oder der zuständigen Behörde zur Aufbewahrung auszuhändigen.

§ 25
Untersagung von Lehrgängen oder Lehrgangsteilen;
Abberufung von Aufsichtspersonen oder Ausbildern

(1) Die zuständige Behörde kann Veranstaltungen im Sinne des § 22 untersagen, wenn Tatsachen die Annahme rechtfertigen, dass der Veranstalter, die verantwortliche Aufsichtsperson oder ein Ausbilder die erforderliche Zuverlässigkeit, persönliche Eignung oder Sachkunde nicht oder nicht mehr besitzt. Ergeben sich bei einer verantwortlichen Aufsichtsperson oder einem Ausbilder Anhaltspunkte für die begründete Annahme des Vorliegens von Tatsachen nach Satz 1, so hat die zuständige Behörde vom Veranstalter die Abberufung dieser Person zu verlangen.
(2) Der Veranstalter hat auf Verlangen der zuständigen Behörde die Durchführung einzelner Lehrgänge oder Schießübungen einstweilen einzustellen. Die Behörde kann die einstweilige Einstellung verlangen, solange der Veranstalter
1. eine verantwortliche Aufsichtsperson oder die unter Berücksichtigung der Erfordernisse eines sicheren Schießbetriebs erforderliche Anzahl von Ausbildern nicht bestellt hat oder
2. dem Verlangen der Behörde, eine verantwortliche Aufsichtsperson oder einen Ausbilder wegen fehlender Zuverlässigkeit, persönlicher Eignung oder Sachkunde von seiner Tätigkeit abzuberufen, nicht nachkommt.

Abschnitt 8
Vorschriften mit Bezug zur Europäischen Union und zu Drittstaaten

Unterabschnitt 1
Anwendung des Gesetzes auf Bürger der Europäischen Union

§ 26
Allgemeine Bestimmungen

(1) Auf Staatsangehörige eines Mitgliedstaates der Europäischen Union (Mitgliedstaat) ist § 21 Abs. 4 Nr. 1 des Waffengesetzes nicht anzuwenden.
(2) Auf Staatsangehörige eines Mitgliedstaates, die in einem anderen Mitgliedstaat ihren gewöhnlichen Aufenthalt haben, ist § 21 Abs. 4 Nr. 2 des Waffengesetzes nicht anzuwenden, soweit die Erlaubnis darauf beschränkt wird,
1. Bestellungen auf Waffen oder Munition bei Inhabern einer Waffenherstellungs- oder Waffenhandelserlaubnis aufzusuchen und diesen den Erwerb, den Vertrieb oder das Überlassen solcher Gegenstände zu vermitteln und
2. den Besitz nur über solche Waffen oder Munition auszuüben, die als Muster, als Proben oder als Teile einer Sammlung mitgeführt werden.
(3) Absatz 2 ist entsprechend anzuwenden auf Gesellschaften, die nach den Rechtsvorschriften eines Mitgliedstaates gegründet sind und ihren satzungsmäßigen Sitz, ihre Hauptverwaltung oder ihre Hauptniederlassung innerhalb der Europäischen Union haben. Soweit diese Gesellschaften nur ihren satzungsmäßigen Sitz, jedoch weder ihre Hauptverwaltung noch ihre Hauptniederlassung innerhalb der Europäischen Union haben, gilt Satz 1 nur, wenn ihre Tätigkeit in tatsächlicher und dauerhafter Verbindung mit der Wirtschaft eines Mitgliedstaates steht.

F ANHANG

(4) Die Vorschriften der Absätze 1 bis 3 zugunsten von Staatsangehörigen eines Mitgliedstaates sind nicht anzuwenden, soweit dies zur Beseitigung einer Störung der öffentlichen Sicherheit oder Ordnung oder zur Abwehr einer bevorstehenden Gefahr für die öffentliche Sicherheit oder Ordnung im Einzelfall erforderlich ist.
(5) Auf Staatsangehörige eines Mitgliedstaates ist § 4 Abs. 2 des Waffengesetzes nicht anzuwenden, soweit sie im Geltungsbereich des Waffengesetzes ihren gewöhnlichen Aufenthalt haben und eine selbstständige oder unselbstständige Tätigkeit ausüben, die den Erwerb, den Besitz oder das Führen einer Waffe oder von Munition erfordert.

§ 27
Besondere Bestimmungen zur Fachkunde

(1) Der Nachweis der Fachkunde für den Waffenhandel im Sinne des § 22 des Waffengesetzes ist für einen Staatsangehörigen eines Mitgliedstaates als erbracht anzusehen, wenn er in einem anderen Mitgliedstaat im Handel mit Waffen und Munition wie folgt tätig war:
1. drei Jahre ununterbrochen als Selbstständiger oder in leitender Stellung,
2. zwei Jahre ununterbrochen als Selbstständiger oder in leitender Stellung, wenn er für die betreffende Tätigkeit eine vorherige Ausbildung nachweisen kann, die durch ein staatlich anerkanntes Zeugnis bestätigt oder von einer zuständigen Berufsinstitution als vollwertig anerkannt ist,
3. zwei Jahre ununterbrochen als Selbstständiger oder in leitender Stellung sowie außerdem drei Jahre als Unselbstständiger oder
4. drei Jahre ununterbrochen als Unselbstständiger, wenn er für den betreffenden Beruf eine vorherige Ausbildung nachweisen kann, die durch ein staatlich anerkanntes Zeugnis bestätigt oder von einer zuständigen Berufsinstitution als vollwertig anerkannt ist.

(2) In den in Absatz 1 Nr. 1 und 3 genannten Fällen darf die Tätigkeit als Selbstständiger oder in leitender Stellung höchstens zehn Jahre vor dem Zeitpunkt der Antragstellung beendet worden sein.
(3) Als ausreichender Nachweis ist auch anzusehen, wenn der Antragsteller die dreijährige Tätigkeit nach Absatz 1 Nr. 1 nicht ununterbrochen ausgeübt hat, die Ausübung jedoch nicht mehr als zwei Jahre vor dem Zeitpunkt der Antragstellung beendet worden ist.
(4) Eine Tätigkeit in leitender Stellung im Sinne des Absatzes 1 übt aus, wer in einem industriellen oder kaufmännischen Betrieb des entsprechenden Berufszweigs tätig war
1. als Leiter des Unternehmens oder einer Zweigniederlassung,
2. als Stellvertreter des Unternehmers oder des Leiters des Unternehmens, wenn mit dieser Stellung eine Verantwortung verbunden ist, die der des vertretenen Unternehmers oder Leiters entspricht, oder
3. in leitender Stellung mit kaufmännischen Aufgaben und mit der Verantwortung für mindestens eine Abteilung des Unternehmens.

(5) Der Nachweis, dass die Voraussetzungen der Absätze 1 bis 4 erfüllt sind, ist vom Antragsteller durch eine Bescheinigung der zuständigen Stelle des Herkunftslandes zu erbringen.

Unterabschnitt 2
Erwerb von Waffen und Munition in anderen Mitgliedstaaten; Verbringen und Mitnahme

§ 28
Erlaubnisse für den Erwerb von Waffen und Munition in einem anderen Mitgliedstaat

Eine Erlaubnis nach § 11 Abs. 2 des Waffengesetzes wird als Zustimmung durch einen Erlaubnisschein der zuständigen Behörde erteilt. Für die Erteilung hat der Antragsteller folgende Angaben zu machen:

1. über seine Person:
Vor- und Familienname, Geburtsdatum und -ort, Anschriften sowie Nummer, Ausstellungsdatum und ausstellende Behörde des Passes oder des Personalausweises;
2. über die Waffe:
bei Schusswaffen Anzahl, Art, Kaliber und Kategorie nach Anlage 1 Abschnitt 3 zum Waffengesetz und gegebenenfalls CIP-Beschusszeichen; bei sonstigen Waffen Anzahl und Art der Waffen;
3. über die Munition:
Anzahl, Art, Kaliber und gegebenenfalls CIP-Prüfzeichen.

§ 29
Erlaubnisse zum Verbringen von Waffen und Munition

(1) Eine Erlaubnis oder Zustimmung nach den §§ 29 bis 31 des Waffengesetzes wird durch einen Erlaubnisschein der zuständigen Behörde erteilt.

(2) Für die Erteilung einer Zustimmung nach § 29 Abs. 2 und § 30 Abs. 1 Satz 2 des Waffengesetzes hat der Antragsteller folgende Angaben zu machen:
1. über die Person des Überlassers und des Erwerbers oder desjenigen, der die Waffen oder Munition ohne Besitzwechsel in einen anderen Mitgliedstaat verbringt:
Vor- und Familienname, Geburtsdatum und -ort, Wohnort und Anschrift, bei Firmen auch Telefon- oder Telefaxnummer, sowie Nummer, Ausstellungsdatum und ausstellende Behörde des Passes oder des Personalausweises und die Angabe, ob es sich um einen Waffenhändler oder um eine Privatperson handelt;
2. über die Waffen:
bei Schusswaffen Anzahl und Art der Waffen, Kategorie nach der Anlage 1 Abschnitt 3 zum Waffengesetz, Firma oder eingetragenes Markenzeichen des Herstellers, Modellbezeichnung, Kaliber, Herstellungsnummer und gegebenenfalls CIP-Beschusszeichen; bei sonstigen Waffen Anzahl und Art der Waffen;
3. über die Munition:
Anzahl und Art der Munition, Kategorie nach der Richtlinie 93/15/EWG des Rates vom 5. April 1993 zur Harmonisierung der Bestimmungen über das Inverkehrbringen und die Kontrolle von Explosivstoffen für zivile Zwecke (ABl. EG Nr. L 121 S. 20), Firma oder eingetragenes Markenzeichen des Herstellers, Kaliber und gegebenenfalls CIP-Munitionsprüfzeichen;
4. über die Lieferanschrift:
genaue Angabe des Ortes, an den die Waffen oder die Munition versandt oder transportiert werden.
Die Angaben nach Satz 1 sind auch für die Erteilung einer Erlaubnis zum Verbringen aus einem Drittstaat nach § 29 Abs. 1 oder § 30 Abs. 1 Satz 1 des Waffengesetzes erforderlich; in diesen Fällen muss der Erlaubnisschein alle in Satz 1 genannten Angaben enthalten.

(3) Wird gewerbsmäßigen Waffenherstellern oder -händlern (§ 21 des Waffengesetzes) die Zustimmung nach § 29 Abs. 2 des Waffengesetzes allgemein zum Verbringen von Waffen und Munition von einem gewerbsmäßigen Waffenhersteller oder -händler, der Inhaber einer allgemeinen Erlaubnis des anderen Mitgliedstaats zum Verbringen von Waffen und Munition nach Artikel 11 Abs. 3 der Richtlinie 91/477/EWG des Rates vom 18. Juni 1991 über die Kontrolle des Erwerbs und des Besitzes von Waffen (ABl. EG Nr. L 256 S. 51) ist, befristet erteilt, so kann bei Schusswaffen auf die Angaben des Kalibers und der Herstellungsnummer verzichtet werden. Auf die in Satz 1 genannten Angaben kann auch bei der Erteilung einer Erlaubnis zum Verbringen aus einem Drittstaat zwischen gewerbsmäßigen Waffenherstellern oder -händlern nach § 29 Abs. 1 oder § 30 Abs. 1 des Waffengesetzes verzichtet werden, wenn besondere Gründe hierfür glaubhaft gemacht werden.

F ANHANG

Im Falle des Satzes 2 müssen die genannten Angaben den nach § 33 Abs. 3 des Waffengesetzes zuständigen Überwachungsbehörden bei dem Verbringen mitgeteilt werden.

(4) Für die Erteilung einer Erlaubnis nach § 31 Abs. 1 des Waffengesetzes hat der Antragsteller neben den in Absatz 2 Satz 1 genannten Angaben über die Versendung der Waffen oder der Munition das Beförderungsmittel, den Tag der Absendung und den voraussichtlichen Ankunftstag mitzuteilen.

(5) Für die Erteilung einer Erlaubnis nach § 31 Abs. 2 des Waffengesetzes hat der Antragsteller Angaben über Name und Anschrift der Firma, Telefon- oder Telefaxnummer, Vor- und Familienname, Geburtsort und -datum des Inhabers der Erlaubnis nach § 21 Abs. 1 des Waffengesetzes, Empfängermitgliedstaat und Art der Waffen und Munition zu machen. Bei dem Transport der Schusswaffen oder der Munition innerhalb der Europäischen Union zu einem Waffenhändler in einem anderen Mitgliedstaat durch einen oder im Auftrag eines Inhabers der Erlaubnis nach § 31 Abs. 2 des Waffengesetzes kann an Stelle des Erlaubnisscheins nach Absatz 1 eine Erklärung mitgeführt werden, die auf diesen Erlaubnisschein verweist. Die Erklärung muss auf dem hierfür vorgesehenen amtlichen Vordruck erfolgen und folgende Angaben enthalten:
1. die Bezeichnung des Versender- und des Empfängermitgliedstaates, der Durchgangsländer, der Beförderungsart und des Beförderers;
2. über den Versender, den Erklärungspflichtigen und den Empfänger:
Name und Anschrift der Firma, Telefon- oder Telefaxnummer;
3. über die Erlaubnis nach § 31 Abs. 2 des Waffengesetzes:
Ausstellungsdatum und -nummer, ausstellende Behörde und Geltungsdauer;
4. über die vorherige Zustimmung des anderen Mitgliedstaates oder die Freistellung von der vorherigen Zustimmung:
Ausstellungsdatum und ausstellende Behörde, Angabe der Waffen; ein Doppel der vorherigen Zustimmung oder der Freistellung ist der Erklärung beizufügen;
5. über die Waffen:
bei Schusswaffen Anzahl und Art der Waffen, Kategorie nach der Anlage 1 Abschnitt 3 des Waffengesetzes, Firma oder eingetragenes Markenzeichen des Herstellers, Modellbezeichnung, Kaliber, Herstellungsnummer und gegebenenfalls CIP-Beschusszeichen; bei sonstigen Waffen Anzahl und Art der Waffen;
6. über die Munition:
Anzahl und Art der Munition, Kategorie nach der Richtlinie 93/15/EWG des Rates vom 5. April 1993 zur Harmonisierung der Bestimmungen über das Inverkehrbringen und die Kontrolle von Explosivstoffen für zivile Zwecke (ABl. EG Nr. L 121 S. 20), Firma oder eingetragenes Markenzeichen des Herstellers, Kaliber und gegebenenfalls CIP-Munitionsprüfzeichen;
7. über die Lieferanschrift:
genaue Angabe des Ortes, an den die Waffen oder die Munition versandt oder transportiert werden.

§ 30
Erlaubnisse für die Mitnahme von Waffen und Munition nach oder durch Deutschland

(1) Eine Erlaubnis nach § 32 Abs. 1 Satz 1 des Waffengesetzes wird durch einen Erlaubnisschein der zuständigen Behörde erteilt. Für die Erteilung der Erlaubnis nach Satz 1 hat der Antragsteller folgende Angaben zu machen:
1. über seine Person:
Vor- und Familienname, Geburtsdatum und -ort, Wohnort und Anschrift, bei Firmen auch Telefon- oder Telefaxnummer, sowie Nummer, Ausstellungsdatum und ausstellende Behörde des Passes oder des Personalausweises;

AWaffV **F**

2. über die Waffen:
bei Schusswaffen Anzahl und Art der Waffen, Kategorie nach der Anlage 1 Abschnitt 3 zum Waffengesetz, Firma oder eingetragenes Markenzeichen des Herstellers, Modellbezeichnung, Kaliber, Herstellungsnummer und gegebenenfalls CIP-Beschusszeichen; bei sonstigen Waffen Anzahl und Art der Waffen;
3. über die Munition:
Anzahl und Art der Munition, Kategorie nach der Richtlinie 93/15/EWG des Rates vom 5. April 1993 zur Harmonisierung der Bestimmungen über das Inverkehrbringen und die Kontrolle von Explosivstoffen für zivile Zwecke (ABl. EG Nr. L 121 S. 20), Firma oder eingetragenes Markenzeichen des Herstellers, Kaliber und gegebenenfalls CIP-Munitionsprüfzeichen;
4. über den Grund der Mitnahme:
genaue Angabe des Ortes, zu dem die Waffen oder die Munition mitgenommen werden sollen, und der Zweck der Mitnahme.

Der Erlaubnisschein für die Mitnahme von Waffen oder Munition aus einem Drittstaat muss alle in Satz 2 genannten Angaben enthalten.

(2) Bei der Erteilung einer Erlaubnis nach § 32 Abs. 1 Satz 1 des Waffengesetzes kann die Sachkunde auch als nachgewiesen angesehen werden, wenn eine ausreichende Kenntnis der geforderten Inhalte durch einen Beleg des Staates, in dem die Person ihren gewöhnlichen Aufenthalt hat, glaubhaft gemacht wird.

(3) Bei der Erteilung einer Erlaubnis nach § 32 Abs. 4 des Waffengesetzes kann die zuständige Behörde auf einzelne der in Absatz 1 Satz 2 Nr. 2 und 3 aufgeführten Angaben verzichten, wenn diese nicht rechtzeitig gemacht werden können. Die Angaben sind der zuständigen Behörde unverzüglich nachzureichen und bei der Einreise den nach § 33 Abs. 3 des Waffengesetzes zuständigen Überwachungsbehörden mitzuteilen.

(4) Die zuständige Behörde kann in besonderen Fällen gestatten, dass Antragstellungen für die Erteilung einer Erlaubnis nach § 32 Abs. 4 des Waffengesetzes durch mehrere Personen gemeinsam auf dem hierfür vorgesehenen amtlichen Vordruck erfolgen. Im Falle des Satzes 1 sind für die Antragsteller jeweils die Angaben nach Absatz 1 Satz 2 Nr. 1 und 4 vollständig zu machen, die Angaben nach Absatz 1 Satz 2 Nr. 2 und 3, soweit die Behörde hierauf nicht verzichtet hat.

§ 31
Anzeigen

(1) Eine Anzeige nach § 31 Abs. 2 Satz 3 des Waffengesetzes an das Bundeskriminalamt ist mit dem hierfür vorgesehenen amtlichen Vordruck in zweifacher Ausfertigung zu erstatten. Die Anzeige muss die in § 29 Abs. 5 Satz 3 genannten Angaben enthalten. Das Bundeskriminalamt bestätigt dem Anzeigenden den Eingang auf dem Doppel der Anzeige.

(2) Eine Anzeige nach § 34 Abs. 4, erster Halbsatz des Waffengesetzes an das Bundeskriminalamt ist mit dem hierfür vorgesehenen amtlichen Vordruck zu erstatten und muss folgende Angaben enthalten:
1. über die Person des Überlassers:
Vor- und Familiennamen oder Firma, Wohnort oder Firmenanschrift, bei Firmen auch Telefon- oder Telefaxnummer, Datum der Überlassung;
2. über die Person des Erwerbers:
Vor- und Familiennamen, Geburtsdatum und -ort, Anschriften in Mitgliedstaaten sowie Nummer, Ausstellungsdatum und ausstellende Behörde des Passes oder des Personalausweises;
3. über die Waffen oder die Munition:
die Angaben nach § 29 Abs. 2 Satz 1 Nr. 2 und 3.

F ANHANG

(3) Eine Anzeige nach § 34 Abs. 5 Satz 1 des Waffengesetzes an das Bundeskriminalamt ist mit dem hierfür vorgesehenen amtlichen Vordruck in zweifacher Ausfertigung zu erstatten und muss folgende Angaben enthalten:
1. über die Person des Erwerbers oder denjenigen, der eine Schusswaffe zum dortigen Verbleib in einen anderen Mitgliedstaat verbringt:
Vor- und Familiennamen, Geburtsdatum und -ort, Wohnort und Anschrift, Beruf sowie Nummer, Ausstellungsdatum und ausstellende Behörde des Passes oder des Personalausweises, ferner Nummer, Ausstellungsdatum und ausstellende Behörde der Waffenerwerbsberechtigung;
2. über die Schusswaffe:
Art der Waffe, Name, Firma oder eingetragene Marke des Herstellers, Modellbezeichnung, Kaliber und Herstellungsnummer;
3. über den Versender:
Name und Anschrift des auf dem Versandstück angegebenen Versenders.
Beim Erwerb durch gewerbliche Unternehmen sind die Angaben nach Satz 1 Nr. 1 über den Inhaber des Unternehmens, bei juristischen Personen über eine zur Vertretung des Unternehmens befugte Person mitzuteilen und deren Pass oder Personalausweis vorzulegen. Bei laufenden Geschäftsbeziehungen entfällt die wiederholte Vorlage des Passes oder des Personalausweises, es sei denn, dass der Inhaber des Unternehmens gewechselt hat oder bei juristischen Personen zur Vertretung des Unternehmens eine andere Person bestellt worden ist. Wird die Schusswaffe oder die Munition einer Person überlassen, die sie außerhalb des Geltungsbereichs des Waffengesetzes, insbesondere im Versandwege erwerben will, so ist die Angabe der Erwerbsberechtigung nach Satz 1 Nr. 1 nicht erforderlich, ferner genügt an Stelle des Passes oder des Personalausweises eine amtliche Beglaubigung dieser Urkunden. Das Bundeskriminalamt bestätigt dem Anzeigenden den Eingang auf dem Doppel der Anzeige.

§ 32
Mitteilungen der Behörden

(1) Die zuständige Behörde übermittelt dem Bundeskriminalamt die Angaben nach § 29 Abs. 4 durch ein Doppel des Erlaubnisscheins.
(2) Das Bundeskriminalamt
1. übermittelt dem anderen Mitgliedstaat die Angaben nach § 31 Abs. 1 Satz 2 und Abs. 2 und die nach Absatz 1 erhaltenen Angaben;
2. übermittelt die von anderen Mitgliedstaaten in den Fällen des § 29 Abs. 1 und des § 30 Abs. 1 des Waffengesetzes erhaltenen Angaben sowie die von anderen Mitgliedstaaten erhaltenen Angaben über das Überlassen von Waffen nach Anlage 1 Abschnitt 3 Nr. 1 bis 3 (Kategorien A 1.2 bis C) zum Waffengesetz oder von Munition an Personen und den Besitz von solchen Waffen oder Munition durch Personen, die jeweils ihren gewöhnlichen Aufenthalt im Geltungsbereich des Waffengesetzes haben, an die zuständige Behörde;
3. übermittelt die von anderen Vertragsstaaten des Übereinkommens vom 28. Juni 1978 über die Kontrolle des Erwerbs und Besitzes von Schusswaffen durch Einzelpersonen (BGBl. 1980 II S. 953) erhaltenen Mitteilungen über das Verbringen oder das Überlassen der in § 34 Abs. 5 Satz 1 des Waffengesetzes genannten Schusswaffen erhaltenen Angaben an die zuständige Behörde;
4. soll den Erwerb von Schusswaffen und Munition durch die in § 34 Abs. 5 Satz 1 des Waffengesetzes genannten Personen der zuständigen zentralen Behörde des Heimat- oder Herkunftsstaates des Erwerbers mitteilen, sofern Gegenseitigkeit gewährleistet ist; die Mitteilung soll die Angaben nach § 31 Abs. 3 Satz 1 Nr. 1 und 2 enthalten.
(3) Die nach § 33 Abs. 3 des Waffengesetzes zuständigen Überwachungsbehörden übermitteln den zuständigen Behörden die nach § 29 Abs. 3 Satz 3 und nach § 30 Abs. 3 Satz 2 mitgeteilten Angaben.

§ 33
Europäischer Feuerwaffenpass

(1) Die Geltungsdauer des Europäischen Feuerwaffenpasses nach § 32 Abs. 6 des Waffengesetzes beträgt fünf Jahre; soweit bei Jägern oder Sportschützen in ihm nur Einzellader-Langwaffen mit glattem Lauf oder mit glatten Läufen eingetragen sind, beträgt sie zehn Jahre. Die Geltungsdauer kann zweimal um jeweils fünf Jahre verlängert werden. § 9 Abs. 1 und 2 und § 37 Abs. 2 des Waffengesetzes gelten entsprechend.

(2) Der Antragsteller hat die Angaben nach § 30 Abs. 1 Satz 2 Nr. 1 bis 3 zu machen. Er hat ein Lichtbild aus neuerer Zeit in der Größe von mindestens 45 Millimeter x 35 Millimeter im Hochformat ohne Rand abzugeben. Das Lichtbild muss das Gesicht im Ausmaß von mindestens 20 Millimeter darstellen und den Antragsteller zweifelsfrei erkennen lassen. Der Hintergrund muss heller sein als die Gesichtspartie.

Abschnitt 9
Ordnungswidrigkeiten und Schlussvorschriften

§ 34
Ordnungswidrigkeiten

Ordnungswidrig im Sinne des § 53 Abs. 1 Nr. 23 des Waffengesetzes handelt, wer vorsätzlich oder fahrlässig
1. entgegen § 7 Abs. 1 Satz 2 oder § 22 Abs. 1 Satz 3 eine Schießübung veranstaltet oder an ihr teilnimmt,
2. entgegen § 9 Abs. 1 Satz 1 auf einer Schießstätte schießt,
3. entgegen § 9 Abs. 1 Satz 3 die Einhaltung der dort genannten Voraussetzungen nicht überwacht,
4. entgegen § 10 Abs. 1 Satz 4 den Schießbetrieb aufnimmt oder fortsetzt,
5. entgegen § 10 Abs. 2 Satz 1 oder 3 oder § 22 Abs. 2 Satz 1 oder 3 oder Abs. 3 Satz 3 eine Anzeige nicht, nicht richtig, nicht vollständig, nicht in der vorgeschriebenen Weise oder nicht rechtzeitig erstattet,
6. entgegen § 10 Abs. 3 Satz 4 das dort genannte Dokument nicht mitführt oder nicht oder nicht rechtzeitig aushändigt,
7. entgegen § 10 Abs. 3 Satz 5 Einblick nicht oder nicht rechtzeitig gewährt,
8. entgegen § 11 Abs. 1 Satz 1 das Schießen nicht beaufsichtigt,
9. entgegen § 11 Abs. 1 Satz 2 das Schießen oder den Aufenthalt in der Schießstätte nicht untersagt,
10. entgegen § 11 Abs. 2 eine Anordnung nicht befolgt,
11. entgegen § 12 Abs. 2 Satz 2 eine Schießstätte betreibt oder benutzt,
12. entgegen § 13 Abs. 1, 2, 3 oder 6 Satz 1 oder 2 Waffen oder Munition aufbewahrt,
13. entgegen § 17 Abs. 5, auch in Verbindung mit § 19 Abs. 5 oder § 20 Abs. 3 Satz 1, oder § 24 Abs. 3 das Buch, ein Karteiblatt oder das Verzeichnis nicht oder nicht rechtzeitig vorlegt,
14. entgegen § 17 Abs. 6 Satz 1, auch in Verbindung mit § 19 Abs. 5 oder § 20 Abs. 3 Satz 1, das Buch oder ein Karteiblatt nicht oder nicht mindestens zehn Jahre aufbewahrt,
15. entgegen § 17 Abs. 6 Satz 2, auch in Verbindung mit § 19 Abs. 5 oder § 20 Abs. 3 Satz 1, das Buch oder ein Karteiblatt nicht oder nicht rechtzeitig übergibt,
16. entgegen § 17 Abs. 6 Satz 3, auch in Verbindung mit § 19 Abs. 5 oder § 20 Abs. 3 Satz 1, oder § 24 Abs. 4 Satz 2 das Buch, ein Karteiblatt oder das Verzeichnis nicht oder nicht rechtzeitig übergibt oder nicht oder nicht rechtzeitig aushändigt,

F ANHANG

17. entgegen § 22 Abs. 2 Satz 2 den Lehrgangsplan oder das Übungsprogramm nicht oder nicht rechtzeitig vorlegt,
18. entgegen § 22 Abs. 2 Satz 4 die Durchführung einer Veranstaltung zulässt,
19. entgegen § 23 Abs. 1 Satz 2 sich vom Vorliegen der dort genannten Erfordernisse nicht oder nicht rechtzeitig überzeugt,
20. entgegen § 24 Abs. 1 ein Verzeichnis nicht, nicht richtig, nicht vollständig oder nicht in der vorgeschriebenen Weise führt,
21. entgegen § 24 Abs. 4 Satz 1 das Verzeichnis nicht oder nicht mindestens fünf Jahre aufbewahrt oder
22. entgegen § 25 Abs. 2 Satz 1 die Durchführung eines Lehrgangs oder einer Schießübung nicht oder nicht rechtzeitig einstellt.

§ 35 (weggefallen)

§ 36
Inkrafttreten, Außerkrafttreten

Diese Verordnung tritt am 1. Dezember 2003 in Kraft. Gleichzeitig treten die Erste Verordnung zum Waffengesetz in der Fassung der Bekanntmachung vom 10. März 1987 (BGBl. I S. 777), zuletzt geändert durch Artikel 10 des Gesetzes vom 11. Oktober 2002 (BGBl. I S. 3970), sowie die Zweite Verordnung zum Waffengesetz vom 13. Dezember 1976 (BGBl. I S. 3387) außer Kraft.

Schlussformel
Der Bundesrat hat zugestimmt.

Anlage (zu § 15 Abs. 2 Nr. 2) Waffen- und Munitionsarten

1. Schusswaffen und ihnen gleichstehende Geräte
1.1 Büchsen und Flinten einschließlich Flobertwaffen und Zimmerstutzen
1.2 Pistolen und Revolver zum Verschießen von Patronenmunition; Schalldämpfer
1.3 Schreckschuss-, Reizstoff- und Signalwaffen gemäß Anlage 1 Abschnitt 1 Unterabschnitt 1 Nr. 2.7 bis 2.9 des Waffengesetzes
1.4 Signalwaffen mit einem Patronen- oder Kartuschenlager von mehr als 12,5 mm Durchmesser
1.5 Druckluft-, Federdruck- und Druckgaswaffen
1.6 Schusswaffen, die vor dem 1. Januar 1871 hergestellt worden sind
1.7 Schusswaffen und ihnen gleichstehende Geräte, die nicht unter 1.1 bis 1.5 fallen
2. Munition
2.1 Munition zum Verschießen aus Büchsen und Flinten (1.1)
2.2 Munition zum Verschießen aus Pistolen und Revolvern (1.2)
2.3 Munition zum Verschießen aus Schreckschuss-, Reizstoff- und Signalwaffen (1.3)
2.4 Munition zum Verschießen aus Signalwaffen mit einem Kartuschenlager von mehr als 12,5 mm Durchmesser (1.4)
2.5 Munition zum Verschießen aus Schusswaffen, die vor dem 1. Januar 1871 hergestellt worden sind, und aus sonstigen ihnen gleichstehenden Geräten (1.6 und 1.7).

BeschG **F**

Gesetz über die Prüfung und Zulassung von Feuerwaffen, Böllern, Geräten, bei denen zum Antrieb Munition verwendet wird, sowie von Munition und sonstigen Waffen (Beschussgesetz – BeschG)

Beschussgesetz vom 11. Oktober 2002 (BGBl. I S. 3970, 4003), das zuletzt durch Artikel 3 Absatz 7 des Gesetzes vom 17. Juli 2009 (BGBl. I S. 2062) geändert worden ist.

Inhaltsübersicht

Abschnitt 1
Allgemeine Bestimmungen
§ 1   Zweck, Anwendungsbereich
§ 2   Beschusstechnische Begriffe

Abschnitt 2
Prüfung und Zulassung
§ 3   Beschusspflicht für Feuerwaffen und Böller
§ 4   Ausnahmen von der Beschusspflicht
§ 5   Beschussprüfung
§ 6   Prüfzeichen
§ 7   Zulassung von Schussapparaten, Einsteckläufen und nicht der Beschusspflicht unterliegenden Feuerwaffen, Systemprüfungen von Schussapparaten und der in ihnen zu verwendenden Kartuschenmunition
§ 8   Zulassung von Schreckschuss-, Reizstoff- und Signalwaffen
§ 9   Anzeige, Prüfung, Zulassung von sonstigen Waffen und Kartuschenmunition mit Reizstoffen
§ 10 Zulassung von pyrotechnischer Munition
§ 11 Zulassung sonstiger Munition
§ 12 Überlassen und Verwenden beschuss- oder zulassungspflichtiger Gegenstände
§ 13 Ausnahmen in Einzelfällen
§ 14 Ermächtigungen

Abschnitt 3
Sonstige beschussrechtliche Vorschriften
§ 15 Beschussrat
§ 16 Kosten
§ 17 Auskunftspflichten und besondere behördliche Befugnisse im Rahmen der Überwachung
§ 18 Inhaltliche Beschränkungen, Nebenbestimmungen und Anordnungen
§ 19 Rücknahme und Widerruf
§ 20 Zuständigkeiten
§ 21 Bußgeldvorschriften

Abschnitt 4
Übergangsvorschriften
§ 22 Übergangsvorschriften

F ANHANG

Abschnitt 1
Allgemeine Bestimmungen

§ 1
Zweck, Anwendungsbereich

(1) Dieses Gesetz regelt die Prüfung und Zulassung von
1. Feuerwaffen, Böllern, Geräten, bei denen zum Antrieb Munition oder hülsenlose Treibladungen verwendet werden, einschließlich deren höchstbeanspruchten Teilen,
2. Munition und
3. sonstigen Waffen

zum Schutz der Benutzer und Dritter bei bestimmungsgemäßer Verwendung.

(2) Dieses Gesetz ist nicht anzuwenden auf
1. Feuerwaffen, die zum Verschießen von Munition bestimmt sind, bei der die Ladung nicht schwerer als 15 Milligramm ist,
2. veränderte Schusswaffen nach Anlage 1 Abschnitt 1 Unterabschnitt 1 Nr. 1.4 des Waffengesetzes vom 11. Oktober 2002 (BGBl. I S. 3970) in der jeweils geltenden Fassung,
3. die Lagerung der in Absatz 1 bezeichneten Gegenstände in verschlossenen Zolllagern oder in Freizonen.

(3) Der Bauartzulassung unterliegen
1. nicht tragbare Selbstschussgeräte,
2. bei anderen nicht tragbaren Geräten, in denen zum Antrieb in Hülsen untergebrachte Treibladungen verwendet werden und die für technische Zwecke bestimmt sind, nur die Auslösevorrichtungen und die Teile des Gerätes, die dem Druck der Pulvergase unmittelbar ausgesetzt sind.

Geräte nach Satz 1 Nr. 2 können außerdem der Einzelbeschussprüfung unterzogen werden.

(4) Auf Feuerwaffen, Böller, Geräte, Munition und sonstige Waffen im Sinne des Absatzes 1, die für
1. die obersten Bundes- und Landesbehörden und die Deutsche Bundesbank,
2. die Bundeswehr und die in der Bundesrepublik Deutschland stationierten ausländischen Streitkräfte,
3. die Polizeien des Bundes und der Länder,
4. die Zollverwaltung

in den Geltungsbereich dieses Gesetzes verbracht oder hergestellt und ihnen oder ihren Bediensteten im Rahmen ihrer dienstlichen Tätigkeit jeweils überlassen werden, sind, soweit nicht ausdrücklich etwas anderes bestimmt ist, die Vorschriften über die Prüfung und Zulassung nach diesem Gesetz nicht anzuwenden.

(5) Die Bundesregierung kann durch Rechtsverordnung, die nicht der Zustimmung des Bundesrates bedarf, eine dem Absatz 4 entsprechende Regelung für sonstige Behörden und Dienststellen des Bundes einschließlich deren Bediensteter im Rahmen ihrer dienstlichen Tätigkeit treffen. Die Bundesregierung kann die Befugnis nach Satz 1 durch Rechtsverordnung, die nicht der Zustimmung des Bundesrates bedarf, auf eine andere Bundesbehörde übertragen.

(6) Die Landesregierungen können durch Rechtsverordnung eine dem Absatz 4 entsprechende Regelung für sonstige Behörden und Dienststellen des Landes einschließlich deren Bediensteter im Rahmen ihrer dienstlichen Tätigkeit treffen. Die Landesregierungen können die Befugnis nach Satz 1 durch Rechtsverordnung auf andere Landesbehörden übertragen.

§ 2
Beschusstechnische Begriffe

(1) Feuerwaffen im Sinne dieses Gesetzes sind
1. Schusswaffen, bei denen ein Geschoss mittels heißer Gase durch den Lauf getrieben wird, oder

2. Geräte zum Abschießen von Munition oder hülsenlosen Treibladungen, bei denen kein Geschoss durch den Lauf getrieben wird.

(2) Höchstbeanspruchte Teile im Sinne dieses Gesetzes sind die Teile, die dem Gasdruck ausgesetzt sind. Dies sind insbesondere
1. der Lauf; dabei sind
   a) Austauschläufe Läufe für ein bestimmtes Waffenmodell oder -system, die ohne Nacharbeit ausgetauscht werden können,
   b) Wechselläufe Läufe, die für eine bestimmte Waffe zum Austausch des vorhandenen Laufs vorgefertigt sind und die noch eingepasst werden müssen,
   c) Einsteckläufe Läufe ohne eigenen Verschluss, die in die Läufe von Waffen größeren Kalibers eingesteckt werden können;
2. der Verschluss als das unmittelbar das Patronen- oder Kartuschenlager oder den Lauf abschließende Teil;
3. das Patronen- oder Kartuschenlager, wenn dieses nicht bereits Bestandteil des Laufs ist;
4. bei Schusswaffen und Geräten nach § 1 Abs. 3, bei denen zum Antrieb ein entzündbares flüssiges oder gasförmiges Gemisch verwendet wird, die Verbrennungskammer und die Einrichtung zur Erzeugung des Gemisches;
5. bei Schusswaffen mit anderem Antrieb und Geräten nach § 1 Abs. 3 die Antriebsvorrichtung, sofern sie fest mit der Schusswaffe oder dem Gerät verbunden ist;
6. bei Kurzwaffen das Griffstück oder sonstige Waffenteile, soweit sie für die Aufnahme des Auslösemechanismus bestimmt sind;
7. Trommeln für ein bestimmtes Revolvermodell, die ohne Nacharbeit gewechselt werden können (Wechseltrommeln).

(3) Böller im Sinne dieses Gesetzes sind Geräte, die ausschließlich zur Erzeugung des Schussknalls bestimmt sind und die keine Feuerwaffen oder Geräte zum Abschießen von Munition sind. Böller sind auch nicht tragbare Geräte für Munition nach einer Rechtsverordnung nach § 14 Abs. 1 Nr. 1 [*]). Gasböller sind Böller, bei denen die Erzeugung des Schussknalls durch die Explosion bestimmter Gase bewirkt wird.

(4) Schussapparate im Sinne dieses Gesetzes sind tragbare Geräte, die für gewerbliche oder technische Zwecke bestimmt sind und bei denen zum Antrieb Munition verwendet wird.

(5) Weißfertig im Sinne dieses Gesetzes sind Gegenstände, wenn alle materialschwächenden oder -verändernden Arbeiten, ausgenommen die üblichen Gravurarbeiten, beendet sind.

(6) Munition im Sinne dieses Gesetzes ist Munition nach Anlage 1 Abschnitt 1 Unterabschnitt 3 Nr. 1 des Waffengesetzes, darüber hinaus Munition, die der Definition entspricht, jedoch für technische Geräte nach Absatz 1 Nr. 2 oder nach Absatz 4 bestimmt ist.

(7) Soweit dieses Gesetz waffentechnische oder waffenrechtliche Begriffe verwendet, sind die Begriffsbestimmungen des Waffengesetzes in seiner jeweils geltenden Fassung maßgeblich, soweit sie nicht in diesem Gesetz abweichend definiert werden.

Abschnitt 2
Prüfung und Zulassung

§ 3
Beschusspflicht für Feuerwaffen und Böller

(1) Wer Feuerwaffen, Böller sowie höchstbeanspruchte Teile, die ohne Nacharbeit ausgetauscht werden können, herstellt oder in den Geltungsbereich dieses Gesetzes verbringt, hat sie, bevor er sie

---
[*]) Tabelle 5 der Maßtafeln, veröffentlicht im Bundesanzeiger Nr. 38a vom 24. Februar 2000.

F ANHANG

in den Verkehr bringt, durch Beschuss amtlich prüfen zu lassen. Satz 1 gilt nicht für Gasböller, die gemäß § 7 Abs. 1 Satz 1 in ihrer Bauart und Bezeichnung zugelassen sind. Wird eine Feuerwaffe aus bereits geprüften höchstbeanspruchten Teilen zusammengesetzt, so gilt Satz 1 entsprechend, wenn einzelne Teile zu ihrer Einpassung der Nacharbeit bedürfen oder nicht mit dem für diese Waffe vorgeschriebenen Beschussgasdruck beschossen sind.

(2) Wer an einer Feuerwaffe oder einem Böller, die nach Absatz 1 geprüft sind, ein höchstbeanspruchtes Teil austauscht, verändert oder instand setzt, hat den Gegenstand erneut durch Beschuss amtlich prüfen zu lassen. Dies gilt nicht für Feuerwaffen, deren höchstbeanspruchte Teile ohne Nacharbeit lediglich ausgetauscht worden sind, sofern alle höchstbeanspruchten Teile mit dem für diese Waffen vorgeschriebenen Beschussgasdruck beschossen worden sind.

§ 4
Ausnahmen von der Beschusspflicht

(1) Von der Beschusspflicht sind ausgenommen:
1. Feuerwaffen und deren höchstbeanspruchte Teile, deren Bauart nach § 7 der Zulassung bedarf,
2. Schusswaffen mit einem Patronen- oder Kartuschenlager mit einem Durchmesser kleiner als 6 Millimeter und einer Länge kleiner als 7 Millimeter sowie zum einmaligen Gebrauch bestimmte höchstbeanspruchte Teile von Schusswaffen nach § 2 Abs. 2 Satz 2 Nr. 1, soweit die Bauart nach § 7 oder § 8 der Zulassung bedarf,
3. Feuerwaffen, die
   a) zu Prüf-, Mess- oder Forschungszwecken von wissenschaftlichen Einrichtungen und Behörden, Waffen- oder Munitionsherstellern bestimmt sind,
   b) vor dem 1. Januar 1891 hergestellt und nicht verändert worden sind,
   c) aa) vorübergehend nach § 32 Abs. 1 Satz 1 des Waffengesetzes oder
       bb) zur Lagerung in einem verschlossenen Zolllager
       in den Geltungsbereich dieses Gesetzes mitgenommen werden oder
   d) für die in § 1 Abs. 4, auch in Verbindung mit Abs. 5 oder 6, genannten Behörden in den Geltungsbereich dieses Gesetzes verbracht oder hergestellt und ihnen oder ihren Bediensteten im Rahmen ihrer dienstlichen Tätigkeit jeweils überlassen werden, soweit eine diesem Gesetz entsprechende Beschussprüfung durch die jeweils zuständige Stelle sichergestellt ist,
4. höchstbeanspruchte Teile von im Fertigungsprozess befindlichen Feuerwaffen nach § 3 Abs. 1 sowie vorgearbeitete höchstbeanspruchte Teile und Laufrohlinge.

(2) Eine Beschusspflicht nach § 3 besteht nicht für Feuerwaffen und höchstbeanspruchte Teile, die das Beschusszeichen eines Staates tragen, mit dem die gegenseitige Anerkennung der Beschusszeichen vereinbart ist.

(3) u. (4) (weggefallen)

§ 5
Beschussprüfung

(1) Bei dem Beschuss von Feuerwaffen ist zu prüfen, ob
1. die höchstbeanspruchten Teile der Feuerwaffe der Beanspruchung standhalten, der sie bei der Verwendung der zugelassenen Munition oder der festgelegten Ladung ausgesetzt werden (Haltbarkeit),
2. die Verschlusseinrichtung, die Sicherung und die Zündeinrichtung sowie bei halbautomatischen Schusswaffen der Lademechanismus einwandfrei arbeiten und die Waffe sicher geladen, geschlossen und abgefeuert werden kann (Funktionssicherheit),
3. die Abmessungen des Patronen- oder Kartuschenlagers, der Verschlussabstand, die Maße des Übergangs, der Feld- und Zugdurchmesser oder des Laufquerschnitts bei gezogenen Läufen und

der Laufinnendurchmesser bei glatten Läufen den Nenngrößen einer nach § 14 Abs. 1 Nr. 1 erlassenen Rechtsverordnung entsprechen (Maßhaltigkeit) und
4. die nach § 24 Abs. 1 und 2 des Waffengesetzes vom 11. Oktober 2002 (BGBl. I S. 3970) oder die auf Grund einer Rechtsverordnung nach § 25 Abs. 1 des Waffengesetzes vorgeschriebene Kennzeichnung auf der Waffe angebracht ist.

(2) Auf Antrag ist der Beschuss von Schusswaffen mit glatten Läufen mit einem erhöhten Gasdruck (verstärkter Beschuss) oder mit Stahlschrotmunition vorzunehmen.

(3) Bei dem Beschuss von Böllern ist zu prüfen, ob
1. die höchstbeanspruchten Teile der Beanspruchung standhalten, der sie bei der Verwendung der vorgeschriebenen Ladung ausgesetzt werden (Haltbarkeit),
2. die Verschlusseinrichtung und die Abzugseinrichtung einwandfrei arbeiten und der Böller sicher geladen, geschlossen und abgefeuert werden kann (Funktionssicherheit),
3. die Rohrinnendurchmesser, Länge und Durchmesser des Kartuschenlagers, der Zündkanaldurchmesser den Bestimmungen einer nach § 14 Abs. 1 Nr. 1 erlassenen Rechtsverordnung entsprechen (Maßhaltigkeit),
4. die durch eine Rechtsverordnung nach § 14 Abs. 1 Nr. 3 des Gesetzes vorgeschriebene Kennzeichnung auf dem Böller angebracht ist.

§ 6
Prüfzeichen

(1) Feuerwaffen, Böller und deren höchstbeanspruchte Teile sind mit dem amtlichen Beschusszeichen zu versehen, wenn sie mindestens weißfertig sind und die Beschussprüfung keine Beanstandung ergeben hat. Andernfalls sind sie mit dem amtlichen Rückgabezeichen zu versehen. Höchstbeanspruchte Teile, die nicht mehr instand gesetzt werden können, sind als unbrauchbar zu kennzeichnen.

(2) In den Fällen des § 4 Abs. 1 Nr. 3 Buchstabe d sind die Gegenstände mit einem Prüfzeichen der jeweils zuständigen Stelle zu versehen.

§ 7
Zulassung von Schussapparaten, Einstecklaufen und nicht der Beschusspflicht unterliegenden Feuerwaffen, Systemprüfungen von Schussapparaten und der in ihnen zu verwendenden Kartuschenmunition

(1) Schussapparate, Zusatzgeräte für diese Apparate, Gasböller, Einsätze für Munition mit kleinerer Abmessung sowie Einstecklaufe ohne eigenen Verschluss für Munition mit dem zulässigen höchsten Gebrauchsgasdruck dürfen als serienmäßig hergestellte Stücke nur dann in den Geltungsbereich dieses Gesetzes verbracht oder gewerbsmäßig hergestellt werden, wenn sie ihrer Bauart und Bezeichnung nach von der zuständigen Stelle zugelassen sind. Gleiches gilt für Feuerwaffen
1. mit einem Patronen- oder Kartuschenlager bis zu 5 Millimeter Durchmesser und bis zu 15 Millimeter Länge oder mit einem Patronen- oder Kartuschenlager kleiner als 6 Millimeter Durchmesser und kleiner als 7 Millimeter Länge, bei denen dem Geschoss eine Bewegungsenergie von nicht mehr als 7,5 Joule (J) erteilt wird, oder
2. zum einmaligen Abschießen von Munition oder eines festen oder flüssigen Treibmittels.

Bei Schussapparaten, die für die Verwendung magazinierter Kartuschen bestimmt sind und in denen der Gasdruck auf einen Kolben als Geräteteil wirkt, gehört zur Bauartzulassung auch eine Systemprüfung, durch die die Eignung der zu verwendenden Kartuschenmunition im Gerät festgelegt wird. Kartuschenmunition zur Verwendung in Geräten nach Satz 3 ist einer Systemprüfung zu unterziehen.

F ANHANG

(2) Absatz 1 gilt nicht für Schussapparate, Einstecksläufe und Feuerwaffen, die ein anerkanntes Prüfzeichen eines Staates tragen, mit dem die gegenseitige Anerkennung der Prüfzeichen vereinbart ist.

(3) Die Zulassung ist zu versagen, wenn
1. die Bauart nicht haltbar, nicht funktionssicher oder nicht maßhaltig ist oder
2. es sich um eine Schusswaffe nach Absatz 1 Satz 2 Nr. 1 handelt, die mit allgemein gebräuchlichen Werkzeugen so verändert werden kann, dass die Bewegungsenergie auf mehr als 7,5 Joule (J) erhöht wird.

(4) Die Zulassung der Bauart eines Schussapparates ist zu versagen, wenn
1. aus ihm zugelassene Patronenmunition verschossen werden kann,
2. er so beschaffen ist, dass Personen, die sich bei der Verwendung des Schussapparates in seinem Gefahrenbereich befinden, bei ordnungsgemäßer Verwendung mehr als unvermeidbar gefährdet oder belästigt werden,
3. mit ihm entgegen seiner Bestimmung in den freien Raum gezielt geschossen werden kann oder
4. der Antragsteller nicht nachweist, dass er über die für die Durchführung von Wiederholungsprüfungen erforderlichen Einrichtungen verfügt.

§ 8
Zulassung von Schreckschuss-, Reizstoff- und Signalwaffen

(1) Schusswaffen mit einem Patronen- oder Kartuschenlager bis 12,5 Millimeter Durchmesser und tragbare Geräte nach § 2 Abs. 1 Nr. 2 ohne Patronen- oder Kartuschenlager, die zum
1. Abschießen von Kartuschenmunition,
2. Verschießen von Reiz- oder anderen Wirkstoffen oder
3. Verschießen von pyrotechnischer Munition

bestimmt sind, sowie Zusatzgeräte zu diesen Waffen zum Verschießen pyrotechnischer Geschosse dürfen nur dann in den Geltungsbereich dieses Gesetzes verbracht oder gewerbsmäßig hergestellt werden, wenn sie ihrer Bauart und Bezeichnung nach von der zuständigen Stelle zugelassen sind.

(2) Die Zulassung ist zu versagen, wenn
1. Patronenmunition in den freien Raum abgeschossen werden kann und die Geschosse mehr als 7,5 Joule (J) erreichen,
2. vorgeladene Geschosse verschossen werden können und ihnen eine Bewegungsenergie von mehr als 7,5 Joule (J) erteilt wird,
3. der Gaslauf der Waffe einen Innendurchmesser von weniger als 7 Millimeter hat,
4. mit der Waffe nach Umarbeitung mit allgemein gebräuchlichen Werkzeugen die in Nummer 1 oder 2 bezeichnete Wirkung erreicht werden kann,
5. die Waffe oder das Zusatzgerät den technischen Anforderungen an die Bauart nicht entspricht oder
6. den Anforderungen einer Rechtsverordnung nach § 14 Abs. 3 entsprechende Patronenmunition nach den Maßtafeln in die Kartuschenlager geladen und darin abgefeuert werden kann.

(3) Hat die Schusswaffe ein Patronen- oder Kartuschenlager mit einem Durchmesser kleiner als 6 Millimeter und einer Länge kleiner als 7 Millimeter, so ist die Zulassung der Bauart ferner zu versagen, wenn die Bauart nicht haltbar, nicht funktionssicher oder nicht maßhaltig ist. Das Gleiche gilt für höchstbeanspruchte Teile von Handfeuerwaffen nach § 2 Abs. 2 Satz 2 Nr. 1 bis 3, die zum einmaligen Gebrauch bestimmt sind.

§ 9
Anzeige, Prüfung, Zulassung von sonstigen Waffen und Kartuschenmunition mit Reizstoffen

(1) Wer
1. Schusswaffen nach Anlage 2 Abschnitt 2 Unterabschnitt 2 Nr. 1.5 zum Waffengesetz,
2. unbrauchbar gemachte Schusswaffen oder aus Schusswaffen hergestellte Gegenstände

eines bestimmten Modells gewerbsmäßig erstmals herstellen oder in den Geltungsbereich dieses Gesetzes verbringen will, hat dies der zuständigen Stelle zwei Monate vorher schriftlich anzuzeigen und den Gegenstand zur Prüfung und Zulassung einzureichen. Soweit es sich nicht um Einzelstücke handelt, ist der Stelle ein Muster und eine Abbildung, eine Beschreibung der Handhabung und der Konstruktion sowie der verwendeten Stoffe oder der zur Änderung nach Anlage 2 Abschnitt 2 Unterabschnitt 2 Nr. 1.5 zum Waffengesetz benutzten Werkstoffe unter Angabe der Arbeitstechnik in deutscher Sprache zu überlassen. Die Stelle unterrichtet die Physikalisch-Technische Bundesanstalt schriftlich vom Ergebnis der Prüfung.

(2) Wer
1. Schusswaffen, die weder einer Prüfung nach § 3 noch einer Bauartzulassung nach § 7 noch der Prüfung und Zulassung nach Absatz 1 unterliegen,
2. Gegenstände nach Anlage 1 Abschnitt 1 Unterabschnitt 2 Nr. 1.2.1 und 2.2.1 zum Waffengesetz,
3. Gegenstände nach Anlage 1 Abschnitt 1 Unterabschnitt 2 Nr. 1.2.2 zum Waffengesetz oder
4. Kartuschenmunition mit Reizstoffen

eines bestimmten Modells gewerbsmäßig erstmals herstellen oder in den Geltungsbereich dieses Gesetzes verbringen will, hat dies der zuständigen Stelle zwei Monate vorher schriftlich anzuzeigen. Der Anzeige sind beizufügen ein Muster, eine Beschreibung der Handhabung und der Konstruktion. Die verwendeten Inhaltsstoffe sind zu benennen.

(3) Der Anzeige nach Absatz 2 Satz 1 Nr. 1 bis 3 ist darüber hinaus eine Erklärung des Herstellers oder seines Bevollmächtigten in der Europäischen Union beizufügen,
1. ob und wie der Anwender die Leistung der Waffe verändern kann,
2. dass es sich im Falle des Absatzes 2 Satz 1 Nr. 2 und 3 um einen Gegenstand handelt, bei dessen Verwendung keine Gefahren für das Leben zu erwarten sind.

(4) Die zuständige Stelle kann für Gegenstände nach Anlage 1 Abschnitt 1 Unterabschnitt 2 Nr. 1.2.1, 1.2.2 und 2.2.1 zum Waffengesetz, für die in § 14 Abs. 4 und 6 bezeichneten Gegenstände sowie für Geschosse, Kartuschenmunition, Stoffe und sonstige Gegenstände mit Reizstoffen die erforderlichen Maßnahmen anordnen, um sicherzustellen, dass diese Gegenstände nicht abweichend von dem geprüften Muster oder entgegen den festgelegten Anforderungen vertrieben oder anderen überlassen werden. Sie kann die nach Absatz 3 gemachten Angaben prüfen oder mit der Prüfung oder Teilprüfung andere Fachinstitute beauftragen.

(5) Werden die in den Absätzen 1 und 2 bezeichneten Geräte durch eine staatliche Stelle ihrer Bauart nach zugelassen und umfasst die Bauartzulassung die vorgeschriebenen Prüfungen, tritt die Bauartzulassung an Stelle dieser Prüfungen.

§ 10
Zulassung von pyrotechnischer Munition

(1) Pyrotechnische Munition einschließlich der mit ihr fest verbundenen Antriebsvorrichtung darf nur dann in den Geltungsbereich dieses Gesetzes verbracht oder gewerbsmäßig hergestellt werden, wenn sie ihrer Beschaffenheit, Zusammensetzung und Bezeichnung nach von der zuständigen Behörde zugelassen ist.

(2) Bei pyrotechnischer Munition, die nach Absatz 1 zugelassen ist, sind neben der gesetzlich vorgeschriebenen Kennzeichnung die Verwendungshinweise anzubringen. Soweit sich die Verwen-

F ANHANG

dungshinweise auf der einzelnen Munition nicht anbringen lassen, sind sie auf der kleinsten Verpackungseinheit anzubringen.
(3) Die Zulassung ist zu versagen,
1. soweit der Schutz von Leben, Gesundheit oder Sachgütern des Benutzers oder Dritter bei bestimmungsgemäßer Verwendung nicht gewährleistet ist,
2. wenn die Munition den Anforderungen an die Zusammensetzung, Beschaffenheit, Maße, den höchsten Gebrauchsgasdruck und die Bezeichnung gemäß einer nach § 14 Abs. 2 Satz 1 Nr. 1 erlassenen Rechtsverordnung nicht entspricht,
3. soweit die Munition in ihrer Wirkungsweise, Brauchbarkeit und Beständigkeit dem jeweiligen Stand der Technik nicht entspricht,
4. wenn der Antragsteller auf Grund seiner betrieblichen Ausstattung oder wegen eines unzureichenden Qualitätssicherungssystems nicht in der Lage ist, dafür zu sorgen, dass die nachgefertigte Munition in ihrer Zusammensetzung und Beschaffenheit nach dem zugelassenen Muster hergestellt wird.
(4) (weggefallen)

§ 11
Zulassung sonstiger Munition

(1) Munition im Sinne der Anlage 1 Abschnitt 1 Unterabschnitt 3 Nr. 1.1 bis 1.3 zum Waffengesetz darf gewerbsmäßig nur vertrieben oder anderen überlassen werden, wenn sie ihrem Typ und ihrer Bezeichnung nach von der zuständigen Behörde zugelassen ist.
(2) Absatz 1 gilt nicht für
1. Munition aus Staaten, mit denen die gegenseitige Anerkennung der Prüfzeichen vereinbart ist und deren kleinste Verpackungseinheit ein Prüfzeichen eines dieser Staaten trägt,
2. Munition, die für wissenschaftliche Einrichtungen, Behörden, Waffen- oder Munitionshersteller, als Teil einer Munitionssammlung (§ 17 Abs. 1 des Waffengesetzes) oder für eine solche bestimmt, oder in geringer Menge für gewerbliche Einführer von Munition, Händler oder behördlich anerkannte Sachverständige zu Prüf-, Mess- oder Forschungszwecken hergestellt oder ihnen zu diesem Zweck überlassen wird.
(3) Die Zulassung ist zu versagen, wenn
1. der Antragsteller oder ein von ihm beauftragtes Fachinstitut nicht die zur Ermittlung der Maße, des Gebrauchsgasdrucks oder der Vergleichswerte erforderlichen Geräte besitzt,
2. der Antragsteller oder ein von ihm beauftragtes Fachinstitut nicht über das zur Bedienung der Prüfgeräte erforderliche Fachpersonal verfügt oder
3. die Prüfung der Munition ergibt, dass ihre Maße, ihr Gasdruck, die in ihr enthaltenen Reiz- oder Wirkstoffe und ihre Bezeichnung nicht den Anforderungen einer Rechtsverordnung nach § 14 Abs. 3 entsprechen.
Die Zulassung wird nach Satz 1 Nr. 1 und 2 nicht versagt, wenn der Antragsteller die Überwachung der Herstellung der zuständigen Behörde übertragen hat.

§ 12
Überlassen und Verwenden beschuss- oder zulassungspflichtiger Gegenstände

(1) Feuerwaffen, Böller und höchstbeanspruchte Teile, die nach § 3 der Beschusspflicht unterliegen, dürfen anderen nur überlassen oder zum Schießen nur verwendet werden, wenn sie das amtliche Beschusszeichen tragen. Dies gilt nicht für das Überlassen dieser Gegenstände, wenn die zuständige Behörde bescheinigt, dass die amtliche Prüfung nicht durchgeführt werden kann.
(2) Schusswaffen, Geräte, Einsätze, Einsteckläufe und Munition, die nach den §§ 7 bis 11 der Prüfung oder der Zulassung unterliegen, dürfen gewerbsmäßig anderen nur überlassen werden,

wenn sie das vorgeschriebene Prüf- oder Zulassungszeichen tragen und, im Falle des § 10 Abs. 2, die Verwendungshinweise angebracht sind.

§ 13
Ausnahmen in Einzelfällen

Die für die Zulassung jeweils zuständige Behörde kann im Einzelfall Ausnahmen von dem Erfordernis der Prüfung und Zulassung nach § 7 Abs. 1, § 8 Abs. 1, § 9 Abs. 1, § 10 Abs. 1 oder § 11 Abs. 1 bewilligen oder Abweichungen von den Versagungsgründen des § 7 Abs. 3 oder 4, des § 8 Abs. 2 oder 3, des § 10 Abs. 3 Nr. 2 bis 4 oder des § 11 Abs. 3 Satz 1 Nr. 3 zulassen, wenn öffentliche Interessen nicht entgegenstehen.

§ 14
Ermächtigungen

(1) Das Bundesministerium des Innern wird ermächtigt, zur Durchführung der §§ 3, 5 und 6 durch Rechtsverordnung mit Zustimmung des Bundesrates Vorschriften zu erlassen über
1. die Maße für das Patronen- und Kartuschenlager, den Übergang, die Feld- und Zugdurchmesser oder den Laufquerschnitt, den Laufinnendurchmesser und den Verschlussabstand (Maßtafeln), höchstzulässige Gebrauchsgasdrücke, Höchst- und Mindestenergien sowie die Bezeichnung der Munition und Treibladungen,
2. die Art und Durchführung der Beschussprüfung, die Gegenstände und Messmethoden sowie das Verfahren für diese Prüfung,
3. die Art, Form und Aufbringung der Prüfzeichen,
4. die Einführung einer freiwilligen Beschussprüfung für Feuerwaffen,
5. die Einbeziehung weiterer Teile von Feuerwaffen in die Beschussprüfung.

(2) Das Bundesministerium des Innern wird ermächtigt, durch Rechtsverordnung mit Zustimmung des Bundesrates zur Durchführung der §§ 7 bis 11
1. zu bestimmen, welche technischen Anforderungen
   a) an die Bauart einer Feuerwaffe oder eines Einsteckslaufes nach § 7 Abs. 1 oder § 8 Abs. 2 und 3,
   b) an einen Gegenstand nach § 9 Abs. 1 und 2,
   c) an die Zusammensetzung, Beschaffenheit, die Maße und den höchsten Gebrauchsgasdruck von pyrotechnischer Munition nach § 10 Abs. 1 und 3 Nr. 2 und
   d) an die Beschaffenheit der Prüfgeräte für Patronen- und Kartuschenmunition und Treibladungen nach § 11 Abs. 1
   sowie welche Anforderungen an die Bezeichnung dieser Gegenstände zu stellen sind,
2. die Art und Durchführung der Zulassungsprüfungen und das Verfahren für die Prüfung und Zulassung zu regeln,
3. vorzuschreiben
   a) periodische Kontrollen für Munition nach § 11 Abs. 1,
   b) Kontrollen für Schussapparate und Einsteckläufe
   sowie das Verfahren für diese Kontrollen zu regeln,
4. weitere Feuerwaffen oder Einsteckläufe in die Bauartprüfung und -zulassung einzubeziehen,
5. Vorschriften zu erlassen über
   a) die Verpflichtung zur Aufbringung eines Zulassungszeichens sowie dessen Art und Form,
   b) die Verpflichtung von Personen, die Munition im Sinne von § 11 Abs. 1 herstellen oder in den Geltungsbereich dieses Gesetzes verbringen, zur Durchführung von Fabrikationskontrollen,
   c) Inhalt, Führung, Aufbewahrung und Vorlage von Aufzeichnungen über die in Buchstabe b genannten Kontrollen,

F ANHANG

d) die Anordnung einer Kontrolle und die Untersagung des weiteren Vertriebs von
   aa) zugelassener Munition nach § 11 Abs. 1 durch die zuständige Behörde und
   bb) zugelassenen Feuerwaffen, Schussapparaten, Einsteckläufen und Einsätzen durch die Physikalisch-Technische Bundesanstalt,
   wenn diese Gegenstände nicht den vorgeschriebenen Anforderungen entsprechen,
e) Ausnahmen von der Zulassung, der Fabrikationskontrolle und der periodischen Kontrolle von Treibladungen nach § 11 Abs. 1, wiedergeladener Munition, Beschussmunition und von Munitionstypen, die für besondere Zwecke oder bestimmte Empfänger hergestellt oder in den Geltungsbereich dieses Gesetzes verbracht werden,
f) Anforderungen an den Vertrieb und das Überlassen der in Buchstabe e bezeichneten Munition,
g) die Durchführung von Wiederholungsprüfungen für Schussapparate und Böller, die Unterhaltung von Einrichtungen zur Durchführung dieser Prüfungen, die Aufbringung eines Prüfzeichens und dessen Art und Form sowie die Beifügung einer von der Physikalisch-Technischen Bundesanstalt gebilligten Betriebsanleitung.

Soweit die Rechtsverordnung Schussapparate betrifft, ergeht sie im Einvernehmen mit dem Bundesministerium für Arbeit und Soziales.

(3) Das Bundesministerium des Innern wird ermächtigt, durch Rechtsverordnung mit Zustimmung des Bundesrates zur Abwehr von Gefahren für Leben oder Gesundheit von Menschen die zulässigen höchsten normalen und überhöhten Gebrauchsgasdrücke, die Mindestgasdrücke, die Höchst- und Mindestenergien und die Bezeichnung der Munition und der Treibladungen nach § 11 Abs. 1 festzulegen. Munition, die auf Grund ihrer Beschaffenheit eine schwere gesundheitliche Schädigung herbeiführt, die über die mit der üblichen mechanischen Wirkung verbundene Schädigung hinausgeht, sowie Reiz- und Wirkstoffe, die anhaltende gesundheitliche Schäden verursachen, dürfen nicht zugelassen werden.

(4) Das Bundesministerium des Innern wird ermächtigt, durch Rechtsverordnung mit Zustimmung des Bundesrates zur Abwehr von Gefahren für Leben oder Gesundheit von Menschen vorzuschreiben, dass bei der Verbringung in den Geltungsbereich dieses Gesetzes oder bei der Herstellung von
1. Schusswaffen,
2. Gegenständen, die aus wesentlichen Teilen von Schusswaffen hergestellt werden, oder
3. Munition

Anzeigen zu erstatten und den Anzeigen bestimmte Unterlagen oder Muster der bezeichneten Gegenstände beizufügen sind.

(5) Das Bundesministerium des Innern wird ermächtigt, durch Rechtsverordnung mit Zustimmung des Bundesrates zur Abwehr von Gefahren für Leben oder Gesundheit von Menschen vorzuschreiben, dass
1. Munition und Geschosse in bestimmter Weise zu verpacken und zu lagern sind und
2. deren Bestandteile oder Ausgangsstoffe nur unter bestimmten Voraussetzungen vertrieben und anderen überlassen werden dürfen.

(6) Das Bundesministerium des Innern wird ermächtigt, durch Rechtsverordnung mit Zustimmung des Bundesrates zur Abwehr von Gefahren für Leben oder Gesundheit von Menschen Vorschriften über
1. Gegenstände im Sinne von Anlage 1 Abschnitt 1 Unterabschnitt 2 Nr. 1.2.1, 1.2.2 und 2.2.1 zum Waffengesetz und über die Beschaffenheit und die Kennzeichnung von Geschossen, Kartuschenmunition oder sonstigen Gegenständen mit Reizstoffen und
2. die Zusammensetzung und höchstzulässige Menge von Reizstoffen im Sinne von Anlage 1 Abschnitt 1 Unterabschnitt 2 Nr. 1.2.2 zum Waffengesetz

zu erlassen und die für die Prüfung zuständige Stelle zu bestimmen.

Abschnitt 3
Sonstige beschussrechtliche Vorschriften

§ 15
Beschussrat

Das Bundesministerium des Innern wird ermächtigt, durch Rechtsverordnung mit Zustimmung des Bundesrates einen Ausschuss (Beschussrat) zu bilden, der es in technischen Fragen berät. In den Ausschuss sind neben den Vertretern der beteiligten Bundes- und Landesbehörden Vertreter von Fachinstituten und Normungsstellen, Vertreter der Wirtschaft nach Anhörung der Spitzenorganisationen der beteiligten Wirtschaftskreise und Vertreter sonstiger fachkundiger Verbände, die keine wirtschaftlichen Interessen verfolgen, zu berufen.

§ 16
Kosten

(1) Für Amtshandlungen, Prüfungen und Untersuchungen nach diesem Gesetz und nach den auf diesem Gesetz beruhenden Rechtsvorschriften werden Kosten (Gebühren und Auslagen) erhoben.

(2) Das Bundesministerium des Innern wird ermächtigt, für den Bereich der Bundesverwaltung durch Rechtsverordnung, die nicht der Zustimmung des Bundesrates bedarf, die gebührenpflichtigen Tatbestände näher zu bestimmen und dabei feste Sätze oder Rahmensätze vorzusehen. Die Gebührensätze sind so zu bemessen, dass der mit der Amtshandlung, Prüfung oder Untersuchung verbundene Personal- und Sachaufwand gedeckt wird; bei begünstigenden Amtshandlungen kann daneben die Bedeutung, der wirtschaftliche Wert oder der sonstige Nutzen für den Gebührenschuldner angemessen berücksichtigt werden.

(3) In der Rechtsverordnung nach Absatz 2 kann bestimmt werden, dass die für die Prüfung oder Untersuchung zulässige Gebühr auch erhoben werden darf, wenn die Prüfung oder Untersuchung ohne Verschulden der prüfenden oder untersuchenden Stelle und ohne ausreichende Entschuldigung des Antragstellers am festgesetzten Termin nicht stattfinden konnte oder abgebrochen werden musste. In der Rechtsverordnung können ferner die Kostenbefreiung, die Kostengläubigerschaft, die Kostenschuldnerschaft, der Umfang der zu erstattenden Auslagen und die Kostenerhebung abweichend von den Vorschriften des Verwaltungskostengesetzes geregelt werden.

§ 17
Auskunftspflichten und besondere behördliche Befugnisse im Rahmen der Überwachung

(1) Wer mit Gegenständen im Sinne dieses Gesetzes umgeht, insbesondere die Herstellung und den Vertrieb von diesen Gegenständen betreibt, hat der zuständigen Behörde auf Verlangen die für die Überwachung erforderlichen Auskünfte zu erteilen. Auskunftspflichtige Personen können die Auskunft auf solche Fragen verweigern, deren Beantwortung sie selbst oder einen ihrer in § 383 Abs. 1 Nr. 1 bis 3 der Zivilprozessordnung bezeichneten Angehörigen der Gefahr der Verfolgung wegen einer Straftat oder einer Ordnungswidrigkeit aussetzen würde.

(2) Die mit der Überwachung beauftragten Personen sind befugt,
1. zu den Betriebs- und Geschäftszeiten die der Herstellung oder dem Vertrieb dieser Gegenstände dienenden Grundstücke, Betriebsanlagen und Geschäftsräume zu betreten und zu besichtigen,
2. alle zur Erfüllung ihrer Aufgaben erforderlichen Prüfungen einschließlich der Entnahme von Proben durchzuführen,
3. die zur Erfüllung ihrer Aufgaben erforderlichen Unterlagen einzusehen und hieraus Ablichtungen oder Abschriften zu fertigen.

Zur Verhütung dringender Gefahren für die öffentliche Sicherheit und Ordnung können Maßnahmen nach Satz 1 auch in Wohnräumen und zu jeder Tages- und Nachtzeit getroffen werden. Der

F ANHANG

Betreiber ist verpflichtet, Maßnahmen nach Satz 1 Nr. 1 und 2 und nach Satz 2 zu dulden, die mit der Überwachung beauftragten Personen zu unterstützen, soweit dies zur Erfüllung ihrer Aufgaben erforderlich ist, sowie die erforderlichen Geschäftsunterlagen auf Verlangen vorzulegen. Das Grundrecht der Unverletzlichkeit der Wohnung (Artikel 13 des Grundgesetzes) wird insoweit eingeschränkt.

(3) Aus begründetem Anlass kann die zuständige Behörde anordnen, dass der Inhaber der tatsächlichen Gewalt über einen diesem Gesetz unterliegenden Gegenstand ihr diesen binnen angemessener, von ihr zu bestimmender Frist zur Prüfung vorzeigt.

§ 18
Inhaltliche Beschränkungen, Nebenbestimmungen und Anordnungen

(1) Zulassungen und andere Erlaubnisse nach diesem Gesetz können inhaltlich beschränkt werden, um Leben oder Gesundheit von Menschen gegen die aus dem Umgang mit Gegenständen im Sinne dieses Gesetzes entstehenden Gefahren zu schützen. Zu den in Satz 1 genannten Zwecken können Zulassungen und andere Erlaubnisse befristet oder mit Auflagen verbunden werden; die Auflagen können nachträglich aufgenommen, geändert und ergänzt werden.

(2) Die zuständige Behörde kann im Einzelfall die Anordnungen treffen, die zur Beseitigung festgestellter oder zur Verhütung künftiger Verstöße gegen dieses Gesetz oder gegen die auf Grund dieses Gesetzes erlassenen Rechtsverordnungen notwendig sind. Sie kann insbesondere die weitere Herstellung und den Vertrieb von Gegenständen im Sinne dieses Gesetzes ganz oder teilweise untersagen, wenn
1. eine erforderliche Zulassung oder andere Erlaubnis nicht vorliegt oder die hergestellten Gegenstände nicht der Zulassung oder anderen Erlaubnis entsprechen,
2. ein Grund zur Rücknahme oder zum Widerruf einer Zulassung nach den Verwaltungsverfahrensgesetzen gegeben ist,
3. gegen Nebenbestimmungen oder Auflagen nach Absatz 1 verstoßen wird oder
4. diese Gegenstände Gefahren für Leib oder Gesundheit des Benutzers oder Dritter hervorrufen.

§ 19
Rücknahme und Widerruf

(1) Eine Zulassung oder andere Erlaubnis ist zurückzunehmen, wenn nachträglich bekannt wird, dass sie hätte versagt werden müssen.

(2) Eine Zulassung oder andere Erlaubnis ist zu widerrufen, wenn nachträglich Tatsachen eintreten, die zu ihrer Versagung hätten führen müssen. Eine Zulassung oder Erlaubnis kann auch widerrufen werden, wenn inhaltliche Beschränkungen nicht beachtet werden.

(3) Eine Zulassung kann ferner widerrufen werden, wenn der Zulassungsinhaber
1. pyrotechnische Munition abweichend von der in der Zulassung festgelegten Zusammensetzung oder Beschaffenheit gewerbsmäßig herstellt, in den Geltungsbereich des Gesetzes verbringt, vertreibt, anderen überlässt oder verwendet,
2. die zugelassene pyrotechnische Munition nicht mehr gewerbsmäßig herstellt oder die auf Grund der Zulassung hergestellten oder in den Geltungsbereich des Gesetzes verbrachten Munitionssorten nicht mehr vertreibt, anderen überlässt oder verwendet.

§ 20
Zuständigkeiten

(1) Die Landesregierungen oder die von ihnen durch Rechtsverordnung bestimmten Stellen können durch Rechtsverordnung die für die Ausführung dieses Gesetzes zuständigen Behörden bestimmen, soweit nicht Bundesbehörden zuständig sind.

(2) Zuständig für die Beschussprüfung, die Zulassung von Munition, für Kontrollen, Anordnungen und Untersagungen für Munition ist jede Behörde nach Absatz 1, bei der ein Gegenstand zur Beschussprüfung vorgelegt wird oder bei der eine Zulassung oder Kontrolle beantragt wird. Die periodische Kontrolle der Munition ist bei der Behörde zu beantragen, welche die Zulassung erteilt hat.

(3) Zuständig für die Zulassung der in den §§ 7 und 8 und die Prüfung der in § 9 Abs. 4 bezeichneten Schusswaffen und technischen Gegenstände ist die Physikalisch-Technische Bundesanstalt; ihr gegenüber sind auch die Anzeigen nach § 9 Abs. 2 zu machen. Für die Prüfung und Zulassung der in § 10 bezeichneten pyrotechnischen Munition sowie der in § 11 Absatz 1 in Verbindung mit Anlage 1 Abschnitt 1 Unterabschnitt 3 Nummer 1.3 zum Waffengesetz bezeichneten hülsenlosen Munition ohne Geschoss ist die Bundesanstalt für Materialforschung und -prüfung zuständig.

(4) Die Physikalisch-Technische Bundesanstalt führt eine Liste der Prüfungen und Zulassungen, die folgende Angaben enthalten soll:
1. die Bezeichnung des Prüfgegenstandes,
2. die Art der Prüfung,
3. das vergebene Prüf- oder Zulassungszeichen und
4. die prüfende oder zulassende Stelle.

Soweit andere Stellen als die Physikalisch-Technische Bundesanstalt für die Prüfung oder Zulassung nach den §§ 7 bis 11 zuständig sind, haben diese die hierfür erforderlichen Meldungen über die durchgeführten Prüfungen und Zulassungen an die Physikalisch-Technische Bundesanstalt zu machen. Die Liste ist bei der Physikalisch-Technischen Bundesanstalt während der Dienststunden auszulegen. Auf Verlangen eines Dritten ist diesem gegen Kostenerstattung eine Abschrift oder Vervielfältigung zu überlassen.

§ 21
Bußgeldvorschriften

(1) Ordnungswidrig handelt, wer vorsätzlich oder fahrlässig
1. entgegen § 3 Abs. 1 Satz 1, auch in Verbindung mit Satz 3, oder Abs. 2 Satz 1, jeweils auch in Verbindung mit einer Rechtsverordnung nach § 14 Abs. 1 Nr. 5, einen dort genannten Gegenstand nicht oder nicht rechtzeitig durch Beschuss amtlich prüfen lässt,
2. entgegen § 7 Abs. 1 Satz 1, auch in Verbindung mit Satz 2, oder § 8 Abs. 1, jeweils auch in Verbindung mit einer Rechtsverordnung nach § 14 Abs. 2 Satz 1 Nr. 4, oder entgegen § 10 Abs. 1 einen dort genannten Gegenstand in den Geltungsbereich dieses Gesetzes verbringt oder gewerbsmäßig herstellt,
3. entgegen § 9 Abs. 1 Satz 1 oder Abs. 2 Satz 1 eine Anzeige nicht, nicht richtig, nicht vollständig, nicht in der vorgeschriebenen Weise oder nicht rechtzeitig erstattet,
4. entgegen § 10 Abs. 2 Satz 1 Verwendungshinweise nicht oder nicht richtig anbringt,
5. entgegen § 11 Abs. 1 die dort genannte Munition anderen überlässt oder gewerbsmäßig vertreibt,
6. entgegen § 12 Abs. 1 Satz 1 einen dort genannten Gegenstand oder einen Einstecklauf anderen überlässt oder entgegen § 12 Abs. 2 einen dort genannten Gegenstand gewerbsmäßig anderen überlässt,
7. entgegen § 17 Abs. 1 Satz 1 eine Auskunft nicht, nicht richtig, nicht vollständig oder nicht rechtzeitig erteilt,
8. entgegen § 17 Abs. 2 Satz 3 eine dort genannte Maßnahme nicht duldet, eine dort genannte Person nicht unterstützt oder eine Geschäftsunterlage nicht oder nicht rechtzeitig vorlegt,
9. einer vollziehbaren Anordnung nach § 17 Abs. 3 zuwiderhandelt,
10. einer vollziehbaren Auflage nach § 18 Abs. 1 zuwiderhandelt, wenn diese nicht bereits nach einer anderen Vorschrift bewehrt ist, oder

F ANHANG

11. einer Rechtsverordnung nach
a) § 14 Abs. 2 Satz 1 Nr. 3 oder 5 Buchstabe a, b, d, f oder g oder
b) § 14 Abs. 2 Satz 1 Nr. 5 Buchstabe c

oder einer auf Grund einer Rechtsverordnung erlassenen vollziehbaren Anordnung zuwiderhandelt, soweit die Rechtsverordnung für einen bestimmten Tatbestand auf diese Bußgeldvorschrift verweist.

(2) Die Ordnungswidrigkeit kann in den Fällen des Absatzes 1 Nr. 3, 4, 7, 8, 9 oder 11 Buchstabe b mit einer Geldbuße bis zu zwanzigtausend Euro, in den übrigen Fällen mit einer Geldbuße bis zu fünfzigtausend Euro geahndet werden.

(3) Verwaltungsbehörde im Sinne des § 36 Abs. 1 Nr. 1 des Gesetzes über Ordnungswidrigkeiten ist die nach § 48 Abs. 1 des Waffengesetzes zuständige Behörde.

Abschnitt 4
Übergangsvorschriften

§ 22
Übergangsvorschriften

(1) Eine vor Inkrafttreten dieses Gesetzes erteilte Zulassung im Sinne der §§ 7 bis 11 gilt im bisherigen Umfang als Zulassung nach diesem Gesetz.

(2) Ein vor Inkrafttreten dieses Gesetzes erteiltes oder anerkanntes Prüfzeichen gilt als Prüfzeichen im Sinne dieses Gesetzes.

(3) Munition, die der Anlage III zur Dritten Verordnung zum Waffengesetz vom 22. Dezember 1976 (BGBl. I S. 3770) entspricht und die ihrer Art nach am 1. Januar 1981 im Geltungsbereich des Gesetzes hergestellt oder vertrieben wurde, darf ohne Zulassung seit dem 1. Januar 1984 nicht mehr vertrieben und anderen überlassen werden. Munition nach Satz 1, die sich am 1. Januar 1981 im Geltungsbereich des Gesetzes bereits im Handel befand, darf seit dem 1. Januar 1986 nicht mehr vertrieben und anderen überlassen werden. Auf der bezeichneten Munition und ihrer Verpackung darf das auf Grund einer Rechtsverordnung nach § 14 Abs. 2 Satz 1 Nr. 5 Buchstabe a vorgeschriebene Zulassungszeichen nicht angebracht werden.

(4) § 8 Abs. 1 findet auf Zusatzgeräte zu diesen Waffen zum Verschießen pyrotechnischer Geschosse nach dem 30. Juni 2004 Anwendung.

(5) Der Umgang mit im Verkehr befindlichen Gegenständen, die durch dieses Gesetz erstmals einer Prüfpflicht unterworfen werden, ist längstens bis zum 31. Dezember 2003 ohne das vorgeschriebene Prüfzeichen zulässig.

(6) Bis zum Inkrafttreten einer Verordnung zu diesem Gesetz findet die Dritte Verordnung zum Waffengesetz in der Fassung der Bekanntmachung vom 2. September 1991 (BGBl. I S. 1872), zuletzt geändert durch die Verordnung vom 10. Januar 2000 (BGBl. I S. 38), sinngemäß Anwendung.

(7) Bis zum Inkrafttreten einer Kostenverordnung zu diesem Gesetz findet die Kostenverordnung zum Waffengesetz in der Fassung der Bekanntmachung vom 20. April 1990 (BGBl. I S. 780), zuletzt geändert durch die Verordnung vom 10. Januar 2000 (BGBl. I S. 38), sinngemäß Anwendung.

BeschussV **F**

Allgemeine Verordnung zum Beschussgesetz (Beschussverordnung – BeschussV)

– Auszug –

Beschussverordnung vom 13. Juli 2006 (BGBl. I S. 1474), zuletzt geändert durch Artikel 11 Abs. 6 des Gesetzes vom 30. Oktober 2008 (BGBl. I S. 2130)

Inhaltsübersicht

Abschnitt 1
Beschussprüfung von Schusswaffen und Böllern
§ 1 Prüfverfahren
§ 2 Prüfung von Schwarzpulverwaffen und Böllern
§ 3 Mindestzustand des Prüfgegenstandes
§ 4 Zurückweisung vom Beschuss
§ 5 Instandsetzungsbeschuss
§ 6 Wiederholungsbeschuss und freiwillige Beschussprüfung

Abschnitt 2
Verfahren der Beschussprüfung
§ 7 Antragsverfahren
§ 8 Überlassung von Prüfhilfsmitteln
§ 9 Aufbringen der Prüfzeichen
§ 10 Bescheinigung über das Beschussverfahren

Abschnitt 3
Bauartzulassung und Zulassung für besondere Schusswaffen und besondere Munition
§ 11 Bauartzulassung für besondere Schusswaffen, pyrotechnische Munition und Schussapparate
§ 12 Modellbezeichnung bei Bauartzulassungen
§ 13 Inverkehrbringen von Schussapparaten aus Staaten, mit denen die gegenseitige Anerkennung der Prüfzeichen vereinbart ist
§ 14 Beschaffenheit pyrotechnischer Munition
§ 15 Anforderungen an Reizstoffgeschosse, Reizstoffsprühgeräte und Reizstoffe sowie an Elektroimpulsgeräte
§ 16 Kennzeichnung der Verpackung von Reizstoffgeschossen und Reizstoffsprühgeräten
§ 17 Abweichungen vom Kennzeichnungsgrundsatz bei besonderen Munitionsarten

Abschnitt 4
Verfahren bei der Bauartzulassung
§ 18 Antragsverfahren
§ 19 Zuständigkeit und Zulassungsbescheid
§ 20 Zulassungszeichen
§ 21 Bekanntmachungen

F ANHANG

Abschnitt 5
Periodische Fabrikationskontrolle, Einzelfallprüfung, Wiederholungsprüfung
§ 22 Periodische Fabrikationskontrollen für Schussapparate und Einsteckläufe
§ 23 Überprüfung im Einzelfall
§ 24 Wiederholungsprüfung betriebener Schussapparate
§ 25 Prüfzeichen bei Wiederholungsprüfungen

Abschnitt 6
Festlegung der Maße und Energiewerte für Feuerwaffen (Maßtafeln), Einsteck- und Austauschläufe sowie für Munition
§ 26 Zulässige und nicht zulässige Munition
§ 27 Abweichungen von den Maßtafeln

Abschnitt 7
Zulassung von Munition
§ 28 Begriffsbestimmungen
§ 29 Zulassung und Prüfung von Patronen- und Kartuschenmunition
§ 30 Antragsverfahren
§ 31 Prüfmethoden
§ 32 Form der Zulassung
§ 33 Fabrikationskontrolle
§ 34 Behördliche Kontrollen
§ 35 Überprüfung im Einzelfall
§ 36 Bekanntmachung
§ 37 Ausnahmen

Abschnitt 8
Verpackung, Kennzeichnung und Lagerung von Munition
§ 38 Verpackung von Munition
§ 39 Kennzeichnung der Verpackungen und Munition
§ 40 Lagerung von Munition

Abschnitt 9
Beschussrat
§ 41 Beschussrat

Abschnitt 10
Ordnungswidrigkeiten und Schlussvorschriften
§ 42 Ordnungswidrigkeiten
§ 43 Inkrafttreten, Außerkrafttreten

Abschnitt 1
Beschussprüfung von Schusswaffen und Böllern

§ 1
Prüfverfahren

(1) Feuerwaffen, Böller sowie höchstbeanspruchte Teile nach § 2 Abs. 2 des Beschussgesetzes (Gesetzes), die ohne Nacharbeit ausgetauscht werden können (Prüfgegenstände), sind nach den §§ 3 bis 6 und der Anlage I Nr. 1 und 2 amtlich zu prüfen.

(2) Die amtliche Prüfung (Beschussprüfung) nach § 5 des Gesetzes besteht aus der Vorprüfung, dem Beschuss und der Nachprüfung.

BeschussV F

(3) Die Vorprüfung umfasst
1. die Prüfung der Kennzeichnung nach § 24 Abs. 1 des Waffengesetzes und nach § 21 der Allgemeinen Waffengesetz-Verordnung,
2. die Prüfung der Funktionssicherheit und die Sichtprüfung,
3. die Prüfung der Maßhaltigkeit,
4. die Beschaffenheitsprüfung bei Gegenständen, die auf Grund einer Zulassung oder Bewilligung nach den §§ 8 und 9 des Gesetzes hergestellt oder in den Geltungsbereich des Gesetzes verbracht wurden.

Die Sichtprüfung besteht aus der Prüfung aller höchstbeanspruchten Teile auf Materialfehler, auf Ver- und Bearbeitungsmängel, die die Haltbarkeit beeinträchtigen können, sowie aus der Prüfung auf Lauf- und Lagerverformungen. Die Maßhaltigkeitsprüfung besteht aus der Prüfung der Maße nach Anlage I Nr. 1.1.3 in Verbindung mit den durch die Bekanntmachung des Bundesministeriums des Innern im Bundesanzeiger vom 10. Januar 2000 (BAnz. Nr. 38a vom 24. Februar 2000) veröffentlichten Maßtafeln in der jeweils geltenden Fassung. Neu zugelassene Munition nach § 27 Abs. 1 steht der in den Maßtafeln aufgeführten gleich. In der Beschaffenheitsprüfung überzeugt sich die zuständige Behörde durch Sichtkontrollen davon, ob die Prüfgegenstände die im Zulassungsbescheid festgelegten Merkmale aufweisen.

(4) Der Beschuss ist nach Maßgabe der Prüfvorschriften der Anlage I Nr. 1 und 2 vorzunehmen.

(5) Bei der Nachprüfung sind die Prüfgegenstände erneut auf Funktionssicherheit, Maßhaltigkeit und Mängel in der Haltbarkeit zu prüfen sowie einer Sichtprüfung nach Absatz 3 Satz 2 zu unterziehen.

§ 2
Prüfung von Schwarzpulverwaffen und Böllern

(1) Auf die Prüfung von Vorderladerwaffen sowie Hinterladerwaffen, die für die ausschließliche Verwendung von nichtpatroniertem Schwarzpulver oder dem Schwarzpulver in der Wirkung ähnlichen Treibladungsmitteln bestimmt sind (Schwarzpulverwaffen), sowie Böller sind die §§ 1, 3 bis 6 entsprechend anzuwenden. Es gelten folgende Besonderheiten:
1. Bei Schwarzpulverwaffen und Handböllern kann die Beschussprüfung an weißfertigen Läufen mit fertigem Verschluss und Zündkanal vorgenommen werden. Bei Schwarzpulverwaffen darf der Zündkanal an der engsten Stelle im Durchmesser nicht größer als 1 Millimeter, bei Böllern und Modellkanonen nicht größer als 2 Millimeter sein. Für Böller – mit Ausnahme der Handböller – kann die zuständige Behörde in begründeten Fällen Ausnahmen von der Durchmesserbegrenzung bewilligen.
2. Sofern die Böller Schildzapfenbohrungen aufweisen, dürfen diese nicht bis in die Rohrseele durchgehen; das gilt auch dann, wenn diese eingeschraubt, eingeschweißt, eingepresst oder eingelötet sind. Böller, deren Rohrende stumpf aufgeschweißt ist, werden nicht geprüft.
3. Die Vorprüfung bei Böllern umfasst auch die Prüfung der Kennzeichnung mit der größten zulässigen Masse in Gramm des in den Prüfgegenständen zu verwendenden Böllerpulvers mit den Kennbuchstaben SP und der größten zulässigen Masse der Vorlage in Gramm.
4. Die Prüfung der Maßhaltigkeit (§ 1 Abs. 3 Satz 1 Nr. 3 in Verbindung mit Satz 3) beschränkt sich auf die Ermittlung des Lauf- oder Rohrinnendurchmessers und auf die Prüfung, ob der Zündkanal den in Nummer 1 vorgeschriebenen höchstzulässigen Durchmesser nicht überschreitet.
5. Die Prüfung der Funktionssicherheit (§ 1 Abs. 3 Satz 1 Nr. 2) umfasst die Kontrolle des Zündkanals, die Geeignetheit und Sicherheit von Zündvorrichtungen und Zündbohrlochbohrungen und Zündkanälen, bei Revolvern die freie Drehbarkeit und die einwandfreie Arretierung der Trommel und das richtige Eintreten des Hahns in die Sicherungs- und Spannraste, bei Böllern auch die Ladefähigkeit der Kartuschen und die Abfeuerungsvorrichtung.

F ANHANG

(2) Der Beschuss ist nach den Bestimmungen der Anlage I Nr. 2 durchzuführen. Die Prüfung von Schwarzpulverwaffen und Böllern kann auf Antrag mit einer anderen Ladung als in den Tabellen der Anlage I Nr. 2 aufgeführt vorgenommen werden. Auf Schwarzpulverwaffen ist in diesem Fall die größte zulässige Masse Pulver in Gramm des in der Schwarzpulverwaffe zu verwendenden Schwarzpulvers mit dem Kennbuchstaben SP und die größte zulässige Masse des Geschosses in Gramm aufzubringen.

(3) Bei der Prüfung von Böllern sind folgende Auflagen in die Böller-Beschussbescheinigung über die Prüfung aufzunehmen:
1. Die minimale Pulverladung eines Böllers muss so bemessen sein, dass eine sichere Zündung grundsätzlich gewährleistet ist.
2. Eine Zündung durch die Rohrmündung ist nicht erlaubt. Die Zündung muss bei Auslösung des Zündmechanismus sofort erfolgen. Die geprüfte und zulässige Zündungsart ist in die Böller-Beschussbescheinigung aufzunehmen.
3. Als Vorlage in einem Böller dürfen nur Materialien verwendet werden, die zu keiner Überschreitung der zulässigen Masse der Vorlage entsprechend der Ladetabellen führen. Die Einbringung der Vorlage darf darüber hinaus keine Belastungserhöhung des Böllers verursachen. Zulässig sind Kork und sehr leichte, weiche und nicht brennbare Materialien.

§ 3
Mindestzustand des Prüfgegenstandes

(1) Die Beschussprüfung ist an gebrauchsfertigen Prüfgegenständen durchzuführen. Bei Mehrladewaffen gehört zur gebrauchsfertigen Waffe auch die Mehrladeeinrichtung. Die Beschussprüfung kann auch an weißfertigen Waffen und weißfertigen Teilen vorgenommen werden.

(2) Bei der Prüfung höchstbeanspruchter Teile entfällt die Prüfung der Funktionssicherheit, sofern das Teil für eine serienmäßig gefertigte Waffe bestimmt ist. Eine aus bereits beschossenen höchstbeanspruchten Teilen zusammengesetzte Feuerwaffe ist zu beschießen, wenn Nacharbeiten an diesen Teilen erfolgt sind oder wenn nicht alle diese Teile mit dem für diese Waffen vorgeschriebenen Beschussgasdruck beschossen worden sind. Werden höchstbeanspruchte Teile als Einzelteile zur Prüfung vorgelegt, erfolgt diese in einer minimal tolerierten Referenzwaffe. Zur Identifizierung ist vom Antragsteller auf jedem höchstbeanspruchten Teil eine Nummer anzubringen.

(3) Nicht mindestens weißfertige Prüfgegenstände sind dem Antragsteller ohne Prüfung zurückzugeben.

(4) Feuerwaffen und Läufe, aus denen Munition verschossen wird, sind dem Antragsteller auch dann ohne Prüfung zurückzugeben, wenn die Munition nicht in den Maßtafeln aufgeführt ist. Dies gilt nicht, wenn
1. eine Waffe für Munition, die nach § 11 Abs. 2 Nr. 2 des Gesetzes keiner Zulassung bedarf oder auf Grund einer Ausnahmebewilligung nach § 13 des Gesetzes oder von der Behörde eines Staates zugelassen ist, mit dem die gegenseitige Anerkennung der Prüfzeichen vereinbart ist, oder
2. eine Waffe zur Beschussprüfung vorgelegt wird, deren Abmessungen noch nicht in den Maßtafeln enthalten sind; in diesen Fällen kann die Prüfung auf Grund vom Antragsteller gelieferten Waffen- und Munitionsdaten vorgenommen werden.

§ 4
Zurückweisung vom Beschuss

Die Prüfgegenstände sind zurückzuweisen und dem Antragsteller nach Aufbringung des Rückgabezeichens entsprechend § 9 Abs. 5 zurückzugeben, wenn
1. bei der Vorprüfung festgestellt wird, dass eine der in Anlage I Nr. 1.1 genannten Anforderungen nicht erfüllt ist,

2. sie durch den Beschuss erkennbar beschädigt wurden oder
3. bei der Nachprüfung gemäß § 1 Abs. 5 unter Berücksichtigung von Anlage I Nr. 1.3 Mängel festgestellt werden.

§ 5
Instandsetzungsbeschuss

(1) Eine erneute amtliche Prüfung nach § 5 Abs. 1 des Gesetzes ist vorzunehmen, wenn
1. ein höchstbeanspruchtes Teil nach § 2 Abs. 2 Nr. 1 bis 3 des Gesetzes ausgetauscht und dabei eine Nacharbeit vorgenommen worden ist oder
2. an einem höchstbeanspruchten Teil eines Prüfgegenstandes
    a) die Maße nach Anlage I Nr. 1.1.3 verändert oder
    b) materialschwächende oder -verändernde Arbeiten vorgenommen worden sind.

Satz 1 gilt nicht für Feuerwaffen, deren höchstbeanspruchte Teile ohne Nacharbeit lediglich ausgetauscht worden sind, sofern alle höchstbeanspruchten Teile mit dem für diese Waffen vorgeschriebenen Beschussgasdruck beschossen worden sind.

(2) Ergibt sich anlässlich der Prüfung nach Absatz 1 einer der in Anlage I Nr. 1.1 oder 1.3 angeführten Mängel, ist § 4 entsprechend anzuwenden.

§ 6
Wiederholungsbeschuss und freiwillige Beschussprüfung

(1) Böller sind vor Ablauf von fünf Jahren einer Wiederholungsprüfung zu unterziehen.

(2) Prüfgegenstände, die bereits ein Beschusszeichen tragen, sind auf Antrag einer freiwilligen Beschussprüfung zu unterziehen. Satz 1 gilt auch für Gegenstände der bezeichneten Art, die nicht der Beschusspflicht unterliegen. Eine freiwillige Beschussprüfung kann auch an einem Gegenstand nach Satz 1 durchgeführt werden, der von der Behörde eines Staates, mit dem die gegenseitige Anerkennung der Prüfzeichen vereinbart ist, geprüft worden ist und der nach dieser Prüfung keine Bearbeitung nach § 4 erfahren hat. Auf die Vornahme dieser Prüfung sind § 5 des Gesetzes sowie die §§ 1 bis 5 anzuwenden.

(3) Haben die Prüfgegenstände nach den Absätzen 1 und 2 die Beschussprüfung bestanden, so sind die Prüfzeichen nach § 9 Abs. 1 bis 4 anzubringen.

(4) Haben die Prüfgegenstände nach den Absätzen 1 und 2 die Beschussprüfung endgültig nicht bestanden, so ist auf ihnen das in § 9 Abs. 5 bezeichnete Rückgabezeichen anzubringen.

Abschnitt 2
Verfahren der Beschussprüfung

§ 9
Aufbringen der Prüfzeichen

(1) Die Prüfgegenstände sind mit dem amtlichen Beschusszeichen nach Anlage II zu versehen. In den Fällen des § 4 Abs. 1 Nr. 3 Buchstabe d des Gesetzes ist das Prüfzeichen der jeweils zuständigen Stelle auf die Prüfgegenstände aufzubringen. Beschuss- und Prüfzeichen müssen deutlich sichtbar und dauerhaft aufgebracht werden.

(2) Das Beschusszeichen nach Absatz 1 besteht aus dem Bundesadler nach Anlage II Abbildung 1 mit den jeweiligen Kennbuchstaben.

(3) Das Beschusszeichen ist auf jedem höchstbeanspruchten Teil entsprechend § 2 Abs. 2 des Gesetzes aufzubringen. Als weitere Prüfzeichen sind aufzubringen:
1. das Ortszeichen nach Anlage II Abbildung 3 auf einem höchstbeanspruchten Teil,
2. das Zeichen für die Stahlschrotprüfung nach Anlage II Abbildung 2 auf jedem Lauf zum Verschießen von Stahlschrotmunition mit verstärkter Ladung und

F ANHANG

3. das Jahreszeichen auf einem höchstbeanspruchten Teil. Das Jahreszeichen besteht aus den beiden letzten Ziffern der Jahreszahl, denen die Monatszahl angefügt werden kann. Auf Antrag können die beiden Ziffern der Jahreszahl durch die Buchstaben A = 0, B = 1, C = 2, D = 3, E = 4, F = 5, G = 6, H = 7, I oder J = 8, K = 9 verschlüsselt werden.

(4) Jedes geprüfte höchstbeanspruchte Teil, das einzeln zur Prüfung vorgelegt wird, ist mit dem Beschusszeichen, dem Ortszeichen und dem Jahreszeichen zu versehen.

(5) Das Rückgabezeichen besteht aus dem Ortszeichen und dem Jahreszeichen; vorhandene Prüfzeichen sind durch ein »X« auf oder neben dem Prüfzeichen zu entwerten. Sind höchstbeanspruchte Teile unbrauchbar, so sind sie ebenfalls mit einem »X« zu kennzeichnen.

Abschnitt 3
Bauartzulassung und Zulassung für besondere Schusswaffen und besondere Munition

§ 11
Bauartzulassung für besondere Schusswaffen, pyrotechnische Munition und Schussapparate

(1) Die nach § 7 des Gesetzes der Zulassung unterliegenden Schussapparate, Einstecksläufe ohne eigenen Verschluss für Munition mit einem zulässigen höchsten Gebrauchsgasdruck bis 2.100 bar und nicht der Beschusspflicht unterliegenden Feuerwaffen müssen den in Anlage I Nr. 3 bezeichneten technischen Anforderungen entsprechen. Schussapparate, die Bolzensetzwerkzeuge nach § 7 des Gesetzes sind, müssen, wenn sie einen Kolben enthalten und wenn sie zur Verwendung magazinierter Kartuschen bestimmt sind, außer der Geräteprüfung einer Prüfung des Systems aus Gerät, Kolben und Kartuschen unterzogen werden. Die Systemkomponenten werden vom Antragsteller festgelegt. Zu einem bereits zugelassenen System kann von dem Zulassungsinhaber oder einem Dritten auch die Zulassung anderer Kartuschen beantragt werden. Für die Anforderungen an die Maßhaltigkeit gilt Anlage I Nr. 1.1.3 entsprechend. Die Prüfmodalitäten für Geräte nach Satz 2 werden im Einzelnen durch die Prüfregel der Physikalisch-Technischen Bundesanstalt »Haltbarkeits- und Systemprüfung von Bolzensetzwerkzeugen« in der jeweils gültigen Fassung beschrieben.

(2) Schusswaffen und sonstige Gegenstände nach § 8 des Gesetzes, Schusswaffen nach § 9 Abs. 1 des Gesetzes sowie pyrotechnische Munition nach § 10 des Gesetzes müssen den in der Anlage I Nr. 4, 5 und 6 bezeichneten technischen Anforderungen entsprechen. Hülsenlose Munition ohne Geschoss nach § 11 Absatz 1 in Verbindung mit Anlage 1 Abschnitt 1 Unterabschnitt 3 Nummer 1.3 zum Waffengesetz muss den Anforderungen nach § 6a Absatz 1 der Ersten Verordnung zum Sprengstoffgesetz entsprechen. § 12c Absatz 3 der Ersten Verordnung zum Sprengstoffgesetz findet entsprechende Anwendung.

(3) Die Zulassungsbehörde kann im Einzelfall von einzelnen Anforderungen der Anlage I Ausnahmen zulassen, wenn
1. im Falle der Zulassung nach § 7, 8 oder 10 des Gesetzes die Sicherheit des Benutzers oder Dritter in anderer Weise gesichert ist,
2. im Falle der Zulassung nach § 9 des Gesetzes die Schusswaffen keine größere Gefahr hervorrufen als diejenigen, die die Anforderungen der Anlage I Nr. 4 erfüllen.

(4) Die Zulassungsbehörde kann im Einzelfall über die Anlage I hinausgehende Anforderungen stellen, wenn der Schutz von Leben und Gesundheit des Benutzers oder Dritter dies erfordert.

(5) Nach den Anforderungen der Anlage I Nr. 5.2.1 und 5.2.2 wird pyrotechnische Munition entsprechend ihrer Gefährlichkeit in die Klassen PM I und PM II eingeteilt.

(6) Für Schusswaffen, die nach § 9 Abs. 2 Nr. 1 des Gesetzes in Verbindung mit Anlage 2 Abschnitt 2 Unterabschnitt 2 Nr. 1.1 des Waffengesetzes anzuzeigen sind und deren Geschossen eine Bewegungsenergie von höchstens 7,5 Joule erteilt wird, ist eine Messung der Bewegungsenergie nach Anlage VI durchzuführen. Die Messung kann bei einem Beschussamt beantragt werden oder durch den Antragsteller mit einer kalibrierten Geschossgeschwindigkeitsmessanlage selbst durchge-

führt werden. Es sind der Physikalisch-Technischen Bundesanstalt fünf Messprotokolle und ein Hinterlegungsmuster, das aus der Serie der Prüfgegenstände ausgewählt werden muss, einzureichen. Die Physikalisch-Technische Bundesanstalt bestätigt die Anzeige und nach bestandener Prüfung die Berechtigung zum Aufbringen des Kennzeichens nach Anlage II Abbildung 10. Soweit es sich um Einzelstücke handelt, das heißt sofern nicht mehr als drei Stücke eines bestimmten Modells hergestellt oder in den Geltungsbereich des Gesetzes verbracht werden, die nicht das Kennzeichen nach Anlage II Abbildung 10 tragen, können von einem Beschussamt auf Antrag mit diesem Kennzeichen versehen werden. Dabei müssen die Beschussämter das Ortszeichen nach Anlage II Abbildung 3 zusätzlich auf der Schusswaffe anbringen.

§ 15
Anforderungen an Reizstoffgeschosse, Reizstoffsprühgeräte und Reizstoffe sowie an Elektroimpulsgeräte

(1) Kartuschenmunition mit Reizstoffen und Geräte, aus denen zu Angriffs- oder Verteidigungszwecken Reizstoffe versprüht oder ausgestoßen werden, müssen hinsichtlich ihrer Beschaffenheit den Anforderungen der Anlage IV Nr. 2 und die darin verwendeten Reizstoffe hinsichtlich ihrer Reizwirkung und zulässigen Menge den Anforderungen der Anlage IV Nr. 3 und 4 entsprechen sowie nach § 16 gekennzeichnet sein.

(2) Die Vorschriften über den Verkehr mit Giften, Arzneimitteln und Betäubungsmitteln sowie des Lebensmittelrechts bleiben unberührt.

(3) Für die Prüfung der Anforderungen nach Anlage IV ist die Physikalisch-Technische Bundesanstalt zuständig. Die Physikalisch-Technische Bundesanstalt kann mit der Durchführung von Teilen der Prüfung auf Kosten des Antragstellers andere Fachinstitute beauftragen.

(4) Die Prüfung ist nach Methoden und Verfahren durchzuführen, die dem jeweiligen Stand der Wissenschaft und Technik entsprechen.

(5) Die Anforderungen an Elektroimpulsgeräte sind in Anlage V geregelt. Die Physikalisch-Technische Bundesanstalt prüft nach den anerkannten Methoden der Messtechnik an dem übersandten Muster, ob die in Anlage V festgelegten Grenzwerte eingehalten werden. Wenn die Grenzwerte eingehalten werden, wird der Antragsteller darüber unterrichtet, dass er das Prüfzeichen nach Anlage II Abbildung 12 auf die Elektroimpulsgeräte aufbringen darf. Ohne dieses Prüfzeichen dürfen keine Elektroimpulsgeräte überlassen werden. Die Physikalisch-Technische Bundesanstalt kann mit der Durchführung von Teilen der Prüfung auf Kosten des Antragstellers andere Fachinstitute beauftragen.

Abschnitt 6
Festlegung der Maße und Energiewerte für Feuerwaffen (Maßtafeln), Einsteck- und Austauschläufe sowie für Munition

§ 26
Zulässige und nicht zulässige Munition

(1) In den Maßtafeln werden festgelegt
1. die Maße für die Patronen- oder Kartuschenlager und für die Übergänge, bei glatten Läufen die Innendurchmesser und bei gezogenen Läufen die Feld- und Zugdurchmesser, erforderlichenfalls auch die Laufquerschnitte von Feuerwaffen, Einsteckläufen und Austauschläufen sowie die Verschlussabstände von Feuerwaffen (Maßtafeln – § 14 Abs. 1 Nr. 1 des Gesetzes),
2. die zulässigen Höchst- und Mindestmaße, die zulässigen höchsten Gebrauchsgasdrücke, bei Schrotmunition auch für die verstärkte Ladung, oder die Höchst- und Mindestenergien, außerdem bei Stahlschrotmunition die höchstzulässigen Mündungsgeschwindigkeiten, Mündungsimpulse und Durchmesser der Schrote, und die Bezeichnung der Munition und der Treibladun-

F Anhang

gen nach Anlage 1 Abschnitt 1 Unterabschnitt 3 Nr. 1 und 2 des Waffengesetzes (§ 14 Abs. 3 des Gesetzes),
3. die zulässigen Höchstmaße, die Höchst- und Mindestgasdrücke oder -energien und die Bezeichnung der pyrotechnischen Munition (§ 14 Abs. 1 Nr. 1 des Gesetzes).

(2) Ist die Hülse einer Munition ummantelt, so gelten die in den Maßtafeln festgelegten Maße nur für die Hülse.

(3) Nicht zulässig sind
1. Munition nach Anlage 2 Abschnitt 1 Nr. 1.5.1 bis 1.5.6 des Waffengesetzes,
2. Schrotpatronen mit Schroten mit einer Vickershärte HV 1 von über 110 an der Oberfläche oder von über 100 im Inneren,
3. Stahlschrotpatronen ohne geeignete Ummantelung der Schrotladung und
4. Revolver- und Pistolenpatronen mit Geschossen, die überwiegend oder vollständig aus hartem Material – Brinellhärte größer als 25 HB 5/62,5/30 – bestehen.

Abschnitt 7
Zulassung von Munition

§ 28
Begriffsbestimmungen

(1) Der Typ einer Patronen- oder Kartuschenmunition wird bestimmt durch die in den Maßtafeln festgelegte Bezeichnung oder durch eine zugelassene Bezeichnung nach § 27 Abs. 1 Satz 1.

(2) Das Los einer Patronen- oder Kartuschenmunition ist
1. die Gesamtheit einer Munition desselben Typs, die von demselben Hersteller in einer Serie gefertigt wird, ohne Änderung wesentlicher Komponenten,
2. bei Munition aus Staaten, mit denen die gegenseitige Anerkennung der Prüfzeichen nicht vereinbart ist, die Gesamtheit der Munition, die von demselben Verbringer in einer Lieferung in den Geltungsbereich des Gesetzes verbracht werden soll, wenn sie die Merkmale nach Nummer 1 aufweist.

§ 29
Zulassung und Prüfung von Patronen- und Kartuschenmunition

Die Zulassungsprüfung nach § 11 des Gesetzes umfasst die Prüfung
1. der vorgesehenen Bezeichnung der Munition,
2. der vorgeschriebenen Kennzeichnung auf der kleinsten Verpackungseinheit,
3. der vorgeschriebenen Kennzeichnung auf jeder Patrone oder Kartusche,
4. der Maßhaltigkeit,
5. des Gasdruckes oder an dessen Stelle im Falle fehlender Vorgabe oder erheblicher messtechnischer Schwierigkeiten der entsprechenden Vergleichswerte,
6. des Aufbaus der Patronen, der Geschwindigkeit und des Impulses der Schrote bei Stahlschrotpatronen,
7. der Funktionssicherheit.

§ 31
Prüfmethoden

(1) Prüfungen nach § 29 Nr. 4, 5 und 6 und die der statistischen Grenzwerte werden nach den anerkannten Methoden der Messtechnik vorgenommen, wie sie in den Vorschriften der Anlage III und in weiteren Einzelheiten in den jeweils gültigen und einschlägigen Prüf- und Messrichtlinien der Physikalisch-Technischen Bundesanstalt niedergelegt sind.

(2) Die Messung des Gasdruckes wird mittels mechanisch-elektrischen Wandlers vorgenommen. Sofern in den Maßtafeln für das betreffende Kaliber ein zulässiger Höchstwert des Gebrauchsgasdruckes nur für die Messung mittels Kupferstauchkörperverfahren veröffentlicht ist, soll nach diesem Verfahren gemessen werden. Die Verwendung anderer Messverfahren ist zulässig, sofern sie sich zur Messung schnell veränderlicher Drücke eignen und Vergleiche mit den in Satz 1 genannten Verfahren vorliegen, die eine Umrechnung gestatten.

(3) Die Funktionssicherheit der Munition ist nach den Vorschriften der Anlage III zu prüfen.

(4) Wird die Zulassung eines Munitionstyps beantragt, der noch nicht in den Maßtafeln aufgeführt ist, sind der Prüfung die Angaben des Antragstellers über den Gasdruck und die Maße der Patrone, des Lagers und gegebenenfalls des Laufes zugrunde zu legen. Die zuständige Behörde hat in diesem Fall der Physikalisch-Technischen Bundesanstalt zur Weiterleitung an das Ständige Büro der Ständigen Internationalen Kommission für die Prüfung der Handfeuerwaffen gleichzeitig mit der Typenzulassung (§ 36) den für die Munition zulässigen Höchstwert des Gasdruckes, den gemessenen mittleren höchsten Gasdruck und die zugelassenen Maße zu übermitteln.

Abschnitt 8
Verpackung, Kennzeichnung und Lagerung von Munition

§ 39
Kennzeichnung der Verpackungen und Munition

(1) Außer der Kennzeichnung nach § 24 Abs. 3 des Waffengesetzes müssen auf der kleinsten Verpackungseinheit angebracht werden
1. die Anzahl der Patronen oder Kartuschen,
2. bei Munition nach § 11 Abs. 1 des Gesetzes das Prüfzeichen nach Anlage II Abbildung 4 in einwandfrei erkennbarer Ausführung,
3. bei Beschussmunition deutlich lesbar die Aufschrift: »Achtung! Beschussmunition!«,
4. bei Schrotmunition die Werkstoffangabe für die Schrote, sofern es sich nicht um Blei handelt,
5. bei Stahlschrotmunition die Aufschrift: »Achtung, erhöhte Gefahr von Abprallern! Vermeiden Sie auf harte Oberflächen zu schießen!«,
6. bei Munition mit verstärkter Ladung der Hinweis, dass sie nur aus verstärkt beschossenen Waffen verschossen werden darf,
7. bei Stahlschrotmunition mit verstärkter Ladung zusätzlich der Hinweis, dass sie nur aus Läufen verschossen werden darf, die der Stahlschrotprüfung unterzogen und mit dem Prüfzeichen nach Anlage II Abbildung 2 für die Stahlschrotprüfung versehen sind,
8. bei Kartuschenmunition, die zum Verschießen von pyrotechnischer Munition geeignet ist, der Hinweis: »Geeignet zum Verschießen von pyrotechnischer Munition«,
9. bei Stahlschrotmunition Kaliber 12 mit Schroten über 4 Millimeter Durchmesser der Hinweis, dass sie aus Läufen mit Würgebohrung nur verschossen werden darf, wenn die Durchmesserverengung 0,5 Millimeter nicht überschreitet,
10. bei magazinierter Kartuschenmunition für Bolzensetzwerkzeuge die Gerätemodelle mit ihrer Zulassungsnummer, in denen sie auf Grund einer durchgeführten Systemprüfung verwendet werden darf.

(2) Außer der Kennzeichnung nach § 24 Abs. 3 des Waffengesetzes ist auf Schrotpatronen der Durchmesser der Schrote sowie die Länge der Hülse anzubringen, sofern sie größer ist als
– 65 Millimeter bei den Kalibern 20 und größer,
– 63,5 Millimeter bei den Kalibern 24 und kleiner,
bei Stahlschrotpatronen außerdem der Werkstoff der Schrote, bei Schrotpatronen mit einem maximalen Gasdruck von 1.050 bar (Patronen mit verstärkter Ladung) außerdem dieser Gasdruck auf

der Hülse. Hinweise nach Absatz 1 Nr. 3 bis 9 müssen deutlich lesbar und, sofern die Munition zum Vertrieb im Geltungsbereich des Gesetzes bestimmt ist, in deutscher Sprache abgefasst sein. Ein Beipackzettel hierfür ist zulässig.

(3) Munition, die gewerbsmäßig wiedergeladen wird, muss auf der Hülse oder dem Zündhütchen sichtbar und dauerhaft mit einem Zeichen versehen werden, aus dem der Wiederlader zu erkennen ist. Bei Munition, die zur Ausfuhr bestimmt ist, muss das Zeichen des Wiederladers auf der Hülse angebracht werden. Bei einer Kennzeichnung auf der Hülse ist das Zeichen des Herstellers oder früheren Wiederladers ungültig zu machen. Wiedergeladene Munition darf nur in geschlossenen Packungen abgegeben werden, auf denen die Anschrift des Wiederladers und die Aufschrift »Wiedergeladene Munition« angebracht ist. Auf der kleinsten Verpackungseinheit wiedergeladener Patronenmunition ist außerdem die Masse und die Bezeichnung der Geschosse anzugeben. Die Sätze 1 bis 5 sind auf Munition, die nicht gewerbsmäßig wiedergeladen wird, entsprechend anzuwenden, sofern der Wiederlader die Munition einem Dritten überlässt, der nicht Mitglied der jagdlichen oder schießsportlichen Vereinigung ist, der der Wiederlader angehört.

(4) Beschusspatronen sind auf dem Bodenrand durch eine Riffelung oder, wenn dies nicht möglich ist, durch die deutlich lesbare Aufschrift »Beschussmunition« auf dem Hülsenmantel, Schrotpatronen außerdem durch die Angabe des Beschussgasdruckes zu kennzeichnen. Die Kennzeichnung als Beschussmunition erfolgt bei Kartuschen durch rosa Farbe und bei Randfeuerpatronen auf dem Boden oder dem Hülsenmantel oder der Geschossspitze durch rote Farbe.

(5) Die Kennzeichnungs- und Verpackungsvorschriften über die Beförderung gefährlicher Güter bleiben unberührt.

Anlage II Beschusszeichen, Prüfzeichen

Abbildung 1
Bundesadler mit Kennbuchstaben
(§ 9 Abs. 2)

Beschuss
bei Feuerwaffen oder höchstbeanspruchten Teilen nach § 2 Abs. 2 des Gesetzes, die zum Verschießen von Munition mit Nitropulver bestimmt sind

Verstärkter Beschuss
bei Waffen mit glatten Läufen oder höchstbeanspruchten Teilen nach § 2 Abs. 2 des Gesetzes, die zum Verschießen von Munition mit überhöhtem Gasdruck bestimmt sind

Beschuss
bei Feuerwaffen oder höchstbeanspruchten Teilen nach § 2 Abs. 2 des Gesetzes, die zum Verschießen von Schwarzpulver bestimmt sind

BeschussV F

L

Beschuss
bei Feuerwaffen oder höchstbeanspruchten Teilen nach § 2 Abs. 2 des Gesetzes, bei denen zum Antrieb ein entzündbares flüssiges oder gasförmiges Gemisch oder eine Treibladung verwendet wird

J

Instandsetzungsbeschuss
bei Feuerwaffen oder höchstbeanspruchten Teilen nach § 2 Abs. 2 des Gesetzes, die nach § 3 Abs. 2 des Gesetzes erneut zu prüfen sind

F

Freiwilliger Beschuss
§ 6 Abs. 2

B

Beschuss
bei Böllern

Abbildung 2

Prüfzeichen für Handfeuerwaffen zum Verschießen von Stahlschrotmunition mit verstärkter Ladung
(§ 9 Abs. 3 Nr. 2)

Abbildung 3
Ortszeichen der zuständigen Behörden
(§ 9 Abs. 3 Nr. 1)

Hannover  · Kiel  · Köln  · Mellrichstadt

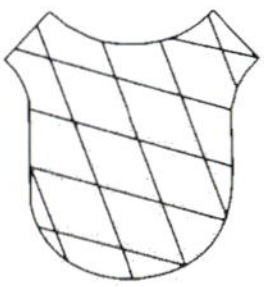

München  · Suhl  · Ulm

269

F ANHANG

Abbildung 4
Prüfzeichen für Munition
(§ 32 Abs. 2 Nr. 4)

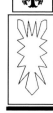

Hannover   Kiel   Köln   Mellrichstadt   München   Suhl   Ulm

Abbildung 5

Zulassungszeichen für Handfeuerwaffen, Schussapparate und Einstecklaufe nach § 7 des Gesetzes und für nicht tragbare Geräte nach § 24 Abs. 1

Abbildung 8

Prüfzeichen nach § 25 Abs. 2 für Geräte nach § 24 Abs. 1. Die Zahl im kleineren Quadrat bezeichnet die zwei letzten Ziffern der Jahreszahl, die einstellige Zahl in Richtung der Laufmündung das Quartal.

Abbildung 6

Zulassungszeichen für bauartgeprüfte Schreckschuss-, Reizstoff- und Signalwaffen nach § 8 Abs. 1 des Gesetzes und Zusatzgeräte zu diesen Waffen zum Verschießen pyrotechnischer Geschosse

Abbildung 10

Kennzeichen für Schusswaffen, deren Geschossen eine Bewegungsenergie von nicht mehr als 7,5 J erteilt wird (§ 7 Abs. 1 Satz 2 Nr. 1 und § 9 Abs. 2 Satz 1 Nr. 1 des Gesetzes)

Abbildung 7

Zulassungszeichen für pyrotechnische Munition nach § 10 Abs. 1 des Gesetzes

Abbildung 12

Elektroimpulsgeräte

Reizstoffe

Zulassungszeichen nach Bauartprüfungen gemäß § 9 Abs. 2 Nr. 2 bis Nr. 4 des Gesetzes

Stichwortverzeichnis

Fettgedruckte Zahlen sind Hauptverweise; Buchstaben mit Zahlen (z. B. A-1) verweisen auf das jeweilige Kapitel und die Nummer der Frage mit Antwort.

A
Abgangswinkel C-1
Abhandenkommen D-84
Ablagerungen B-178
Abprallern B-11
Abzugssicherung 30
Allgemeine Verwaltungsvorschrift zum Waffengesetz 15
Allgemeine Waffengesetz-Verordnung **219**
Anerkennung von Sportschützen D-80
Anfangsgeschwindigkeit C-56
Angaben, metrische C-65
Anmeldefrist D-60
Anschießen D-160
Anschlag B-161
Anschussscheibe 147
Anzahl von Sportwaffen B-163
Armbrüste D-4, D-52
Aufbewahrung **136**
Aufbewahrung außerhalb der Wohnung D-116
Aufbewahrung von Waffen und Munition B-179
Aufhaltekraft C-11, C-12, C-14, C-15
Auflagen für Waffensammler D-106
Auftreffenergie C-11, C-12
Auktionen D-107
Ausbildung im Verteidigungsschießen D-157
Auslandsreisen D-147
Ausländische Beschusszeichen D-170
Auslösemechanismus B-75
Außenballistik C-43
Außenballistik, ausreichende C-24
AWaffV **219**

B
Bajonett D-121
Ballistik **106**, C-25
Ballistiktabelle 109
Beantragung einer Waffenbesitzkarte D-103
Bedürfnis aus Sicherheitsgründen D-79
Beförderung D-65
Begleitpersonal B-128
Begleitschutz B-127
Bergstutzen B-49, 36
BeschG **245**
Beschuss D-163, D-165
Beschussangaben D-174
Beschussgesetz **245**
BeschussV **259**
Beschussverordnung **259**
Beschusszeichen D-162, D-166, 268
–, ältere D-168
–, ausländische D-170
–, DDR D-169
–, kein gültiges D-171
Besitzen im Sinne des Waffengesetzes D-31
Biathlon B-153

271

STICHWORTVERZEICHNIS

Blanke Waffen B-139
Blei B-171
Bleifreies Schrot B-108
Bleigeschosse B-111
Bockbüchse 36
Bockbüchsflinte 37
Bockdoppelflinte B-32
Bockdrilling 37
Bockflinte 36
Brauchtumsschützen D-44
Brünierung B-179
Büchsen B-31, B-134, 36
Büchsengeschosse B-39
Büchsenkaliber B-88
Büchsenmacher B-184, D-142
Büchsflinte 37
Bundesjagdgesetz B-134
Butterflymesser D-150

D

Definitionen, waffenrechtliche B-27
–, waffentechnische B-27, **117**
Degen D-121
Deutscher Jagdschutzverband 11
Deutscher Schützenbund 18, B-153
Deutscher Stecher B-82
Disziplinen B-156
Doppelbüchsdrilling 37
Doppelbüchse 36
Doppelflinte B-32, 36
Doppeln B-182
Doppelzüngelstecher B-82
Double action B-64
Double-Action-Only- Pistolen B-69
Double-Action-Only-Revolver B-70
Drahtbürsten B-175
Drall B-36, C-37
Dralllänge B-37, C-38
Drilling 34, 37, B-136
Duell-Schießen B-159
Dum-Dum-Geschosse C-19
Durchschlagkraft C-11, C-12- C-13

E

EG-Länder D-149, D-187
EG-Waffenrecht D-186
Eindringtiefe C-13
Einfuhr **143**
Einfuhr ausländischer Waffen D-146
Einschießen B-168, C-47, D-160
Einschießentfernung C-48
Einschießscheibe 147
Einsteckläufe B-77, D-40
Eintragungen in WBK D-40, D-67, D-68
Einzelbeschuss D-164
Einzelgeschosse B-111
Einzelladerwaffen B-59
Elektroimpulsgerät D-150
Englische Kaliber B-90
Entladen B-18
–, mehrschüssige Waffen B-12
–, Revolver B-14
–, Selbstlade- und Repetierwaffen B-13
Entölen B-177
Erbschaft D-60, D-61
Erlaubnis D-36
–, zum Waffenerwerb D-40
Erwerb (Waffen) **121**
Erwerb und Besitz von
– Einsteckläufen D-48
– 4-mm-Waffen D-57
Erwerben im Sinne des Waffengesetzes D-32
Erwerber D-59
Erwerbserlaubnis D-41
Europäischer Feuerwaffenpass D-188
Exerzierpatronen B-115

F

Fallmesser D-150
Faustfeuerwaffen B-29, B-52, D-14
– für Jäger B-138
Faustfeuerwaffenkaliber B-89
Feuerwaffen D-5
Fleckschussentfernung C-50
Flinten B-32, B-135, 36
– für Verteidigung B-130

STICHWORTVERZEICHNIS

Flintenkaliber B-91
Flintenlaufgeschosse B-41
Flobert-Gewehre B-45
Flugbahn 112
Fragenkatalog 19, 21
Französischer Stecher B-82
Freizeitbetätigung 12
Fünfschussserie B-160
Funktionssicher B-6
Funktionsstörungen B-6

G

Garten schießen D-161
Gasdruck C-30, C-31
–, im gesamten Lauf C-36
–, hoher C-32, C-35
Gasdruckgrenzen C-33
Gasdrucklader B-57
Gaslauf D-12
Gebäude, ständig bewohntes D-115
Gebrauchsgegenstand 9
Gebührenordnung D-182
GEE C-49
Gefahrenbereiche 101
–, 4-mm-Übungspatronen C-6
–, Büchsengeschosse C-3
–, Flintenlaufgeschosse C-9
–, Flobertpatronen C-7
–, Kleinkalibergeschosse C-2
–, Luftgewehrgeschosse C-5
–, Pistolen- und Revolvergeschosse C-4
–, Schrotschuss C-8
Gegenstände D-4
Geladen oder gespannt B-23
Geldtransporte B-128
Geltungsbereich des Waffenscheins D-124
Gemeinschaftliche Aufbewahrung D-117
Genehmigungspflichtig D-53
Geschossablenkung C-10
Geschosse, schwache C-21
Geschossenergie C-12, C-58, C-59
Geschossflugbahn C-46

Geschossform C-15
Geschossgeschwindigkeit C-15, C-55, C-57
Geschossgewicht C-15
Geschosswirkungen 102
Gewalt, tatsächliche D-34
Gewehre B-30, D-14
–, Kombinierte B-33, 37
Gewehrkoffer D-141
Gewehrtypen 36, 37
Gezogener Lauf B-34
Griffstücksicherung B-19
Grundlagen 15
–, sachliche 18
–, verwaltungsmäßige 17
Grundsätze deutscher Weidgerechtigkeit B-133
Grundtypen von Sicherungen B-18
Günstigste Einschießentfernung C-49

H

Hahnsperrstück B-21
Haltepunkt C-50
Handballensicherung B-19
Handel 143
Handfeuerwaffen B-28, D-9
Handhabung 24
– der Waffe 20
Handlungen, kriminelle B-121
Herstellung 143
Hieb- und Stoßwaffen D-20
Hindernisse, festsitzende B-9
Hirschfänger B-139
Hochhaus B-158
Höchstgrenzen C-33
Holster B-124
Hülsenlose Munition D-25

I

Innenballistik C-26
–, ausreichende C-24
Instandsetzen D-140

STICHWORTVERZEICHNIS

J
Jagd 12
Jagdausübung D-127
Jagdballistik C-62
Jagdbüchsenpatronen C-18
Jagdgewehre B-133
Jagdmesser B-139
Jagdschein D-47
Jagdwaffen B-132, **79**
Jagdwesen 12
Jägerprüfung 16
Jugendliche D-35

K
Kaliber B-87
Kaliberangaben, anglo-amerikanische B-90
Kalibermaße B-95
Kalte Waffen B-139
Karabiner B-50
Kartuschenmunition D-24
Kinder oder Jugendliche D-35
Kipplaufgewehre B-46
Kleiner Waffenschein D-122
Kleinkalibergewehr B-44
Kolbenhals B-51
Kombinierte Waffen B-136
Konservierungsmittel B-173
Kriegswaffen B-84, D-4, D-150, D-178
Kugelfang B-11
Kulturgut **9**
Kulturlandschaft 11
Kurzwaffen B-29, D-10

L
Laden B-8, B-10
Ladezustand B-22
Längenmaße C-65
Langwaffen B-29, D-10
Lauf D-11
–, gezogene B-34
Lauf- oder Geschosskaliber B-94

Laufaufbauchung B-177
Laufbeschädigungen B-175
Lauflänge C-44
Laufrückstände, Metallverschmierungen B-175
Leibwächter B-121
Leihen D-58
Leuchtabsehen B-137
Leuchtmunition B-145
Leuchtpatronen C-22
Leuchtpistolenkaliber B-92
Leuchtpunktvisiere B-137
Leuchtspurmunition B-151
Leuchtwirkung B-143
Lever action B-47
Luftdruckwaffen D-50
Luftpistole 91

M
Magazin B-67, B-75
Magnum B-93
Maschinenwaffen B-55
Mehrladewaffen B-58, B-61
Meisterschaften 12
Messer D-121
Militärgewehre C-16
Militärische Waffen sammeln D-96
Militärwaffen 12
Minestalter D-132
– für das Schießen D-156
Moderner Fünfkampf B-153
Molotow-Cocktail D-145
Mündungsballistik C-40
Munition B-85
– auf Schießständen D-71
–, hülsenlose D-25
–, pyrotechnische D-26
–, überlagerte D-74
–, unbrauchbare B-119
Munitionsarten **59**, D-22
Munitionsaufbewahrung **136**
Munitionsbegriffe **117**
Munitionserwerb D-69
Munitionserwerbsschein D-70, D-72

STICHWORTVERZEICHNIS

Munitionslagerung B-117
Munitionssammler D-45

N
Nachbrenner B-181
Nachtsichtgeräte D-150, D-151
Nationale Waffenregister D-189
Neubeschuss D-172
Nicht zuverlässig im Sinne des Waffengesetzes D-76
Nicker B-139
Niederhaus B-158
Nothilfe E-5, E-14
Notstand **162**, E-17, E-18, E-20, 158
–, entschuldigender E-19
Notwehr **159**, B-3, E-1, E-6, E-7, E-8, E-10, E-12, 158
Notwehrüberschreitung E-3

O
Objektschutz B-129, B-141
Ölfilm B-177
Ölschuss B-177
Olympisches Schnellfeuer-Schießen B-160

P
Papiere D-123
Pass D-123
Patronenaufbau B-96
Patronenauswahl B-86
Patronenhülsen B-102
Patronenlager B-67
Patronenmunition D-23
Personalausweis D-123
Pflegemittel B-173
Pistole nach dem Schuss B-68
Plastik-Trainings-Munition B-114
Platzpatronen C-23, D-27
Politiker B-121
Polizeibeamte B-121
Polygonläufe B-38

Posten B-107
Praxisnähe 23
Präzisionsschleuder D-150
Prüfzeichen 268
Pufferpatronen B-116
Pulverarten B-97
Putativnotstand E-21
Putativnotwehr E-13
Pyrothechnische Munition D-26

Q
Querflinte B-32, 36
Querschläger B-11

R
Randfeuerzündung B-101
Rasanz C-45
Rechtsgut verletzen E-22
Reduzierhülsen B-78
Reduzierpatronen B-77
Reglement des Deutschen Schützenbundes B-154
–, nationales und internationales B-155
Regulationsfunktionen 11
Rehposten B-107
Reichweite 100
Reizstoffwaffen B-124, D-17, D-150
Repetierwaffen B-47
Replikas D-101
Revolver B-63
–, nach dem Schuss B-68
–, Sicherungen B-21
–, Zustand B-68
Richter B-121
Rostnarben B-6
Rotationsgeschwindigkeit C-39
Rote Leuchtkugeln B-144
Rückstände B-171, B-175
–, giftige B-171
Rückstecher B-82
Rückstoß C-41
Rückstoßlader B-57

275

STICHWORTVERZEICHNIS

S

Sachkundeprüfung **14**
Sammelinteresse D-10
Sammeln von Jagdwaffen D-97
– von Schusswaffen D-86
Sammlerbörsen D-107
Sammlerpatronen D-82
Sammlerwaffen D-90
Sammlung D-45
– im Sinne des Gesetzes D-94
Saufeder B-139
Sauposten B-107
Schadensabwehr 11
Schaft B-51, B-75
Schaftmagazin B-61
Schalldämpfer D-4, D-7
Schießanlagen, geschlossene B-170
Schießen 146
Schießpulver B-99
–, loses D-28
Schießsport 12, **88**
– im Sinne des Waffenrechts D-81
Schießsportdisziplinen 10, 12, B-163
Schießsportübungen B-153
Schießsportverbände B-157
Schießstandbetrieb **88**
Schießstandzulassung B-166, B-167
Schießstände D-155
Schießstätten D-153, D-154
Schlagringe D-150
Schlagstücksicherung 30, B-18
Schleudern D-150
Schmauch B-175
Schnellfeuer B-159
Schreckschusswaffen D-16
Schrot, bleifreies B-108
Schrotdrilling 36
Schrotgarbe C-20
Schrotkörner B-103, B-104
Schrotnummern B-105
Schrotpatrone B-106
– für Faustfeuerwaffen B-110
Schrotschuss B-40
Schuss, schlapper B-183
Schussabgabe B-4

Schussabweichungen B-177
Schussapparate D-19
Schussknall C-42
Schusspräzision B-175
Schusstafeln C-64
Schussvorgang, Patrone C-28
–, Waffe C-27
Schusswaffen im Sinne des Gesetzes D-3
– verwenden B-7
Schusswaffengebrauch E-25
Schusswaffenteile D-6
Schussweiten C-1
Schützenstreuung C-54
Seelenachse B-76
Seitengewehr B-83
Selbstladepistolen B-62
–, Zustand B-68
Selbstladewaffen B-54, B-56, B-66
– im Sinne des Waffengesetzes D-15
Seuchenbekämpfung 11
Sicherheitsbehältnis D-109
Sicherheitsraum D-114
Sicherheitsregel B-2, **25**
Sicherheitsstufe D-109
Sicherungen B-15, B-16, B-18, B-19
– Alternativen B-17
Sicherungssystem B-75
Signal- oder Leuchtpistolen B-140
Signalmunition B-148
–, überlagerte B-149
Signalpatronen B-146
Signalpistolen B-141
– für die Notwehr B-150
Signalsteighöhe B-147
Signalwaffen D-18, **85**
Silvester schießen D-159
Single action B-63, B-64
Skeet B-161
Skeetstand 90
Sondergenehmigung D-138, D-152
Sozialfunktion 11
Spannabzug B-65
Spezialgeschosse B-111
Spielzeugwaffen D-54
Sportordnung B-156

Sportschützen D-43
Sportschütze und Munition B-164
Sportschützenprüfung 18
Sportwaffen B-16
Sprengstoffgesetz D-28, D-29, D-183
Springmesser D-150
Staatsanwälte B-121
Stahl, rostfreier B-178
Stahlrute D-150
Stahlschrote B-109
Stainless steel B-178
Standordnungen B-169
Stangensicherung 30, B-18
Stockgewehr D-150
Stecher B-82
Streuung C-53
–, Schrotgarbe C-20
Stutzen B-48

T
Tabellen, ballistische C-63
Technische Tätigkeit D-93
Teile, wesentliche B-74
Teilmantelgeschosse B-111
Tontaubenschießen B-158
Tötungseffekt C-18
Tragen B-124
Transport D-129
Transportieren D-129
Trap-Schießen B-158, B-161
Treffpunkt C-51
Treffpunktlage C-52
Treibladung B-98, B-100, C-30, C-34
Trommel B-63
Trommelrevolver B-63

U
Übergabe einer Waffe B-24
Überlassen D-33
– einer Waffe D-66
Übernahme einer Waffe B-25
Übungsschießen B-165, B-168
Umgang mit Waffen D-1, 16, 18

Ummeldungen von Waffen D-85
Unbrauchbare Munition B-119
Unterhebelrepetierer B-47

V
Veranstaltungen, öffentliche D-135
Verbotene Gegenstände 145
–, Schusswaffen D-150
–, Zielgeräte D-151
Verbrennungstemperaturen C-29
Verhältnismäßigkeit E-23
Versager B-181
Verschluss D-13
Versorgungsgesichtspunkt 10
Verstärkter Beschuss D-167
Verteidigung 12
Verteidigung, persönliche B-122, B-123
Verteidigungswaffe B-121, B-123, C-16, 72
Verteidigungswaffenmunition B-126
Verteidigungszwecke C-17
Verwahren, Kurzwaffen D-110
–, Langwaffen D-112
–, Munition D-113
–, verbotene Waffen D-111
Verwahrung vor Kindern D-83
Verwendungszweck B-71
Vierling 37
Visiereinrichtung B-75
Visierungen B-137
Vollmantelgeschosse B-111, C-16
Vorderlader D-51
Vorsorgepflichten D-83
Vorzeigepflicht D-180

W
Waffe als Gebrauchsgegenstand 9
Waffe als Kulturgut 9
Waffe auf einen Menschen richten B-3
Waffen im Sinne des Gesetzes D-2
Waffen überlassen D-63, D-64
Waffen, antike D-102
–, automatische B-53

277

STICHWORTVERZEICHNIS

–, blanke B-139, 83
–, halbautomatische B-54, 45
–, kalte B-139
–, kombinierte B-136
–, mehrläufige B-60
–, vollautomatische B-55
Waffenarten **34**
Waffenaufbewahrung **136**
Waffenausstellungen D-107
Waffenbegriffe **117**
Waffenbesitz **121**
Waffenbesitzer D-83
Waffenbesitzkarte D-36, D-37, D-38, D-39, D-42
Waffenentwicklung 10
Waffenerwerb **121**
Waffenführen D-118, D-119, D-123, **139**
Waffengesetz **165ff.**, D-31, D-178
Waffenhandel D-139
Waffenhandhabung 23
Waffenöl B-174, B-176
Waffenpflege B-173, **96**
Waffenrecht 15, **165**
Waffenrechtliche Bestimmungen **155**
Waffenregister, national D-189
Waffenreparaturen B-184
Waffensammeln 13, **129**
Waffensammler D-45, D-88, D-89
Waffensammlungen anderer Art D-95
Waffenscheinerteilung D-125
Waffensprengung B-9, B-86
Waffenstörungen B-180, **96**
Waffenträger, ziviler B-131
Waffentypen B-26
Waffenwerg B-173
WaffG **165ff.**
Waidblatt B-139
Waldläufer 37
Warnschuss E-11
Wechsel- und Austauschläufe D-49
Wechselläufe B-79
Wechselsysteme B-81

Wechseltrommeln B-80
Werttransporte B-128
Wesentliche Teile von Schusswaffen D-6
Wettbewerbe 10
Wettkämpfe 10, 12
Widerstandsgrad D-109
Wiederladen B-120
Wiederlader C-33
Wildererwaffen D-150
Wildschäden 11
Wirkung, tötende C-11, C-12
Wirkungsweise 100
Wirtschaftsführer B-121
Wissenschaftliche Tätigkeit D-92
Wurfsterne D-150
Wurftauben- oder Tontauben-Schießen B-158
Würge- oder Chokebohrung B-42
Würgebohrung C-20
Würgehölzer D-150

Z

Zeitgemäße Waffen D-98
Zentralfeuerzündung B-101
Zerlegbare Waffen D-150
Zeugnis, ärztliches D-78
Zielballistik C-61
Zielfernrohre B-137
Zielscheinwerfer D-151
Zier- und Sammlerwaffen D-55
Zimmerpatronen B-112
Zimmerstutzen B-73
Zugriffsbereit D-130
Zugtiefe B-35
Zündarten B-101
Zündsatz B-100
Zugelassene Waffen B-5
Zuverlässig im Sinne des Waffengesetzes D-76
Zuverlässigkeit D-77
Zweckbestimmung B-72

Literatur

Angsten W.; 2009: Waffenrecht für Jäger. Neumann-Neudamm Verlag, Melsungen.
Bundesgesetzblatt Teil 1 Nr. 44, Jahrgang 2009, ausgegeben zu Bonn am 24. Juli 2009.
Deutscher SchützenBund e. V.; 2008: Sportordnung des Deutschen SchützenBundes e. V., Wiesbaden.
Klups, N.; 2009: Wiederladen für Jäger. Neumann-Neudamm Verlag, Melsungen.
Klups, N.; 2009: Das 1 x 1 der Präzision. Neumann-Neudamm Verlag, Melsungen.
Klups, N.; 2009: Das Buch der Geschosse. Neumann-Neudamm Verlag, Melsungen.
Krebs; 2012: Vor und nach der Jägerprüfung. 59. Aufl.; BLV Buchverlag GmbH & Co. KG, München.
Lampel, W. und R. Mahrholdt: 1998: Waffen-Lexikon. Bearbeitung: J. Ahlborn. 11. Aufl. BLV Verlagsgesellschaft, München.
Nüsslein, F.; 2006: Das praktische Handbuch der Jagdkunde, 16. Aufl.; BLV Buchverlag GmbH & Co. KG, München.
Reb, W.; 2001: Jagdwaffen-Praxis. BLV Buchverlag GmbH & Co. KG, München.
Zeitler, R.; 1997: Waffen und Kaliber. Österreichischer Agrarverlag, Klosterneuburg.

Bildnachweis

DEVA – Seite 26, 59 u, 65
Fa. Dynamit Nobel – Seite 66 or, 69
Fa. Heckler & Koch – Seite 46 o, 78
Hennig R. – Seite 52
Fa. Keller & Simmann GmbH – Seite 55 o
Migos, M. – Seite 100
Österberg, F. – Seite 116
Reb, W. – Seite 45
Fa. RWS – Seite 39 r, 60, 64 u

Fa. Walther – Seite 48 o, 53, 90 u, 91, 93
Alle übrigen Abbildungen von E. Ignatzi

Grafiken:
N. v. Ertzdorff, H. Hoffmann, G. Pape, W. Vacano, A. Westphalen, Jörg Mair

Geballte Kompetenz

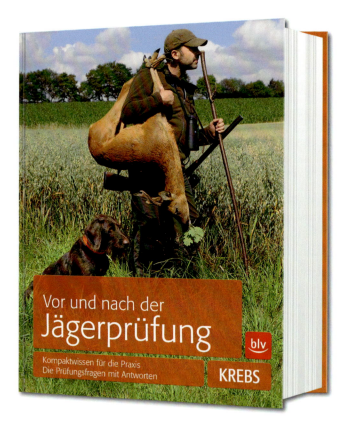

Herbert Krebs
Vor und nach der Jägerprüfung
Das führende Ausbildungsbuch für die Jägerprüfung, didaktisch perfekt aufbereitet, optisch schnell erfassbar und bestens bebildert. Der aktuelle Wissensstand: geballte Kompetenz von neun anerkannten Praktikern. Umfangreicher Lernteil mit über 5.000 Prüfungsfragen und ausführlichen Antworten zu allen Themen: Jagdausbildung, Jagdpraxis, Jagdwaffen, Jagdhunde, Hege, Naturschutz und mehr.
ISBN 978-3-8354-1284-2

Versandkostenfrei bestellen: www.blv.de